科学出版社“十三五”普通高等教育本科规划教材
安徽省“十三五”规划教材
大学数学系列教学丛书

概率论与数理统计

范益政　郑婷婷　陈华友　主　编

科学出版社
北　京

内 容 简 介

概率论是研究随机现象数量规律的数学分支. 以严格的概率理论为基础, 数理统计则研究如何根据数据对随机现象的客观规律作出估计与推断. 本书为适应新形势下的大学数学教育需求, 并结合编委会成员多年的教学经验和体会编写而成, 在内容体系、观点和方法等方面进行了尝试和创新. 全书共八章, 第1章至第5章为概率论部分, 内容包括: 随机事件与概率、随机变量与分布函数、多维随机变量及其分布、随机变量的数字特征、大数定律和中心极限定理; 第6章至第8章为数理统计部分, 内容包括: 数理统计的基本概念、参数估计、假设检验. 本书引入数字技术, 每章设有自测题, 读者扫码可以详测所学知识.

本书可作为高等院校理工类专业概率论与数理统计课程的教材,也可供自学者和科技工作者使用.

图书在版编目(CIP)数据

概率论与数理统计/范益政, 郑婷婷, 陈华友主编. —北京: 科学出版社, 2021.8

(大学数学系列教学丛书)

科学出版社“十三五”普通高等教育本科规划教材·安徽省“十三五”规划教材

ISBN 978-7-03-069422-5

Ⅰ.①概… Ⅱ.①范… ②郑… ③陈… Ⅲ.①概率论-高等学校-教材 ②数理统计-高等学校-教材 Ⅳ.①O21

中国版本图书馆 CIP 数据核字(2021) 第 148496 号

责任编辑: 张中兴 梁 清 孙翠勤 / 责任校对: 杨聪敏
责任印制: 师艳茹 / 封面设计: 蓝正设计

科学出版社 出版
北京东黄城根北街 16 号
邮政编码: 100717
http://www.sciencep.com

河北鹏润印刷有限公司印刷

科学出版社发行 各地新华书店经销

*

2021 年 8 月第 一 版 开本: 720 × 1000 1/16
2025 年 8 月第四次印刷 印张: 17 1/4
字数: 353 000

定价: 49.00 元

(如有印装质量问题, 我社负责调换)

“大学数学系列教学丛书”

编委会名单

FOREWORD / 丛书序言

数学是各门学科的基础, 不仅在自然科学和技术科学中发挥重要作用, 因为“高技术本质上是一种数学技术”, 而且在数量化趋势日益明显的大数据背景下, 在经济管理和人文社科等领域也发挥着不可替代的作用. 大学本科是数学知识学习、实践应用和创新能力培养的基础阶段. 如何提高数学素养和培养创新能力是当前大学数学教育所关心的核心问题.

党的二十大提出, 教育、科技、人才是全面建设社会主义现代化国家的基础性、战略性支撑. 大学数学教材建设是高等教育教学改革的重要内容, 是培养基础学科拔尖创新人才的迫切需要, 也是提升基础研究原始创新能力的重要保障. 基于此, 我们编写此套大学数学系列教学丛书. 该丛书根据使用对象的不同、教材内容的覆盖面和难易度, 分为两类: 一类是主要针对理工类学生使用的《高等数学 (上册)》、《高等数学 (下册)》、《线性代数》、《概率论与数理统计》, 另一类是针对经管类学生使用的《高等数学 (经管类)》、《线性代数 (经管类)》和《概率论与数理统计 (经管类)》.

上述丛书所覆盖的内容早在三百多年前就已创立. 例如, 牛顿和莱布尼茨在 1670 年创立了微积分, 这是高等数学的主要内容. 凯莱在 1857 年引入矩阵概念, 佩亚诺在 1888 年定义了向量空间和线性映射, 这些都是线性代数中最基本的概念. 惠更斯在 1657 年就发表了关于概率论的论文, 塑造了概率论的雏形, 而统计理论的产生则是依赖于 18 世纪概率论所取得的进展. 当然, 经过后来的数学家的努力, 这些理论已形成严谨完善的体系, 成为现代数学的基石.

尽管如此, 能够很好领会这些理论的思想本质并不是一件容易的事! 例如, 微积分中关于极限的 ε-δ 语言、线性代数中的向量空间、概率论中的随机变量等. 这些都需要经过反复练习和不断揣摩, 方能提升数学思维, 理解其中精髓.

国内外关于大学数学方面的教材数不胜数. 针对于不同高校、不同专业的学生, 这些教材各有千秋. 既然如此, 我们为什么还要继续编写这样一套系列教材呢?

我们最初的设想是要编写一套适合安徽大学理工类、经管类等学生使用的大学数学系列教材. 我校目前使用的教材由于编写时间较早、版次更新不及时, 部分例题和习题已显陈旧. 另一方面, 由于新的高考改革方案即将在全国实施, 未来高中文理不分科将直接影响到大学数学教学. 因此, 我们有必要在内容体系上进行调整.

在教材的编写以及与科学出版社的沟通过程中, 我们发现, 真正适合安徽大学等地方综合性大学及普通本科学校的规划教材并不多见. 安徽大学作为安徽省属唯一的双一流学科建设高校, 本科专业涉及理学、工学、文学、历史学、哲学、经济学、法学、管理学、教育学、艺术学等 10 个门类, 数学学科在全省发挥带头示范作用, 所以我们有责任编写一套大学数学系列教学丛书, 尝试在全省范围内推动大学数学教学和改革工作.

本套系列教材涵盖了教育部高等学校大学数学课程教学指导委员会规定的关于高等数学、线性代数、概率论与数理统计的基本内容, 吸收了国内外优秀教材的优点, 并结合安徽大学的大学数学教学的实际情况和基本要求, 总结了诸位老师多年的教学经验, 为地方综合性大学及普通本科学校的理工类和经管类等专业学生所编写.

本套系列教材力求简洁易懂、脉络清晰. 在这套教材中, 我们把重点放在基本概念和基本定理上, 而不会去面面俱到、不厌其烦地对概念和定理进行注解、对例题充满技巧地进行演示, 使教材成为一个无所不能、大而全的产物. 我们之所以这样做是为了让学生避免因为细枝末节而未能窥见这门课程的主干和全貌, 误解了课程的本质内涵, 从而未能真正了解课程的精髓. 例如, 在线性代数中, 以矩阵这一具体对象作为全书首章内容, 并贯穿全书始末, 建立抽象内容与具体对象的联系, 让学生逐渐了解这门课程的思维方式.

另一方面, 本套系列教材突出与高中数学教学和大学各专业间的密切联系. 例如, 在高等数学中, 实现了与中学数学的衔接, 增加了反三角函数、复数等现行中学数学中弱化的知识点, 对高中学生已熟知的导数公式、导数应用等内容进行简洁处理, 以极限为出发点引入微积分, 并过渡到抽象环节和严格定义. 在每章最后一节增加应用微积分解决理工或经管领域实际问题的案例, 突出了数学建模思想, 以培养学生应用数学能力.

以上就是我们编写这套系列教材的动机和思路. 这仅是以管窥豹, 一隅之见, 或失偏颇, 还请各位专家和读者提出宝贵建议和意见, 以便在教材再版中修订和完善.

PREFACE / 前言

概率论是研究随机现象数量规律的数学分支, 概率则是度量随机事件发生的可能性大小. 以严格的概率理论为基础, 数理统计则研究如何有效地收集与分析数据, 并根据数据对随机现象的客观规律作出估计与推断. 概率论与数理统计在数学、自然科学、工程技术、经济、社会及管理等领域具有广泛的应用. 特别地, 随着大数据时代来临，它与信息、计算等领域密切结合, 对诸多涉及大量数据的定量分析极为重要, 是数据科学的重要支撑.

为满足理工类专业对概率论与数理统计教学的需求, 本书在叙述内容的同时, 更注重现代数学思想的表达, 目的是帮助理工类学生掌握概率论的思想并学会基本的统计估计与推断方法. 为体现上述想法, 本书具有以下特色.

1. 注重实际意义. 在引入基本概念时注意揭示概念的直观背景和实际意义, 在叙述重要结论和基本方法时注意阐明其概率意义或统计意义.

2. 提升数学素质. 采用规范的概率统计术语, 在学生已有的知识储备下, 对基本概念给出严谨的定义, 对主要定理和结论给出严格的证明.

3. 培养应用能力. 书中例题和习题的题型丰富, 注重从实际问题中提出概率或统计问题, 培养学生运用概率统计的理论和方法解决实际问题的能力.

本书在编写上力求体系完整, 简明扼要, 通俗易懂. 在本书编写的过程中, 我们参阅了国内外许多教材, 在此恕不一一列出, 谨致以衷心的感谢!

限于编者水平, 书中难免有疏漏或不妥之处, 敬请读者批评指正.

编　者

2020 年 9 月

CONTENTS / 目录

Chapter 1

第1章 随机事件与概率

第1章课件

本章先重点介绍概率论的两个最基本的概念: 随机事件与概率, 然后讨论古典概型、几何概型及其概率计算, 并在此基础上介绍条件概率、乘法公式、全概率公式与贝叶斯公式, 最后讨论随机事件的独立性.

1.1 随机事件

一、随机现象与统计规律性

在自然界和人类社会生活中存在着两种现象. 一类是在一定条件下必然出现的现象, 例如, 太阳从东方升起, 这类现象称为**确定性现象**. 另一类则是事先无法预知其结果的现象, 称为**随机现象**. 例如, 在相同条件下抛同一枚硬币, 其结果可能是正面朝上, 也可能是反面朝上, 但在抛掷之前无法确定其结果.

随机现象又分为个别随机现象和大量性随机现象. 个别随机现象一般不能在相同的条件下重复出现, 例如历史事件; 而大量性随机现象可以在相同的条件下重复出现, 例如抛硬币. 本书中的随机现象一般是指大量性随机现象.

随机现象在大量重复试验或观察中所表现出来的固有规律性称为**统计规律性**. 它是随机现象本身所蕴含的内在规律, 概率论就是要研究和揭示这种统计规律, 并指导社会实践.

二、样本空间与随机事件

对随机现象的研究必然要联系到对客观事物进行 "调查" "观察" 或 "实验", 以后我们统称之为 (**随机**)**试验**(experiment, trial), 一般我们用 E 来表示, 并假定这种 "试验" 可以在相同条件下重复进行, 且试验的所有可能结果在试验之前都可以明确知道, 但试验之前不能确定将会发生哪一个结果.

我们感兴趣的是试验的结果. 例如掷一次硬币, 我们关心的是出现正面或出现反面, 这是所有可能出现的结果. 假如我们考察的是掷两次硬币的试验, 则所有可能出现的结果有四种: (正, 正), (正, 反), (反, 正), (反, 反). 为了研究随机试验, 首先需要知道这个试验所有可能出现的结果. 这些结果称为**样本点**(sample point), 一般用 ω 表示. 样本点的全体构成**样本空间**(sample space), 用 Ω 表示.

下面举一些例子.

例 1.1.1　在研究英文字母使用情形时, 样本空间可为有限集 $\Omega=\{$空格, A, B, $\cdots$, Z$\}$.

例 1.1.2　观察一小时内落在地球上某一区域的粒子数, 样本空间可为自然数集 $\Omega=\mathbb{N}=\{0,1,2,\cdots\}$.

例 1.1.3　讨论某地区的气温时, 样本空间可取为 $\Omega=(-\infty,\infty)$. 如果已经知道该地区的温度不会低于 T_0, 也不会高于 T_1, 则可取 $\Omega=[T_0,T_1]$. 当然也可取样本空间为 $\Omega=\{(x,y)|T_0\leqslant x\leqslant y\leqslant T_1\}$, 其中 x 为最低温度 (℃), y 为最高温度 (℃). 此时 Ω 为 $\mathbb{R}^2$ 的一个区域.

例 1.1.4　考察地震震源时, 可以把样本点取为 (x,y,z), 其中 x 表示震源的经度, y 表示纬度, z 表示深度. 此时, 样本空间为 $\mathbb{R}^3$ 的一个区域.

例 1.1.5　金融分析师把道 · 琼斯指数作为研究对象, 每日的指数涨跌用一条曲线 $x(t),t\in[0,T]$ 表示, 这就是一个样本点, 此时样本空间是函数空间, 这是随机过程 (stochastic process) 的研究对象.

从以上例子可以看出, 随着问题的研究对象不同, 样本空间也就有不同选择. 对于一个实际问题或一个随机现象, 如何选择用一个恰当的样本空间非常重要. 在很多概率问题中, 一般没有明确指出样本空间, 但是所有的概率问题都是在一个确定的样本空间中讨论的. 请读者在后面的讨论中弄清概率问题所在的样本空间.

一般地, 称试验 E 的样本空间 Ω 的子集为 E 的**随机事件**, 简称**事件**. 此处关于事件的定义一般对 Ω 为有限集适用, 如果 Ω 为无限集, 则需要严格的定义; 见 1.2 节. 在某次试验中, 如果事件 A 中某一个样本点出现, 则称**事件 A 发生**. 事件常用大写字母 A,B,C 等表示.

考虑两个特殊的随机事件: Ω 和 $\varnothing$. 对任何一次试验, Ω 必然发生, 因此称样本空间 Ω 为**必然事件**. 而空集不包含任何样本点, 故称空集 $\varnothing$ 为**不可能事件**. 特别地, 由一个样本点构成的单点集, 称为**基本事件**.

三、事件的关系和运算

事件是样本空间的子集, 因而事件间的关系与事件的运算自然按照集合之间的关系和集合运算来处理. 下面根据 “事件发生” 的含义, 给出它们在概率论中的含义.

设试验 E 的样本空间为 Ω, 而 A, B, A_k $(k=1,2,\cdots)$ 是事件 (Ω 的子集). 我们先讨论事件的基本运算.

(1) 事件的和 (并). 称 $A\cup B=\{x \mid x\in A$ 或 $x\in B\}$ 为事件 A 与事件 B 的**和**. 事件 $A\cup B$ 发生当且仅当 A 与 B 中至少有一个发生.

类似地, 称 $\bigcup\limits_{i=1}^{n} A_i$ 为 n 个事件 $A_1, A_2, \cdots, A_n$ 的和, $\bigcup\limits_{i=1}^{\infty} A_i$ 为可列个事件 $A_1, A_2, \cdots$ 的和.

(2) 事件的积 (交). 称 $A\cap B=\{x \mid x\in A$ 且 $x\in B\}$ 为事件 A 与事件 B 的**积**. 事件 $A\cap B$ 发生当且仅当 A 与 B 同时发生. $A\cap B$ 也简记为 AB.

类似地, 称 $\bigcap\limits_{i=1}^{n} A_i$ 为 n 个事件 $A_1, A_2, \cdots, A_n$ 的积, $\bigcap\limits_{i=1}^{\infty} A_i$ 为可列个事件 $A_1, A_2, \cdots$ 的积.

(3) 事件的差. 称 $A-B=\{x \mid x\in A$ 且 $x\notin B\}$ 为事件 A 与事件 B 的**差**. 事件 $A-B$ 发生当且仅当 A 发生但 B 不发生.

特别地, 记 $\overline{A}=\Omega-A$, 并称之为 A 的**补**或者 A 的**对立事件**, 即 A 发生当且仅当 $\overline{A}$ 不发生.

下面我们讨论事件的关系:

(1) 包含关系. 若 $A\subset B$, 则称事件 B **包含**A, 即事件 A 发生必然导致事件 B 发生.

(2) 相等关系. 若 $A\subset B$ 且 $B\subset A$, 即 $A=B$, 则称事件 A 与 B **相等**. 显然, 相等的两事件必然同时发生或同时不发生.

(3) 互斥关系. 若 $A\cap B=\varnothing$, 则事件 A 和 B 是**互不相容**的或**互斥**的, 即事件 A 和 B 不可能同时发生. 若 A 和 B 是互斥的, 则记 $A\cup B$ 为 $A+B$.

类似地, 若 n 个事件 $A_1, A_2, \cdots, A_n$ 是两两互斥的, 则记 $\bigcup\limits_{i=1}^{n} A_i=\sum\limits_{i=1}^{n} A_i$; 若可列个事件 $A_1, A_2, \cdots$ 是两两互斥的, 则记 $\bigcup\limits_{i=1}^{\infty} A_i=\sum\limits_{i=1}^{\infty} A_i$.

图 1.1.1 直观地表现了以上事件的运算与关系.

在进行事件运算时, 经常要用到下述定律. 设 A, B, C 为事件, 则有以下结论.

交换律: $A\cup B=B\cup A$, $A\cap B=B\cap A$.

结合律: $A\cup(B\cup C)=(A\cup B)\cup C$,

$$A\cap(B\cap C)=(A\cap B)\cap C.$$

分配律: $A\cup(B\cap C)=(A\cup B)\cap(A\cup C)$,

$$A\cap(B\cup C)=(A\cap B)\cup(A\cap C).$$

德 · 摩根 (De Morgan) 律: $\overline{A\cup B}=\overline{A}\cap\overline{B}$, $\overline{A\cap B}=\overline{A}\cup\overline{B}$,

$$\overline{\bigcup_{i=1}^{n} A_i}=\bigcap_{i=1}^{n}\overline{A_i},\quad \overline{\bigcap_{i=1}^{n} A_i}=\bigcup_{i=1}^{n}\overline{A_i}.$$

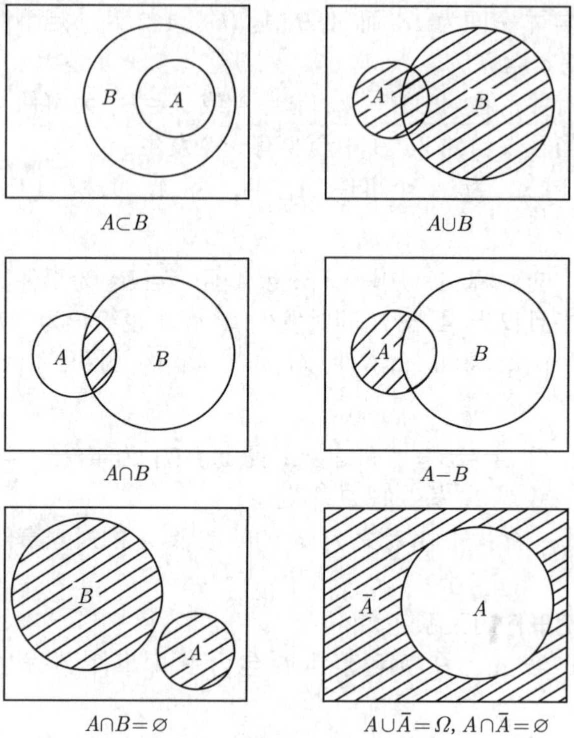

图 1.1.1 事件的运算与关系

例 1.1.6 若 A,B,C 为三个事件.

(1) 这三个事件都发生可以表示为 ABC.

(2) 这三个事件恰好发生一个可以表示为 $A\overline{B}\,\overline{C}+\overline{A}B\overline{C}+\overline{A}\,\overline{B}C$.

(3) 这三个事件恰好发生两个可以表示为 $AB\overline{C}+A\overline{B}C+\overline{A}BC$.

(4) 这三个事件中至少发生一个可以表示为

$$A\cup B\cup C \quad \text{或} \quad A\overline{B}\,\overline{C}+\overline{A}B\overline{C}+\overline{A}\,\overline{B}C+AB\overline{C}+A\overline{B}C+\overline{A}BC+ABC;$$

还有一种看似复杂的表示: $\overline{\overline{A}\,\overline{B}\,\overline{C}}$, 请读者自己理解.

(5) A 发生而 B 与 C 都不发生可以表示为 $A\overline{B}\,\overline{C}$ 或 $A-B-C$ 或 $A-B\cup C$.

(6) A 与 B 都发生而 C 不发生可以表示为 $AB\overline{C}$ 或 $AB-C$ 或 $AB-ABC$.

习 题 1.1

1. 写出下列各试验的样本空间及指定事件所含的样本点.

(1) 将一枚硬币抛掷三次,

$$A=\{\text{第一次掷出正面}\},\quad B=\{\text{三次掷出同一面}\},\quad C=\{\text{有正面掷出}\}.$$

(2) 将一颗骰子掷两次,

$A=\{$两次点数相同$\}$, $B=\{$其中一次点数是另一次点数的两倍$\}$, $C=\{$两次点数之和是6$\}$.

2. 从某图书馆里任取一本书, 事件 A 表示 "取到数学类图书", 事件 B 表示 "取到中文版图书", 事件 C 表示 "取到精装图书".

(1) 试述 $AB\overline{C}$ 的含义; (2) 在何情形下, $C\subset B$? (3) 在何情形下, $\overline{A}=B$?

3. 设 A_1,A_2,A_3,A_4 为某试验中的四个事件, 试用事件的运算表达如下事件:

(1) 四个事件中至少有一个发生; (2) 恰好发生两个事件;

(3) 至少发生三个事件; (4) 至多发生一个事件.

4. 掷一颗骰子, 记事件

$$A=\{\text{出现偶数点}\},\quad B=\{\text{点数小于 }4\},\quad C=\{\text{点数是大于 }2\text{ 的奇数}\}.$$

试表述下列事件: (1) AB; (2) $A\overline{B}C$; (3) $A\cup B$; (4) $A-B$; (5) $C-\overline{B}$.

5. 试表述下列事件的对立事件:

(1) $A=\{$射击三次皆命中目标$\}$;

(2) $B=\{$甲产品畅销而乙产品滞销$\}$;

(3) $C=\{$四个零件中至少有一个是合格品$\}$.

6. 在区间 $[0,1]$ 中任取一点 x, 记

$$A=\left\{x\middle|0\leqslant x\leqslant\frac{2}{3}\right\},\quad B=\left\{x\middle|\frac{1}{4}<x\leqslant\frac{3}{4}\right\},\quad C=\left\{x\middle|\frac{2}{3}\leqslant x<1\right\}.$$

试表示如下诸事件:

(1) $A\overline{B}$, (2) $\overline{A}B$, (3) $(A\cup B)\,A\cup C$.

7. 试证明以下事件的运算公式: (1) $A=AB\cup A\overline{B}$, (2) $A\cup B=A\cup\overline{A}B$.

1.2 频率与概率

概率是什么？人们对概率这个数学术语不一定清楚, 却往往有意或无意地使用它. 对于问题 "明天是否会下雨", 有人会说 "我有 80% 的把握断定明天不会下雨"; 对于购买福利彩票的人来说, 关心投入一定资金后获得头奖的可能性有多大? 这些问题都涉及随机事件的概率.

对于一个随机事件 (除必然事件和不可能事件外), 它在一次试验中可能发生, 也可能不发生, 但它发生的可能性大小是客观存在的. 我们希望知道某些事件在一次试验中发生的可能性究竟是多大. 为此, 我们首先引入频率, 并用它描述事件发生的频繁程度, 进而引出事件在一次试验中发生的可能性大小的度量 —— 概率.

一、频率

定义 1.2.1 (频率)　在相同的条件下, 进行了 n 次试验, 在这 n 次试验中, 事件 A 发生的次数 n_A 称为事件 A 发生的**频数**. 比值 n_A/n 称为事件 A 发生的**频率** (frequency), 并记为 $f_n(A)$.

由定义, 易见频率具有下述基本性质:

(1) $0 \leqslant f_n(A) \leqslant 1$;

(2) $f_n(\Omega) = 1$;

(3) 若事件 $A_1, A_2, \cdots, A_k$ 两两互不相容, 则

$$f_n(A_1 \cup A_2 \cup \cdots \cup A_k) = f_n(A_1) + f_n(A_2) + \cdots + f_n(A_k).$$

由于事件 A 发生的频率是它发生的次数与试验次数之比, 其大小表示事件 A 发生的频繁程度, 且频率越大, 事件 A 发生就越频繁, 即事件 A 在一次试验中发生的可能性就大; 反之亦然. 因而, 直观的想法是能否用频率来表示事件 A 在一次试验中发生的可能性的大小. 请看"抛硬币"这个试验.

例 1.2.1　将一枚硬币抛掷 5 次、50 次、500 次, 各做 10 遍, 得到数据如表 1.2.1 所示, 其中 n_{H} 表示出现正面的频数, $f_n(\mathrm{H})$ 表示出现正面的频率.

从这些数据可以发现: 抛硬币次数 n 较小时, 频率 $f_n(\mathrm{H})$ 在 0 与 1 之间摆动幅度较大, 但随着 n 的增大, 频率 $f_n(\mathrm{H})$ 呈现出稳定性, $f_n(\mathrm{H})$ 总是在 0.5 附近摆动, 而且逐渐趋近于 0.5.

大量试验证实, 当试验次数 n 很大时, 事件 A 的频率几乎稳定地趋近于一个常数 p. 频率的这种性质称为频率的稳定性, 它是事件本身所固有的. 我们从频率的稳定性出发, 给出表征事件发生可能性大小的概率的定义.

表 1.2.1　抛硬币试验

试验序号	$n=5$		$n=50$		$n=500$	
	n_{H}	$f_n(\mathrm{H})$	n_{H}	$f_n(\mathrm{H})$	n_{H}	$f_n(\mathrm{H})$
1	2	0.4	22	0.44	251	0.502
2	3	0.6	25	0.50	249	0.498
3	1	0.2	21	0.42	256	0.512
4	5	1.0	25	0.50	253	0.506
5	1	0.2	24	0.48	251	0.502
6	2	0.4	21	0.42	246	0.492
7	4	0.8	18	0.36	244	0.488
8	2	0.4	24	0.48	258	0.516
9	3	0.6	27	0.54	262	0.524
10	3	0.6	31	0.62	247	0.494

这种试验历史上有人做过, 得到如表 1.2.2 所示的数据.

表 1.2.2 几类著名的抛硬币试验

试验者	n	n_{H}	$f_n(\mathrm{H})$
德 · 摩根	2048	1061	0.5181
蒲丰	4040	2048	0.5069
K. 皮尔逊	12000	6019	0.5016
K. 皮尔逊	24000	12012	0.5005

二、 概率的定义

定义 1.2.2 (概率的统计定义) 在相同条件下大量重复试验中, 若事件 A 发生的频率稳定地在一个常数 p 附近摆动, 则称该常数 p 为事件 A 发生的**概率**, 记为 $P(A)$, 即 $P(A)=p$.

频率是变动的, 而概率是一个常数 p. 当把试验重复时, A 发生的频率在 p 附近摆动, 而当试验次数足够多时, 这种摆动越来越小, 或者说, 概率是频率的极限. 但是, 概率的统计定义在理论上存在缺陷. 频率为什么具有稳定性? 上述定义中的 p 一定存在吗? 我们将在第 5 章应用大数定律给出解释.

概率的统计定义的重要性不在于提供一种定义概率的方法, 因为你永远不可能依据这个定义确切地给出任何一个事件发生的概率. 其重要性在于两点: 一是提供了一种估计概率的方法, 二是提供了一种检验理论正确与否的准则. 设想根据某种理论或假定等算出某事件 A 的概率为 p, 但这与实际是否相符呢? 于是我们通过大量重复的试验来观测 A 发生的频率 $f_n(A)$. 若 $f_n(A)$ 与 p 接近, 则认为试验结果支持了有关理论; 若相去甚远, 则认为理论或假定有误, 我们将在第 8 章假设检验详细讨论.

在实际中, 我们不可能也没必要对每个现象都做大量的重复试验, 从中得到频率的稳定值 (概率). 为了理论研究及实际应用的需要, 有必要给出概率的严格的数学定义, 即概率的公理化定义.

定义 1.2.3 (概率的公理化定义) 设 E 是随机试验, Ω 是它的样本空间. 若对于 E 的每一事件 A, 都有一个实数 $P(A)$ 与之对应, 且满足如下三条公理:

(1) (非负性) 对于任意一个事件 A, $P(A)\geqslant 0$;

(2) (规范性) 对于必然事件 Ω, $P(\Omega)=1$;

(3) (可列可加性) 若 $A_1, A_2, \cdots$ 为可列个两两互不相容的事件, 则

$$P\left(\bigcup_{i=1}^{\infty} A_i\right)=\sum_{i=1}^{\infty} P(A_i),$$

则称 $P(A)$ 为事件 A 的概率.

设 $\mathcal{F}$ 是由 Ω 的子集构成的集合, 满足如下条件:

(1) $\Omega \in \mathcal{F}$;

(2) 如果 $A \in \mathcal{F}$, 则 $\overline{A} \in \mathcal{F}$;

(3) 若 $A_n \in \mathcal{F}, n \in \mathbb{Z}^+$, 则 $\bigcup\limits_{n=1}^{\infty} A_n \in \mathcal{F}$,

则称 $\mathcal{F}$ 为 Ω 上的一个 σ-**代数**.

我们所讨论的随机试验 E, 都要求其所有事件构成的集合 $\mathcal{F}$ 是其样本空间 Ω 上的一个 σ- 代数. 因此, 概率就是如下函数:

$$P : \mathcal{F} \to [0,1],$$

它满足上述定义 1.2.3 中的条件 (1), (2), (3). 三元组 $(\Omega, \mathcal{F}, P)$ 称为一个**概率空间**, 而 $\mathcal{F}$ 中的元素称为**可测集**(或**事件**). 因为概率是定义在可测集类上的, 所以我们所讨论的事件都是可测集, 只有可测集才有概率, 概率是度量可测集的大小或者事件发生可能性的大小, 它是定义在 σ- 代数上的一种特殊的测度. 有兴趣的读者可查阅更一般的概念: 测度和测度空间.

由概率的公理化定义, 可以推得概率的一些重要性质.

性质 1.2.1 $P(\varnothing) = 0$.

证明 设 $A_n = \varnothing$, $n \in \mathbb{Z}^+$. 则 $\bigcup\limits_{n=1}^{\infty} A_n = \varnothing$, $A_iA_j = \varnothing$, $i \neq j$, $i, j = 1, 2, \cdots$. 由概率的可列可加性得

$$P(\varnothing) = P\left(\bigcup_{i=1}^{\infty} A_i\right) = \sum_{i=1}^{\infty} P(A_i) = \sum_{i=1}^{\infty} P(\varnothing).$$

由概率的非负性知, $P(\varnothing) \geqslant 0$, 故由上式知 $P(\varnothing) = 0$. □

性质 1.2.2 (有限可加性) 若 $A_1, A_2, \cdots, A_n$ 是两两互不相容的事件, 则

$$P(A_1 \cup A_2 \cup \cdots \cup A_n) = P(A_1) + P(A_2) + \cdots + P(A_n).$$

证明 设 $A_{n+1} = A_{n+2} = \cdots = \varnothing$. 则 $A_iA_j = \varnothing, i \neq j$, $i, j = 1, 2, \cdots$. 故

$$\begin{aligned} P(A_1 \cup A_2 \cup \cdots \cup A_n) &= P\left(\bigcup_{k=1}^{\infty} A_k\right) = \sum_{k=1}^{\infty} P(A_k) = \sum_{k=1}^{n} P(A_k) + 0 \\ &= P(A_1) + P(A_2) + \cdots + P(A_n). \end{aligned}$$ □

性质 1.2.3 (减法公式) 设 A, B 是两个事件, 则

$$P(B - A) = P(B) - P(BA).$$

若 $A \subset B$, 则

$$P(B-A)=P(B)-P(A).$$

由概率的非负性, 立即得到如下的单调性.

性质 1.2.4 (单调性) 设 A, B 是两个事件, 若 $A \subset B$, 则 $P(A) \leqslant P(B)$.

性质 1.2.5 对于任一事件 A, $P(A) \leqslant 1$.

性质 1.2.6 对于任一事件 A, $P(\overline{A})=1-P(A)$.

性质 1.2.7 (加法公式) 对于任意两个事件 A, B,

$$P(A \cup B)=P(A)+P(B)-P(AB).$$

证明 因为 $A \cup B=A \cup(B-AB)$, 且 $A(B-AB)=\varnothing$, $AB \subset B$, 故

$$P(A \cup B)=P(A)+P(B-AB)=P(A)+P(B)-P(AB). \qquad \square$$

性质 1.2.7 还能推广到多个事件的情形. 例如, 设 A_1, A_2, A_3 为任意三个事件, 则

$$\begin{aligned} P(A_1 \cup A_2 \cup A_3)=&P(A_1)+P(A_2)+P(A_3) \\ &-P(A_1A_2)-P(A_1A_3)-P(A_2A_3)+P(A_1A_2A_3). \end{aligned}$$

一般地, 对于任意 n 个事件 $A_1, A_2, \cdots, A_n$, 可以用归纳法证明下式成立.

$$\begin{aligned} P\left(\bigcup_{i=1}^{n} A_i\right)=&\sum_{i=1}^{n} P(A_i)-\sum_{1 \leqslant i<j \leqslant n} P(A_iA_j) \\ &+\sum_{1 \leqslant i<j<k \leqslant n} P(A_iA_jA_k)+\cdots+(-1)^{n-1} P(A_1A_2\cdots A_n). \end{aligned}$$

根据概率的有限可加性, 也可以证明概率的次可加性, 即对一般的 n 个 (未必两两互不相容的) 事件 $A_1, A_2, \cdots, A_n$,

$$P(A_1 \cup A_2 \cup \cdots \cup A_n) \leqslant P(A_1)+P(A_2)+\cdots+P(A_n).$$

例 1.2.2 已知 $P(\overline{A})=0.5, P(\overline{A}B)=0.2, P(B)=0.4$, 求

(1) $P(AB)$; (2) $P(A-B)$; (3) $P(A \cup B)$; (4) $P(\overline{A}\,\overline{B})$.

解 (1) 因为 $B=AB+\overline{A}B$, 所以 $P(B)=P(AB)+P(\overline{A}B)$, 从而

$$P(AB)=P(B)-P(\overline{A}B)=0.4-0.2=0.2.$$

(2) 因为 $P(A)=1-P(\overline{A})=1-0.5=0.5$, 所以

$$P(A-B)=P(A)-P(AB)=0.5-0.2=0.3.$$

(3) $P(A\cup B)=P(A)+P(B)-P(AB)=0.5+0.4-0.2=0.7.$

(4) $P\left(\overline{A}\,\overline{B}\right)=P\left(\overline{A\cup B}\right)=1-P(A\cup B)=1-0.7=0.3.$ 当然也可以由减法公式来计算, 即

$$P\left(\overline{A}\,\overline{B}\right)=P\left(\overline{A}\right)-P\left(\overline{A}B\right)=0.5-0.2=0.3. \qquad \square$$

三、 古典概型和几何概型

1. 古典概型

概率的统计定义给出了近似计算概率的一种方法, 但是某些问题本身具有某种"均匀性"或"对称性", 导致各样本点发生的可能性相等, 可以直接用理论分析的方法计算事件的概率.

以掷硬币为例, 人们自然想到由于硬币两面是对称的, 所以出现正面及反面的可能性都是 0.5. 在概率论研究的初期, 主要讨论的随机试验都和该例一样，具有以下两个共同特点:

(1) 试验的样本空间只包含有限个样本点;

(2) 试验中每个样本点 (基本事件) 发生的可能性是相同的.

具有以上两个特点的随机试验的模型称为**古典概型**. 由于古典概型中每个基本事件的发生具有等可能性, 所以古典概型也称为**等可能概型**. 古典概型在概率论中占有相当重要的地位. 由于其模型的简单, 它可以帮助我们直观地理解概率论的一些基本概念, 因而在实际问题中具有广泛的应用.

设随机试验 E 为古典概型, 样本空间 $\Omega=\{\omega_1,\omega_2,\cdots,\omega_n\}$. 则根据概率的公理化定义,

$$1=P(\Omega)=P(\{\omega_1\})+P(\{\omega_2\})+\cdots+P(\{\omega_n\}).$$

而根据基本事件的等可能性,

$$P(\{\omega_1\})=P(\{\omega_2\})=\cdots=P(\{\omega_n\}),$$

所以

$$P(\{\omega_i\})=\frac{1}{n},\quad i=1,2,\cdots,n.$$

若事件 A 包含 k 个样本点, 设为 $A=\{\omega_{i_1},\omega_{i_2},\cdots,\omega_{i_k}\}$, 则根据有限可加性,

$$P(A)=P\left(\bigcup_{j=1}^{k}\{\omega_{i_j}\}\right)=\sum_{j=1}^{k}P\left(\{\omega_{i_j}\}\right)=\frac{k}{n}=\frac{A\text{ 包含的样本点数}}{\Omega\text{ 包含的样本点数}}. \tag{1.2.1}$$

上式就是古典概型的概率计算公式.

例 1.2.3 将一枚硬币抛掷三次, 用 H 表示硬币的正面, T 表示硬币的反面.

(1) 设事件 A_1 为 "恰有一次出现正面", 求 $P(A_1)$;

(2) 设事件 A_2 为 "至少有一次出现正面", 求 $P(A_2)$.

解 (1) 试验的样本空间为

$$\Omega = \{\text{HHH}, \ \text{HHT}, \ \text{HTH}, \ \text{THH}, \ \text{HTT}, \ \text{THT}, \ \text{TTH}, \ \text{TTT}\},$$

而事件 A_1 则可表示为

$$A_1 = \{\text{HTT}, \ \text{THT}, \ \text{TTH}\}.$$

故, 根据式 (1.2.1), 可得

$$P(A_1) = \frac{3}{8}.$$

(2) 考虑事件 A_2 的对立事件 $\overline{A_2} = \{\text{TTT}\}$, 故

$$P(A_2) = 1 - P\left(\overline{A_2}\right) = 1 - \frac{1}{8} = \frac{7}{8}. \qquad \square$$

当样本空间的元素较多时, 一般不再将 Ω 中的元素一一列出, 而只需先分别求出 Ω 与 A 所包含的元素的个数 (即基本事件的个数), 再由古典概型的概率计算公式 (1.2.1) 求出 A 的概率.

古典概型有着多方面应用, 产品抽样检查就是其中之一. 由于工厂产量一般都很高, 如果要对所有产品进行全面检验通常是不可能的也是不经济的, 此外, 在有些情形下, 产品的检验带有破坏性, 如灯泡寿命检验和棉纱强度试验等. 因此, 最适宜的检验方法是采用抽样检查, 即从产品中随机地抽出若干件来检验, 并根据检验结果来判断整批产品的质量.

关于产品的质量, 有多种的检验标准, 如形状、尺寸、等级等. 此处我们考虑最简单的情形, 即把产品分成合格品 (好品) 与次品 (废品) 两个类型的情形. 假如产品的好坏从外形上看不出来, 而且我们又是随机抽样, 则任何一件产品被抽到的可能性都一样, 这正是古典概型.

我们将其模型化. 设一个口袋内装 a 只红球, b 只白球, 且除颜色不同外, 外形完全一样. 当我们从袋子中任意摸出一球时, 这 $a+b$ 只球中的任意一只被摸到的可能性都一样. 若把红球作为废品, 白球作为好品, 则摸球模型就可以描述上述产品抽样问题. 假如产品的检验标准多于两个, 例如一等品、二等品、三等品、等外品等, 则在摸球模型中, 将口袋装入多种颜色的球.

例 1.2.4 (摸球问题) 一个口袋装有 6 只球, 其中 4 只白球, 2 只红球. 从袋中取球两次, 每次随机地取一只. 考虑两种取球方式: (a) 第一次取一只球, 观察其颜色后放回袋中, 搅匀后再取一球; 这种取球方式叫做**放回抽样**. (b) 第一次取一球

不放回袋中, 第二次从剩余的球中再取一球; 这种取球方式叫做**不放回抽样**. 试分别就上面两种情形计算:

(1) 取到的两只球都是白球的概率;

(2) 取到的两只球颜色相同的概率;

(3) 取到的两只球中至少有一只是白球的概率.

解　(a) 放回抽样的情形.

以 A, B, C 分别表示事件 "取到的两只球都是白球", "取到的两只球都是红球", "取到的两只球中至少有一只是白球".

易知, "取到两只颜色相同的球" 这一事件为 $A \cup B$, 而 $C = \overline{B}$, 从而有

$$P(A) = \frac{4 \times 4}{6 \times 6} = \frac{4}{9}, \quad P(B) = \frac{2 \times 2}{6 \times 6} = \frac{1}{9}.$$

由于 $AB = \varnothing$, 则

$$P(A \cup B) = P(A) + P(B) = \frac{5}{9}, \quad P(C) = P\left(\overline{B}\right) = 1 - P(B) = \frac{8}{9}.$$

(b) 不放回抽样的情形, 请读者自己完成. □

例 1.2.5 (与次序无关问题)　袋中有 a 只白球, b 只红球, k 个人依次在袋中取一只球, 记第 i 人取到白球的事件为 B_i, 其中 $i = 1, 2, \cdots, k$, $k \leqslant a + b$. 分别求 B_i 在 (1) 放回抽样, (2) 不放回抽样下的概率.

解　(1) 放回抽样. 显然有

$$P(B_i) = \frac{a}{a+b}, \quad i = 1, 2, \cdots, k.$$

(2) 不放回抽样.　k 个人依次取一只球, 每种取法是一个样本点, 基本事件总数为

$$(a+b)(a+b-1)\cdots(a+b-k+1) = \mathrm{A}_{a+b}^{k},$$

且每个基本事件发生的可能性相同. 当事件 B_i 发生时, 即第 i 人取到白球, 它可以是 a 只白球中的任一只, 有 a 种取法, 而其余 $k-1$ 人取到的 $k-1$ 只球可以是其余 $a+b-1$ 只球中的任意 $k-1$ 只, 类似上述讨论, 共有 A_{a+b-1}^{k-1} 种取法. 于是事件 B_i 包含 $a \cdot \mathrm{A}_{a+b-1}^{k-1}$ 个基本事件, 故

$$P(B_i) = \frac{a \cdot \mathrm{A}_{a+b-1}^{k-1}}{\mathrm{A}_{a+b}^{k}} = \frac{a}{a+b}, \quad i = 1, 2, \cdots, k.$$

值得注意的是, $P(B_i)$ 与 i 无关, 即尽管取球的先后次序不同, 无论放回或不放回, 各人取到白球的概率是一样的. 在现实生活中, 例如在购买福利彩票时, 大家得奖的机会都是一样的. □

例 1.2.6 (分配问题/生日问题) 设有 n 个人, 每个人都等可能地分配到 N 个房间中的任意一间去住, 其中 $N>n$. 求下列事件的概率:

(1) 指定的 n 个房间里各有一个人居住;

(2) 恰有 n 个房间, 每间各住一人.

解 这是古典概型问题. 显然样本点的总数为 N^n, 因而所求的概率分别为

(1) $p_1=\dfrac{n!}{N^n}$;

(2) $p_2=\dfrac{\binom{N}{n}n!}{N^n}=\dfrac{\mathrm{A}_N^n}{N^n}=\dfrac{N(N-1)(N-2)\cdots(N-n+1)}{N^n}$.

有许多问题和本例具有相同的数学模型. 例如, 假设每人的生日在一年 365 天中的任一天是等可能的, 即概率为 1/365, 那么随机选取 $n\,(n\leqslant 365)$ 个人, 他们的生日各不相同的概率为 $365\times364\times\cdots\times(365-n+1)/365^n$. 因而, n 个人中至少有两人生日相同的概率为

$$p=1-\frac{365\times364\times\cdots\times(365-n+1)}{365^n}.$$

经计算可得结果, 见表 1.2.3.

表 1.2.3

n	20	23	30	40	50	64	100
p	0.411	0.507	0.706	0.891	0.970	0.997	0.9999997

从表 1.2.3 可看出, 在仅有 64 人的班级里, “至少有两人生日相同” 这一事件的概率与 1 相差无几. 因此, 如做调查的话, 该事件几乎总是会出现的. □

例 1.2.7 (抽样问题) 设有 N 件产品, 其中有 D 件次品. 今从中任取 n 件, 问其中恰有 $k\,(k\leqslant D)$ 件次品的概率是多少?

解 在 N 件产品中抽取 n 件 (这里是不放回抽样), 所有可能的取法共有 $\binom{N}{n}$ 种, 每一种取法为一基本事件, 且每个基本事件发生的可能性相同. 在 D 件次品中取 k 件, 所有可能的取法有 $\binom{D}{k}$ 种; 在 $N-D$ 件正品中取 $n-k$ 件, 所有可能的取法有 $\binom{N-D}{n-k}$ 种. 由乘法原理知, 在 N 件产品中取 n 件, 恰有 k 件次品的取法共有 $\binom{D}{k}\binom{N-D}{n-k}$ 种. 于是所求概率为

$$p=\frac{\dbinom{D}{k}\dbinom{N-D}{n-k}}{\dbinom{N}{n}}. \tag{1.2.2}$$

式 (1.2.2) 称为**超几何分布的概率公式**. □

例 1.2.8 (配对问题)　房间里有 N 个人参加舞会. 如果所有人都将帽子扔到屋中央混在一起, 然后每人再随机拿一个帽子. 求以下事件的概率:

(1) 没有一个人拿到自己的帽子;

(2) 恰有 k 个人拿到自己的帽子.

解　(1) 记 E_i 为事件 "第 i 人拿到了自己的帽子", $i=1,2,\cdots,N$. 则至少有一人拿到了自己的帽子的概率为

$$\begin{aligned}P\left(\bigcup_{i=1}^{N}E_i\right)=&\sum_{i=1}^{N}P(E_i)-\sum_{1\leqslant i_1<i_2\leqslant N}P(E_{i_1}E_{i_2})+\cdots\\&+(-1)^{n+1}\sum_{1\leqslant i_1<i_2<\cdots<i_n\leqslant N}P(E_{i_1}E_{i_2}\cdots E_{i_n})\\&+\cdots+(-1)^{N+1}P(E_1E_2\cdots E_N).\end{aligned}\tag{1.2.3}$$

把人和帽子都编号为 $1,2,\cdots,N$, 其中编号 i 的帽子表示该帽子属于第 i 个人, $i=1,2,\cdots,N$. 把试验结果记为一个 N 维向量 $\boldsymbol{x}$, 其第 i 个分量 x_i 表示第 i 个人拿到的帽子编号, $i=1,2,\cdots,N$. 因此, $x_1,x_2,\cdots,x_N$ 是 $1,2,\cdots,N$ 的一个排列. 故样本空间共有 $N!$ 个样本点.

进一步, $E_{i_1}E_{i_2}\cdots E_{i_n}$ 表示第 $i_1,i_2,\cdots,i_n$ 个人拿到了自己的帽子, 即试验结果 $\boldsymbol{x}$ 满足

$$x_{i_j}=i_j,\quad j=1,2,\cdots,n.$$

这样的 $\boldsymbol{x}$ 共有 $(N-n)!$ 个. 因此

$$P(E_{i_1}E_{i_2}\cdots E_{i_n})=\frac{(N-n)!}{N!}.$$

由于 $\sum\limits_{i_1<i_2<\cdots<i_n}P(E_{i_1}E_{i_2}\cdots E_{i_n})$ 含有 $\binom{N}{n}$ 个和项, 所以

$$\sum_{i_1<i_2<\cdots<i_n}P(E_{i_1}E_{i_2}\cdots E_{i_n})=\binom{N}{n}\frac{(N-n)!}{N!}=\frac{1}{n!}.$$

将上式代入式 (1.2.3), 得

$$P\left(\bigcup_{i=1}^{N}E_i\right)=1-\frac{1}{2!}+\frac{1}{3!}-\cdots+(-1)^{N+1}\frac{1}{N!}.$$

因此, 没有一人拿到自己的帽子的概率为

$$1-P\left(\bigcup_{i=1}^{N}E_i\right)=1-1+\frac{1}{2!}-\frac{1}{3!}+\cdots+(-1)^{N}\frac{1}{N!}.\tag{1.2.4}$$

当 N 充分大时, 式 (1.2.4) 约等于 $\mathrm{e}^{-1} \approx 0.3678$, 即没有一人拿到自己的帽子的概率接近 0.37.

(2) 下面计算恰好有 k 个人拿到自己的帽子的概率. 假设事件 A 为 "恰好前 k 个人拿到自己的帽子". 则 A 等同于事件 B: "后面 $N-k$ 个人从他们的帽子中随机拿帽子但没有人拿到自己的帽子". 因为

$$P(B) = 1 - 1 + \frac{1}{2!} - \frac{1}{3!} + \cdots + (-1)^{N-k}\frac{1}{(N-k)!},$$

所以, 事件 B 所含的样本点数为

$$(N-k)!\left(1 - 1 + \frac{1}{2!} - \frac{1}{3!} + \cdots + (-1)^{N-k}\frac{1}{(N-k)!}\right). \tag{1.2.5}$$

因为事件 A 与事件 B 相等, 式 (1.2.5) 也为事件 A 所含的样本点数. 从 N 个人中选 k 个人共有 $\binom{N}{k}$ 种可能, 所以, 事件 "恰好有 k 个人拿到自己的帽子" 所含样本点数为

$$\binom{N}{k}(N-k)!\left(1 - 1 + \frac{1}{2!} - \frac{1}{3!} + \cdots + (-1)^{N-k}\frac{1}{(N-k)!}\right).$$

因此, 所求概率为

$$\begin{aligned}
&\frac{\binom{N}{k}(N-k)!\left(1 - 1 + \frac{1}{2!} - \frac{1}{3!} + \cdots + (-1)^{N-k}\frac{1}{(N-k)!}\right)}{N!} \\
&= \frac{1 - 1 + \frac{1}{2!} - \frac{1}{3!} + \cdots + (-1)^{N-k}\frac{1}{(N-k)!}}{k!}.
\end{aligned} \tag{1.2.6}$$

当 N 相对于 k 充分大时, 式 (1.2.6) 接近于 $\mathrm{e}^{-1}/k!$. 数列 $\{\mathrm{e}^{-1}/k! : k \in \mathbb{Z}^+\}$ 非常重要, 它与泊松分布有关, 我们将在后文中介绍. □

例 1.2.9 (圆桌问题) 10 对夫妇围坐成一圈, 求没有一对夫妇坐在一起的概率.

解 记 E_i 为事件 "第 i 对夫妇坐在一起", $i = 1, 2, \cdots, 10$. 因此, 至少有一对夫妇坐在一起的概率为

$$\begin{aligned}
P\left(\bigcup_{i=1}^{10} E_i\right) = &\sum_{i=1}^{10} P(E_i) - \cdots + (-1)^{n+1} \sum_{1 \leqslant i_1 < i_2 < \cdots < i_n \leqslant 10} P(E_{i_1}E_{i_2}\cdots E_{i_n}) \\
&+ \cdots - P(E_1E_2\cdots E_{10}).
\end{aligned}$$

注意到 20 个人坐成一圈, 共有 19! 种可能排位, 即样本空间有 19! 个基本事件. 下面计算 $P(E_{i_1}E_{i_2}\cdots E_{i_n})$. 对于指定的第 $i_1, i_2, \cdots, i_n$ 对夫妇, 如果他们都坐在一起, 把每对夫妇看成一个对象, 则有 $20-n$ 个对象围坐在一圈, 共有 $(20-n-1)!$

种排位方法, 当排位确定以后, 这 n 对夫妇中每对夫妇之间又有排位选择, 是男左女右还是男右女左. 因此, 共有 $2^n(19-n)!$ 种排位方法. 故

$$P(E_{i_1}E_{i_2}\cdots E_{i_n})=\frac{2^n(19-n)!}{19!},$$

从而

$$P\left(\bigcup_{i=1}^{10}E_i\right)=\binom{10}{1}2^1\frac{18!}{19!}-\binom{10}{2}2^2\frac{17!}{19!}+\cdots-\binom{10}{10}2^{10}\frac{9!}{19!}\approx 0.6605.$$

所以, 没有一对夫妻坐在一起的概率为

$$1-P\left(\bigcup_{i=1}^{10}E_i\right)\approx 0.3395.$$

□

例 1.2.10 (对称问题) 甲有 $n+1$ 个硬币, 乙有 n 个硬币, 双方投掷完所有硬币后进行比较, 求甲掷出的正面数比乙掷出的正面数多的事件概率.

解 若以 A 记事件 "甲的正面数大于乙的正面数", 则 $\overline{A}$ 表示 "甲的正面数不超过乙的正面数", 但是考虑到甲比乙多一个硬币这一特殊情形, 则 $\overline{A}$ 又表示 "甲的反面数大于乙的反面数". 由硬币的对称性, 显然 $P(\overline{A})=P(A)$. 由于样本空间 $\Omega=A\cup\overline{A}$, $A\cap\overline{A}=\varnothing$, 便可得到 $P(A)=\dfrac{1}{2}$. □

例 1.2.11 (小概率事件问题) 某接待站在某一周曾接待过 12 次来访, 已知所有这 12 次接待都是在周二和周四进行的, 问是否可以推断接待时间是有规定的?

解 假设接待站的接待时间没有规定, 则各来访者在一周的任一天去接待站是等可能的, 那么 12 次接待来访者都在周二或周四的概率为

$$\frac{2^{12}}{7^{12}}=0.0000003.$$

人们在长期的实践中总结得到 "概率很小的事件在一次试验中几乎是不发生的". 现在概率很小的事件在一次试验中竟然发生了, 因此有理由怀疑假设的正确性, 从而推断接待时间是有规定的. □

2. 几何概型

古典概型是关于试验结果有限个且等可能的概率模型, 对于试验结果为无穷多时, 古典概型的定义显然不适用. 下面讨论另一种特殊的随机试验模型, 即几何概型. 在该模型中借助于几何度量 (长度、面积、体积) 来计算事件的概率. 几何概型的样本空间是不可列的, 但仍具有某种等可能性, 在这个意义上讲, 几何概型是古典概型的推广.

先从几个简单的例子开始.

例 1.2.12 某人午觉醒来, 发现表停了, 他打开收音机, 想听电台整点报时, 求他等待的时间不超过 10 分钟的概率.

例 1.2.13 如果在一个 $5\times10^4\text{km}^2$ 的海域里有表面积达 40km^2 的大陆架贮藏着石油, 在这个海域里随意选定一点钻探, 问钻探到石油的概率是多少?

例 1.2.14 在 400mL 自来水中有一个大肠杆菌, 今从中随机取出 2mL 水样放到显微镜下观察, 求发现大肠杆菌的概率.

针对上述问题, 我们解答如下. 在例 1.2.12 中, 因为电台每小时报时一次, 我们自然认为这个人打开收音机时处于两次报时之间, 例如 13: 00 至 14: 00, 而且他打开收音机的时间点是等可能的, 要使等待时间不超过 10 分钟, 只有当他打开收音机的时间点正好处于 13: 50 至 14: 00 之间才有可能, 因此, 所求的概率是 $\dfrac{10}{60}=\dfrac{1}{6}$.

例 1.2.13 中, 由于选点的随机性, 可以认为该海域中每点被选中是等可能的, 因此所求概率等于贮油海域面积与整个海域面积之比, 即等于 $\dfrac{40}{50000}$.

例 1.2.14 中, 由于取水样的随机性, 所求概率等于水样的体积与总体积之比, 即 $\dfrac{2}{400}$.

总之, 在这类问题中, 试验的样本点不可列, 其样本空间 Ω 可用一个可度量的几何体表示, 并且样本点落在 Ω 上每一点都是等可能的. 设事件 $A\subset\Omega$, 样本点落在 A 上的概率与 A 的测度 (如长度、面积、体积等) 成正比而与其位置及形状无关. 因此, 样本点落在 A 上的概率为

$$P(A)=\frac{m(A)}{m(\Omega)}, \tag{1.2.7}$$

其中 $m(A),m(\Omega)$ 分别表示 A,Ω 的测度. 称上述模型为**几何概型**.

例 1.2.15 (等待问题) 公共汽车每隔 5 分钟来一辆, 假定乘客在任一时刻随机到达车站, 试求乘客候车不超过 3 分钟的概率.

解 乘客的候车时间 t 是 $[0,5)$ 中任一点, 即 $\Omega=[0,5)$. 由假设知, 候车时间 t 均匀分布在 Ω 上, 故问题归结为几何概型. 设 A 表示事件 "乘客候车不超过 3 分钟", 则 $A=[0,3]$, 从而

$$P(A)=\frac{m(A)}{m(\Omega)}=\frac{3}{5},$$

此处测度为区间长度. □

例 1.2.16 (会面问题) 甲乙两人相约在 7 点和 8 点之间在某地会面, 先到者等候 20 分钟后就可离去. 设两个人在指定的时间内任意时刻到达, 求两人能会面的概率.

解　设 7 点为计时时刻 0, 以分钟为单位, 用 x, y 分别表示甲、乙到达指定地点的时刻, 则样本空间为 $\Omega=\{(x,y): 0 \leqslant x \leqslant 60, 0 \leqslant y \leqslant 60\}$. 以 A 表示事件 "两人能会面", 则 $A=\{(x,y)\in\Omega: |x-y|\leqslant 20\}$. 由题意知, 这是一个几何概型问题, 故

$$P(A)=\frac{m(A)}{m(\Omega)}=\frac{60^2-40^2}{60^2}=\frac{5}{9}.$$ □

习　题　1.2

1. (1) 从 $1,2,\cdots,n$ 中任取两数, 求 $A=\{$两数之和为偶数$\}$的概率;

(2) 任取两个正整数, 求 "两数之和为偶数" 的概率.

2. (1) 袋中有 7 个白球、3 个黑球, 现从中任取 2 个球, 试求 "所取两球颜色相同" 的概率;

(2) 甲袋中有 5 个白球 3 个黑球, 乙袋中有 4 个白球 6 个黑球, 现从两袋中各取一球, 试求 "所取两球颜色相同" 的概率.

3. 袋中有 a 个黑球、b 个白球, 现将球一只一只依次取出, 试求 "第 k 次取出黑球" 的概率, $1\leqslant k\leqslant a+b$.

4. (1) n 个人任意地坐成一排, 求 "甲、乙两人坐在一起" 的概率;

(2) n 个人随机地围一圆桌而坐, 求 "甲、乙相邻" 的概率;

(3) n 个男生、m 个女生坐成一排, 求 "任意两个女生都不相邻" 的概率, 其中 $m\leqslant n+1$.

5. 从区间 $(0,1)$ 中随机地取两个数, 试求:

(1) "两数之和小于 $\frac{6}{5}$" 的概率;

(2) "两数之积小于 $\frac{1}{4}$" 的概率.

6. (1) 已知事件 A, B 满足 $AB=\overline{A}\,\overline{B}$. 若 $P(A)=a$, 试求 $P(B)$;

(2) 已知事件 A, B 满足 $P(AB)=P(\overline{A}\,\overline{B})$. 若 $P(A)=a$, 试求 $P(B)$.

7. 设 A, B 为两事件, 且 $P(A)=0.4$, $P(B)=0.7$. 问:

(1) 在什么条件下, $P(AB)$ 取得最大值, 最大值是多少?

(2) 在什么条件下, $P(AB)$ 取得最小值, 最小值是多少? 若 $P(B)=0.5$, 结果又如何?

8. 证明:

(1) $P(AB)\geqslant P(A)+P(B)-1$;

(2) $P(A_1A_2\cdots A_n)\geqslant P(A_1)+P(A_2)+\cdots+P(A_n)-(n-1)$.

9. 试证明: 若 A, B 为两事件, 则 $|P(AB)-P(A)P(B)|\leqslant\frac{1}{4}$.

10. (1) 若事件 A, B, C 同时发生必导致事件 D 发生, 证明:

$$P(A)+P(B)+P(C)\leqslant 2+P(D);$$

(2) 设 $P(A)=x, P(B)=2x, P(C)=3x$, 且 $P(AB)=P(BC)$. 证明: $x\leqslant\frac{1}{4}$.

11. (1) 利用概率方法证明下列恒等式: 设 a, b 为任意正整数, 且 $a < b$, 则恒有

$$1+\frac{b-a}{b-1}+\frac{(b-a)(b-a-1)}{(b-1)(b-2)}+\cdots+\frac{(b-a)\times\cdots\times 2\times 1}{(b-1)\cdots(a+1)a}=\frac{b}{a};$$

(2) 试构造概率模型证明等式: 当 $N > n$,

$$1+\frac{N-n}{N}\frac{n+1}{n}+\frac{(N-n)(N-n-1)}{N^2}\frac{n+2}{n}+\cdots+\frac{(N-n)(N-n-1)\cdots 2\times 1}{N^{N-n}}\frac{N}{n}=\frac{N}{n}.$$

1.3 条件概率、全概率公式和贝叶斯公式

一、条件概率与乘法公式

我们分别从古典概型和几何概型的两个例子引入条件概率.

例 1.3.1 将一枚硬币抛掷两次, 观察其出现正反面的情形, 设事件 A 为 "至少有一次为 H", 事件 B" 两次掷出同一面". 求事件 A 已经发生的条件下事件 B 发生的概率.

解 显然, 样本空间为 Ω={HH, HT, TH, TT}, 事件 A={HH, HT, TH}, 事件 B={HH, TT}. 于是在 A 发生的条件下 B 发生的概率, 记为 $P(B|A)$, 且

$$P(B|A)=\frac{1}{3}.$$

注意到, $P(B)=\frac{2}{4}\neq P(B|A)=\frac{1}{3}$; 且 $P(A)=\frac{3}{4}$, $P(AB)=\frac{1}{4}$, 从而

$$P(B|A)=\frac{1}{3}=\frac{P(AB)}{P(A)}.$$ □

例 1.3.2 某人午觉醒来, 发现表停了, 他打开收音机, 想听电台整点报时. 求他在等待不超过 10 分钟的条件下能在 3 分钟内听到报时的概率.

解 样本空间 $\Omega=[0,60)$, 为一个区间, 单位为分钟. 设

$$A=\{\text{等待时间不超过 10 分钟}\}=[0,10],\ B=\{\text{等待时间在 3 分钟内}\}=[0,3].$$

故所求概率为

$$P(B|A)=\frac{3}{10}.$$

注意到, $P(A)=\frac{10}{60}$, $P(AB)=P(B)=\frac{3}{60}$. 容易发现

$$P(B|A)=\frac{3}{10}=\frac{P(AB)}{P(A)}.$$ □

在一般情形下, 我们将上述等式作为条件概率的定义.

定义 1.3.1 设 A, B 是两个事件, 且 $P(A)>0$, 称

$$P(B\,|A)=\frac{P(AB)}{P(A)} \tag{1.3.1}$$

为在事件 A 发生的条件下事件 B 发生的**条件概率** (conditional probability).

不难验证, 条件概率 $P(\cdot\,|A)$ 符合概率公理化定义中的三个条件, 即

(1) (非负性) 对于每一事件 B, $P(B|A)\geqslant 0$;

(2) (规范性) 对于必然事件 Ω, $P(\Omega|A)=1$;

(3) (可列可加性) 设 $B_1, B_2, \cdots$ 是两两互不相容的事件, 则有

$$P\left(\bigcup_{i=1}^{\infty} B_i \middle| A\right)=\sum_{i=1}^{\infty} P(B_i|A).$$

设 $\mathcal{F}$ 为定义在样本空间 Ω 上的 σ- 代数, 则条件概率就是如下函数:

$$P(\,\cdot\,|A):\mathcal{F}\to[0,1],$$

且满足上述三个条件, 因此条件概率也是一种概率, $(\Omega, \mathcal{F}, P(\,\cdot\,|A))$ 是一个概率空间. 故 1.2 节中关于概率的一些结论都适用于条件概率. 例如, 对于任意事件 B, B_1, B_2,

$$P\left(\overline{B}|A\right)=1-P\left(B|A\right),$$

$$P\left(B_1\cup B_2|A\right)=P(B_1|A)+P(B_2|A)-P(B_1B_2|A).$$

例 1.3.3 某工厂有 400 名职工, 其中男女职工各占一半, 男女职工中技术优秀的分别为 20 人与 40 人. 从中任选一名职工, 试问: 已知选出的是男职工, 他技术优秀的概率是多少?

解 设 A 表示事件 “选出的职工为男职工”, B 表示事件 “选出的职工技术优秀”.

方法一: 按古典概型的计算方法,

$$P(B\,|A)=\frac{20}{200}=\frac{1}{10}.$$

方法二: 按条件概率定义和式 (1.3.1),

$$P(B\,|A)=\frac{P(AB)}{P(A)}=\frac{20/400}{200/400}=\frac{1}{10}.$$ □

由条件概率的定义, 立即可得以下公式.

定理 1.3.1 (乘法公式) 设 $P(A)>0$, 则 $P(AB)=P(A)P(B|A)$.

上式容易推广到多个事件的积事件. 例如, 设 A,B,C 为事件, 且 $P(AB)>0$, 则

$$P(ABC)=P(A)P(B|A)P(C|AB).$$

注意到由假设 $P(AB)>0$ 可推得 $P(A)\geqslant P(AB)>0$.

一般地, 设 $A_1,A_2,\cdots,A_n$ 为 n 个事件, $n\geqslant 2$, 且 $P(A_1A_2\cdots A_{n-1})>0$, 则

$$P(A_1A_2\cdots A_n)=P(A_1)P(A_2|A_1)\cdots P(A_n|A_1A_2\cdots A_{n-1}).$$

例 1.3.4 设某光学仪器厂制造的透镜第一次落下时打破的概率为 1/2; 若第一次落下未打破, 第二次落下打破的概率为 7/10; 若前两次落下未打破, 第三次落下打破的概率为 9/10. 试求透镜落下三次而未打破的概率.

解 以 A_i 表示事件 "透镜第 i 次落下打破", $i=1,2,3$, 则 $\overline{A_1}\ \overline{A_2}\ \overline{A_3}$ 表示事件 "透镜落下三次而未打破". 故

$$\begin{aligned}P(\overline{A_1}\ \overline{A_2}\ \overline{A_3})&=P(\overline{A_1})P(\overline{A_2}|\overline{A_1})P(\overline{A_3}|\overline{A_1}\ \overline{A_2})\\&=\left(1-\frac{1}{2}\right)\left(1-\frac{7}{10}\right)\left(1-\frac{9}{10}\right)=\frac{3}{200}.\end{aligned}$$ □

二、 全概率公式和贝叶斯公式

定义 1.3.2 设 Ω 为试验 E 的样本空间, $B_1,B_2,\cdots,B_n$ 为 E 的一组事件. 若

(i) $B_iB_j=\varnothing, i\neq j,\ i,j=1,2,\cdots,n$;

(ii) $B_1\cup B_2\cup\cdots\cup B_n=\Omega$,

则称 $B_1,B_2,\cdots,B_n$ 为样本空间 Ω 的一个**划分**.

定理 1.3.2 (全概率公式) 设试验 E 的样本空间为 Ω, $B_1,B_2,\cdots,B_n$ 为 Ω 的一个划分, 且 $P(B_i)>0$, $i=1,2,\cdots,n$, 则对 E 的任意事件 A,

$$P(A)=\sum_{i=1}^{n}P(B_i)P(A|B_i). \tag{1.3.2}$$

证明 易见

$$A=A\Omega=A(B_1\cup B_2\cup\cdots\cup B_n)=AB_1\cup AB_2\cup\cdots\cup AB_n,$$

由假设 $P(B_i)>0$, $i=1,2,\cdots,n$, 且 $(AB_i)(AB_j)=\varnothing, i\neq j,\ i,j=1,2,\cdots,n$, 故

$$\begin{aligned}P(A)&=P(AB_1)+P(AB_2)+\cdots+P(AB_n)\\&=P(A|B_1)P(B_1)+P(A|B_2)P(B_2)+\cdots+P(A|B_n)P(B_n).\end{aligned}$$ □

在很多实际问题中 $P(A)$ 不易直接求得, 但容易找到 Ω 的一个划分 $B_1, B_2, \cdots, B_n$, 且 $P(B_i)$ 和 $P(A|B_i)$ 或为已知或容易求得, 那么就可以根据全概率公式 (1.3.2) 求出 $P(A)$.

另一个重要公式是下述的贝叶斯 (Bayes) 公式.

定理 1.3.3 (贝叶斯公式)　设试验 E 的样本空间为 Ω, A 为 E 的事件, $B_1, B_2, \cdots, B_n$ 为 Ω 的一个划分, 且 $P(A) > 0, P(B_i) > 0\ (i = 1, 2, \cdots, n)$, 则

$$P(B_i|A) = \frac{P(A|B_i)P(B_i)}{\sum_{j=1}^{n} P(A|B_j)P(B_j)}, \quad i = 1, 2, \cdots, n. \tag{1.3.3}$$

证明　由条件概率公式 (1.3.1) 及全概率公式 (1.3.2),

$$P(B_i|A) = \frac{P(B_iA)}{P(A)} = \frac{P(A|B_i)P(B_i)}{\sum_{j=1}^{n} P(A|B_j)P(B_j)}, \quad i = 1, 2, \cdots, n. \qquad \square$$

例 1.3.5　据资料报道, 某人群的患肺癌的概率约为 0.1%. 在该人群中有 20% 是吸烟者, 他们患肺癌的概率约为 0.4%. 问不吸烟者患肺癌的概率是多少?

解　以 C 记事件 "调查人群中某人患肺癌", 以 A 记事件 "调查人群中某人吸烟". 由题设 $P(C) = 0.001, P(A) = 0.20, P(C|A) = 0.004$. 所求概率为条件概率 $P(C|\overline{A})$. 由全概率公式,

$$P(C) = P(C|A)P(A) + P(C|\overline{A})P(\overline{A}).$$

将上述数据代入, 得

$$0.001 = 0.004 \times 0.20 + P(C|\overline{A}) \times 0.80.$$

解得 $P(C|\overline{A}) = 0.00025$. $\square$

例 1.3.6　对以往数据分析的结果表明, 当机器调整良好时, 产品的合格率为 98%, 而当机器发生某种故障时, 其合格率为 55%. 机器发生某种故障率为 5%. 已知某日早上第一件产品是合格品时, 试问机器调整良好的概率是多少?

解　设 A 为事件 "产品合格", B 为事件 "机器调整良好". 已知 $P(A|B) = 0.98$, $P(A|\overline{B}) = 0.55$, $P(\overline{B}) = 0.05$, $P(B) = 0.95$, 所求概率为 $P(B|A)$. 由贝叶斯公式得

$$P(B|A) = \frac{P(A|B)P(B)}{P(A|B)P(B) + P(A|\overline{B})P(\overline{B})} = \frac{0.98 \times 0.95}{0.98 \times 0.95 + 0.55 \times 0.05} \approx 0.97.$$

这就是说, 当生产出第一件产品是合格品时, 此时机器调整良好的概率为 0.97. 这里, 概率 0.95 是由以往的数据分析得到的, 称为**先验概率.** 而在得到信息 (即生

产出的第一件产品是合格品) 之后再重新加以修正的概率 (即 0.97) 称为**后验概率**. 有了后验概率就能对机器的运行情形有进一步的了解. □

例 1.3.7 根据以往的临床记录, 某种诊断癌症的试验具有如下的效果: 若以 A 表示事件 "试验反应为阳性", 以 C 表示事件 "被诊断者患有癌症", 则有 $P(A|C)=0.95$, $P(\overline{A}|\overline{C})=0.95$. 现在对自然人群进行普查, 被试验的人患有癌症的概率为 0.005, 即 $P(C)=0.005$. 试求 $P(C|A)$.

解 已知 $P(A|C)=0.95$, $P(A|\overline{C})=1-P(\overline{A}|\overline{C})=0.05$, $P(C)=0.005$, $P(\overline{C})=0.995$. 由贝叶斯公式得

$$P(C|A)=\frac{P(A|C)P(C)}{P(A|C)P(C)+P(A|\overline{C})P(\overline{C})}\approx 0.087.$$

本题的结果表明, 虽然 $P(A|C)=0.95$, $P(\overline{A}|\overline{C})=0.95$, 这两个概率都比较高. 但若将此试验用于普查, 则有 $P(C|A)=0.087$, 即试验的正确性只有 8.7% (平均 1000 个具有阳性反应的人中大约只有 87 人患有癌症). 如果不注意到这一点, 将会得出错误的诊断. 这也说明, 若将 $P(A|C)$ 和 $P(C|A)$ 混淆了, 则会造成不良的后果. □

例 1.3.8 在回答一道多项选择题时, 学生可能知道正确答案, 否则就猜一个. 设 p 为他知道正确答案的概率, 则 $1-p$ 为他猜答案的概率. 假定学生猜中正确答案的概率为 $1/m$, 此处 m 就是多项选择题的可选择答案数. 求在已知他回答正确的条件下, 该学生知道正确答案的概率.

解 设 C 和 K 分别表示事件 "该学生回答正确" 和 "该学生知道正确答案", 则

$$\begin{aligned}P(K|C)&=\frac{P(KC)}{P(C)}=\frac{P(C|K)P(K)}{P(C|K)P(K)+P\left(C|\overline{K}\right)P(\overline{K})}\\&=\frac{p}{p+(1/m)(1-p)}=\frac{mp}{1+(m-1)p}.\end{aligned}$$

例如, 当 $m=5, p=1/2$ 时, 则在已知该学生回答正确的条件下, 他知道正确答案的条件概率为 5/6. □

例 1.3.9 一架飞机失踪了, 推测它等可能的坠落在 3 个区域. 设 $1-\beta_i$ 为飞机坠落在第 i 个区域时被发现的概率, 其中 β_i 称为疏忽概率, 它取决于该区域的地理和环境条件. 已知对区域为 1 的搜索没有发现飞机, 求在此条件下, 飞机坠落在第 i 个区域的条件概率, $i=1,2,3$.

解 设 R_i 表示事件 "飞机坠落在第 i 个区域", $i=1,2,3$. 设 E 为事件 "对第

1 个区域的搜索没有发现飞机". 利用贝叶斯公式可得

$$P(R_1|E)=\frac{P(ER_1)}{P(E)}=\frac{P(E|R_1)P(R_1)}{\sum_{i=1}^{3}P(E|R_i)P(R_i)}=\frac{\beta_1\times\frac{1}{3}}{\beta_1\times\frac{1}{3}+1\times\frac{1}{3}+1\times\frac{1}{3}}=\frac{\beta_1}{\beta_1+2}.$$

对于 $i=2,3$,

$$P(R_i|E)=\frac{P(E|R_i)P(R_i)}{P(E)}=\frac{1\times\frac{1}{3}}{\beta_1\times\frac{1}{3}+\frac{1}{3}+\frac{1}{3}}=\frac{1}{\beta_1+2},\quad i=2,3.$$

值得指出的是, 当搜索了第 1 个区域没有发现飞机时, 飞机坠落在第 $j\ (j\neq 1)$ 的概率会增大, 而坠落在第 1 个区域的概率会减小, 而且飞机坠落在第 1 个区域的条件概率是疏忽概率 β_1 的递增函数, 当 β_1 增加时, 也就增大了飞机坠落在第 1 个区域的条件概率. 类似地, $P(R_j|E)\ (j\neq 1)$ 是 β_1 的递减函数. □

习 题 1.3

1. 已知 $P(A)=0.3$, $P(B)=0.4$, $P(A|B)=0.5$; 试求: $P(AB)$, $P(A\cup B)$, $P(B|A)$, $P(B|A\cup B)$, $P(\overline{A}\cup\overline{B}|A\cup B)$.

2. (1) 已知 $P(A)=\frac{1}{2}$, $P(B)=\frac{1}{3}$, $P(A|B)=\frac{1}{6}$, 试求 $P(\overline{A}|\overline{B})$;

(2) 已知 $P(A)=0.8$, $P(B)=0.7$, $P(A-B)=0.2$, 试求 $P(B|\overline{A})$;

(3) 已知 $P(A)=\frac{1}{4}$, $P(B|A)=\frac{1}{3}$, $P(A|B)=\frac{1}{2}$, 试求 $P(\overline{A}\,\overline{B})$.

3. 设 $0<P(A)<1$, $0<P(B)<1$, 已知 $P(B|A)>P(B|\overline{A})$, 证明: $P(A|B)>P(A|\overline{B})$.

4. (1) 设一批产品中一、二、三等品各占 60%, 35%, 5%, 从中任取一件, 结果不是三等品, 求 "取到的是一等品" 的概率;

(2) 设 10 件产品中有 4 件是不合格品, 从中任取两件, 已知其中一件是不合格品, 求 "另一件也是不合格品" 的概率.

5. 在数集 $\{1,2,\cdots,100\}$ 中随机地取一数, 已知取到的数不能被 2 整除, 求 "其能被 3 或 5 整除" 的概率.

6. 一批产品共有 100 件, 其中次品 10 件, 合格品 90 件; 现从中任取一件, 取后不放回, 接连取三次, 试求 "第三次才取到合格品" 的概率.

7. 居民甲给居民乙打电话, 但忘了其电话号码最后一位数字; 因而随机拨号, 如果拨完整个电话号码视作完成一次拨号, 且假设乙的电话不占线, 试求:

(1) "直到第 k 次才拨通乙的电话" 的概率;

(2) "不超过 k 次而拨通乙的电话" 的概率.

8. 以 A_t 表示 "一分子在 $(0,t]$ 内不与其他分子碰撞", 假设分子在 $(0,t]$ 内不发生碰撞的条件下, 在 $(t,t+\Delta t]$ 内发生碰撞" 的概率为 $\lambda\Delta t+o(\Delta t)$, 试求 $P(A_t)$.

9. 袋中有 4 个白球 1 个红球共 5 只球, 现有 5 人依次从袋中各取一球, 取后不放回, 试求 "第 i 人取到红球" 的概率, $i = 1, 2, \cdots, 5$.

10. 两台车床加工同样的零件, "第一台出现不合格品" 的概率是 0.03, "第二台出现不合格品" 的概率是 0.06, 加工出来的零件放在一起, 并且已知第一台加工的零件比第二台加工的零件多一倍,

(1) 试求 "任取一个零件是合格品" 的概率;

(2) 如果取出的零件是不合格品, 求 "它是由第二台车床加工" 的概率.

11. (1) 甲袋中有 2 只白球 1 只黑球, 乙袋中有 1 只白球 2 只黑球, 今从甲袋中任取一球放入乙袋, 再从乙袋中任取一球, 求 "此球是白球" 的概率;

(2) 甲袋中有 5 只黑球和 1 只白球, 乙袋中有 6 只黑球, 每次从甲乙两袋中随机各取一球交换放入另一袋中, 依次取三次, 求 "白球仍在甲袋中" 的概率;

(3) n 只袋中各有 4 只白球、6 只黑球, 而另一袋中有 5 只白球、5 只黑球, 今从 $n+1$ 只袋中任选一袋, 从中随机取两球, 都是白球, 在这种情形下, 有 5 只黑球、3 只白球留在所选袋中的概率为 $\dfrac{1}{7}$, 试求 n.

12. 证明: $P(A|B) = P(A|BC)P(C|B) + P(A|B\overline{C})P(\overline{C}|B)$.

13. (1) 某商店正在销售 10 台彩电, 其中 7 台是一级品, 3 台是二级品, 某人到商店时, 彩电已售出 2 台, 试求 "此人能买到一级品" 的概率;

(2) 送检的两批灯泡在运输中各打碎一只, 若每批 10 只, 且第一批中有一只次品, 第二批中有两只次品. 现从剩下的灯泡中任取一只, 求 "取到次品" 的概率.

14. 有两箱零件, 第一箱装 50 件, 其中 10 件是一等品. 第二箱装 30 件, 其中 18 件是一等品. 现从两箱中随意挑出一箱, 然后从该箱中先后任取两个零件, 求

(1) "第一次取出一等品" 的概率;

(2) "第二次取出一等品" 的概率;

(3) 在第一次取出一等品的条件下, "第二次取出的仍然是一等品" 的概率;

(4) 在第二次取出一等品的条件下, "第一次取出的仍然是一等品" 的概率.

15. 设某批产品共 50 件, 其中有 $0, 1, 2, 3, 4$ 件次品的概率分别为 $0.37, 0.37, 0.18, 0.06, 0.02$. 现从该批产品中任取 10 件, 检查出 1 件次品. 试求 "该批产品中次品不超过 2 件" 的概率.

16. 设有来自三个地区的分别有 10 名, 15 名和 25 名考生的报名表, 其中女生报名表分别有 3 份, 7 份和 5 份. 现随机地抽取一个地区的报名表, 从中先后抽出两份,

(1) 求 "先抽到的是一份女生表" 的概率;

(2) 已知后抽到的是一份男生表, 求 "先抽到的是一份女生表" 的概率.

17. 玻璃杯成箱出售, 每箱 20 只. 假设各箱有 $0, 1, 2$ 只次品的概率分别为 $0.8, 0.1, 0.1$. 一个顾客欲购一箱玻璃杯, 在购买时售货员随机取一箱, 顾客开箱随机地查看 4 只, 若无次品, 就买下这箱玻璃杯; 否则退回. 试求

(1) "顾客买下这箱玻璃杯" 的概率;

(2) "在顾客买下的一箱中, 确实没有次品" 的概率.

18. (末步分析法)

(1) 连续 n 次掷一枚硬币, 第一次掷出正面的概率为 a, "第二次以后每次出现与前一次相同面" 的概率为 b, 求 "第 n 次掷出正面" 的概率;

(2) 设有 n 个袋子, 每只袋中有 a 只黑球和 b 只白球, 现从第一个袋中任取一球放入第二个袋中, 然后从第二个袋中任取一球放入第三个袋子, 依此下去, 问: "从第 n 个袋子中任取一球是黑球" 的概率.

19. (首步分析法)

(1) (赌徒破产问题) 设某赌徒有赌本 $i\,(i \geqslant 1)$ 元, 其对手有赌本 $a-i(a-i \geqslant 0)$ 元, 每赌一次该赌徒以 p (或 $q=1-p$) 的概率赢 (或输) 一元, 赌博一直进行到两赌徒中有一人破产为止, 试求 "该赌徒破产" 的概率;

(2) (玻利亚概型) 罐中有 a 只黑球和 b 只白球, 每次从中任取一球并连同 c 只同色球一起放回, 如此反复进行, 试求 "第 n 次取球时取出黑球" 的概率. 注: $c=0$ 时意味着放回抽样, $c=-1$ 时即无放回抽样.

1.4　事件的独立性

一、 两个事件的独立性

设 A,B 是试验 E 的两个事件, 且 $P(A)>0$. 一般情形下, $P(B|A) \neq P(B)$, 即 A 的发生对 B 发生的概率是有影响的. 但在很多情形下, $P(B|A)=P(B)$, 即 A 的发生对 B 发生的概率没有影响. 请看下例.

例 1.4.1　抛甲、乙两枚硬币, 观察正反面出现的情形. 则试验的样本空间为 $\Omega=\{\mathrm{HH}, \mathrm{HT}, \mathrm{TH}, \mathrm{TT}\}$. 设事件 A 为 "甲币出现 H", 事件 B 为 "乙币出现 H". 则

$$P(A)=\frac{1}{2}, \quad P(B)=\frac{1}{2}, \quad P(B|A)=\frac{1}{2}, \quad P(AB)=\frac{1}{4}.$$

在这里我们看到 $P(B|A)=P(B)$, 从而 $P(AB)=P(A)P(B|A)=P(A)P(B)$. 事实上, 甲币是否出现正面对乙币是否出现正面没有影响.

定义 1.4.1　设 A, B 是两事件, 如果满足

$$P(AB)=P(A)P(B),$$

则称事件 A, B **相互独立**, 简称 A, B**独立**.

容易知道以下性质.

性质 1.4.1　必然事件 Ω 及不可能事件 $\varnothing$ 与任何事件独立.

性质 1.4.2　若 $P(A)>0, P(B)>0$, 则 A, B 相互独立与 A, B 互不相容不能同时成立.

性质 1.4.3　设 A, B 是两事件, 且 $P(A)>0$. 若 A, B 相互独立, 则 $P(B|A)=P(B)$. 反之亦然.

性质 1.4.4 设 A, B 是两事件, 下面四个命题等价.

(1) A 与 B 独立;

(2) A 与 $\overline{B}$ 独立;

(3) $\overline{A}$ 与 B 独立;

(4) $\overline{A}$ 与 $\overline{B}$ 独立.

证明 仅证 (1) 与 (2) 等价. 若命题 (1) 成立, 则 $P(AB) = P(A)P(B)$. 因为 $A = A(B \cup \overline{B}) = AB \cup A\overline{B}$, 所以

$$P(A) = P(AB \cup A\overline{B}) = P(AB) + P(A\overline{B}) = P(A)P(B) + P(A\overline{B}).$$

故

$$P(A\overline{B}) = P(A)(1 - P(B)) = P(A)P(\overline{B}),$$

即 A 与 $\overline{B}$ 独立, 从而命题 (2) 成立.

反之, 若命题 (2) 成立, 注意到 $\overline{\overline{B}} = B$, 在上述证明中, 以 $\overline{B}$ 替换 B, 则可推得命题 (1) 成立. □

二、多个事件的独立性

下面将独立性的概念推广到两个以上事件的情形.

定义 1.4.2 设 A,B,C 是三个事件, 如果满足等式

$$\begin{cases} P(AB) = P(A)P(B), \\ P(BC) = P(B)P(C), \\ P(AC) = P(A)P(C), \end{cases}$$

则称事件 A,B,C **两两独立.**

进一步, 若事件 A,B,C 两两独立, 且满足 $P(ABC) = P(A)P(B)P(C)$, 则称事件 A,B,C **相互独立.**

一般地, 多个事件的独立性定义如下:

定义 1.4.3 设 $A_1, A_2, \cdots, A_n$ 是 n $(n \geqslant 2)$ 个事件, 如果对指标集 $\{1, 2, \cdots, n\}$ 的任意非空子集 S, 都有

$$P\left(\prod_{i \in S} A_i\right) = \prod_{i \in S} P(A_i).$$

则称事件 $A_1, A_2, \cdots, A_n$ **相互独立.**

由定义 1.4.3, 可以得到以下两个结论.

性质 1.4.5 若事件 $A_1, A_2, \cdots, A_n$ $(n \geqslant 2)$ 相互独立, 则其中任意 k $(2 \leqslant k \leqslant n)$ 个事件也是相互独立的.

性质 1.4.6　若 n 个事件 $A_1, A_2, \cdots, A_n$ $(n \geqslant 2)$ 相互独立, 则将 $A_1, A_2, \cdots, A_n$ 中任意若干事件换成它们的对立事件, 所得的 n 个事件仍相互独立.

例 1.4.2　一个系统 (或元件) 能正常工作的概率称为系统 (或元件) 的可靠性. 设有 4 个独立工作的元件 1,2,3,4 按先串联再并联的方式连接 (称为串并联系统); 如图 1.4.1 所示. 设第 i 个元件的可靠性为 $p_i(i=1,2,3,4)$, 试求系统的可靠性.

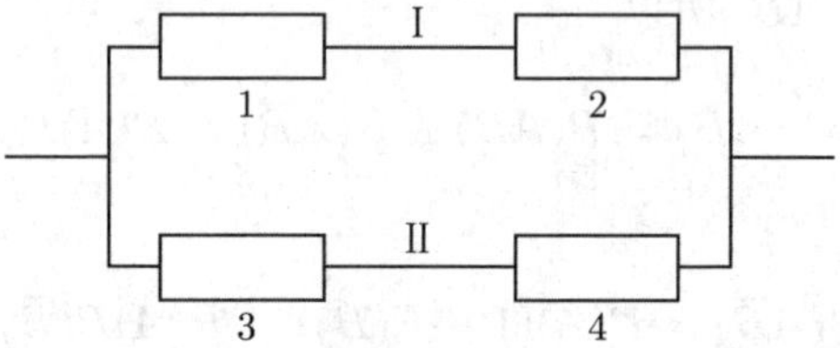

图 1.4.1

解　以 A_i $(i=1,2,3,4)$ 表示事件 "第 i 个元件正常工作", 以 A 表示事件 "系统正常工作". 系统由两条线路 I 和 II 组成, 系统能正常工作当且仅当至少有一条线路中的两个元件均正常工作. 故 $A=A_1A_2 \bigcup A_3A_4$. 由事件的独立性, 可得

$$\begin{aligned}P(A) &= P(A_1A_2)+P(A_3A_4)-P(A_1A_2A_3A_4)\\&= P(A_1)P(A_2)+P(A_3)P(A_4)-P(A_1)P(A_2)P(A_3)P(A_4)\\&= p_1p_2+p_3p_4-p_1p_2p_3p_4.\end{aligned}$$

□

三、 伯努利概型

设试验 E 只有两种可能结果 A 和 $\overline{A}$, 则称 E 为**伯努利** (Bernoulli) **试验**. 例如, 掷一枚硬币观察其正面出现还是反面出现, 抽取一件产品考察其是正品还是次品等. 有些试验结果不止两个, 如果只对某事件 A 发生与否感兴趣, 那么可把 A 作为一个结果, $\overline{A}$ 为另一结果, 从而将试验归结为伯努利概型.

定义 1.4.4　由一个伯努利试验独立重复实施而形成的试验序列称为**伯努利试验序列**. 特别地, 由一个伯努利试验独立重复 n 次形成的试验序列称为 n **重伯努利试验**.

性质 1.4.7　在伯努利试验中, 设事件 A 发生的概率为 p, 以 B_k 表示 "事件 A 在第 k 次试验中首次发生", 则 $P(B_k)=(1-p)^{k-1}p$.

证明　事件 B_k 等同于事件 A"在前 $k-1$ 次中均不发生而在第 k 次试验中发生". 由事件独立性立知, $P(B_k)=(1-p)^{k-1}p$. □

性质 1.4.8　在 n 重伯努利试验中, 设事件 A 发生的概率为 p, 则 A 恰好发

生 k 次的概率为 $\binom{n}{k}p^k(1-p)^{n-k}$.

证明 设 A_i 为事件 "在第 i 次试验中事件 A 发生", $i=1,2,\cdots,n$; 并记 $[n]=\{1,2,\cdots,n\}$. 则 "事件 A 恰好发生 k 次" 等同于如下事件:

$$\bigcup_{\substack{S\subset[n]\\|S|=k}}\left(\bigcap_{i\in S}A_i\right)\bigcap\left(\bigcap_{i\notin S}\overline{A_i}\right). \tag{1.4.1}$$

对于式 (1.4.1) 中的一个固定的 S, 根据事件 A_i 的相互独立性,

$$P\left(\left(\bigcap_{i\in S}A_i\right)\bigcap\left(\bigcap_{i\notin S}\overline{A_i}\right)\right)=p^k(1-p)^{n-k}.$$

由于式 (1.4.1) 共有 $\binom{n}{k}$ 个和项, 且任意两个和项都是互不相容的, 因此, 事件 A 恰好发生 k 次的概率为

$$b(k;n,p)=\binom{n}{k}p^k(1-p)^{n-k},\quad k=0,1,2,\cdots,n. \tag{1.4.2}$$

□

如果记 $q=1-p$, 则式 (1.4.2) 为 $\binom{n}{k}p^kq^{n-k}$, 此即为二项式 $(p+q)^n$ 的展开式中含 p^k 的和项. 根据伯努利试验以及概率分布 (1.4.2) 所得到的概率模型, 称为**伯努利概型**.

例 1.4.3 一个工人负责维修 10 台同类型的机床, 在一段时间内每台机床发生故障的概率为 0.3. 求

(1) 这段时间内有 2 到 4 台机床发生故障的概率;

(2) 这段时间内至少有 2 台机床发生故障的概率.

解 各台机床是否发生故障是相互独立的. 设 $n=10,p=0.3,q=1-p=0.7$. 根据伯努利概型,

(1) 所求概率为 $\sum\limits_{k=2}^{4}\binom{10}{k}0.3^k0.7^{10-k}=0.7004$.

(2) 所求概率为 $1-\sum\limits_{k=0}^{1}\binom{10}{k}0.3^k0.7^{10-k}=0.8507$. □

例 1.4.4 已知每枚地对空导弹击中来犯敌机的概率为 0.960, 问需要发射多少枚导弹才能保证击中敌机的概率大于 0.999?

解 设需发射 n 枚导弹, 则由题意

$$1-(1-0.960)^n>0.999,$$

即 $0.040^n<0.001$, 解得

$$n>\frac{\lg 0.001}{\lg 0.04}\approx 2.15.$$

所以 $n=3$, 即需要发射 3 枚导弹. □

习　题　1.4

1. 假设 $P(A)=0.4$, $P(A\cup B)=0.9$, 在以下情形下求 $P(B)$:

(1) A,B 互斥; (2) A,B 独立; (3) $A\subset B$.

2. 甲乙两人独立地对同一目标射击一次, 其命中率分别为 0.8 和 0.7. 现已知目标被击中, 求 “甲命中” 的概率.

3. 若事件 A,B 独立, 且两事件 “仅 A 发生” 与仅 B 发生” 的概率都是 $\frac{1}{4}$, 试求 $P(A)$ 与 $P(B)$.

4. 三人独立地破译一个密码, 他们单独译出的概率分别为 $\frac{1}{3}$, $\frac{1}{4}$, $\frac{1}{5}$. 求 “此密码被译出” 的概率.

5. 一射手对同一目标独立地射击四次, 若 “至少命中一次” 的概率为 $\frac{80}{81}$, 试求该射手进行一次射击的命中率.

6. 三门高射炮独立地向一飞机射击, 已知 “飞机中一弹被击落” 的概率为 0.4, “飞机中两弹被击落” 的概率为 0.8, 中三弹则必然被击落. 假设每门高射炮的命中率为 0.6, 现三门高射炮各对飞机射击一次, 求 “飞机被击落” 的概率.

7. 甲乙两人连续独立地掷 n 次硬币, 试求 “甲乙两人掷出的正面数相等” 的概率.

8. 甲、乙二人轮流射击, 首先命中目标者获胜. 已知甲的命中率为 a, 乙的命中率为 b. 甲先射击, 试求 “甲 (或乙) 获胜” 的概率.

9. 甲、乙两选手进行乒乓球单打比赛, 已知每局中 “甲获胜” 的概率为 0.6, “乙获胜” 的概率为 0.4. 比赛可采用三局两胜制或五局三胜制, 问: 何种赛制对甲更有利?

10. 某电厂由甲乙两台机组并联向一城市供电. 当一台机组发生故障时, 另一台机组能在这段时间满足城市全部用电需求的概率为 0.85. 设每台机组发生故障的概率为 0.1, 且它们是否发生故障相互独立.

(1) 求 “保证城市供电” 的概率;

(2) 若已知电厂机组发生故障, 求 “供电能满足需求” 的概率.

11. 甲乙丙三人同时各自独立地对同一目标进行射击, 三人击中目标的概率分别为 0.4, 0.5, 0.7. 若一人击中目标时目标被击毁的概率为 0.2, 两人击中目标时目标被击毁的概率为 0.6, 三人同时击中目标则目标必定被击毁.

(1) 求 “目标被击毁” 的概率;

(2) 已知目标被击毁, 求 “其是由一人击中” 的概率;

(3) 已知目标被击毁, 求 “其是由甲击中” 的概率.

第1章测试题

Chapter 2

第2章 随机变量与分布函数

第2章课件

随机变量是概率论中的一个重要概念. 许多随机试验结果与数值有关, 某些试验结果看起来似乎与数值无关, 但也可以通过适当处理建立与数值的联系. 本章所讨论的随机变量就是使试验结果数量化, 使得概率论从研究定性事件及其概率拓广为研究定量的随机变量及其分布, 从而为概率论研究引入更多的数学工具和方法.

本章将介绍两类随机变量: 离散型和连续型随机变量, 并讨论其概率分布.

2.1 随机变量及其分布

一、随机变量

定义 2.1.1 设 $X = X(\omega)$ 是定义在 Ω 上的实值函数. 如果对任意的实数 $x \in \mathbb{R}$, 集合 $\{\omega \in \Omega \mid X(\omega) \leqslant x\}$ 为事件或可测集, 则称 X 为**随机变量**(random variable).

在本书中, 一般用大写字母 X, Y, Z, 或希腊字母 ξ, η 等表示随机变量. 通常我们采用记号 $\{X \leqslant x\}$ 表示事件 $\{\omega \in \Omega \mid X(\omega) \leqslant x\}$, 即

$$\{X \leqslant x\} = \{\omega \in \Omega \mid X(\omega) \leqslant x\}.$$

对于记号 $\{X \geqslant x\}, \{x_1 \leqslant X \leqslant x_2\}$ 等可作类似理解, 见例 2.1.1.

由实数集 $\mathbb{R}$ 的所有开区间 (通过取补或可列并) 生成的 σ-代数, 称为博雷尔 (Borel)-代数, 记为 $\mathcal{B}$. 可以验证, $\mathcal{B}$ 也可由形如 $(-\infty, x]$ 的集合生成. 在 $\mathcal{B}$ 上定义测度 μ, 特别地 $\mu(a, b] = b - a$, 其中 $a < b$. 则 $(\mathbb{R}, \mathcal{B}, \mu)$ 构成了一个测度空间. 设 $(\Omega, \mathcal{F}, P)$ 为一个概率空间. 如果函数

$$X : \Omega \to \mathbb{R}$$

满足对任意的 $x \in \mathbb{R}$,

$$X^{-1}((-\infty, x]) := \{\omega \in \Omega \mid X(\omega) \leqslant x\} \in \mathcal{F},$$

则 X 为随机变量. 随机变量要求 $\mathbb{R}$ 中的可测集的逆像在 Ω 中依然是可测集, 由此才能保证其有概率. 有兴趣的读者可查阅概率论或测度论相关书籍.

例 2.1.1 试验 E 为抛一颗骰子, 观察出现的点数. 设随机变量 X 为掷出的点数. 请用随机变量表示事件 $A = \{$掷出的点数不超过 3$\}$, 事件 $B = \{$掷出的点数大于 2$\}$ 以及 $A \cap B$.

解 样本空间 $\Omega = \{\omega_1, \omega_2, \omega_3, \omega_4, \omega_5, \omega_6\}$, 其中 ω_i 表示 " 掷出 'i' 点", $i = 1, 2, \cdots, 6$. 定义 $X(\omega_i) = i, i = 1, 2, \cdots, 6$. 则

$$\begin{aligned} A &= \{X \leqslant 3\} = \{\omega \mid X(\omega) \leqslant 3\} = \{\omega_1, \omega_2, \omega_3\}; \\ B &= \{X > 2\} = \{\omega \mid X(\omega) > 2\} = \{\omega_3, \omega_4, \omega_5, \omega_6\}; \\ A \cap B &= \{2 < X \leqslant 3\} = \{\omega \mid 2 < X(\omega) \leqslant 3\} = \{\omega_3\}. \end{aligned}$$

□

二、分布函数及其性质

定义 2.1.2 设 X 为定义在 Ω 上的随机变量, 称函数

$$F(x) = P(X \leqslant x), \quad -\infty < x < +\infty$$

为随机变量 X 的**累积分布函数** (cumulative distribution function), 简称**分布函数**.

例 2.1.2 在掷硬币打赌试验中, 规定出现正面赢 1 元, 出现反面输 1 元. 以 X 表示赢钱数 (单位: 元), 试求 X 的分布函数.

解 样本空间为 $\{\mathrm{H}, \mathrm{T}\}$, 其中 H 表示正面, T 表示反面. 随机变量 X 定义为 $X(\mathrm{H}) = 1$, $X(\mathrm{T}) = -1$. 对任意 $x \in (-\infty, +\infty)$,

$$\{X \leqslant x\} = \begin{cases} \varnothing, & x < -1, \\ \{\mathrm{T}\}, & -1 \leqslant x < 1, \\ \Omega, & x \geqslant 1, \end{cases}$$

所以,

$$F(x) = \begin{cases} 0, & x < -1, \\ \dfrac{1}{2}, & -1 \leqslant x < 1, \\ 1, & x \geqslant 1. \end{cases}$$

X 的分布函数如图 2.1.1 所示. □

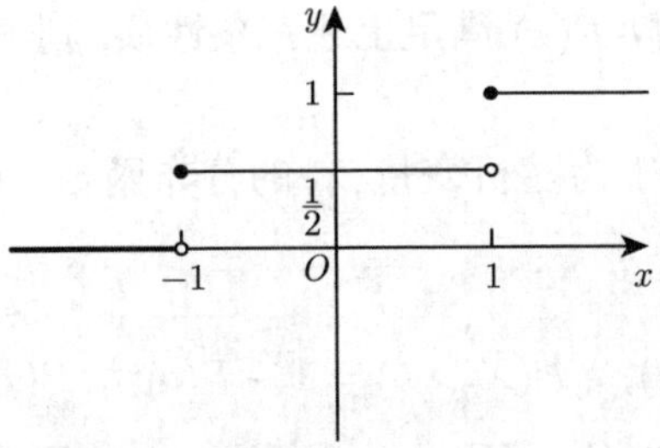

图 2.1.1 例 2.1.2 的分布函数 $y=F(x)$ 的图像

例 2.1.3 随机地向区间 $[a,b]$ 投点, 记 X 为落点的位置, 求 X 的分布函数.

解 样本空间 $\Omega=[a,b]$, X 在 $[a,b]$ 上为恒等映射. 当 $x<a$ 时, $\{X\leqslant x\}=\varnothing$, 故 $F(x)=P(X\leqslant x)=0$.

当 $a\leqslant x<b$ 时, $\{X\leqslant x\}=\{a\leqslant X\leqslant x\}$, 故由几何概型知

$$F(x)=P(a\leqslant X\leqslant x)=\frac{x-a}{b-a}.$$

当 $x\geqslant b$ 时, $\{X\leqslant x\}=\Omega$, 故 $F(x)=P(X\leqslant x)=1$.

综上所述, X 的分布函数为

$$F(x)=\begin{cases}0, & x<a,\\ \dfrac{x-a}{b-a}, & a\leqslant x<b,\\ 1, & x\geqslant b.\end{cases}$$

分布函数的图像见图 2.1.2. □

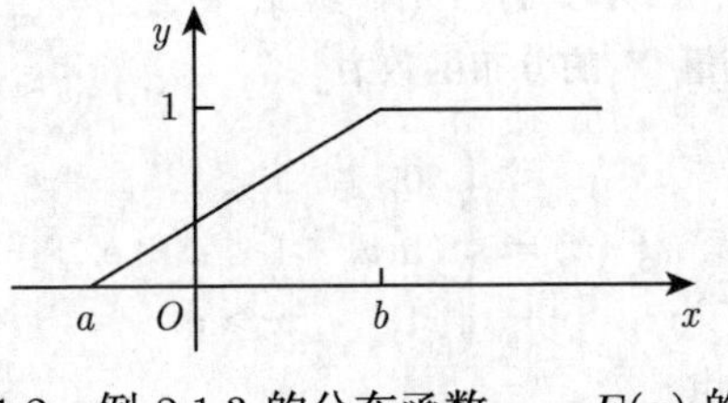

图 2.1.2 例 2.1.3 的分布函数 $y=F(x)$ 的图像

随机变量的分布函数具有下列性质.

定理 2.1.1 设 $F(x)$ 为随机变量 X 的分布函数, 则 $F(x)$ 满足

(1) (单调性) 若 $x_1<x_2$, 则 $F(x_1)\leqslant F(x_2)$;

(2) (规范性) $F(-\infty):=\lim\limits_{x\to-\infty}F(x)=0$, $F(+\infty):=\lim\limits_{x\to+\infty}F(x)=1$;

(3) (右连续性) 对任意 $x_0\in\mathbb{R}$, $\lim\limits_{x\to x_0^+}F(x)=F(x_0)$.

另一方面, 若一个函数 $F(x)$ 满足上述三条性质, 则可以证明, 它必为某个随机变量 X 的分布函数.

定理 2.1.2　设 $F(x)$ 为随机变量 X 的分布函数. 记 $F(x_0-)=\lim\limits_{x\to x_0-}F(x)$. 如果 $a<b$, 则

$$
\begin{aligned}
&P(X\leqslant a)=F(a),\quad P(X>b)=1-F(b),\quad P(x<a)=F(a-);\\
&P(a<X\leqslant b)=F(b)-F(a),\quad P(X=a)=F(a)-F(a-);\\
&P(a\leqslant X\leqslant b)=F(b)-F(a-),\quad P(a<X<b)=F(b-)-F(a).
\end{aligned}
$$

由上可知, 分布函数可以表示随机变量在任何区间内取值的概率, 从而分布函数完全刻画了随机变量.

习　题　2.1

1. 箱中装有次品 a_1,a_2 与正品 b_1,b_2,b_3, 现从中一次取出两件产品,

(1) 写出此试验的样本空间;

(2) 设随机变量 ξ 为所取两件产品中的次品个数, 给出 ξ 在每个样本点上的值;

(3) 写出事件 $\{\xi=0\},\{\xi\leqslant 1\},\{\xi\geqslant 2\}$ 所包含的样本点.

2. (1) 设 (离散型) 随机变量 X 的分布函数为

$$
F(x)=\begin{cases}0, & x<0,\\ 1/4, & 0\leqslant x<3,\\ 1/3, & 3\leqslant x<6,\\ 1, & x\geqslant 6.\end{cases}
$$

试求 $P(X<3),P(X\leqslant 3),P(X>1),P(X\geqslant 1)$.

(2) 设 (连续型) 随机变量 X 的分布函数为

$$
F(x)=\begin{cases}0, & x<1,\\ \ln x, & 1\leqslant x<\mathrm{e},\\ 1, & x\geqslant \mathrm{e}.\end{cases}
$$

试求 $P(X<2),P(0\leqslant X\leqslant 3),P(2<X<2.5)$.

(3) 设 (混合型) 随机变量 X 的分布函数为

$$
F(x)=\begin{cases}0, & x<0,\\ x/2, & 0\leqslant x<1,\\ 2/3, & 1\leqslant x<2,\\ 11/12, & 2\leqslant x<3,\\ 1, & x\geqslant 3.\end{cases}
$$

试求 $P(X<3), P(1\leqslant X<3), P\left(X>\dfrac{1}{2}\right), P(X=3)$.

3. 设随机变量 ξ 的分布函数为 $F(x)$, 试用 $F(x)$ 表示下列事件的概率:

$$\{|\xi|<1\},\quad \{|\xi-2|<3\},\quad \{2\xi+1>5\},\quad \{\xi^2\leqslant 4\},\quad \{\xi^3<8\},\quad \{a\xi+b\leqslant c\}.$$

4. 若 $P(X\geqslant x_1)=1-\alpha$, $P(X\leqslant x_2)=1-\beta$, 其中 $x_1<x_2$. 试求 $P(x_1\leqslant X\leqslant x_2)$.

5. (1) 设 ξ 的分布函数为

$$F(x)=\begin{cases}0, & x\leqslant -1,\\ a+b\arcsin x, & -1<x\leqslant 1,\\ 1, & x>1.\end{cases}$$

试确定常数 a,b;

(2) 设 η 的分布函数为 $F(x)=A+B\arctan x, x\in\mathbb{R}$. 试确定常数 A,B.

6. (1) 在半径为 R 的圆内任取一点, 求此点到圆心距离 X 的分布函数及概率 $P\left(X>\dfrac{2}{3}R\right)$;

(2) 在 ΔABC 内任取一点 P, 记 X 为点 P 到底边 BC 的距离, 试求 X 的分布函数.

7. (1) 设 $F_1(x), F_2(x)$ 分别是两个随机变量的分布函数, $a,b>0$ 且 $a+b=1$. 试证明: $F(x)=aF_1(x)+bF_2(x)$ 也是某个随机变量的分布函数;

(2) 若 $F(x)$ 是一分布函数, 试证: 对任意的 $h>0$, $\Phi(x)=\dfrac{1}{h}\displaystyle\int_x^{x+h}F(t)\mathrm{d}t$ 也是一个分布函数.

2.2 离散型随机变量及其分布

若随机变量 X 至多取可列个值, 则称 X 为**离散型随机变量** (discrete random variable).

定义 2.2.1 设 X 为离散型随机变量, 其可能取值为 $x_1, x_2, \cdots$, 则称

$$p_i=P(X=x_i),\quad i=1,2,\cdots$$

为 X 的**概率分布**(或**分布律**, **分布列**).

分布律也可以写成如下形式:

$$X\sim\begin{pmatrix}x_1 & x_2 & \cdots\\ p_1 & p_2 & \cdots\end{pmatrix}\quad 或\quad \begin{array}{c|ccccc}X & x_1 & x_2 & \cdots & x_n & \cdots\\ \hline P & p_1 & p_2 & \cdots & p_n & \cdots\end{array}$$

根据概率的性质, 可知离散型随机变量的概率分布必具有下列性质:

(1) $p_i\geqslant 0,\ i=1,2,\cdots$;

(2) $\sum_i p_i=1$.

上式 (1), (2) 中 i 的取值可能是有限个, 也有可能是可列个, 视具体问题而定. 根据离散型随机变量 X 的分布律, 可以写出 X 的分布函数

$$F(x) = P(X \leqslant x) = P\left(\bigcup_{i:x_i \leqslant x} \{X = x_i\}\right) = \sum_{i:\ x_i \leqslant x} P(X = x_i) = \sum_{i:x_i \leqslant x} p_i.$$

一般而言, 离散型随机变量的分布函数是一个跳跃函数, 它在每个 x_i 处跳跃, 其跳跃度为 $p_i = F(x_i) - F(x_i-)$. 对离散型随机变量, 分布函数与分布律互相唯一确定, 用分布律来描述离散型随机变量更为方便.

例 2.2.1 设随机变量 X 的分布律为 $P(X = i) = \left(\dfrac{2}{3}\right)^i a,\ i = 1, 2, \cdots$.

(1) 求 a 的值;

(2) 计算 $P(X = 2)$, $P(1 \leqslant X \leqslant 3)$, $P(X \leqslant 2.5)$.

解 (1) 由分布律的性质, $a \cdot \left(\dfrac{2}{3}\right)^i \geqslant 0$, $\sum\limits_{i=1}^{\infty} a \left(\dfrac{2}{3}\right)^i = 1$, 故 $a = \dfrac{1}{2}$.

(2) $P(X = 2) = \dfrac{1}{2} \cdot \left(\dfrac{2}{3}\right)^2 = \dfrac{2}{9}$,

$$P(1 \leqslant X \leqslant 3) = \frac{1}{2} \cdot \left(\left(\frac{2}{3}\right) + \left(\frac{2}{3}\right)^2 + \left(\frac{2}{3}\right)^3\right) = \frac{19}{27},$$

$$P(X \leqslant 2.5) = P(X = 1) + P(X = 2) = \frac{5}{9}.$$

□

例 2.2.2 设离散型随机变量 X 的分布函数为

$$F(x) = P(X \leqslant x) = \begin{cases} 0, & x < -1, \\ 0.4, & -1 \leqslant x < 1, \\ 0.8, & 1 \leqslant x < 3, \\ 1, & x \geqslant 3. \end{cases}$$

试求随机变量 X 的概率分布律.

解 $F(x)$ 有 3 个跳跃点 $-1, 1, 3$. 由于 $P(X = a) = F(a) - F(a-)$, 故 X 的分布律为

$$\begin{pmatrix} -1 & 1 & 3 \\ 0.4 & 0.4 & 0.2 \end{pmatrix}.$$

□

下面介绍几种常见离散型随机变量及其分布的例子.

一、退化分布

在所有分布中, 最简单的分布是退化分布, 即随机变量 X 只取一个值 a, 或

$X:\Omega\to\{a\}$. 因此, $X\sim\begin{pmatrix} a \\ 1 \end{pmatrix}$, 则称 X 服从点 a 处的**退化分布或确定性分布**.

二、两点分布

另一个简单分布是两点分布. 随机变量 X 只取两个值 a,b, 即 X 的分布律为

$$\begin{pmatrix} a & b \\ p & 1-p \end{pmatrix}, \quad 其中\ 0<p<1,$$

则称 X 服从点 a,b 处参数为 p 的**两点分布**.

特别地, 当 $a=1,b=0$ 时, 则两点分布称为参数为 p 的$0-1$ **分布**, 而随机变量 X 称为参数为 p 的**伯努利随机变量**.

在伯努利试验中, 若事件 A 发生的概率为 p, 以 X 表示在一次试验中 A 发生的次数, 则 X 服从参数为 p 的 0-1 分布, 故 0-1 分布又称为**伯努利分布**.

三、二项分布

在伯努利试验中, 事件 A 发生的概率为 $p\,(0<p<1)$. 记 X 为 n 重伯努利试验中事件 A 发生的次数, 则 X 的可能取值为 $0,1,2,\cdots,n$, 且对每一个 $k\ (0\leqslant k\leqslant n)$, $\{X=k\}$ 也就是 "在 n 次试验中事件 A 恰好发生 k 次", 从而根据伯努利概型,

$$P(X=k)=\binom{n}{k}p^kq^{n-k}, \quad 其中 q=1-p,\ k=0,1,\cdots,n. \tag{2.2.1}$$

称具有概率分布 (2.2.1) 的随机变量 X 服从参数为 n,p 的**二项分布**(binomial distribution), 并记为 $X\sim B(n,p)$.

例 2.2.3 (人寿保险) 根据生命表知道, 某年龄段保险者里, 一年中每个人死亡的概率为 0.005, 现有 10000 个这类人参加人寿保险. 试求在未来一年中在这些保险者里面, (1) 有 40 个人死亡的概率; (2) 死亡人数不超过 70 个的概率.

解 作为初步近似, 可以利用二项分布 $B(n,p)$, 其中 $n=10000, p=0.005$.

(1) 所求概率为

$$B(40;10000,0.0005)=\binom{10000}{40}(0.005)^{40}\,(0.995)^{9960}.$$

(2) 设 μ 为未来一年中这些人里面死亡的人数, 则所求概率为

$$\begin{aligned} P(\mu\leqslant 70) &= \sum_{k=0}^{70} B(k;10000,0.005) \\ &= \sum_{k=0}^{70}\binom{10000}{k}(0.995)^{10000-k}. \end{aligned}$$

□

四、几何分布

在伯努利试验序列中, 事件 A 发生的概率为 p, 试验一直进行到 A 发生为止. 以 X 表示到 A 发生时所进行的试验的次数, 显然 X 的取值范围是全体正整数. 由独立性,

$$P(X=k)=q^{k-1}p,\quad \text{其中 } q=1-p,\ k=1,2,\cdots. \tag{2.2.2}$$

由于 $\{q^{k-1}p\}$ 是一个几何数列, 所以称具有概率分布 (2.2.2) 的随机变量 X 服从参数为 p 的**几何分布**, 简记为 $X\sim G(p)$.

例 2.2.4　设 $X\sim G(p)$, 证明: 对任意正整数 m,n,

$$P(X>m+n\mid X>m)=P(X>n).$$

证明　因为

$$P(X>m)=\sum_{k=m+1}^{\infty}q^{k-1}p=\frac{q^mp}{1-q}=q^m,$$

从而由条件概率的定义,

$$\begin{aligned}P(X>m+n)|X>m)=&\frac{P(\{X>m+n\}\bigcap\{X>m\})}{P(X>m)}\\=&\frac{P(X>m+n)}{P(X>m)}=\frac{q^{m+n}}{q^m}=q^n=P(X>n).\end{aligned}$$

上述结论反映了几何分布的无记忆性. □

五、超几何分布

一个袋子装有 N 个白球, M 个黑球, 现从中不放回地抽取 n 个球, 以 X 表示取到白球的数目. 由古典概型定义, 易得

$$P(X=k)=\frac{\dbinom{N}{k}\dbinom{M}{n-k}}{\dbinom{N+M}{n}},\quad 0\leqslant k\leqslant \min\{n,N\}, \tag{2.2.3}$$

称具有概率分布 (2.2.3) 的随机变量 X 服从**超几何分布**.

在超几何分布的实际背景中, 取球是不放回的. 如果取球放回, 仍以 X 表示取到的白球数目, 则这是一个 n 重伯努利试验, 从而

$$P(X=k)=\binom{n}{k}\left(\frac{N}{N+M}\right)^k\left(\frac{M}{N+M}\right)^{n-k},\quad 0\leqslant k\leqslant n.$$

在实际问题中, 当 N, M 都很大, n 相对较小时, 通常将不放回近似地当作放回来处理, 从而可用二项分布来近似代替超几何分布, 也即

$$\frac{\binom{N}{k}\binom{M}{n-k}}{\binom{N+M}{n}} \approx \binom{n}{k}\left(\frac{N}{N+M}\right)^k\left(\frac{M}{N+M}\right)^{n-k}.$$

严格的数学表述是: 当 $N \to \infty, M \to \infty$ 时, $\frac{N}{N+M} \to p$, 则对任意 n 和 k,

$$\frac{\binom{N}{k}\binom{M}{n-k}}{\binom{N+M}{n}} \to \binom{n}{k}p^k(1-p)^{n-k}.$$

六、泊松分布

如果随机变量 X 的所有可能取值为 $0, 1, 2, \cdots$, 其概率分布为

$$P(X=k) = \frac{\lambda^k}{k!}\mathrm{e}^{-\lambda}, \quad k = 0, 1, \cdots, \tag{2.2.4}$$

其中 $\lambda > 0$ 为常数, 则称 X 服从参数为 λ 的**泊松** (Poisson) **分布**, 记为 $X \sim P(\lambda)$.

由泊松分布定义知,

(1) $P(X=k) > 0, k = 0, 1, \cdots$;

(2) $\sum_{k=0}^{\infty}\frac{\lambda^k}{k!}\mathrm{e}^{-\lambda} = \mathrm{e}^{\lambda}\cdot\mathrm{e}^{-\lambda} = 1.$

故 $\left\{\frac{\lambda^k}{k!}\mathrm{e}^{-\lambda}:\ k \in \mathbb{N}\right\}$ 确实是一个概率分布.

泊松分布是在实际生活中经常遇到的一类分布. 例如, 电话交换台在一给定时间内收到的呼叫次数、售票口到达的顾客人数、候车室候车的人数、一个城市一年内发生的火灾次数等等, 均可近似地用泊松分布来描述.

例 2.2.5 一商店的某种商品月销售量 X 服从参数为 $\lambda = 10$ 件的泊松分布.

(1) 求该商店每月销售 20 件以上的概率;

(2) 要以 95% 以上的把握保证不脱销, 商店上月底应进货多少件该商品?

解 (1) $P(X \geqslant 20) = \sum_{k=20}^{\infty}\frac{10^k}{k!}\mathrm{e}^{-10} = 1 - \sum_{k=0}^{19}\frac{10^k}{k!}\mathrm{e}^{-10} \approx 0.003454.$

(2) 查附录的泊松分布表知

$$\sum_{k=0}^{14}\frac{10^k}{k!}\mathrm{e}^{-10} \approx 0.9166 < 0.95, \quad \sum_{k=0}^{15}\frac{10^k}{k!}\mathrm{e}^{-10} \approx 0.9513 > 0.95,$$

故这家商店上月底至少进货 15 件才能以 95% 以上的概率保证不脱销. □

下面的定理给出了二项分布与泊松分布的近似关系.

定理 2.2.1(泊松定理)　设 $\lambda > 0$ 为一个常数, 且 $\lim\limits_{n\to\infty} np_n = \lambda$, 则对任意的非负整数 k,

$$\lim_{n\to\infty}\binom{n}{k}p_n^k(1-p_n)^{n-k} = \frac{\lambda^k}{k!}\mathrm{e}^{-\lambda}, \quad k = 0, 1, 2, \cdots, n.$$

请读者利用数学分析相关知识证明.

由泊松定理的条件, $np_n \to \lambda$ 意味着当 n 很大时 p_n 必然很小. 因此, 上述定理表明当 n 很大, p 很小, $np = \lambda$ 时, 则有近似式

$$\binom{n}{k}p^k q^{n-k} \approx \frac{\lambda^k}{k!}\mathrm{e}^{-\lambda}, \quad k = 0, 1, \cdots, n.$$

这就是说, 当 n 很大, p 很小时, 二项分布可以近似视为泊松分布.

对称地, 若 n 很大而 q 很小时, 记 $nq = \lambda$, 则

$$\binom{n}{k}p^k q^{n-k} = \binom{n}{n-k}q^{n-k}p^{n-(n-k)} \approx \frac{\lambda^{n-k}}{(n-k)!}\mathrm{e}^{-\lambda}, \quad k = 0, 1, \cdots, n.$$

例 2.2.6　设一支步枪射击低空敌机, 命中的概率为 0.001. 现有 5000 支步枪同时向低空敌机射击, 求命中敌机 5 次的概率.

解　以 X 表示击中敌机的次数, 则 $X \sim B(5000, 0.001)$, 从而

$$P(X = 5) = \binom{5000}{5}0.001^5 \times 0.999^{4995} \approx 0.17556.$$

注意到 $n = 5000$ 很大, $p = 0.001$ 很小, $np = 5$, 故由泊松定理,

$$P(X = 5) \approx \frac{5^5}{5!}\mathrm{e}^{-5} \approx 0.17547.$$

读者可以发现上述两个近似值相差甚小. □

例 2.2.7　一批产品的次品率为 0.01, 问在一箱中至少应装多少件商品, 才能使其中正品不少于 100 件的概率在 95% 以上?

解　设每箱应装 $n = 100 + s$ 件商品, 其中 s 是一个小整数, $np = (100 + s) \times 0.01 \approx 1$. 由题设条件, 次品数 $X \sim B(100 + s, 0.01)$, 根据题意应有

$$0.95 \leqslant P(X \leqslant s) \approx \sum_{k=0}^{s}\frac{1}{k!}\mathrm{e}^{-1},$$

查泊松分布表知

$$\sum_{k=0}^{3}\frac{1}{k!}\mathrm{e}^{-1}\approx 0.9810,\quad \sum_{k=0}^{2}\frac{1}{k!}\mathrm{e}^{-1}\approx 0.9197.$$

故 $s=3$, 即每箱应至少装 103 件商品才能保证 95% 以上的概率, 使得其中正品不少于 100 个. □

习 题 2.2

1. 试判断下列分布律中所含的未知参数 c.

(1) $P(\xi=k)=\dfrac{c}{N}$, $k=1,2,\cdots,N$; (2) $P(\xi=k)=\dfrac{c}{3^k\cdot k!}$, $k=0,1,2,\cdots$.

2. 现有三只盒子, 第一只盒中装有 1 只白球 4 只黑球, 第二只盒中装有 2 只白球 3 只黑球, 第三只盒中装有 3 只白球 2 只黑球. 现任取一只盒子, 从中任取 3 只球, 以 X 表示所取到的白球数, 试求:

(1) X 的分布律; (2) “取到白球数不少于 2” 的概率.

3. 某公司有 5 个顾问, 假定每个顾问提供正确意见的概率为 0.6. 现公司就某项事宜是否可行征求各顾问的意见, 并按多数人的意见作出决策, 试求 “公司作出正确决策” 的概率.

4. 现有 5 件产品, 其中 2 件是次品. 每次任取一件测试,

(1) 直到两件次品都找出, 记 X,Y 分别为找出第一件、第二件次品所用的次数, 试求 X,Y 的分布律;

(2) 直到找出两件次品或三件正品为止, 试求需要测试次数 Z 的概率分布.

5. 已知某射手的射击命中率为 $\dfrac{4}{5}$. 现其对一目标射击, 分别以 X,Y 表示直到第一次、第二次命中为止所进行的射击次数, 试求: “X 取奇数”, “$Y=6$” 的概率.

6. 袋中有 5 只球, 编号为 $1,2,3,4,5$. 现从中任取 3 只, 以 X 表示 3 只球中的最大号码; (1) 试求 X 的分布律; (2) 写出 X 的分布函数.

7. 一汽车沿一街道行驶, 需要经过三个设有红绿信号灯的路口. 三个信号灯的亮灯规则是相互独立的, 且每个信号灯的红绿两种信号显示的时间相等. 以 X 表示该汽车首次遇到红灯前已通过的路口个数, 试求 X 的概率分布.

8. (1) 已知随机变量 X 的分布函数为

$$F(x)=\begin{cases}0, & x<0,\\ 0.5, & 0\leqslant x<1,\\ 0.7, & 1\leqslant x<3,\\ 1, & x\geqslant 3,\end{cases}$$

试求 X 的分布律;

(2) 已知随机变量 X 的分布律为

$$\begin{pmatrix}-1 & 0 & 1\\ 0.25 & a & b\end{pmatrix},$$

其分布函数为

$$F(x)=\begin{cases} c, & x<-1, \\ d, & -1\leqslant x<0, \\ 0.75, & 0\leqslant x<1, \\ e, & x\geqslant 1, \end{cases}$$

试求 a,b,c,d,e.

9. (1) 从 1,2,3,4,5 这五个数中任取三个, 按大小顺序排列记为 $x_1<x_2<x_3$. 设 $X=x_2$, 试求: X 的分布及 $P(X<2),P(X>4)$;

(2) 连续 "独立" 地掷 n 次骰子, 记 X,Y 分别为 n 个点数的最小值、最大值, 试求 X,Y 的分布律.

10. (1) 设 $X\sim P(\lambda)$, 试求 X 的最大可能值, 即: 当 k 取何值时, 概率 $P(X=k)$ 取最大值?

(2) 某食品店有 4 名售货员, 据统计每名售货员平均在 1 小时内使用电子秤 15 分钟, 问: 该食品店配置几台电子秤较为合适?

(3) 某公司生产一种配件, 其不合格率为 0.02. 试问: 一箱中至少应装多少配件才能以 95% 的把握保证每箱中有 100 件合格品?

11. (1) 自动生产线在调整之后出现次品的概率为 0.004, 生产过程中只要一出现次品便立即进行调整. 求在两次调整之间生产的正品数 X 的分布律;

(2) 设

$$X\sim\begin{pmatrix} -3 & 0 & 3 & 4 & 7 \\ 0.2 & 0.3 & 0.2 & 0.1 & 0.2 \end{pmatrix}.$$

试求:

$$P(|X|<3),\quad P(-3<X\leqslant 3),\quad P(X\geqslant 2|X\neq 4),\quad P(X<4|X=0).$$

12. 已知运载火箭在飞行中, 进入其仪器舱的宇宙粒子数服从参数为 2 的泊松分布, 而进入仪器舱的粒子随机落到仪器重要部位的概率为 0.1. 求落到仪器重要部位的粒子数的概率分布.

13. 一盒中装有两枚硬币, 一枚是正品, 一枚是次品 (其两面都印有分值). 在盒中随机取一枚, 投掷直至出现分值面, 以 X 表示所需投掷的次数, 试求 X 的分布律.

14. 设实验室器皿中产生甲、乙两类细菌的机会是相等的, 以 X 表示产生细菌的个数, 其分布服从参数为 λ 的泊松分布. 试求:

(1) "产生甲类细菌但没有乙类细菌" 的概率;

(2) 在已知产生了细菌而没有乙类细菌的条件下, "有两个甲类细菌" 的概率.

15. 为保证设备正常工作, 需要配备一些维修工; 如果各台设备发生故障是相互独立的, 且每台设备发生故障的概率都是 0.01. 若某工厂有同类设备 300 台, 为了保证设备发生故障而不能及时修理的概率小于 0.01, 至少应配备多少维修工?

2.3 连续型随机变量及其分布

离散型随机变量只取有限个值或可列多个值, 它的分布函数一般为阶梯函数. 在实际生活中, 随机变量的取值可能充满某个区间或整个实数轴, 其分布函数在 $\mathbb{R}$ 上连续. 当然, 也存在其他类型的非离散随机变量; 见习题 2.1 的第 2 题. 在非离散随机变量中, 一类重要的随机变量是连续型随机变量.

定义 2.3.1 设随机变量 X 的分布函数为 $F(x)$, 若存在非负函数 $f(x)$, 使得对于任意实数 x,

$$F(x)=P(X\leqslant x)=\int_{-\infty}^{x}f(t)\mathrm{d}t, \tag{2.3.1}$$

则称 X 为**连续型随机变量**(continuous random variable), $f(x)$ 称为 X 的**概率密度函数**(probability density function), 简称**概率密度或密度函数**.

由式 (2.3.1), 根据数学分析的知识, 连续型随机变量的分布函数在 $\mathbb{R}$ 上连续, 而且密度函数 $f(x)$ 具有以下性质:

(1) (非负性) $f(x)\geqslant 0, x\in(-\infty,+\infty)$;

(2) (归一性) $\int_{-\infty}^{+\infty}f(x)\mathrm{d}x=1$.

可以证明: 如果一个函数满足上述两条性质, 则它必为某个连续型随机变量的密度函数.

根据连续型随机变量 X 的分布函数 $F(x)$ 的连续性, 可以证明 $P(X=x)=0$, 这是与离散型随机变量的本质区别. 从而

$$\begin{aligned}P(a\leqslant X\leqslant b)=&P(a<X<b)=P(a\leqslant X<b)=P(a<X\leqslant b)\\=&F(b)-F(a)=\int_{a}^{b}f(x)\mathrm{d}x.\end{aligned}$$

对于一般的博雷尔集 B,

$$P(X\in B)=\int_{B}f(x)\mathrm{d}x.$$

若随机变量 X 的密度函数 $f(x)$ 在某点 x_0 连续, 则其分布函数 $F(x)$ 在 x_0 可导, 且

$$F'(x_0)=f(x_0).$$

例 2.3.1 设连续型随机变量 X 的分布函数为

$$F(x)=\begin{cases}0, & x<0,\\ Ax^2, & 0\leqslant x<1,\\ 1, & x\geqslant 1.\end{cases}$$

求常数 A 及密度函数.

解 由 $F(x)$ 的连续性知 $A=1$. 除了 $x=1$ 外, $F(x)$ 可导, 故密度函数

$$f(x)=\begin{cases}2x, & 0<x<1,\\ 0, & \text{其他}.\end{cases}$$

由定积分知识, 改变可积函数在积分区间上有限个点的函数值不影响其可积性以及积分值. 故可设上述 $f(x)$ 为 X 的密度函数. □

例 2.3.2 设随机变量 X 具有密度函数 $f(x)=\dfrac{B}{1+x^2}$, 试求

(1) 常数 B 的值; (2) X 的分布函数; (3) $P(0\leqslant X\leqslant 1)$.

解 (1) 由密度函数的性质,

$$1=\int_{-\infty}^{+\infty}\frac{B}{1+x^2}\mathrm{d}x=B\arctan x\,\Big|_{-\infty}^{+\infty}=B\cdot\pi,$$

所以 $B=\dfrac{1}{\pi}$;

(2) $F(x)=\displaystyle\int_{-\infty}^{x}f(t)\mathrm{d}t=\int_{-\infty}^{x}\frac{1}{\pi(1+t^2)}\mathrm{d}t=\frac{1}{2}+\frac{1}{\pi}\arctan x$;

(3) $P(0\leqslant X\leqslant 1)=\displaystyle\int_{0}^{1}\frac{1}{\pi(1+x^2)}\mathrm{d}x=\frac{1}{4}$. □

由密度函数 $f(x)=\dfrac{1}{\pi(1+x^2)}$ $(x\in\mathbb{R})$ 所定义的概率分布称为**柯西**(Cauchy)**分布**.

下面介绍几种常见的连续型概率分布的例子.

一、均匀分布

均匀分布是连续型随机变量中最简单的一种分布, 它是描述随机变量在某个区间上等可能取值的分布. 具体而言如果随机变量 X 的密度函数为

$$f(x)=\begin{cases}\dfrac{1}{b-a}, & a<x<b,\\ 0, & \text{其他},\end{cases}$$

则称 X 服从 (a,b) 上的**均匀分布**(uniform distribution), 记为 $X\sim U(a,b)$.

若 $X\sim U(a,b)$, 很容易求出它的分布函数为

$$F(x)=\begin{cases}0, & x<a,\\ \dfrac{x-a}{b-a}, & a\leqslant x<b,\\ 1, & x\geqslant b.\end{cases}$$

二、指数分布

如果随机变量 X 的密度函数为

$$f(x)=\begin{cases}\lambda\mathrm{e}^{-\lambda x}, & x>0,\\ 0, & x\leqslant 0,\end{cases}$$

其中 $\lambda>0$ 为常数, 则称 X 服从参数为 λ 的**指数分布**(exponential distribution), 记为 $X\sim E(\lambda)$.

指数分布通常描述对某一事件的等待时间, 例如, 乘客在公共汽车上的等候时间、灯泡的使用寿命等.

考虑一件玻璃制品的使用时间 T, 玻璃制品受到一次或多次强击就损坏; 若不受到强击, 则不会损坏. 设在时间 $[0,t]$ 内玻璃制品受到的强击次数 X_t 服从参数为 λt 的泊松分布, 从而 $P(X_t=0)=\mathrm{e}^{-\lambda t}$, 所以

$$P(T\leqslant t)=P(X_t\geqslant 1)=1-P(X_t=0)=1-\mathrm{e}^{-\lambda t}.$$

显见, 当 $t\leqslant 0$ 时, $P(T\leqslant t)=0$, 从而 T 的分布函数和密度函数分别为

$$F(t)=\begin{cases}1-\mathrm{e}^{-\lambda t}, & t>0,\\ 0, & t\leqslant 0;\end{cases}\quad f(t)=\begin{cases}\lambda\mathrm{e}^{-\lambda t}, & t>0,\\ 0, & t\leqslant 0.\end{cases}$$

这正是参数为 λ 的指数分布.

例 2.3.3 设打一次电话所用时间 $X\sim E\left(\dfrac{1}{10}\right)$(单位: 分钟). 若排队打电话, 求后一个人等待的时间在 10 分钟到 20 分钟之间的概率是多少?

解 $P(10\leqslant X\leqslant 20)=\displaystyle\int_{10}^{20}\frac{1}{10}\mathrm{e}^{-\frac{x}{10}}\mathrm{d}x=\left(-\mathrm{e}^{-\frac{x}{10}}\right)\Big|_{10}^{20}=\mathrm{e}^{-1}-\mathrm{e}^{-2}\approx 0.233.$ □

例 2.3.4 设某元件寿命 X 服从指数分布, 平均寿命为 1000 小时. 求三个这样的元件使用 1000 小时, 至少有一个损坏的概率.

解 由题设知元件寿命 $X\sim E(\lambda)$, 故 $1000=\dfrac{1}{\lambda}$ (请参考 4.1 节), 即 $\lambda=\dfrac{1}{1000}$.

$$P(X\leqslant 1000)=\int_0^{1000}\frac{1}{1000}\mathrm{e}^{-\frac{x}{1000}}\mathrm{d}x=1-\mathrm{e}^{-1}.$$

由独立性可知, 三个元件使用 1000 小时后元件都不损坏的概率为 $\mathrm{e}^{-1}\cdot\mathrm{e}^{-1}\cdot\mathrm{e}^{-1}=\mathrm{e}^{-3}$. 从而使用 1000 小时后, 至少有一个损坏的概率为 $1-\mathrm{e}^{-3}$. □

例 2.3.5 (指数分布的无记忆性) 设 $X\sim E(\lambda)$, 则 X 具有无记忆性, 即对任意正实数 r,s, $P(X>r+s|X>s)=P(X>r)$.

证明 由指数分布的定义易知, 对任意 $s>0$,

$$P(X>s)=\int_s^{+\infty}\lambda \mathrm{e}^{-\lambda x}\mathrm{d}x=\mathrm{e}^{-\lambda s}.$$

从而对任意 $r>0,s>0$, 有

$$\begin{aligned}P(X>r+s|X>s)&=\frac{P(\{X>r+s\}\bigcap\{X>s\})}{P(X>s)}\\&=\frac{P(X>r+s)}{P(X>s)}=\frac{\mathrm{e}^{-\lambda(r+s)}}{\mathrm{e}^{-\lambda s}}=\mathrm{e}^{-\lambda r}=P(X>r).\end{aligned}$$ □

如果某元件的使用寿命 X(单位: 小时) 服从指数分布, 则无记忆性表明, 已知元件使用 s 小时, 它总共能使用 $r+s$ 小时的条件概率, 与从开始使用时算起它至少能使用 r 小时的概率相等. 这就是说, 元件对它已使用过 s 小时没有记忆.

三、 正态分布

如果随机变量 X 的密度函数为

$$f(x)=\frac{1}{\sqrt{2\pi}\sigma}\mathrm{e}^{-\frac{(x-\mu)^2}{2\sigma^2}},\quad x\in(-\infty,+\infty),$$

其中 μ,σ 为常数, 且 $\sigma>0$, 则称 X 服从参数为 μ 和 σ^2 的**正态分布**(normal distribution) 或**高斯**(Gauss)**分布**, 记为 $X\sim N(\mu,\sigma^2)$.

特别地, 当 $\mu=0,\sigma=1$ 时, 称正态分布 $N(0,1)$ 为**标准正态分布**(standard normal distribution).

正态分布的分布函数为

$$F(x)=\frac{1}{\sqrt{2\pi}\sigma}\int_{-\infty}^{x}\mathrm{e}^{-\frac{(t-\mu)^2}{2\sigma^2}}\mathrm{d}t,\quad x\in(-\infty,+\infty).$$

可以验证 $\frac{1}{\sqrt{2\pi}\sigma}\int_{-\infty}^{+\infty}\mathrm{e}^{-\frac{(x-\mu)^2}{2\sigma^2}}\mathrm{d}x=1$, 故 $f(x)$ 确实是一个密度函数. 由定义可知, $f(x)$ 具有下列性质:

(1) $f(x)$ 关于直线 $x=\mu$ 对称;

(2) $f(x)$ 在 $(-\infty,\mu)$ 内单调上升, 在 $(\mu,+\infty)$ 内单调下降, 在 $x=\mu$ 处达到最大值 $\frac{1}{\sqrt{2\pi}\sigma}$;

(3) 当 $x\to\pm\infty$ 时, $f(x)\to 0$, 也即曲线 $f(x)$ 的水平渐近线是 $y=0$.

正态分布 $N(\mu,\sigma^2)$ 的密度函数的图像见图 2.3.1, 其中图 (a) 表示固定 σ 而改变 μ 的图像比较, 图 (b) 表示固定 μ 而改变 σ 的图像比较.

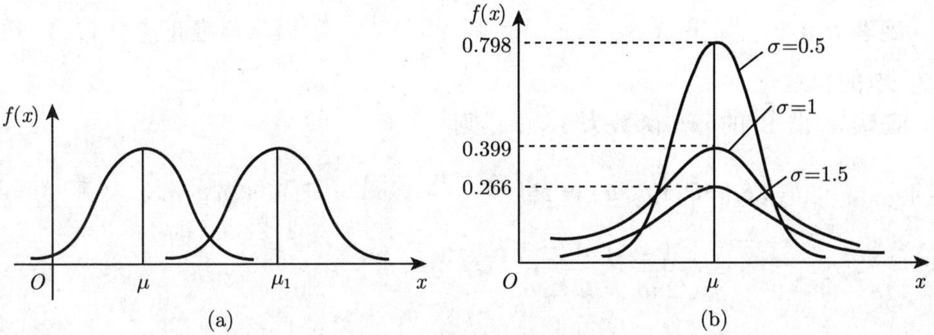

图 2.3.1 正态分布密度函数

根据密度函数的概率意义知, 正态分布在 μ 点附近取值的可能性大, 在距 μ 点越远的地方取值的可能性越小, 也就是所谓“中间大, 两头小”的特性. 曲线 $y=f(x)$ 的最高点 $\left(\mu,\dfrac{1}{\sqrt{2\pi}\sigma}\right)$ 随着 σ 的增大而下降, 随着 σ 的减小而上升. 故 σ 越大, 曲线 $y=f(x)$ 越低平, 相应地 X 的取值越分散.

标准正态分布的密度函数和分布函数分别记为 $\varphi(x)$ 和 $\Phi(x)$. 由于 $\varphi(x)=\dfrac{1}{\sqrt{2\pi}}\mathrm{e}^{-\frac{x^2}{2}}$ 的原函数没有初等表达式, 因而其分布函数 $\Phi(x)$ 不能表示为初等函数. 为此, 对给定的 x, 需要利用数值计算方法求 $\Phi(x)$ 的近似值. 在附录中列出了标准正态分布的分布函数值表, 但表中只列出当 $x\geqslant 0$ 时 $\Phi(x)$ 的值. 由正态分布的对称性, 可以推导出 $\Phi(x)$ 在 $x<0$ 处的值, 即

$$\Phi(-x)=\int_{-\infty}^{-x}\varphi(t)\mathrm{d}t=\int_{x}^{+\infty}\varphi(t)\mathrm{d}t=1-\int_{-\infty}^{x}\varphi(t)\mathrm{d}t=1-\Phi(x),$$

或

$$\Phi(-x)+\Phi(x)=1,\quad x\in(-\infty,+\infty).$$

例 2.3.6 设 $X\sim N(0,1)$, 试求

(1) $P(X\leqslant 1.96)$; (2) $P(X\leqslant -1.96)$; (3) $P(|X|\leqslant 1.96)$; (4) $P(-1\leqslant X\leqslant 2)$.

解 (1) 直接查表可得 $P(X\leqslant 1.96)=\Phi(1.96)\approx 0.975$;

(2) $P(X\leqslant -1.96)=\Phi(-1.96)=1-\Phi(1.96)\approx 0.025$;

(3) $P(|X|\leqslant 1.96)=\Phi(1.96)-\Phi(-1.96)$

$$=2\Phi(1.96)-1\approx 2\times 0.975-1=0.95;$$

(4) $P(-1\leqslant X\leqslant 2)=\Phi(2)-\Phi(-1)=\Phi(2)+\Phi(1)-1$

$$\approx 0.9772+0.8413-1=0.8185.$$ □

对一般正态分布而言, 有如下定理.

定理 2.3.1 如果 $X \sim N(\mu, \sigma^2)$, 则 $Y = \dfrac{X-\mu}{\sigma}$ 服从标准正态分布. Y 通常称为 X 的**标准化**.

证明 设 Y 的分布函数为 $F_Y(x)$, 则

$$\begin{aligned}F_Y(x) =& P(Y \leqslant x) = P\left(\frac{X-\mu}{\sigma} \leqslant x\right) = P(X \leqslant \mu + \sigma x)\\ =& \frac{1}{\sqrt{2\pi}\sigma}\int_{-\infty}^{\mu+\sigma x} \mathrm{e}^{-\frac{(t-\mu)^2}{2\sigma^2}}\mathrm{d}t\\ =& \frac{1}{\sqrt{2\pi}\sigma}\int_{-\infty}^{x} \mathrm{e}^{-\frac{s^2}{2}}\sigma\mathrm{d}s = \frac{1}{\sqrt{2\pi}}\int_{-\infty}^{x} \mathrm{e}^{-\frac{s^2}{2}}\mathrm{d}s = \varPhi(x).\end{aligned}$$

因而 $Y \sim N(0,1)$. □

推论 2.3.1 设 $X \sim N(\mu, \sigma^2), F(x), f(x)$ 分别为 X 的分布函数和密度函数. 设 $\varphi(x)$ 和 $\varPhi(x)$ 分别为标准正态分布的密度函数和分布函数. 则

$$F(x) = \varPhi\left(\frac{x-\mu}{\sigma}\right), \quad f(x) = \frac{1}{\sigma}\varphi\left(\frac{x-\mu}{\sigma}\right).$$

根据定理 2.3.1, 可以把一般正态分布的概率计算转化为标准正态分布来解决.

例 2.3.7 测量一条道路长度的误差 X 服从正态分布 $N(-5, 20^2)$(单位: m). 试求: (1) 误差的绝对值不超过 30m 的概率; (2) 测量长度小于道路真实长度的概率.

解 (1) 由推论 2.3.1,

$$\begin{aligned}P(|X| \leqslant 30) &= P(-30 \leqslant X \leqslant 30)\\ &= \varPhi\left(\frac{30-(-5)}{20}\right) - \varPhi\left(\frac{-30-(-5)}{20}\right)\\ &= \varPhi(1.75) - \varPhi(-1.25)\\ &= \varPhi(1.75) + \varPhi(1.25) - 1\\ &\approx 0.95994 + 0.8944 - 1 = 0.85434.\end{aligned}$$

(2) 由于测量值为真实值与误差之和, 故所求概率为

$$P(X < 0) = \varPhi\left(\frac{0-(-5)}{20}\right) = \varPhi(0.25) \approx 0.5987.$$ □

例 2.3.8 设高等数学考试成绩近似服从正态分布 $X \sim N(70, 100)$, 第 100 名成绩为 60 分, 问第 20 名成绩约为多少分?

解 设考试人数为 n, 由题意,

$$P(X \geqslant 60) = P\left(\frac{X-70}{10} \geqslant \frac{60-70}{10}\right) = 1 - \varPhi(-1) = \varPhi(1) \approx 0.8413.$$

因此, $\frac{100}{n} \approx 0.8413$, 即 $n \approx 118.8$, 可取 $n = 119$.

设第 20 名成绩为 x, 要使 $P(X \geqslant x) = \frac{20}{n} = \frac{20}{119} = 0.1681$, 这等价于

$$\varPhi\left(\frac{x-70}{10}\right) = 1 - 0.1681 = 0.8319,$$

反查正态分布表可得 $\frac{x-70}{10} \approx 0.96$. 故 $x = 70 + 10 \times 0.96 = 79.6$, 即第 20 名成绩约为 79.6 分. □

设 $X \sim N(\mu, \sigma^2)$, 由标准正态分布函数表, 可得

$$P(|X-\mu| < \sigma) = 2\varPhi(1) - 1 \approx 0.6827;$$

$$P(|X-\mu| < 2\sigma) = 2\varPhi(2) - 1 \approx 0.9545;$$

$$P(|X-\mu| < 3\sigma) = 2\varPhi(3) - 1 \approx 0.9973.$$

这表明, X 几乎总在 $(\mu - 3\sigma, \mu + 3\sigma)$ 内取值, 这就是所谓的 3σ-**规则**.

四、Γ 分布

如果随机变量 X 具有密度函数

$$f(x) = \begin{cases} \dfrac{\lambda^r x^{r-1} \mathrm{e}^{-\lambda x}}{\Gamma(r)}, & x > 0, \\ 0, & \text{其他}, \end{cases}$$

其中 $\lambda > 0, r > 0$ 为常数, $\Gamma(r) = \int_0^{+\infty} x^{r-1} \mathrm{e}^{-x} \mathrm{d}x$ 为 Γ 函数, 则称 X 服从参数为 r, λ 的**Γ 分布**, 记为 $X \sim \Gamma(r, \lambda)$. 特别地, 当 $r = 1$ 时, $\Gamma(1, \lambda)$ 就是参数为 λ 的指数分布 $E(\lambda)$.

五、χ^2 分布

如果随机变量 X 的密度函数为

$$f(x) = \begin{cases} \dfrac{1}{2^{\frac{n}{2}} \Gamma\left(\frac{n}{2}\right)} x^{\frac{n-1}{2}} \mathrm{e}^{-\frac{1}{2}x}, & x > 0, \\ 0, & \text{其他}, \end{cases}$$

其中 n 为常数, 称 X 服从参数为 n 的**χ^2 分布**, 记为 $X \sim \chi^2(n)$.

六、对数正态分布

如果随机变量 X 的密度函数为

$$f(x)=\begin{cases}\dfrac{1}{\sqrt{2\pi}\sigma x}\mathrm{e}^{-\frac{(\ln x-\mu)^2}{2\sigma^2}}, & x>0,\\ 0, & \text{其他},\end{cases}$$

则称 X 服从参数为 μ 和 σ^2 的**对数正态分布**, 记为 $X\sim \mathrm{LN}(\mu,\sigma^2)$.

在金融市场理论研究中, 常用对数正态分布来描述金融资产的价格分布.

习　题　2.3

1. 设连续型随机变量 X 的分布函数为

$$F(x)=\begin{cases}0, & x<0,\\ A\sin x, & 0\leqslant x<\dfrac{\pi}{2},\\ 1, & x\geqslant \dfrac{\pi}{2}.\end{cases}$$

试求 (1) A; (2) $P\left(|X|<\dfrac{\pi}{6}\right)$; (3) X 的概率密度函数.

2. 设随机变量 X 的密度函数为

$$f(x)=\begin{cases}x, & 0\leqslant x<1,\\ 2-x, & 1\leqslant x<2,\\ 0, & \text{其他}.\end{cases}$$

试求 (1) X 的分布函数; (2) $P\left(X\geqslant \dfrac{3}{2}\right)$.

3. 设连续型随机变量 X 的分布函数为

$$F(x)=\begin{cases}1-(1+x)\,\mathrm{e}^{-x}, & x\geqslant 0,\\ 0, & x<0.\end{cases}$$

试求 (1) X 的概率密度函数; (2) $P(X<1)$, $P(X\geqslant 2)$, $P(1\leqslant X<2)$.

4. 设随机变量 X 的密度函数为

$$f(x)=\begin{cases}1-|x|, & -1<x<1,\\ 0, & \text{其他}.\end{cases}$$

试求 $P\left(-\dfrac{1}{2}\leqslant X<\dfrac{1}{2}\right)$ 及 X 的分布函数.

5. 设连续型随机变量 X 的分布函数为

$$F(x)=\begin{cases}a\mathrm{e}^{x}, & x<0,\\ b, & 0\leqslant x<1,\\ 1-a\mathrm{e}^{-(x-1)}, & x\geqslant 1.\end{cases}$$

试求 (1) 常数 a,b; (2) 概率密度函数 $f(x)$; (3) $P\left(X>\dfrac{1}{2}\right)$.

6. (1) 已知随机变量 X 的概率密度函数为 $f(x)=c\mathrm{e}^{-|x|}$, $-\infty<x<+\infty$, 试确定常数 c 并求 X 的分布函数;

(2) 求常数 c, 使得 $f(x)=c\mathrm{e}^{1+x-x^2}$ 成为某连续型随机变量 X 的密度函数;

(3) 设 $f(x)=\dfrac{1}{ax^2+bx+c}$. 为使 $f(x)$ 成为某连续型随机变量 X 的密度函数, a,b,c 应该满足什么条件?

7. (1) 设随机变量 X 的密度为

$$f(x)=\begin{cases}\dfrac{1}{3}, & 0\leqslant x\leqslant 1,\\ \dfrac{2}{9}, & 3\leqslant x\leqslant 6,\\ 0, & \text{其他}.\end{cases}$$

若 $P(X\geqslant k)=\dfrac{2}{3}$, 试确定 k 的取值范围;

(2) 设随机变量 X,Y 同分布 (记为 $X\overset{d}{=}Y$), 且 X 的概率密度函数为

$$f(x)=\begin{cases}\dfrac{3}{8}x^2, & 0<x<2,\\ 0, & \text{其他}.\end{cases}$$

已知事件 $A=\{X>a\}$ 与 $B=\{Y>a\}$ 独立, 且 $P(A\cup B)=\dfrac{3}{4}$, 试求常数 a.

8. (1) 设 A 为曲线 $y=2x-x^2$ 与 x 轴所围成的区域, 在 A 中任取一点, 求该点到 y 轴的距离 ξ 的分布函数及密度函数;

(2) 通过点 $(0,1)$ 任意作直线与 x 轴相交成 α 角 $(0<\alpha<\pi)$, 求直线在 x 轴上的截距的概率密度函数;

(3) 向任意 $\triangle ABC$ 内随机地抛掷一点 P, 并将 AP 延长交 CB 于 Q, 证明: Q 点服从 CB 上的均匀分布.

9. 假设一设备在时间 t 小时内发生故障的次数 $N(t)$ 服从参数为 λt 的泊松分布; 若以 T 表示相邻两次故障之间的时间间隔, 试求

(1) T 的分布;

(2) 故障修复之后, 求设备无故障运行 3 小时的概率;

(3) 如果设备在已经无故障运行 3 小时的情形下, 求设备再无故障运行 3 小时的概率.

10. (1) 设随机变量 $\xi\sim U[0,5]$, 试求方程 $4x^2+4\xi x+\xi+2=0$ 有实根的概率;

(2) 设 $Y\sim U(a,5)$, 方程 $4x^2+4Yx+3Y+4=0$ 无实根的概率为 0.25, 求常数 a.

11. 设随机变量 ξ 的概率密度函数为

$$f(x)=\frac{1}{\sqrt{\pi}}\mathrm{e}^{-x^2+2x-1},\quad -\infty<x<+\infty.$$

试求 $P(0\leqslant\xi\leqslant 2)$.

12. 设随机变量 $X\sim N(3,2^2)$, 试求

(1) $P(2<X\leqslant 5)$, $P(|X|>2)$;

(2) 确定 c, 使得 $P(X>c)=P(X<c)$;

(3) 设 d 满足 $P(X>d)\geqslant 0.9$, d 至多为多少?

13. 由学校到火车站有两条路线, 所需时间随交通堵塞状况有所变化, 若以分钟计, 第一条路线所需时间 $\xi_1\sim N\left(50,10^2\right)$, 第二条路线所需时间 $\xi_2\sim N\left(60,4^2\right)$. 如果要求

(1) 在 70 分钟内赶到火车站;

(2) 在 65 分钟内赶到火车站,

试问: 各应选择哪条路线?

14. (1) 设 $X\sim U(2,5)$, 试求 "对 X 进行三次独立地观测中, 至少有两次观测值大于 3" 的概率;

(2) 设顾客在某银行的窗口等待服务的时间 X(单位: 分钟) 服从参数为 $\dfrac{1}{5}$ 的指数分布. 某顾客在窗口等待服务若超过 10 分钟他就离开, 他一个月要到银行五次, 以 Y 表示一个月内他未等到服务而离开窗口的次数, 试求 $P(Y\geqslant 1)$.

15. (1) 对某地考生抽样调查的结果表明: 考生的外语成绩 (百分制) 近似服从 $N\left(72,\sigma^2\right)$ $(\sigma>0$ 未知). 已知 96 分以上的考生占考生总数的 2.3%, 试求 "考生成绩介于 60 分与 84 分之间" 的概率;

(2) 用正态分布估计高考录取最低分. 某市有 9 万名高中毕业生参加高考, 结果有 5.4 万名被各类高校录取; 已知满分为 600 分, 540 分以上者有 2025 人, 360 分以下者有 13500 人. 试估计高考录取的最低分.

16. 用正态分布设计公交大巴车门的高度. 设计要求: 男子与车门顶端碰头的机会必须控制在 1% 以下. 参数提供: 通过大范围的抽样调查, 已知中国男性的平均身高为 173cm, 标准差为 9cm.

17. 设某电子元件在工作中其两端电压 $V\sim N\left(220,20^2\right)$. 当 $V\in[200,240]$, 元件失效的概率为 0.05; 当 $V<200$, 失效的概率为 0.1; 当 $V>240$, 失效的概率为 0.5. 求

(1) "此元件失效" 的概率;

(2) "当元件失效时, 电压超过 240" 的概率.

18. 设 $F(x)$ 为连续型随机变量 X 的分布函数. 证明: 对于任意的实数 $a,b,a<b$, 如下等式成立

$$\int_{-\infty}^{+\infty}[F(x+b)-F(x+a)]\,\mathrm{d}x=b-a.$$

2.4 随机变量的函数及其分布

在实际问题中, 有时需要研究随机变量的函数的分布. 设 $g(x)$ 为某个恰当的实函数, X 是一个随机变量, 则 $Y=g(X)$ 仍为一个随机变量. 下面讨论如何从随机变量 X 的分布获得随机变量 $Y=g(X)$ 的分布.

如果 X 是离散型随机变量, 其分布律为

$$\begin{pmatrix} x_1 & x_2 & \cdots \\ p_1 & p_2 & \cdots \end{pmatrix},$$

则 $Y=g(X)$ 仍为离散型随机变量, 其分布律为

$$\begin{pmatrix} g(x_1) & g(x_2) & \cdots \\ p_1 & p_2 & \cdots \end{pmatrix}.$$

要注意的是, 上述中可能有些 $g(x_i)$ 是相等的, 此时, 应当将它们对应的概率相加而合并成一项.

例 2.4.1 设随机变量 X 的分布律为

$$\begin{pmatrix} -1 & 0 & 1 \\ 0.25 & 0.50 & 0.25 \end{pmatrix},$$

试求: (1) 随机变量 $Y_1=-2X$ 的概率分布; (2) 随机变量 $Y_2=X^2$ 的概率分布.

解 (1) 因为 $X \sim \begin{pmatrix} -1 & 0 & 1 \\ 0.25 & 0.50 & 0.25 \end{pmatrix}$, 所以

$$Y_1=-2X \sim \begin{pmatrix} -2 & 0 & 2 \\ 0.25 & 0.50 & 0.25 \end{pmatrix}.$$

(2) 因为 $X \sim \begin{pmatrix} -1 & 0 & 1 \\ 0.25 & 0.50 & 0.25 \end{pmatrix}$, 所以

$$Y_2=X^2 \sim \begin{pmatrix} 1 & 0 & 1 \\ 0.25 & 0.50 & 0.25 \end{pmatrix}.$$

合并整理得 Y_2 的分布律为

$$\begin{pmatrix} 0 & 1 \\ 0.5 & 0.25+0.25 \end{pmatrix} = \begin{pmatrix} 0 & 1 \\ 0.5 & 0.5 \end{pmatrix}.$$ □

如果 X 是连续型随机变量, 那么求 $Y=g(X)$ 的概率分布要复杂一些. 一般地, $g(X)$ 未必是连续型的, 只有对某些特殊情形, 才有肯定的结论.

例 2.4.2 设随机变量 X 的分布函数 $F(x)$ 为严格单调增加的连续函数, 证明 $Y=F(X)$ 服从 $[0,1]$ 上的均匀分布.

证明 设 Y 的分布函数是 $G(y)$. 根据分布函数的定义, $F(X)\in[0,1]$. 故, 当 $y<0$, $G(y)=P(Y\leqslant y)=P(F(X)\leqslant y)=0$; 当 $y>1$, $G(y)=P(F(X)\leqslant y)=1$.

当 $0\leqslant y\leqslant 1$ 时, 由于 $F(x)$ 严格单调增加, 故存在反函数 F^{-1}, 从而

$$G(y)=P(Y\leqslant y)=P(F(X)\leqslant y)=P\left(X\leqslant F^{-1}(y)\right)=F(F^{-1}(y))=y.$$

因此,

$$G(y)=\begin{cases} 0, & y<0, \\ y, & 0\leqslant y\leqslant 1, \\ 1, & y>1. \end{cases}$$

随机变量 Y 的密度函数为

$$g(y)=\begin{cases}1, & 0\leqslant y\leqslant 1,\\ 0, & \text{其他}.\end{cases}$$

故 $Y=F(X)$ 服从 $[0,1]$ 上的均匀分布. □

定理 2.4.1　设 X 是连续型随机变量, 其密度函数为 $f(x)$. 若 $g(x)$ 是严格单调函数, 其值域为 (α,β), 且 $y=g(x)$ 的反函数 $x=g^{-1}(y)$ 在 (α,β) 上可导, 则 $Y=g(X)$ 仍为连续型随机变量, 且它的密度函数为

$$\varphi(y)=\begin{cases}f(g^{-1}(y))\left|(g^{-1}(y))'\right|, & y\in(\alpha,\beta),\\ 0, & y\notin(\alpha,\beta).\end{cases}$$

请读者利用高等数学的知识证明上述定理.

例 2.4.3　设 X 的密度函数为

$$f(x)=\begin{cases}1, & 0<x<1,\\ 0, & \text{其他}.\end{cases}$$

求 $Y=-2\ln X$ 的密度函数.

解　由于 $y=-2\ln x$ 在区间 $(0,1)$ 上严格单调减少, 值域为 $(0,+\infty)$, 反函数为

$$x=g^{-1}(y)=\mathrm{e}^{-y/2},\quad (g^{-1}(y))'=\frac{-\mathrm{e}^{-y/2}}{2},$$

故由定理 2.4.1 知, $Y=-2\ln X$ 的密度函数为

$$\varphi(y)=\begin{cases}\dfrac{\mathrm{e}^{-y/2}}{2}, & y>0,\\ 0, & y\leqslant 0.\end{cases}$$

□

值得注意的是, 不满足定理 2.4.1 条件的连续型随机变量的函数仍可能是连续型随机变量. 一般地, 我们根据其分布函数来求密度函数.

例 2.4.4　设 X 的密度函数为

$$f(x)=\begin{cases}\dfrac{1}{2}, & -1<x<1,\\ 0, & \text{其他}.\end{cases}$$

试求 $Y=X^2$ 的密度函数.

解　由于 $y=x^2$ 在 $(-1,1)$ 内不是单调函数, 故不能使用定理 2.4.1. 先来计算 X^2 的分布函数:

$$F_Y(y)=P(Y\leqslant y)=P(X^2\leqslant y).$$

显然, 当 $y<0$ 时, $\{X^2\leqslant y\}=\varnothing$, 此时 $F_Y(y)=P(X^2\leqslant y)=0$.

当 $y\geqslant 0$ 时, $\{X^2\leqslant y\}=\{-\sqrt{y}\leqslant X\leqslant \sqrt{y}\}$. 故当 $0\leqslant y<1$ 时,

$$F_Y(y)=\int_{-\sqrt{y}}^{\sqrt{y}} f(x)\mathrm{d}x=\int_{-\sqrt{y}}^{\sqrt{y}}\frac{1}{2}\mathrm{d}x=\sqrt{y};$$

当 $y\geqslant 1$ 时,

$$F_Y(y)=\int_{-\sqrt{y}}^{\sqrt{y}} f(x)\mathrm{d}x=\int_{-\sqrt{y}}^{-1}0\mathrm{d}x+\int_{-1}^{1}\frac{1}{2}\mathrm{d}x+\int_{1}^{\sqrt{y}}0\mathrm{d}x=1.$$

综上可得, Y 的分布函数为

$$F_Y(y)=\begin{cases}0, & y<0,\\ \sqrt{y}, & 0\leqslant y<1,\\ 1, & y\geqslant 1.\end{cases}$$

由此易知, Y 是连续型随机变量, 其密度函数为

$$\varphi_Y(y)=\begin{cases}\dfrac{1}{2\sqrt{y}}, & 0<y<1,\\ 0, & \text{其他}.\end{cases}$$ □

习 题 2.4

1. (1) 设随机变量 X 的分布律为

$$\begin{pmatrix}-2 & -1 & 0 & 1 & 3\\ \dfrac{1}{5} & \dfrac{1}{6} & \dfrac{1}{5} & \dfrac{1}{15} & \dfrac{11}{30}\end{pmatrix}.$$

试求 $Y=X^2$ 与 $Z=|X|$ 的分布律.

(2) 设随机变量 X 的概率分布为

$$P(X=k)=\frac{1}{2^k},\quad k=1,2,\cdots.$$

试求 $Y=\sin\left(\dfrac{\pi}{2}X\right)$ 的分布律.

2. (1) 设随机变量 $X\sim U(-1,2)$. 设

$$Y=\begin{cases}1, & X\geqslant 0,\\ -1, & X<0,\end{cases}$$

试求 Y 的分布律;

(2) 设随机变量 $\xi \sim U[0,1]$. 试求 $X=[n\xi]+1$ 与 $Y=\left[\dfrac{\ln \xi}{\ln q}\right]+1\ (0<q<1)$ 的分布, 其中 $[\ \cdot\ ]$ 为取整函数.

3. (1) 设随机变量 $X \sim U(0,1)$. 试求 $1-X$ 的分布;

(2) 设随机变量 $X \sim E(2)$. 试证: $Y_1=\mathrm{e}^{-2X}$ 与 $Y_2=1-\mathrm{e}^{-2X}$ 均服从 $(0,1)$ 上的均匀分布.

4. 若随机变量 $\ln X \sim N(\mu,\sigma^2)$, 则称 X 服从对数正态分布.

(1) 试求 X 的概率密度函数 $f_X(x)$;

(2) 若 $\ln X \sim N(1,4^2)$, 求 $P\left(\dfrac{1}{\mathrm{e}} \leqslant X \leqslant \mathrm{e}^3\right)$.

5. 设随机变量 $X \sim U(0,1)$. 试求以下 Y 的密度函数.

(1) $Y=3X+1$; (2) $Y=\mathrm{e}^X$; (3) $Y=|\ln X|$.

6. (1) 设随机变量 X 的密度函数为

$$f(x)=\begin{cases} \dfrac{1}{3\sqrt[3]{x^2}}, & x\in[1,8], \\ 0, & \text{其他}. \end{cases}$$

设 $F(x)$ 为 X 的分布函数. 试求随机变量 $Y=F(X)$ 的分布函数.

(2) 设随机变量 X 的分布函数 $F(x)$ 为严格单调连续函数, 试求 $Z=-2\ln F(X)$ 的概率分布.

7. (1) 设随机变量 $X \sim N(0,1)$, $\varPhi(x)$ 为 X 的分布函数. 证明: 随机变量 $Y=X+|X|$ 的分布函数为

$$F_Y(y)=\begin{cases} \varPhi\left(\dfrac{y}{2}\right), & y\geqslant 0, \\ 0, & y<0. \end{cases}$$

(2) 设随机变量 $\xi \sim N(0,1)$. 设

$$\eta=\begin{cases} \xi, & |\xi|\leqslant 1, \\ -\xi, & |\xi|>1. \end{cases}$$

试求 η 的分布.

8. 设随机变量 X 的密度函数为

$$f(x)=\begin{cases} \dfrac{1}{9}x^2, & 0<x<3, \\ 0, & \text{其他}. \end{cases}$$

设

$$Y=\begin{cases} 2, & X\leqslant 1, \\ X, & 1<X<2, \\ 1, & X\geqslant 2, \end{cases}$$

试求: (1) Y 的分布函数; (2) $P(X\leqslant Y)$.

9. 设随机变量 X 的密度函数为

$$f_X(x)=\begin{cases}0, & x\leqslant 0,\\ \dfrac{1}{2}, & 0<x<1,\\ \dfrac{1}{2}x^{-2}, & x\geqslant 1.\end{cases}$$

试求随机变量 $Y=\dfrac{1}{X}$ 的密度函数 $f_Y(y)$.

10. 设随机变量 X 的密度函数为

$$f_X(x)=\begin{cases}\dfrac{1}{2}, & -1<x<0,\\ \dfrac{x}{4}, & 0<x<2,\\ 0, & \text{其他}.\end{cases}$$

设 $Y=\min\{2X,1\}$. 试求 Y 的分布函数及 $P(Y=1)$.

11. (1) 设随机变量 $X\sim U[0,2]$. 设

$$g(x)=\begin{cases}x, & 0\leqslant x<1,\\ 1, & 1\leqslant x\leqslant 2.\end{cases}$$

试求随机变量 $Y=g(X)$ 的分布函数. 并问 Y 是不是连续型随机变量?

(2) 设随机变量 $X\sim E(\lambda)$. 证明: $Y=\max\{X,2020\}$ 的分布函数 $F_Y(y)$ 恰有一个间断点.

(3) 假设一设备开机后无故障工作的时间 $X\sim E\left(\dfrac{1}{5}\right)$. 设备定时开机, 出现故障时自动关机; 且在无故障的情形下工作 2 小时便关机. 试求该设备每次开机无故障工作的时间 Y 的分布函数 $F_Y(y)$, 并指出 Y 是不是连续型随机变量?

12. 设随机变量 X 的分布函数

$$F(x)=\begin{cases}0, & x<0,\\ x+\dfrac{1}{3}, & 0\leqslant x<\dfrac{1}{2},\\ 1, & x\geqslant\dfrac{1}{2}.\end{cases}$$

试求:

(1) $P\left(X=\dfrac{1}{4}\right)$, $P\left(X=\dfrac{1}{2}\right)$;

(2) $P\left(0<X\leqslant\dfrac{1}{3}\right)$, $P\left(0\leqslant X\leqslant\dfrac{1}{3}\right)$;

(3) 问 X 是离散型随机变量还是连续型随机变量? 并说明理由.

13. 假设随机变量 ξ 的绝对值不大于 1, $P(\{\xi=1\})=2P(\{\xi=-1\})=\dfrac{1}{4}$. 在事件 $\{-1<\xi<1\}$ 出现的条件下, ξ 在 $(-1,1)$ 内任一子区间上取值的条件概率与该区间的长度成正比. 试求 ξ 的分布函数.

第2章测试题

Chapter 3

第 3 章 多维随机变量及其分布

第3章课件

在第 2 章我们重点介绍了单个随机变量及其函数的概率分布问题, 但在很多实际问题中, 随机试验的结果往往需要两个或两个以上的随机变量来描述. 在研究过程中, 有必要把这些随机变量作为一个整体来讨论, 这就是本章所要讨论的随机向量或多维随机变量. 本章主要讨论二维随机变量的情形, 有关结论可以推广到更高维的情形.

3.1 多维随机变量及其联合分布

一、多维随机变量及其联合分布函数

定义 3.1.1 设 $X_1, X_2, \cdots, X_n$ 为定义在同一个样本空间 Ω 上的 n 个随机变量, 则称 $X = (X_1, X_2, \cdots, X_n)$ 是 Ω 上的 n **维随机变量**或 n **维随机向量**.

根据定义, 多维随机变量就是定义在样本空间 Ω 上向量值函数, 即

$$X : \Omega \to \mathbb{R}^n,\ \omega \mapsto (X_1(\omega), X_2(\omega), \cdots, X_n(\omega)).$$

当然 X 还要满足可测函数的条件, 在此略去.

n 维随机变量 $(X_1, X_2, \cdots, X_n)$ 的性质不仅与每个 X_i $(i = 1, 2, \cdots, n)$ 有关, 而且还依赖于这 n 个随机变量之间的关系. 因此, 逐个研究 $X_1, X_2, \cdots, X_n$ 的性质是不够的, 还需将 $(X_1, X_2, \cdots, X_n)$ 作为一个整体 (即向量) 来研究.

类似于一维情形, 我们借助 "分布函数" 来研究多维随机变量.

定义 3.1.2 设 $(X_1, X_2, \cdots, X_n)$ 是 Ω 上的 n 维随机变量, 称 n 元函数

$$F(x_1, x_2, \cdots, x_n) = P(X_1 \leqslant x_1, X_2 \leqslant x_2, \cdots, X_2 \leqslant x_n),\ (x_1, x_2, \cdots, x_n) \in \mathbb{R}^n$$

为 n 维随机变量 $(X_1, X_2, \cdots, X_n)$ 的**联合分布函数**(joint distribution function), 简称**分布函数**.

本章主要讨论二维随机变量, 二维以上的情形可类似讨论. 对于二维随机变量 (X,Y), 联合分布函数

$$F(x,y)=P(X\leqslant x,Y\leqslant y),\quad (x,y)\in\mathbb{R}^2$$

是事件 $\{X\leqslant x\}$ 与 $\{Y\leqslant y\}$ 同时发生的概率, 即

$$F(x,y)=P(\omega\in\Omega\mid X(\omega)\leqslant x,Y(\omega)\leqslant y).$$

如图 3.1.1 所示, $F(x,y)$ 就是事件 (X,Y) 取值于平面阴影区域概率. 容易计算 (X,Y) 落在矩形区域

$$\{(x,y)\mid x_1<x\leqslant x_2,y_1<y\leqslant y_2\}$$

的概率为

$$P(x_1<X\leqslant x_2,y_1<Y\leqslant y_2\}=F(x_2,y_2)-F(x_1,y_2)-F(x_2,y_1)+F(x_1,y_1).\quad(3.1.1)$$

这个结果容易从图 3.1.2 看出.

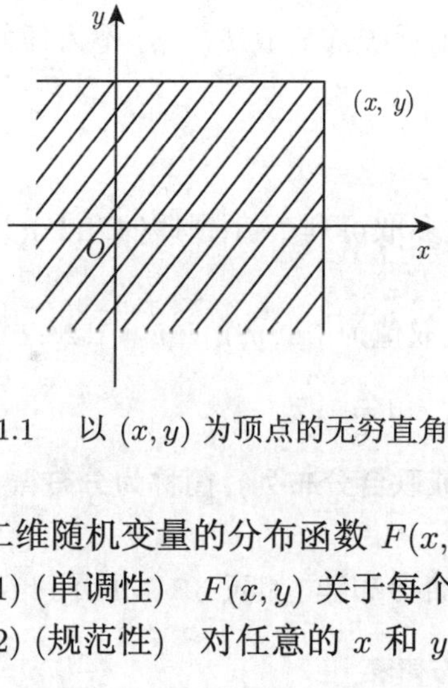

图 3.1.1 以 (x,y) 为顶点的无穷直角区域

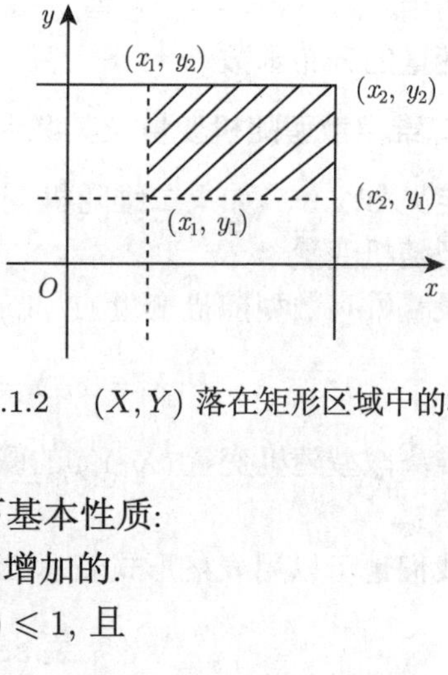

图 3.1.2 (X,Y) 落在矩形区域中的概率

二维随机变量的分布函数 $F(x,y)$ 具有以下基本性质:

(1) (单调性) $F(x,y)$ 关于每个变量是单调增加的.

(2) (规范性) 对任意的 x 和 y, $0\leqslant F(x,y)\leqslant 1$, 且

$$F(x,-\infty)=\lim_{y\to-\infty}F(x,y)=0,\ F(-\infty,y)=\lim_{x\to-\infty}F(x,y)=0,$$
$$F(-\infty,-\infty)=\lim_{\substack{x\to-\infty\\y\to-\infty}}F(x,y)=0,\ F(+\infty,+\infty)=\lim_{\substack{x\to+\infty\\y\to+\infty}}F(x,y)=1.$$

(3) (右连续性) $F(x,y)$ 关于每个变量是右连续的.

(4) (非负性) 对于任意的 $x_1<x_2,y_1<y_2$,

$$F(x_2,y_2)-F(x_1,y_2)-F(x_2,y_1)+F(x_1,y_1)\geqslant 0.$$

性质 (4) 由式 (3.1.1) 及概率的非负性即可得到, 而且由性质 (4) 可以推得性质 (1). 可以证明: 满足性质 (2), (3), (4) 这三条性质的二元函数 $F(x,y)$ 一定是某个二维随机变量的分布函数.

任一二元分布函数 $F(x,y)$ 必具有上述四条性质, 其中性质 (4) 是二维情形特有的, 也是合理的. 必须指出: 性质 (4) 不能由前三条性质推出, 必须单独列出, 具体见下例.

例 3.1.1　设二元函数

$$F(x,y)=\begin{cases}0, & x+y<0,\\ 1, & x+y\geqslant 0.\end{cases}$$

验证此函数满足分布函数的性质 (1), (2), (3), 但不满足性质 (4).

解　由 $F(x,y)$ 的表达式, 容易验证它满足分布函数的性质 (1), (2), (3). 下面说明它不满足性质 (4).

根据 $F(x,y)$ 的定义, 可以得到

$$F(1,1)-F(-1,1)-F(1,-1)+F(-1,-1)=-1<0,$$

这说明当 $x_1=y_1=-1, x_2=y_2=1$ 时, 性质 (4) 不成立. 故 $F(x,y)$ 不为任何二维随机变量的分布函数. □

二、二维离散型随机变量及其联合分布律

定义 3.1.3　如果二维随机变量 (X,Y) 至多取可列个值, 则称 (X,Y) 为**二维离散型随机变量**.

设二维离散型随机变量 (X,Y) 的所有可能取值为 (x_i,y_j), $i,j=1,2,\cdots$, 则称

$$P(X=x_i,Y=y_j)=p_{ij},\quad i,j=1,2,\cdots$$

为二维离散型随机变量 (X,Y) 的**联合分布律 (或联合分布列)**, 简称为**分布律 (或分布列)**.

我们也可以用表格形式表示 X 和 Y 的联合分布律, 如表 3.1.1 所示.

表 3.1.1　联合分布律表

X	Y				
	y_1	y_2	$\cdots$	y_j	$\cdots$
x_1	p_{11}	p_{12}	$\cdots$	p_{1j}	$\cdots$
x_2	p_{21}	p_{22}	$\cdots$	p_{2j}	$\cdots$
$\vdots$	$\vdots$	$\vdots$		$\vdots$	
x_i	p_{i1}	p_{i2}	$\cdots$	p_{ij}	$\cdots$
$\vdots$	$\vdots$	$\vdots$		$\vdots$	

显然, 概率分布 p_{ij} 满足如下两个基本性质:

(1) (非负性) $p_{ij} \geqslant 0,\ i,j=1,2,\cdots;$

(2) (归一性) $\sum\limits_i \sum\limits_j p_{ij}=1.$

上式中 i,j 的取值可能是有限个, 也可能是可列个, 视具体问题而定.

例 3.1.2 设袋中有 a 只红球, b 只白球, 今从中两次取球, 每次取一球, 记

$$X=\begin{cases}0, & \text{第一次取出的球是白球},\\ 1, & \text{第一次取出的球是红球},\end{cases}$$

$$Y=\begin{cases}0, & \text{第二次取出的球是白球},\\ 1, & \text{第二次取出的球是红球},\end{cases}$$

试就放回和不放回两种情形, 求 (X,Y) 的联合分布律.

解 (1) 放回情形下, (X,Y) 的联合分布律为

X	Y	
	0	1
0	$\left(\dfrac{b}{a+b}\right)^2$	$\dfrac{ba}{(a+b)^2}$
1	$\dfrac{ba}{(a+b)^2}$	$\left(\dfrac{a}{a+b}\right)^2$

(2) 不放回情形下, (X,Y) 的联合分布律为

X	Y	
	0	1
0	$\dfrac{b(b-1)}{(a+b)(a+b-1)}$	$\dfrac{ba}{(a+b)(a+b-1)}$
1	$\dfrac{ba}{(a+b)(a+b-1)}$	$\dfrac{a(a-1)}{(a+b)(a+b-1)}$

□

例 3.1.3 从 $1,2,3,4$ 这四个整数中等可能地取一数记为 X, 再从 1 到 X 中等可能地取一整数记为 Y. 试求 (X,Y) 的联合分布律及 $P(X=Y)$.

解 由题设, 随机变量 X 的所有可能取值为 $1,2,3,4$, 而 $Y\leqslant X$, 故 Y 的所有可能取值也为 $1,2,3,4$. 当 $1\leqslant i<j\leqslant 4$, 且 i,j 为整数时, $(X=i,Y=j)$ 为不可能事件, 故

$$P(X=i,Y=j)=0,\ \ 1\leqslant i<j\leqslant 4.$$

当 $1\leqslant j\leqslant i\leqslant 4$, 且 i,j 为整数时, 根据概率的乘法公式,

$$P(X=i,Y=j)=P(X=i)P(Y=j|X=i)=\frac{1}{4}\cdot\frac{1}{i},\quad 1\leqslant j\leqslant i\leqslant 4.$$

从而得 X 和 Y 的联合分布律如下:

X	Y			
	1	2	3	4
1	1/4	0	0	0
2	1/8	1/8	0	0
3	1/12	1/12	1/12	0
4	1/16	1/16	1/16	1/16

由此可得事件 $\{X=Y\}$ 的概率为

$$P(X=Y)=\frac{1}{4}+\frac{1}{8}+\frac{1}{12}+\frac{1}{16}=\frac{25}{48}.$$ □

三、 二维连续型随机变量及其联合密度函数

定义 3.1.4 设二维随机变量 (X,Y) 的分布函数为 $F(x,y)$, 如果存在非负实函数 $f(x,y)$, 使得对任意的 x,y,

$$F(x,y)=\int_{-\infty}^{x}\int_{-\infty}^{y}f(u,v)\mathrm{d}u\mathrm{d}v,$$

则称 (X,Y) 为**二维连续型随机变量**, $f(x,y)$ 称为 (X,Y) 的**概率密度函数**, 简称为**概率密度或密度函数**, 或称为 X 和 Y 的**联合密度函数**.

密度函数 $f(x,y)$ 具有以下性质:

(1) (非负性) $f(x,y)\geqslant 0$.

(2) (归一性) $\displaystyle\int_{-\infty}^{+\infty}\int_{-\infty}^{+\infty}f(u,v)\mathrm{d}u\mathrm{d}v=F(+\infty,+\infty)=1$.

可以证明, 满足上述性质 (1) 和 (2) 的二元函数 $f(x,y)$ 必是某个二维连续型随机变量的密度函数.

(3) 若 $f(x,y)$ 在点 (x,y) 处连续, 则在此点有

$$\frac{\partial^2 F(x,y)}{\partial x\partial y}=f(x,y).$$

(4) 设 G 为二维坐标平面 xOy 上的区域, 则 (X,Y) 落在区域 G 内的概率为

$$P((X,Y)\in G)=\iint\limits_{G}f(x,y)\mathrm{d}x\mathrm{d}y. \tag{3.1.2}$$

性质 (4) 表明: 只要给定密度函数 $f(x,y)$, 就可算出 (X,Y) 落在任何区域 G 内的概率.

例 3.1.4 设 (X,Y) 的密度函数为

$$f(x,y)=\begin{cases} k\mathrm{e}^{-(4x+5y)}, & x>0,y>0,\\ 0, & \text{其他}. \end{cases}$$

试求: (1) 常数 k; (2) (X,Y) 的分布函数 $F(x,y)$; (3) $P(-1<X\leqslant 2,0<Y\leqslant 3)$.

解 (1) 由密度函数的性质,

$$1=\int_{-\infty}^{+\infty}\int_{-\infty}^{+\infty}f(x,y)\mathrm{d}x\mathrm{d}y=k\int_{0}^{+\infty}\int_{0}^{+\infty}\mathrm{e}^{-(4x+5y)}\mathrm{d}x\mathrm{d}y=\frac{1}{20}k,$$

故 $k=20$.

(2) 根据分布函数的定义,

$$\begin{aligned} F(x,y)&=\int_{-\infty}^{x}\int_{-\infty}^{y}f(u,v)\mathrm{d}u\mathrm{d}v\\ &=\begin{cases} 20\int_{0}^{x}\int_{0}^{y}\mathrm{e}^{-(4u+5v)}\mathrm{d}u\mathrm{d}v, & x>0,y>0,\\ 0, & \text{其他} \end{cases}\\ &=\begin{cases} (1-\mathrm{e}^{-4x})(1-\mathrm{e}^{-5y}), & x>0,y>0,\\ 0, & \text{其他}. \end{cases} \end{aligned}$$

(3) 由密度函数的性质,

$$P(-1<X\leqslant 2,0<Y\leqslant 3)=\int_{0}^{2}\int_{0}^{3}20\mathrm{e}^{-(4x+5y)}\mathrm{d}x\mathrm{d}y=(1-\mathrm{e}^{-8})(1-\mathrm{e}^{-15}).\quad \square$$

四、常见的多维分布

1. 多项分布

多项分布是重要的多维离散分布, 它是二项分布的推广. 设某随机试验有 r 个可能结果, 记为 $A_1,A_2,\cdots,A_r$, 且每次试验中 A_i 发生的概率为

$$P(A_i)=p_i,\quad i=1,2,\cdots,r,\quad \text{且}\quad \sum_{i=1}^{r}p_i=1.$$

独立重复地进行 n 次该试验, 并以 $X_1,X_2,\cdots,X_r$ 分别记 $A_1,A_2,\cdots,A_r$ 出现的次数, 则

$$P\left(X_1=k_1,X_2=k_2,\cdots,X_r=k_r\right)=\frac{n!}{k_1!k_2!\cdots k_r!}p_1^{k_1}p_2^{k_2}\cdots p_r^{k_r},\tag{3.1.3}$$

其中 $k_i\ (i=1,2,\cdots,r)$ 为非负整数, 且 $k_1+k_2+\cdots+k_r=n$.

具有式 (3.1.3) 的联合分布律称为r **项分布**, 又称为**多项分布**, 因为这个概率是多项式 $(p_1+p_2+\cdots+p_r)^n$ 展开式中的一项. 当 $r=2$ 时, 式 (3.1.3) 为二项分布.

2. 多维超几何分布

设袋中装 i 号球 N_i 只, $i=1,2,\cdots,r$, 且 $N_1+N_2+\cdots+N_r=N$. 从中随机摸出 n 个球, 若以 $X_1,X_2,\cdots,X_r$ 分别记 $1,2,\cdots,r$ 号球出现的次数, 则

$$P\left(X_1=k_1,X_2=k_2,\cdots,X_r=k_r\right)=\frac{\dbinom{N_1}{k_1}\dbinom{N_2}{k_2}\cdots\dbinom{N_r}{k_r}}{\dbinom{N}{n}}, \tag{3.1.4}$$

其中 $k_i\ (i=1,2,\cdots,r)$ 为非负整数, 且满足 $k_1+k_2+\cdots+k_r=n$. 具有式 (3.1.4) 的联合分布律称为**多维超几何分布**.

3. 多维均匀分布

若 n 维随机变量 $(X_1,X_2,\cdots,X_n)$ 有密度函数

$$f(x_1,x_2,\cdots,x_n)=\begin{cases}\dfrac{1}{S(G)}, & (x_1,x_2,\cdots,x_n)\in G,\\ 0, & (x_1,x_2,\cdots,x_n)\notin G,\end{cases} \tag{3.1.5}$$

其中 G 为 n 维欧氏空间 $\mathbb{R}^n$ 的有界区域, $S(G)>0$ 为区域 G 的度量 (如面积, 体积等), 则称 $(X_1,X_2,\cdots,X_n)$ 服从区域 G 上的n **维均匀分布**, 记为 $(X_1,X_2,\cdots,X_n)\sim U(G)$.

4. 二维正态分布

若二维随机变量 (X,Y) 有密度函数

$$f(x,y)=\frac{1}{2\pi\sigma_1\sigma_2\sqrt{1-\rho^2}}\mathrm{e}^{-\frac{1}{2(1-\rho^2)}\left[\frac{(x-\mu_1)^2}{\sigma_1^2}-\frac{2\rho(x-\mu_1)(y-\mu_2)}{\sigma_1\sigma_2}+\frac{(y-\mu_2)^2}{\sigma_2^2}\right]},\quad (x,y)\in\mathbb{R}^2,$$

其中 $\mu_1\in\mathbb{R},\mu_2\in\mathbb{R},\sigma_1>0,\sigma_2>0,|\rho|<1$ 为 5 个常数, 则称 (X,Y) 服从参数为 $\mu_1,\mu_2,\sigma_1^2,\sigma_2^2,\rho$ 的**二维正态分布**, 记为 $(X,Y)\sim N(\mu_1,\mu_2,\sigma_1^2,\sigma_2^2,\rho)$.

习 题 3.1

1. 袋中有 1 个红球 2 个黑球 3 个白球, 共 6 个球. 现有放回地从袋中取两次, 每次取一球, 以 X,Y,Z 分别表示两次取到的红球, 黑球, 白球的个数. 求

(1) $P\left(X=1|Z=0\right)$; (2) (X,Y) 的概率分布.

2. 袋中有 10 个大小相等的球, 其中有 6 个红球 4 个白球. 现随机抽取 2 次, 每次抽取 1 个球, 定义随机变量 X,Y 如下:

$$X=\begin{cases}1, & \text{第一次抽到红球},\\ 0, & \text{第一次抽到白球},\end{cases}\qquad Y=\begin{cases}1, & \text{第二次抽到红球},\\ 0, & \text{第二次抽到白球}.\end{cases}$$

试就以下两种情形, 分别求 (X,Y) 的联合分布: (1) 第一次抽取后放回; (2) 第一次抽取后不放回.

3. 将一枚硬币抛掷三次, 以 X 表示三次中掷出正面的次数, 以 Y 表示掷出正面次数与反面次数之差的绝对值, 试求 (X,Y) 的联合分布.

4. (1) 假设 X,Y 同分布, 且

$$X\sim\begin{pmatrix}-1 & 0 & 1\\ \frac{1}{4} & \frac{1}{2} & \frac{1}{4}\end{pmatrix},\quad P(XY=0)=1.$$

试求 (X,Y) 的联合分布及 $P(|X|=|Y|)$.

(2) 设 X,Y 为离散型随机变量, 且

$$X\sim\begin{pmatrix}-1 & 0 & 1\\ \frac{1}{4} & \frac{1}{4} & \frac{1}{2}\end{pmatrix},\quad Y\sim\begin{pmatrix}-1 & 0 & 1\\ \frac{5}{12} & \frac{1}{4} & \frac{1}{3}\end{pmatrix}.$$

已知 $P(X<Y)=0,\ P(X>Y)=\dfrac{1}{4}$, 试求 (X,Y) 的联合分布.

5. (1) 设 (X,Y) 的联合概率密度为

$$f(x,y)=\begin{cases}cx^2y, & x^2\leqslant y\leqslant 1,\\ 0, & \text{其他}.\end{cases}$$

(i) 确定常数 c; (ii) 求 $P((X,Y)\in D)$, 其中 $D=\{(x,y)\mid 2x^2\leqslant y\leqslant 1\}$.

(2) 设 (X,Y) 具有联合密度函数

$$f(x,y)=\begin{cases}k(6-x-y), & 0\leqslant x\leqslant 2, 2\leqslant y\leqslant 4,\\ 0, & \text{其他}.\end{cases}$$

(i) 确定常数 k; (ii) 求 $P(X\leqslant 1,Y<3)$, $P(X\leqslant 1.5)$, $P(X+Y\leqslant 4)$.

(3) 设 (X,Y) 的密度函数为

$$f(x,y)=\begin{cases}k\mathrm{e}^{-3x-4y}, & x,y>0,\\ 0 & \text{其他}.\end{cases}$$

试求

(i) (X,Y) 的联合分布函数; (ii) $P(X\leqslant Y)$, $P(X+Y>1)$; (iii) $P(X=Y)$.

(4) 设 (X,Y) 具有密度函数

$$f(x,y)=\begin{cases}4xy, & 0<x,y<1,\\ 0, & \text{其他}.\end{cases}$$

试求 $P(X<Y)$, $P(X+Y\geqslant 1)$, $P\left(Y\geqslant X+\dfrac{1}{2}\right)$.

6. (1) 从 $(0,1)$ 中随机地取两个数, 求 “其积不小于 $\dfrac{3}{16}$ 且其和不大于 1” 的概率.

(2) 向平面区域 $D=\left\{(x,y)\left|0<y<\sqrt{2ax-x^2}\right.\right\}$ 内随机地投掷一点, 记其坐标为 (X,Y), 试求 $P(X\geqslant Y)$.

7. (1) 设随机变量 X 的密度函数为

$$f(x)=\begin{cases}0.5, & -1<x<0,\\ 0.25, & 0\leqslant x<2,\\ 0, & \text{其他}.\end{cases}$$

设 $Y=X^2$, $F(x,y)$ 为二维随机向量 (X,Y) 的分布函数. 试求 Y 的概率密度 $f_Y(y)$ 与 $F\left(-\dfrac{1}{2},4\right)$.

(2) 设 (X,Y) 的密度函数为

$$f(x,y)=\begin{cases}\dfrac{2}{\pi}\mathrm{e}^{-\sqrt{x^2+y^2}}, & x,y>0,\\ 0, & \text{其他}.\end{cases}$$

设

$$\begin{cases}U=\sqrt{X^2+Y^2},\\ V=\arctan\dfrac{Y}{X}.\end{cases}$$

记 $F(u,v)$ 为 (U,V) 的分布函数, 求 $F\left(1,\dfrac{\pi}{4}\right)$.

8. 设非负函数 $g(x)$ 满足 $\displaystyle\int_0^{+\infty}g(x)\,\mathrm{d}x=1$. 若

$$f(x,y)=\begin{cases}\dfrac{2g\left(\sqrt{x^2+y^2}\right)}{\pi\sqrt{x^2+y^2}}, & 0<x,y<+\infty,\\ 0 & \text{其他}.\end{cases}$$

试问 $f(x,y)$ 是不是某个二维连续型随机向量的概率密度?

9. 设随机向量 (X,Y) 服从二维正态分布, 其密度函数为

$$f(x,y)=\frac{1}{2\pi\times10^2}\mathrm{e}^{-\frac{x^2+y^2}{2\times10^2}},\quad (x,y)\in\mathbb{R}^2.$$

试求 $P(Y\geqslant X)$, $P(Y\geqslant|X|)$, $P(|Y|\geqslant|X|)$.

10. 设二维连续型随机向量 (X,Y) 的分布函数为

$$F(x,y)=\begin{cases}0, & x<0\text{ 或 }y<0,\\ x\left(1-\mathrm{e}^{-2y}\right), & 0\leqslant x<1, y\geqslant0,\\ 1-\mathrm{e}^{-2y}, & x\geqslant1, y\geqslant0.\end{cases}$$

试求 (1) (X,Y) 的密度函数 $f(x,y)$; (2) $P\left(X\leqslant\dfrac{1}{2},1<Y\leqslant3\right)$, $P(X+Y\geqslant1)$.

3.2 边缘分布

一、边缘分布函数 (或边际分布函数)

3.1 节讨论了二维随机变量 (X,Y) 作为一个整体的分布函数 $F(x,y)$, 而 X 和 Y 又各自是一维随机变量, 也具有分布函数, 分别记为 $F_X(x)$ 和 $F_Y(y)$, 并分别称为 (X,Y) 关于 X 和关于 Y 的**边缘分布函数** (**或边际分布函数**) (marginal distribution function), 简称为 X 和 Y 的**边缘分布函数**.

易见, (X,Y) 的分布函数 $F(x,y)$ 可唯一确定 X 和 Y 的边缘分布函数. 事实上,

$$F_X(x) = P(X \leqslant x) = P(X \leqslant x, Y < +\infty) = \lim_{y\to+\infty} F(x,y) =: F(x,+\infty),$$

也就是说, 在函数 $F(x,y)$ 中, 固定 x, 让 $y \to +\infty$, 就可得到 X 的边缘分布函数 $F_X(x)$. 类似地, Y 的边缘分布函数为

$$F_Y(y) = F(+\infty, y) = \lim_{x\to+\infty} F(x,y).$$

一般地, 若 n 维随机向量 $(X_1, X_2, \cdots, X_n)$ 的分布函数为 $F(x_1, x_2, \cdots, x_n)$, 则 X_i 的边缘分布函数为

$$F_{X_i}(x_i) = F(+\infty, \cdots, +\infty, x_i, +\infty, \cdots, +\infty), \quad i = 1, 2, \cdots, n.$$

二、离散型随机变量的边缘分布律

设二维离散型随机变量 (X,Y) 具有如下分布律:

$$P(X = x_i, Y = y_j) = p_{ij}, \quad i, j = 1, 2, \cdots,$$

则由概率的可加性知

$$P(X = x_i) = \sum_j P(X = x_i, Y = y_j) = \sum_j p_{ij} =: p_{i\cdot}, \quad i = 1, 2, \cdots,$$
$$P(Y = y_j) = \sum_i P(X = x_i, Y = y_j) = \sum_i p_{ij} =: p_{\cdot j}, \quad j = 1, 2, \cdots.$$

易见

$$\sum_i p_{i\cdot} = \sum_i \sum_j p_{ij} = 1, \quad \sum_j p_{\cdot j} = \sum_j \sum_i p_{ij} = 1,$$

分别称 $P(X = x_i) = p_{i\cdot}$, $i = 1, 2, \cdots$ 和 $P(Y = y_j) = p_{\cdot j}$, $j = 1, 2, \cdots$ 为 (X,Y) 关于 X 和关于 Y 的**边缘分布律**, 简称为 X 和 Y 的**边缘分布律**.

为了更好地理解联合分布律和边缘分布律的关系, 我们用表格的形式来刻画, 如表 3.2.1 所示, 其中 $p_{i\cdot}$ 就是表格中第 i 行元素的和, $p_{\cdot j}$ 就是表格中第 j 列元素的和.

表 3.2.1 联合分布律与边缘分布律的关系

X	Y					$P(X=x_i)$
	y_1	y_2	$\cdots$	y_j	$\cdots$	
x_1	p_{11}	p_{12}	$\cdots$	p_{1j}	$\cdots$	$p_{1\cdot}$
x_2	p_{21}	p_{22}	$\cdots$	p_{2j}	$\cdots$	$p_{2\cdot}$
$\vdots$	$\vdots$	$\vdots$	$\cdots$	$\vdots$	$\cdots$	$\vdots$
x_i	p_{i1}	p_{i2}	$\cdots$	p_{ij}	$\cdots$	$p_{i\cdot}$
$\vdots$	$\vdots$	$\vdots$	$\cdots$	$\vdots$	$\cdots$	$\vdots$
$P(Y=y_j)$	$p_{\cdot 1}$	$p_{\cdot 2}$	$\cdots$	$p_{\cdot j}$	$\cdots$	1

由此可知, 联合分布律可以唯一确定边缘分布律, 但要注意的是, 边缘分布律一般确定不了联合分布律.

例 3.2.1 仍考虑例 3.1.2, 我们已经给出了在放回和不放回两种抽取方式下 X 和 Y 的联合分布律. 利用联合分布律与边缘分布律的关系, 可以得到放回和不放回两种抽取方式下 X 和 Y 的边缘分布律, 具体如下:

(1) 放回抽取时, X 和 Y 的联合分布律与边缘分布律如下表所示.

X	Y		$P(X=x_i)$
	0	1	
0	$\left(\dfrac{b}{a+b}\right)^2$	$\dfrac{ba}{(a+b)^2}$	$\dfrac{b}{a+b}$
1	$\dfrac{ba}{(a+b)^2}$	$\left(\dfrac{a}{a+b}\right)^2$	$\dfrac{a}{a+b}$
$P(Y=y_j)$	$\dfrac{b}{a+b}$	$\dfrac{a}{a+b}$	1

(2) 不放回抽取时, X 和 Y 的联合分布律与边缘分布律如下表所示.

X	Y		$P(X=x_i)$
	0	1	
0	$\dfrac{b(b-1)}{(a+b)(a+b-1)}$	$\dfrac{ba}{(a+b)(a+b-1)}$	$\dfrac{b}{a+b}$
1	$\dfrac{ba}{(a+b)(a+b-1)}$	$\dfrac{a(a-1)}{(a+b)(a+b-1)}$	$\dfrac{a}{a+b}$
$P(Y=y_j)$	$\dfrac{b}{a+b}$	$\dfrac{a}{a+b}$	1

由上面两个表格可以看出, 放回和不放回两种抽取方式下 X 和 Y 的边缘分布律是相同的, 但联合分布律却不相同. 从这里可以看出, 边缘分布律确定不了联合分布律, 也就是说二维随机向量的性质并不能由它的两个分量的性质来确定, 还必须考虑分量之间的联系, 这也说明了研究多维随机向量的意义.

例 3.2.2 一整数 N 等可能地在 $1,2,\cdots,10$ 这十个值中取一个值. 设 $D=D(N)$ 是能整除 N 的正整数的个数, $F=F(N)$ 是能整除 N 的素数的个数 (注意 1 不是素数). 试写出 D 和 F 的联合分布律和边缘分布律.

解 先将试验的样本空间及 D, F 的取值情形列出如下:

样本点	1	2	3	4	5	6	7	8	9	10
D	1	2	2	3	2	4	2	4	3	4
F	0	1	1	1	1	2	1	1	1	2

D 的所有可能取值为 $1,2,3,4$; F 的所有可能取值为 $0,1,2$. 容易得到 (D,F) 取 $(i,j), i=1,2,3,4,\ j=0,1,2$ 的概率, 例如,

$$P(D=1,F=0)=\frac{1}{10},\quad P(D=2,F=1)=\frac{4}{10},$$

可得 D 和 F 的联合分布律和边缘分布律如下表所示:

X	Y			$P(D=i)$
	0	1	2	
1	1/10	0	0	1/10
2	0	4/10	0	4/10
3	0	2/10	0	2/10
4	0	1/10	2/10	3/10
$P(F=j)$	1/10	7/10	2/10	1

即边缘分布律为

D	1	2	3	4
$P(D=i)$	1/10	4/10	2/10	3/10

F	0	1	2
$P(F=j)$	1/10	7/10	2/10

□

三、 连续型随机变量的边缘概率密度

设二维连续型随机变量 (X,Y) 具有密度函数 $f(x,y)$, 其分布函数为 $F(x,y)$. 由 (3.1.2) 式得

$$F_X(x)=P(X\leqslant x,Y<+\infty)=\int_{-\infty}^{x}\left[\int_{-\infty}^{+\infty}f(u,v)\mathrm{d}v\right]\mathrm{d}u,$$

故 X 仍为连续型随机变量, 且其密度函数为

$$f_X(x) = \int_{-\infty}^{+\infty} f(x,v)\mathrm{d}v = \int_{-\infty}^{+\infty} f(x,y)\mathrm{d}y.$$

类似地, Y 仍为连续型随机变量, 且其密度函数为

$$f_Y(y) = \int_{-\infty}^{+\infty} f(x,y)\mathrm{d}x.$$

分别称 $f_X(x)$ 和 $f_Y(y)$ 为 (X,Y) 关于 X 和关于 Y 的**边缘密度函数**(**或边际密度函数**), 简称为 X 和 Y 的**边缘密度函数**(**或边际密度函数**).

例 3.2.3 设二维随机变量 (X,Y) 的密度函数为

$$f(x,y) = \begin{cases} 1, & 0<x<1, |y|<x, \\ 0, & \text{其他}. \end{cases}$$

试求 X 和 Y 的边缘密度函数.

解 X 的边缘密度函数为

$$f_X(x) = \int_{-\infty}^{+\infty} f(x,y)\mathrm{d}y = \begin{cases} \displaystyle\int_{-x}^{x} \mathrm{d}y, & 0<x<1, \\ 0, & \text{其他}, \end{cases}$$

$$= \begin{cases} 2x, & 0<x<1, \\ 0, & \text{其他}. \end{cases}$$

Y 的边缘密度函数为

$$f_Y(y) = \int_{-\infty}^{+\infty} f(x,y)\mathrm{d}x = \begin{cases} \displaystyle\int_{-y}^{1} \mathrm{d}x, & -1<y\leqslant 0, \\ \displaystyle\int_{y}^{1} \mathrm{d}x, & 0<y<1, \\ 0, & \text{其他} \end{cases}$$

$$= \begin{cases} 1+y, & -1<y\leqslant 0, \\ 1-y, & 0<y<1, \\ 0, & \text{其他} \end{cases} = \begin{cases} 1-|y|, & |y|<1, \\ 0, & \text{其他}. \end{cases}$$ □

例 3.2.4 设 $(X,Y) \sim N(\mu_1, \mu_2, \sigma_1^2, \sigma_2^2, \rho)$, 求 X 和 Y 的边缘密度函数.

解 X 的边缘密度函数为

$$f_X(x) = \int_{-\infty}^{+\infty} f(x,y)\mathrm{d}y$$

$$=\int_{-\infty}^{+\infty}\frac{1}{2\pi\sigma_1\sigma_2\sqrt{1-\rho^2}}\mathrm{e}^{-\frac{1}{2(1-\rho^2)}\left[\frac{(x-\mu_1)^2}{\sigma_1^2}-\frac{2\rho(x-\mu_1)(y-\mu_2)}{\sigma_1\sigma_2}+\frac{(y-\mu_2)^2}{\sigma_2^2}\right]}\mathrm{d}y,$$

由于

$$\frac{(y-\mu_2)^2}{\sigma_2^2}-\frac{2\rho(x-\mu_1)(y-\mu_2)}{\sigma_1\sigma_2}=\left(\frac{y-\mu_2}{\sigma_2}-\rho\frac{x-\mu_1}{\sigma_1}\right)^2-\rho^2\frac{(x-\mu_1)^2}{\sigma_1^2},$$

故

$$f_X(x)=\frac{1}{2\pi\sigma_1\sigma_2\sqrt{1-\rho^2}}\mathrm{e}^{-\frac{(x-\mu_1)^2}{2\sigma_1^2}}\int_{-\infty}^{+\infty}\mathrm{e}^{-\frac{1}{2(1-\rho^2)}\left(\frac{y-\mu_2}{\sigma_2}-\rho\frac{x-\mu_1}{\sigma_1}\right)^2}\mathrm{d}y.$$

设

$$t=\frac{1}{\sqrt{1-\rho^2}}\left(\frac{y-\mu_2}{\sigma_2}-\rho\frac{x-\mu_1}{\sigma_1}\right),$$

则有

$$\begin{aligned}f_X(x)=&\frac{1}{2\pi\sigma_1}\mathrm{e}^{-\frac{(x-\mu_1)^2}{2\sigma_1^2}}\int_{-\infty}^{+\infty}\mathrm{e}^{-\frac{t^2}{2}}\mathrm{d}t\\=&\frac{1}{\sqrt{2\pi}\sigma_1}\mathrm{e}^{-\frac{(x-\mu_1)^2}{2\sigma_1^2}},\quad -\infty<x<+\infty,\end{aligned}$$

即 X 的边缘分布是正态分布, 且 $X\sim N(\mu_1,\sigma_1^2)$. 类似地, Y 的边缘分布也是正态分布, 且 $Y\sim N(\mu_2,\sigma_2^2)$. □

上例说明二维正态分布的两个边缘分布都是一维正态分布, 且不依赖于参数 ρ, 即对于给定的参数 $\mu_1,\mu_2,\sigma_1^2,\sigma_2^2$, 不同的 ρ 对应不同的二维正态分布, 但是它们的边缘分布都是一样的. 这也说明边缘分布一般确定不了联合分布. 需要注意的是, 边缘分布都是正态分布的二维随机变量未必服从二维正态分布.

习 题 3.2

1. 设(X,Y) 的密度函数为 $f(x,y)=\dfrac{1+\sin x\sin y}{2\pi}\mathrm{e}^{-\frac{1}{2}(x^2+y^2)}$, $(x,y)\in\mathbb{R}^2$. 试求 (X,Y) 关于 X,Y 的边缘密度 $f_X(x), f_Y(y)$.

2. (1) 设 (X,Y) 的密度函数为

$$f(x,y)=\begin{cases}x^2+\dfrac{xy}{3}, & (x,y)\in[0,1]\times[0,2],\\ 0, & \text{其他},\end{cases}$$

试求 X,Y 的边缘密度 $f_X(x)$, $f_Y(y)$ 及 $P\left(Y<\frac{1}{2}\middle|X<\frac{1}{2}\right)$;

(2) 设 $(\xi,\eta)\sim U(D)$, 其中 $D=\{(x,y)\mid 0<x^2<y<x<1\}$. 试求: ξ 的边缘密度函数

及 $P\left(\eta > \frac{1}{2}\right)$.

(3) 已知 (X, Y) 的密度函数

$$f(x,y) = \begin{cases} Axy, & (x,y) \in D, \\ 0, & (x,y) \notin D, \end{cases}$$

其中

$$D = \left\{(x,y) \mid 0 \leqslant x \leqslant 4, 0 \leqslant y \leqslant \sqrt{x}\right\}.$$

试求 X 的边缘分布函数 $F_X(x)$ 及 Y 的边缘密度函数 $f_Y(y)$.

3. (1) 设 (X, Y) 的密度函数为

$$f(x,y) = \begin{cases} 2\mathrm{e}^{-(x+2y)}, & x, y > 0, \\ 0, & \text{其他}. \end{cases}$$

试求事件 $\{X < 3\}$ 的概率.

(2) 设 (X, Y) 的密度函数为

$$f(x,y) = \begin{cases} \dfrac{3x}{8}, & 0 < x < 2, x < y < 2x, \\ 0, & \text{其他}. \end{cases}$$

试求 $P(Y > 3)$.

4. 设 (X, Y) 的密度函数为

$$f(x,y) = \begin{cases} \dfrac{2}{\pi}\left[1 - \left(x^2 + y^2\right)\right], & x^2 + y^2 \leqslant 1, \\ 0, & \text{其他}. \end{cases}$$

试求

(1) X, Y 的边缘密度函数;

(2) "向量 (x, y) 落入区域 $\{(x,y) \mid x^2 + y^2 \leqslant r^2\}$" 的概率, 其中 $0 < r < 1$.

5. 设 (X, Y) 的密度函数为

$$f(x,y) = \begin{cases} 1, & 0 < x < 1, 0 < y < 2x, \\ 0, & \text{其他}. \end{cases}$$

试求

(1) $f_X(x), f_Y(y)$;

(2) $Z = 2X - Y$ 的概率密度 $f_Z(z)$;

(3) $P\left(Y \leqslant \frac{1}{2} \middle| X \leqslant \frac{1}{2}\right)$.

3.3 条件分布

受第 1 章条件概率的启发, 本节自然地引入条件分布的概念, 重点介绍离散型随机变量的条件分布律和连续型随机变量的条件概率密度函数.

一、离散型随机变量的条件分布律

定义 3.3.1 设 (X,Y) 为二维离散型随机变量, 其分布律为

$$P(X=x_i,Y=y_j)=p_{ij},\quad i,j=1,2,\cdots.$$

对于固定的 j, 若

$$P(Y=y_j)=\sum_i P(X=x_i,Y=y_j)=\sum_i p_{ij}=p_{\cdot j}>0,$$

则称

$$P(X=x_i|Y=y_j)=\frac{P(X=x_i,Y=y_j)}{P(Y=y_j)}=\frac{p_{ij}}{p_{\cdot j}},\quad i=1,2,\cdots$$

为在 $Y=y_j$ 的条件下, 随机变量 X 的**条件分布律**.

类似地, 对于固定的 i, 若

$$P(X=x_i)=\sum_j P(X=x_i,Y=y_j)=\sum_j p_{ij}=p_{i\cdot}>0,$$

则称

$$P(Y=y_j|X=x_i)=\frac{P(X=x_i,Y=y_j)}{P(X=x_i)}=\frac{p_{ij}}{p_{i\cdot}},\quad j=1,2,\cdots$$

为在 $X=x_i$ 的条件下, 随机变量 Y 的**条件分布律**.

条件分布律具有分布律的基本性质. 事实上,

(1) (非负性) $P(X=x_i|Y=y_j)\geqslant 0,\ P(Y=y_j|X=x_i)\geqslant 0$;

(2) (归一性) $\sum\limits_i P(X=x_i|Y=y_j)=\dfrac{p_{\cdot j}}{p_{\cdot j}}=1,\sum\limits_j P(Y=y_j|X=x_i)=\dfrac{p_{i\cdot}}{p_{i\cdot}}=1.$

例 3.3.1 将某一医药公司 8 月份和 9 月份收到的青霉素针剂的订货单数分别记为 X 和 Y. 据以往积累的资料知 X 和 Y 的联合分布律为

X	Y				
	51	52	53	54	55
51	0.06	0.07	0.05	0.04	0.05
52	0.05	0.05	0.10	0.02	0.06
53	0.05	0.01	0.10	0.02	0.05
54	0.01	0.01	0.05	0.01	0.01
55	0.01	0.01	0.05	0.03	0.03

试求 8 月份的订单数为 51 时, 9 月份订单数 Y 的条件分布律.

解 由于

$$P(X=51)=0.06+0.07+0.05+0.04+0.05=0.27>0,$$

所以当 $X=51$ 时, $Y=51$ 的条件概率为

$$P(Y=51|X=51)=\frac{P(X=51,Y=51)}{P(X=51)}=\frac{0.06}{0.27}=\frac{6}{27}.$$

类似可得

$$P(Y=52|X=51)=\frac{7}{27},\quad P(Y=53|X=51)=\frac{5}{27},$$
$$P(Y=54|X=51)=\frac{4}{27},\quad P(Y=55|X=51)=\frac{5}{27}.$$

也可表示为

Y	51	52	53	54	55
$P(Y=k\|X=51)$	6/27	7/27	5/27	4/27	5/27

□

例 3.3.2　仍考虑例 3.1.3, 求 $Y=1$ 的条件下 X 的条件分布律.

解　由于

$$P(Y=1)=\frac{1}{4}+\frac{1}{8}+\frac{1}{12}+\frac{1}{16}=\frac{25}{48}>0,$$

所以, 当 $Y=1$ 时,

$$P(X=1|Y=1)=\frac{P(X=1,Y=1)}{P(Y=1)}=\frac{1/4}{25/48}=\frac{12}{25}.$$

类似可得

$$P(X=2|Y=1)=\frac{6}{25},\quad P(X=3|Y=1)=\frac{4}{25},\quad P(X=4|Y=1)=\frac{3}{25}.$$

也可表示为

X	1	2	3	4
$P(X=k\|Y=1)$	12/25	6/25	4/25	3/25

□

二、连续型随机变量的条件概率密度函数

设二维连续型随机变量 (X,Y) 的联合密度函数为 $f(x,y)$, 边缘密度函数分别为 $f_X(x)$ 和 $f_Y(y)$. 由于对任意的实数 y, 都有 $P(Y=y)=0$, 因此不能用条件概率直接计算条件分布函数 $P(X\leqslant x|Y=y)$. 一个很自然的想法是: 将 $P(X\leqslant x|Y=y)$ 看成是 $h\to 0^+$ 时, 条件概率 $P(X\leqslant x|y\leqslant Y\leqslant y+h)$ 的极限, 即

$$\begin{aligned}P(X\leqslant x|Y=y)&=\lim_{h\to 0^+}P(X\leqslant x|y\leqslant Y\leqslant y+h)\\&=\lim_{h\to 0^+}\frac{P(X\leqslant x,y\leqslant Y\leqslant y+h)}{P(y\leqslant Y\leqslant y+h)}\end{aligned}$$

$$= \lim_{h \to 0^+} \frac{\displaystyle\int_{-\infty}^{x} \left[\int_{y}^{y+h} f(u,v)\mathrm{d}v \right] \mathrm{d}u}{\displaystyle\int_{y}^{y+h} f_Y(v)\mathrm{d}v}$$

$$= \lim_{h \to 0^+} \frac{\displaystyle\int_{-\infty}^{x} \left[\frac{1}{h}\int_{y}^{y+h} f(u,v)\mathrm{d}v \right] \mathrm{d}u}{\displaystyle\frac{1}{h}\int_{y}^{y+h} f_Y(v)\mathrm{d}v},$$

当 $f_Y(y)$ 和 $f(x,y)$ 在 y 处连续时,

$$\lim_{h \to 0^+} \frac{1}{h}\int_{y}^{y+h} f_Y(v)\mathrm{d}v = f_Y(y),$$
$$\lim_{h \to 0^+} \frac{1}{h}\int_{y}^{y+h} f(u,v)\mathrm{d}v = f(u,y).$$

所以当 $f_Y(y) > 0$ 时,

$$P(X \leqslant x|Y = y) = \int_{-\infty}^{x} \frac{f(u,y)}{f_Y(y)}\mathrm{d}u. \tag{3.3.1}$$

式 (3.3.1) 就是在 $Y = y$ 条件下随机变量 X 的条件分布函数, 可记为 $F_{X|Y}(x|y)$, 或简记为 $F(x|y)$. 再由密度函数的定义知, 式 (3.3.1) 中的被积函数正是在给定 $Y = y$ 的条件下随机变量 X 的条件密度函数, 可记为 $f_{X|Y}(x|y)$, 或简记为 $f(x|y)$. 应用高等概率论的知识, 可以在没有连续性假设下证明式 (3.3.1). 至此, 连续型随机变量的条件分布函数与条件密度函数定义如下.

定义 3.3.2 对固定的 y, 若 $f_Y(y) > 0$, 则在 $Y = y$ 条件下随机变量 X 的**条件分布函数与条件(概率)密度函数**分别为

$$F(x|y) := P(X \leqslant x|Y = y) = \int_{-\infty}^{x} \frac{f(u,y)}{f_Y(y)}\mathrm{d}u, \tag{3.3.2}$$

$$f(x|y) = \frac{f(x,y)}{f_Y(y)}. \tag{3.3.3}$$

类似地, 对固定的 x, 若 $f_X(x) > 0$, 则在 $X = x$ 条件下随机变量 Y 的**条件分布函数与条件(概率)密度函数**分别为

$$F(y|x) := P(Y \leqslant y|X = x) = \int_{-\infty}^{y} \frac{f(x,v)}{f_X(x)}\mathrm{d}v, \tag{3.3.4}$$

$$f(y|x) = \frac{f(x,y)}{f_X(x)}. \tag{3.3.5}$$

由上述定义可知,

$$f(x,y)=f_X(x)f(y|x)=f_Y(y)f(x|y), \tag{3.3.6}$$

上述关系式反映了联合密度函数、边缘密度函数和条件密度函数之间的关系, 而且它们也完全类似于第 1 章中的条件概率计算公式和概率的乘法公式.

例 3.3.3　仍然考虑例 3.2.3, 求条件密度函数 $f_{X|Y}(x|y)$.

解　由例 3.2.3 知, Y 的边缘密度函数为

$$f_Y(y)=\begin{cases}1-|y|, & |y|<1,\\ 0, & \text{其他},\end{cases}$$

故当 $|y|<1$ 时, 随机变量 X 的条件密度函数为

$$f(x|y)=\frac{f(x,y)}{f_Y(y)}=\begin{cases}\dfrac{1}{1-|y|}, & |y|<x<1,\\ 0, & \text{其他}.\end{cases}$$

□

例 3.3.4　设随机变量 X 在区间 $(0,1)$ 上随机地取值, 而观察到 $X=x$ $(0<x<1)$ 时, 随机变量 Y 在区间 $(x,1)$ 上随机地取值. 求 Y 的概率密度函数 $f_Y(y)$.

解　由题意知, X 具有密度函数

$$f_X(x)=\begin{cases}1, & 0<x<1,\\ 0, & \text{其他}.\end{cases}$$

当 $X=x$ $(0<x<1)$ 时, Y 的条件密度函数为

$$f(y|x)=\begin{cases}\dfrac{1}{1-x}, & x<y<1,\\ 0, & \text{其他},\end{cases}$$

由 (3.3.6) 式得 X 和 Y 的联合密度函数为

$$f(x,y)=f_X(x)f(y|x)=\begin{cases}\dfrac{1}{1-x}, & 0<x<y<1,\\ 0, & \text{其他}.\end{cases}$$

于是得到 Y 的边缘密度函数为

$$\begin{aligned}f_Y(y)=\int_{-\infty}^{+\infty}f(x,y)\mathrm{d}x&=\begin{cases}\displaystyle\int_0^y\frac{1}{1-x}\mathrm{d}x, & 0<y<1,\\ 0, & \text{其他}\end{cases}\\&=\begin{cases}-\ln(1-y), & 0<y<1,\\ 0, & \text{其他}.\end{cases}\end{aligned}$$

□

习 题 3.3

1. (1) 将 2 只球随机地放入 3 只盒中, 以 X,Y 分别表示 1 号盒与 2 号盒中的球数, 试求在 $Y=0$ 条件下 X 的条件分布.

(2) 从 $1,2,3,4$ 中任取一个数, 记为 X; 再从 $1,2,\cdots,X$ 中任取一个数记为 Y. 试求 (X,Y) 的联合分布、Y 的边缘分布与在 $X=4$ 条件下 Y 的条件分布.

(3) 一射手进行射击, 已知其每次的命中率为 $p\ (0<p<1)$, 射击一直进行到击中目标两次为止. 以 X 表示其首次命中目标时所射击的次数, Y 表示总共射击的次数, 试求 (X,Y) 的联合分布, 边缘分布和条件分布.

2. (1) 设 (X,Y) 的密度函数为

$$f(x,y)=\begin{cases}3x, & 0<y<x<1,\\ 0, & \text{其他}.\end{cases}$$

试求给定 $X=x\ (0<x<1)$ 时, Y 的条件密度函数 $f_{Y|X}(y|x)$ 及条件分布函数 $F_{Y|X}(y|x)$.

(2) 设 (X,Y) 的密度函数为

$$f(x,y)=\begin{cases}\dfrac{1}{y}\mathrm{e}^{-y}\cdot\mathrm{e}^{-\frac{x}{y}}, & x,y>0,\\ 0, & \text{其他}.\end{cases}$$

试求给定 $Y=y>0$ 时, X 的条件密度函数 $f_{X|Y}(x|y)$ 及 $P(X>1|Y=y)$.

(3) 设 (X,Y) 的密度函数为

$$f(x,y)=\begin{cases}\dfrac{21}{4}x^2y, & x^2\leqslant y\leqslant 1,\\ 0, & \text{其他}.\end{cases}$$

求条件概率 $P(Y\geqslant 0.75|X=0.5)$.

3. (1) 设 $X\sim U(0,1)$. 已知 $X=x\ (0<x<1)$ 时, $Y\sim U\left(0,\dfrac{1}{x}\right)$. 试求 Y 的概率密度函数 $f_Y(y)$.

(2) 设 ξ 的概率密度为

$$f_\xi(x)=\begin{cases}\lambda^2x\mathrm{e}^{-\lambda x}, & x>0,\\ 0, & x\leqslant 0,\end{cases}$$

随机变量 η 在 $(0,\xi)$ 上均匀分布, 试求 η 的密度函数.

4. (1) 设 Y 的密度函数为

$$f_Y(y)=\begin{cases}5y^4, & 0<y<1,\\ 0, & \text{其他},\end{cases}$$

给定 $Y=y\ (0<y<1)$ 时, X 的条件密度为

$$f_{X|Y}(x|y)=\begin{cases}\dfrac{3x^2}{y^3}, & 0<x<y,\\ 0, & \text{其他}.\end{cases}$$

试求 $P(X>0.5)$.

(2) 已知随机变量 X 的密度函数为

$$f_X(x)=\begin{cases}4x\left(1-x^2\right), & 0<x<1,\\ 0, & \text{其他},\end{cases}$$

给定 $X=x\ (0<x<1)$ 时, 随机变量 Y 的条件密度为

$$f_{Y|X}(y|x)=\begin{cases}\dfrac{2y}{1-x^2}, & x<y<1,\\ 0, & \text{其他}.\end{cases}$$

试求 $P(Y\geqslant 0.5)$.

5. 设二维随机变量 (X,Y) 的联合概率密度为

$$f(x,y)=\begin{cases}x\mathrm{e}^{-x(y+1)}, & x,y>0,\\ 0 & \text{其他}.\end{cases}$$

试求

(1) 边缘密度函数 $f_X(x), f_Y(y)$;

(2) 条件密度函数 $f_{Y|X}(y|x)$, $f_{X|Y}(x|y)$;

(3) 条件概率 $P(Y\leqslant 1|X\leqslant 2)$, $P(Y\leqslant 1|X=2)$.

6. 设二维随机变量 (X,Y) 的概率密度函数为

$$f(x,y)=A\mathrm{e}^{-2x^2+2xy-y^2},\quad -\infty<x,y<+\infty,$$

试求常数 A 及条件密度函数 $f_{Y|X}(y|x)$.

7. 设 $Y\sim U[2,4]$, 且给定 $Y=y\ (2\leqslant y\leqslant 4)$ 时, $X\sim E(y)$.

(1) 试求 (X,Y) 的联合密度函数;

(2) 试证 $XY\sim E(1)$.

8. (1) 设 X,Y 为两个随机变量, $Y\sim\begin{pmatrix}0 & 1\\ 0.7 & 0.3\end{pmatrix}$, 且给定 $Y=k$ 时, $X\sim N(k,1)$, $k=0,1$. 试求 X 的分布.

(2) 设 $X\sim\begin{pmatrix}1 & 2\\ \dfrac{1}{2} & \dfrac{1}{2}\end{pmatrix}$, 且给定 $X=k$ 时, $Y\sim U(0,k)$, $k=1,2$. 试求 Y 的分布.

9. (1) 设 $X\sim U(0,2)$, 试求给定 $X>1$ 时, X 的条件分布.

(2) 设 $(X,Y)\sim U(D)$, 其中 $D=\{(x,y)\mid x^2+y^2\leqslant R^2\}$. 求 $P\left(Y>0\middle|X=\dfrac{R}{2}\right)$, $P\left(Y>0\middle|X>\dfrac{R}{2}\right)$.

10. 设一个人一年内患感冒的次数服从参数为 $\lambda_1=5$ 的泊松分布. 现有某种预防感冒的药物对 75% 的人有效 (能将泊松分布的参数减少为 $\lambda_2=3$); 对另外 25% 的人不起作用. 如果某人服用了此药, 一年内患了 2 次感冒, 那么该药对他有效的可能性是多少?

3.4 随机变量的独立性

在多维随机变量中, 各分量的取值有时会相互影响, 但有时会毫无影响. 例如一个人的身高 X 和体重 Y 就会相互影响, 但与收入 Z 一般没有影响. 受随机事件独立性的启发, 我们引入随机变量独立性的概念.

定义 3.4.1 设 n 维随机变量 $(X_1, X_2, \cdots, X_n)$ 的联合分布函数为 $F(x_1, x_2, \cdots, x_n)$, X_i 的边缘分布函数为 $F_{X_i}(x_i)$, $i = 1, 2, \cdots, n$. 若对任意 n 个实数 $x_1, x_2, \cdots, x_n$,

$$P(X_1 \leqslant x_1, X_2 \leqslant x_2, \cdots, X_n \leqslant x_n) = P(X_1 \leqslant x_1)P(X_2 \leqslant x_2)\cdots P(X_n \leqslant x_n), \tag{3.4.1}$$

即

$$F(x_1, x_2, \cdots, x_n) = F_{X_1}(x_1)F_{X_2}(x_2)\cdots F_{X_n}(x_n), \tag{3.4.2}$$

则称随机变量 $X_1, X_2, \cdots, X_n$**相互独立**.

在独立的情形下, 联合分布函数与边缘分布函数是相互唯一确定的.

离散型随机变量 $X_1, X_2, \cdots, X_n$ 相互独立的条件 (3.4.2) 等价于

对 $(X_1, X_2, \cdots, X_n)$ 的任一个取值 $(x_1, x_2, \cdots, x_n)$,

$$P(X_1 = x_1, X_2 = x_2, \cdots, X_n = x_n) = P(X_1 = x_1)P(X_2 = x_2)\cdots P(X_n = x_n). \tag{3.4.3}$$

连续型随机变量 $X_1, X_2, \cdots, X_n$ 相互独立的条件 (3.4.2) 等价于

$$f(x_1, x_2, \cdots, x_n) = f_{X_1}(x_1)f_{X_2}(x_2)\cdots f_{X_n}(x_n) \tag{3.4.4}$$

在 $f(x_1, x_2, \cdots, x_n)$ 的连续点处成立, 其中 $f(x_1, x_2, \cdots, x_n)$ 为 $(X_1, X_2, \cdots, X_n)$ 的联合密度函数, $f_{X_i}(x_i)$ 为 X_i 的边缘密度函数, $i = 1, 2, \cdots, n$.

例 3.4.1 设 (X, Y) 有如下联合分布律:

X	Y	
	0	1
0	1/4	b
1	a	1/4

且事件 $\{X = 0\}$ 与 $\{X + Y = 1\}$ 相互独立.

(1) 确定常数 a, b;

(2) 判断 X 和 Y 是否独立?

解　(1) 由于事件 $\{X=0\}$ 与 $\{X+Y=1\}$ 相互独立, 故有

$$P(X=0, X+Y=1)=P(X=0)P(X+Y=1),$$

即

$$P(X=0, Y=1)=P(X=0)P(X+Y=1),$$

从而

$$b=\left(\frac{1}{4}+b\right)(a+b).$$

因为 $\frac{1}{4}+\frac{1}{4}+a+b=1$, 所以 $a+b=\frac{1}{2}$. 结合上式得 $a=b=\frac{1}{4}$.

(2) 由于对 (X,Y) 的任一个取值 (i,j), $i,j=0,1$, 均成立

$$P(X=i, Y=j)=P(X=i)P(Y=j),$$

故 X 和 Y 独立. □

例 3.4.2　已知 X 和 Y 的分布律分别为

$$X\sim\begin{pmatrix}-1 & 0 & 1\\ \frac{1}{4} & \frac{1}{2} & \frac{1}{4}\end{pmatrix},\quad Y\sim\begin{pmatrix}0 & 1\\ \frac{1}{2} & \frac{1}{2}\end{pmatrix},$$

而且 $P\left(X^2=Y^2\right)=1$.

(1) 求 X 和 Y 的联合分布律;

(2) 判断 X 和 Y 是否独立?

解　(1) 因为 $P\left(X^2=Y^2\right)=1$, 所以 $P\left(X^2\neq Y^2\right)=0$, 从而

$$P(X=-1, Y=0)=P(X=1, Y=0)=P(X=0, Y=1)=0,$$

再结合联合分布律与边缘分布律的关系, 可得 X 和 Y 的联合分布律, 如下表所示.

X	Y		$P(X=x_i)$
	0	1	
-1	0	1/4	1/4
0	1/2	0	1/2
1	0	1/4	1/4
$P(Y=y_j)$	1/2	1/2	1

(2) 由于 $P(X=-1, Y=0)=0$, $P(X=-1)P(Y=0)=1/8$, 所以

$$P(X=-1, Y=0)\neq P(X=-1)P(Y=0),$$

故 X 和 Y 不独立. □

例 3.4.3 设二维连续型随机变量 (X,Y) 的概率密度函数为

$$f(x,y)=\begin{cases}3x, & 0<x<1,\ 0<y<x,\\ 0, & \text{其他},\end{cases}$$

判断 X 和 Y 是否独立?

解 由题意得, X 的边缘密度函数为

$$f_X(x)=\int_{-\infty}^{+\infty}f(x,y)\mathrm{d}y=\begin{cases}\displaystyle\int_0^x 3x\mathrm{d}y, & 0<x<1,\\ 0, & \text{其他}\end{cases}=\begin{cases}3x^2, & 0<x<1,\\ 0, & \text{其他}.\end{cases}$$

Y 的边缘密度函数为

$$f_Y(y)=\int_{-\infty}^{+\infty}f(x,y)\mathrm{d}x=\begin{cases}\displaystyle\int_y^1 3x\mathrm{d}x, & 0<y<1,\\ 0, & \text{其他},\end{cases}=\begin{cases}\dfrac{3}{2}(1-y^2), & 0<y<1,\\ 0, & \text{其他}.\end{cases}$$

由于当 $0<x<1,\ 0<y<x$ 时, $f(x,y)\neq f_X(x)f_Y(y)$, 故 X 和 Y 不独立. □

例 3.4.4 设 $(X,Y)\sim N(\mu_1,\mu_2,\sigma_1^2,\sigma_2^2,\rho)$, 证明: X 和 Y 独立等价于 $\rho=0$.

证明 由例 3.2.4 知, $X\sim N(\mu_1,\sigma_1^2)$, $Y\sim N(\mu_2,\sigma_2^2)$. 此时 X 和 Y 的联合密度函数与边缘密度函数分别为

$$f(x,y)=\frac{1}{2\pi\sigma_1\sigma_2\sqrt{1-\rho^2}}\mathrm{e}^{-\frac{1}{2(1-\rho^2)}\left[\frac{(x-\mu_1)^2}{\sigma_1^2}-\frac{2\rho(x-\mu_1)(y-\mu_2)}{\sigma_1\sigma_2}+\frac{(y-\mu_2)^2}{\sigma_2^2}\right]},$$

$$f_X(x)=\frac{1}{\sqrt{2\pi}\sigma_1}\mathrm{e}^{-\frac{(x-\mu_1)^2}{2\sigma_1^2}},\quad f_Y(y)=\frac{1}{\sqrt{2\pi}\sigma_2}\mathrm{e}^{-\frac{(y-\mu_2)^2}{2\sigma_2^2}}.$$

假设 X 和 Y 独立, 故对一切 (x,y), 都有

$$\begin{aligned}&\frac{1}{2\pi\sigma_1\sigma_2\sqrt{1-\rho^2}}\mathrm{e}^{-\frac{1}{2(1-\rho^2)}\left[\frac{(x-\mu_1)^2}{\sigma_1^2}-\frac{2\rho(x-\mu_1)(y-\mu_2)}{\sigma_1\sigma_2}+\frac{(y-\mu_2)^2}{\sigma_2^2}\right]}\\ =&\frac{1}{\sqrt{2\pi}\sigma_1}\mathrm{e}^{-\frac{(x-\mu_1)^2}{2\sigma_1^2}}\cdot\frac{1}{\sqrt{2\pi}\sigma_2}\mathrm{e}^{-\frac{(y-\mu_2)^2}{2\sigma_2^2}},\end{aligned}$$

在上式中取 $(x,y)=(\mu_1,\mu_2)$, 得

$$\frac{1}{2\pi\sigma_1\sigma_2\sqrt{1-\rho^2}}=\frac{1}{\sqrt{2\pi}\sigma_1}\cdot\frac{1}{\sqrt{2\pi}\sigma_2},$$

从而 $\rho=0$.

反之, 若 $\rho=0$, 则显然有 $f(x,y)=f_X(x)f_Y(y)$, 故 X 和 Y 独立. □

在本小节的最后, 我们介绍一些与随机变量的独立性有关的结论, 这些结论在概率论与数理统计中有很重要的作用. 由于证明超出本书范围, 故略.

定理 3.4.1　(1) n 个随机变量 $X_1, X_2, \cdots, X_n$ 相互独立的充要条件是: 对一切使得 $\{X_1 \in A_1\}, \{X_2 \in A_2\}, \cdots, \{X_n \in A_n\}$ 为事件 (可测集) 的实数集 $A_1, A_2, \cdots, A_n$,

$$P(X_1 \in A_1, X_2 \in A_2, \cdots, X_n \in A_n) = P(X_1 \in A_1)P(X_2 \in A_2)\cdots P(X_n \in A_n).$$

(2) 设随机变量 $X_1, X_2, \cdots, X_n$ 相互独立, 且 $f_1, f_2, \cdots, f_n$ 是 n 个恰当的实值函数, 则 $f_1(X_1), f_2(X_2), \cdots, f_n(X_n)$ 也相互独立.

定理 3.4.1 中提到的恰当的实值函数其实有很多, 比如连续函数、单调函数等, 一般只需可测函数即可, 请读者查阅概率论相关书籍.

下面给出两个随机向量独立性的定义.

定义 3.4.2　设 $(X_1, X_2, \cdots, X_n)$ 和 $(Y_1, Y_2, \cdots, Y_m)$ 为两个随机向量, 其分布函数分别为 $F_1(x_1, x_2, \cdots, x_n)$ 和 $F_2(y_1, y_2, \cdots, y_m)$. 设 $(X_1, X_2, \cdots, X_n, Y_1, Y_2, \cdots, Y_m)$ 的联合分布函数为 $F(x_1, x_2, \cdots, x_n, y_1, y_2, \cdots, y_m)$. 若对任意的 $x_1, x_2, \cdots, x_n, y_1, y_2, \cdots, y_m$,

$$F(x_1, x_2, \cdots, x_n, y_1, y_2, \cdots, y_m) = F_1(x_1, x_2, \cdots, x_n)F_2(y_1, y_2, \cdots, y_m),$$

则称随机向量 $(X_1, X_2, \cdots, X_n)$ 和 $(Y_1, Y_2, \cdots, Y_m)$**相互独立**.

定理 3.4.2　设随机向量 $(X_1, X_2, \cdots, X_n)$ 和 $(Y_1, Y_2, \cdots, Y_m)$ 相互独立.

(1) $(X_1, X_2, \cdots, X_n)$ 的子向量与 $(Y_1, Y_2, \cdots, Y_m)$ 的子向量相互独立, 特别地, $X_i\ (i = 1, 2, \cdots, n)$ 和 $Y_j\ (j = 1, 2, \cdots, m)$ 相互独立.

(2) 若 f 和 g 是两个恰当的函数, 则 $f(X_1, X_2, \cdots, X_n)$ 和 $g(Y_1, Y_2, \cdots, Y_m)$ 也相互独立.

习　题　3.4

1. 设随机变量 X, Y 独立同分布, 且 $X \sim \begin{pmatrix} 0 & 1 \\ 1-p & p \end{pmatrix}$. 设 $Z = \begin{cases} 1, & X+Y\text{为偶数}, \\ 0, & X+Y\text{为奇数}. \end{cases}$ 问: p 取何值时, X, Z 相互独立?

2. 设随机变量 X, Y 独立, 且 $X \sim P(\lambda_1), Y \sim P(\lambda_2)$. 试求给定 $X+Y=n$ 时, X 的条件分布.

3. 设随机向量 (X, Y) 具有如下的联合密度:

(1) $f(x, y) = 4xy,\ 0 < x, y < 1$;　　(2) $f(x, y) = 8xy,\ 0 < x < y < 1$.

试分别讨论在以上两种情形下, X, Y 是否独立?

4. (1) 设 $(X, Y) \sim U(D)$, 其中 $D = \{(x, y) \mid x^2 + y^2 \leqslant 1\}$. 试讨论 X, Y 的独立性.

(2) 设 $(X,Y)\sim U(G)$, 其中 $G=[0,1]\times[0,2]$. 试讨论 X,Y 的独立性.

5. 设

$$(X,Y)\sim f(x,y)=\begin{cases} c\mathrm{e}^{-(2x+y)}, & x,y>0,\\ 0, & \text{其他}. \end{cases}$$

(1) 确定常数 c;

(2) 试求 X 的边缘密度及条件密度, 讨论 X,Y 是否独立?

(3) 求 (X,Y) 的联合分布函数.

6. (1) 设随机变量 X,Y 独立, 且 $X\sim U[0,1]$, $Y\sim E\left(\dfrac{1}{2}\right)$.

(i) 试写出 (X,Y) 的联合密度函数;

(ii) 试求 "方程 $t^2+2Xt+Y=0$ 有实根" 的概率;

(2) 从长度为 a 的线段的中点两边随机各选取一点, 求 "两点间距离小于 $\dfrac{a}{3}$" 的概率.

7. 试用概率方法证明: 对任意的 $a>0$,

$$\frac{1}{\sqrt{2\pi}}\int_{-a}^{a}\mathrm{e}^{-\frac{x^2}{2}}\mathrm{d}x\leqslant\sqrt{1-\mathrm{e}^{-a^2}}.$$

8. 设随机向量 (X,Y) 的联合密度为

$$f(x,y)=\begin{cases} \dfrac{1+xy}{4}, & -1<x,y<1,\\ 0, & \text{其他}. \end{cases}$$

试证: X,Y 不独立, 但 X^2,Y^2 独立.

9. 设 X_1,X_2,X_3 独立, 且

$$X_1,X_2\sim N(0,1),\quad X_3\sim\begin{pmatrix} 0 & 1\\ \dfrac{1}{2} & \dfrac{1}{2} \end{pmatrix}.$$

设 $Y=X_3X_1+(1-X_3)X_2$. 试求 (X_1,Y) 的联合分布函数, 并证明: $Y\sim N(0,1)$.

10. (1) 设随机变量 X,Y 独立, 且

$$X\sim E\left(\frac{1}{2}\right),\quad Y\sim\begin{pmatrix} -1 & 1\\ 0.25 & 0.75 \end{pmatrix}.$$

试求 $P(XY\leqslant 2)$.

(2) 设随机变量 X,Y 独立且都服从 $U(0,1)$ 分布, 试求 $Z=\dfrac{X}{X+Y}$ 的分布函数.

11. (1) 若随机向量

$$(X,Y)\sim f(x,y)=k\mathrm{e}^{-\left(ax^2+2bxy+cy^2\right)},\quad -\infty<x,y<+\infty.$$

在什么条件下, X 与 Y 相互独立?

(2) 试问在何条件下, 函数 $f(x,y)=k\mathrm{e}^{-\left(ax^2+2bxy+cy^2\right)}$ 为某二维随机变量的联合密度函数?

3.5 多维随机变量的函数的分布

在 2.4 节我们讨论了一维随机变量的函数的分布, 本节将讨论多维随机变量的函数的分布, 主要讨论二维离散型和连续型随机变量的函数的分布. 对于更高维随机变量的函数的分布, 读者可作类似分析.

一、 二维离散型随机变量的函数的分布

设 (X,Y) 是二维离散型随机变量, 其分布律如下:

$$P(X=x_i,Y=y_j)=p_{ij},\quad i,j=1,2,\cdots,$$

设 $g(x,y)$ 是一个恰当的二元函数. 若 $g(x,y)$ 是单射, 则对不同的 (x_i,y_j), 函数值 $g(x_i,y_j)$ 互不相同, 因此 $Z=g(X,Y)$ 的分布律为

$$P(Z=g(x_i,y_j))=P(X=x_i,Y=y_j)=p_{ij},\quad i,j=1,2,\cdots;$$

否则, 则把函数取值相同的概率求和, 便得到 Z 的分布律.

例 3.5.1 设随机变量 X 和 Y 的分布律分别为

$$X\sim\begin{pmatrix}-1 & 0 & 1\\ 1/4 & 1/2 & 1/4\end{pmatrix},\quad Y\sim\begin{pmatrix}0 & 1\\ 1/2 & 1/2\end{pmatrix}.$$

已知 $P(XY=0)=1$. 试求: (1) $Z_1=XY$ 的分布律; (2) $Z_2=\max\{X,Y\}$ 的分布律.

解 因为 $P(XY=0)=1$, 所以 $P(XY\neq 0)=0$, 从而

$$P(X=-1,Y=1)=P(X=1,Y=1)=0,$$

再结合联合分布律与边缘分布律的关系, 可得 X 和 Y 的联合分布律, 如下表所示:

X	Y		$P(X=x_i)$
	0	1	
-1	1/4	0	1/4
0	0	1/2	1/2
1	1/4	0	1/4
$P(Y=y_j)$	1/2	1/2	

由 X 和 Y 的联合分布律, 可得下表:

(X,Y)	$(-1,0)$	$(-1,1)$	$(0,0)$	$(0,1)$	$(1,0)$	$(1,1)$
P	1/4	0	0	1/2	1/4	0
$Z_1 = XY$	0	-1	0	0	0	1
$Z_2 = \max\{X,Y\}$	0	1	0	1	1	1

由此可得 $Z_1 = XY$ 和 $Z_2 = \max\{X,Y\}$ 的分布律分别如下:

Z_1	0	-1	1
P	1	0	0

Z_2	0	1
P	1/4	3/4

□

下面介绍离散型随机变量情形下的卷积公式.

设 X 和 Y 是相互独立的随机变量, 它们都取非负整数. 下面来计算随机变量 $Z = X + Y$ 的概率分布. 易见随机变量 Z 也取非负整数, 且

$$\{Z = k\} = \{X = 0, Y = k\} + \{X = 1, Y = k-1\} + \cdots + \{X = k, Y = 0\},$$

其中 k 为非负整数. 利用概率的可加性以及随机变量的独立性可得

$$P(Z = k) = \sum_{i=0}^{k} P(X = i, Y = k-i) = \sum_{i=0}^{k} P(X = i)P(Y = k-i), \tag{3.5.1}$$

这就是求独立的离散型随机变量和的分布公式: **离散卷积公式**.

例 3.5.2 设随机变量 X 和 Y 相互独立, 且 $X \sim P(\lambda_1)$, $Y \sim P(\lambda_2)$. 证明:

$$Z = X + Y \sim P(\lambda_1 + \lambda_2). \tag{3.5.2}$$

证明 由题设, X 和 Y 的概率分布分别为

$$P(X = i) = \frac{\lambda_1^i}{i!}\mathrm{e}^{-\lambda_1}, \quad P(Y = j) = \frac{\lambda_2^j}{j!}\mathrm{e}^{-\lambda_2}, \quad i, j = 0, 1, 2, \cdots.$$

易见 $Z = X + Y$ 的所有可能取值为 $0, 1, 2, \cdots$, 且

$$\begin{aligned}
P(Z = k) =& P(X + Y = k) = \sum_{i=0}^{k} P(X = i, Y = k-i) \\
=& \sum_{i=0}^{k} P(X = i)P(Y = k-i) = \sum_{i=0}^{k} \frac{\lambda_1^i}{i!}\mathrm{e}^{-\lambda_1} \cdot \frac{\lambda_2^{k-i}}{(k-i)!}\mathrm{e}^{-\lambda_2} \\
=& \frac{\mathrm{e}^{-(\lambda_1+\lambda_2)}}{k!} \sum_{i=0}^{k} \binom{k}{i} \lambda_1^i \lambda_2^{k-i} = \frac{(\lambda_1+\lambda_2)^k}{k!}\mathrm{e}^{-(\lambda_1+\lambda_2)}, \quad k = 0, 1, 2, \cdots,
\end{aligned}$$

因此 $Z = X + Y \sim P(\lambda_1 + \lambda_2)$. □

性质 (3.5.2) 称为泊松分布的可加性. 一般地, 若 $X_1, X_2, \cdots, X_n$ 相互独立, 且 $X_i \sim P(\lambda_i)$, $i=1,2,\cdots,n$, 则 $Z=\sum\limits_{i=1}^{n} X_i \sim P\left(\sum\limits_{i=1}^{n} \lambda_i\right)$.

类似地, 若随机变量 X 和 Y 相互独立, 且 $X \sim B(n,p)$, $Y \sim B(m,p)$, 则 $Z=X+Y \sim B(n+m,p)$. 此性质称为二项分布的可加性.

二、二维连续型随机变量的函数的分布

设 (X,Y) 是二维连续型随机变量, 其密度函数为 $f(x,y)$. 设 $g(x,y)$ 是一个恰当的二元函数. 如何求 $Z=g(X,Y)$ 的密度函数 $h(z)$ 呢? 常用的方法是 "分布函数法", 即先由 (X,Y) 的分布确定 $Z=g(X,Y)$ 的分布, 若 Z 服从连续型分布, 则对 Z 的分布函数求导获得 Z 的密度函数 $h(z)$.

例 3.5.3 设 $X \sim N(0,1)$, $Y \sim N(0,1)$, 且 X, Y 独立, 求 $Z=\sqrt{X^2+Y^2}$ 的密度函数 $h(z)$.

解 由于 X 和 Y 独立, 所以 (X,Y) 的联合密度函数为

$$f(x,y)=\frac{1}{2\pi}\mathrm{e}^{-\frac{x^2+y^2}{2}}.$$

易见 $Z=\sqrt{X^2+Y^2}$ 的值域为 $[0,+\infty)$, 所以若 $z<0$, 则

$$F_Z(z)=P(Z \leqslant z)=0;$$

若 $z \geqslant 0$, 则

$$\begin{aligned} F_Z(z)&=P(Z \leqslant z)=P(\sqrt{X^2+Y^2} \leqslant z)=\iint\limits_{\sqrt{x^2+y^2} \leqslant z} f(x,y)\mathrm{d}x\mathrm{d}y \\ &=\iint\limits_{\sqrt{x^2+y^2} \leqslant z} \frac{1}{2\pi}\mathrm{e}^{-\frac{x^2+y^2}{2}}\mathrm{d}x\mathrm{d}y=\frac{1}{2\pi}\int_0^{2\pi}\mathrm{d}\theta\int_0^z \mathrm{e}^{-\frac{r^2}{2}}r\mathrm{d}r=1-\mathrm{e}^{-\frac{z^2}{2}}, \end{aligned}$$

其中倒数第二个等式利用变量代换 $x=r\cos\theta, y=r\sin\theta$. 所以 $Z=\sqrt{X^2+Y^2}$ 的密度函数为

$$h(z)=F_z'(z)=\begin{cases} 0, & z<0, \\ z\mathrm{e}^{-\frac{z^2}{2}}, & z \geqslant 0. \end{cases}$$ □

下面仅就和的分布、商的分布以及积的分布进行讨论.

1. $Z=X+Y$ 的分布

设 (X,Y) 是二维连续型随机变量, 其密度函数为 $f(x,y)$. 下面用 "分布函数法" 求 $Z=X+Y$ 的密度函数.

先求 $Z=X+Y$ 的分布函数. 易见

$$
\begin{aligned}
F_Z(z)=P(Z\leqslant z)=P(X+Y\leqslant z)&=\iint\limits_{x+y\leqslant z} f(x,y)\mathrm{d}x\mathrm{d}y\\
&=\int_{-\infty}^{+\infty}\left[\int_{-\infty}^{z-x} f(x,y)\mathrm{d}y\right]\mathrm{d}x \quad (\text{设 } y=u-x)\\
&=\int_{-\infty}^{+\infty}\left[\int_{-\infty}^{z} f(x,u-x)\mathrm{d}u\right]\mathrm{d}x\\
&=\int_{-\infty}^{z}\left[\int_{-\infty}^{+\infty} f(x,u-x)\mathrm{d}x\right]\mathrm{d}u,
\end{aligned}
$$

根据定义, $Z=X+Y$ 为连续型随机变量, 且密度函数为

$$
f_Z(z)=\int_{-\infty}^{+\infty} f(x,z-x)\mathrm{d}x. \tag{3.5.3}
$$

类似讨论可得

$$
f_Z(z)=\int_{-\infty}^{+\infty} f(z-y,y)\mathrm{d}y. \tag{3.5.4}
$$

特别地, 当 X 和 Y 相互独立, 且 X 和 Y 的密度函数分别为 $f_X(x)$ 和 $f_Y(y)$ 时, 式 (3.5.3) 和式 (3.5.4) 分别为

$$
f_Z(z)=\int_{-\infty}^{+\infty} f_X(x)f_Y(z-x)\mathrm{d}x, \tag{3.5.5}
$$

$$
f_Z(z)=\int_{-\infty}^{+\infty} f_X(z-y)f_Y(y)\mathrm{d}y, \tag{3.5.6}
$$

这就是所谓的**卷积公式**.

例 3.5.4 设随机变量 X 和 Y 相互独立, 且 $X\sim N(0,1)$, $Y\sim N(0,1)$. 证明

$$
Z=X+Y\sim N(0,2).
$$

证明 由式 (3.5.5) 得

$$
\begin{aligned}
f_Z(z)=\int_{-\infty}^{+\infty} f_X(x)f_Y(z-x)\mathrm{d}x &=\int_{-\infty}^{+\infty}\frac{1}{\sqrt{2\pi}}\mathrm{e}^{-\frac{x^2}{2}}\cdot\frac{1}{\sqrt{2\pi}}\mathrm{e}^{-\frac{(z-x)^2}{2}}\mathrm{d}x\\
&=\frac{1}{2\pi}\mathrm{e}^{-\frac{z^2}{4}}\int_{-\infty}^{+\infty}\mathrm{e}^{-(x-\frac{z}{2})^2}\mathrm{d}x \quad \left(\text{设}\frac{t}{\sqrt{2}}=x-\frac{z}{2}\right)\\
&=\frac{1}{\sqrt{2\pi}\cdot\sqrt{2}}\mathrm{e}^{-\frac{z^2}{4}}\int_{-\infty}^{+\infty}\frac{1}{\sqrt{2\pi}}\mathrm{e}^{-\frac{t^2}{2}}\mathrm{d}t=\frac{1}{\sqrt{2\pi}\cdot\sqrt{2}}\mathrm{e}^{-\frac{z^2}{2\times 2}},
\end{aligned}
$$

即 $Z=X+Y\sim N(0,2)$. □

类似可证: 若随机变量 X 和 Y 相互独立, 且 $X \sim N(\mu_1, \sigma_1^2)$, $Y \sim N(\mu_2, \sigma_2^2)$, 则

$$X + Y \sim N(\mu_1 + \mu_2, \sigma_1^2 + \sigma_2^2).$$

一般地, 若随机变量 $X_1, X_2, \cdots, X_n$ 相互独立, 且 $X_i \sim N(\mu_i, \sigma_i^2)$, $i = 1, 2, \cdots, n$, 则

$$\sum_{i=1}^{n} X_i \sim N\left(\sum_{i=1}^{n} \mu_i, \sum_{i=1}^{n} \sigma_i^2\right).$$

这就是正态分布的可加性.

更一般地, 若随机变量 $X_1, X_2, \cdots, X_n$ 相互独立, $a_1, a_2, \cdots, a_n$ 是不全为 0 的常数, 且 $X_i \sim N(\mu_i, \sigma_i^2)$, $i = 1, 2, \cdots, n$, 则

$$\sum_{i=1}^{n} a_i X_i \sim N\left(\sum_{i=1}^{n} a_i \mu_i, \sum_{i=1}^{n} a_i^2 \sigma_i^2\right).$$

例 3.5.5　设随机变量 X 和 Y 相互独立, 且 $X \sim U[0,1]$, $Y \sim E(1)$. 求 $Z = X + Y$ 的密度函数 $f_Z(z)$.

证明　由题设, X 和 Y 的密度函数分别为

$$f_X(x) = \begin{cases} 1, & 0 \leqslant x \leqslant 1, \\ 0, & 其他, \end{cases} \qquad f_Y(y) = \begin{cases} \mathrm{e}^{-y}, & y > 0, \\ 0, & 其他. \end{cases}$$

由式 (3.5.5) 得

$$f_Z(z) = \int_{-\infty}^{+\infty} f_X(x) f_Y(z - x) \mathrm{d}x = \int_0^1 f_Y(z - x) \mathrm{d}x.$$

显然, 当 $z \leqslant 0$ 时, $f_Z(z) = 0$.

当 $0 < z < 1$ 时, $f_Z(z) = \displaystyle\int_0^z \mathrm{e}^{-(z-x)} \mathrm{d}x = 1 - \mathrm{e}^{-z}$.

当 $z \geqslant 1$ 时, $f_Z(z) = \displaystyle\int_0^1 \mathrm{e}^{-(z-x)} \mathrm{d}x = \mathrm{e}^{-z}(\mathrm{e} - 1)$.

故 $Z = X + Y$ 的密度函数为

$$f_Z(z) = \begin{cases} 0, & z \leqslant 0, \\ 1 - \mathrm{e}^{-z}, & 0 < z < 1, \\ \mathrm{e}^{-z}(\mathrm{e} - 1), & z \geqslant 1. \end{cases}$$

□

2. $Z = X/Y$ 和 $S = XY$ 的分布

设 (X,Y) 是二维连续型随机变量, 其密度函数为 $f(x,y)$, 则 $Z = X/Y$ 和 $S = XY$ 仍为连续型随机变量, 其密度函数分别为

$$f_Z(z) = \int_{-\infty}^{+\infty} f(zy,y)|y|\mathrm{d}y, \tag{3.5.7}$$

$$f_S(s) = \int_{-\infty}^{+\infty} f(x,s/x)\cdot\frac{1}{|x|}\mathrm{d}x. \tag{3.5.8}$$

若 X 和 Y 相互独立, 则式 (3.5.7) 和式 (3.5.8) 可化为

$$f_Z(z) = \int_{-\infty}^{+\infty} f_X(zy)f_Y(y)|y|\mathrm{d}y, \tag{3.5.9}$$

$$f_S(s) = \int_{-\infty}^{+\infty} f_X(x)f_Y(s/x)\frac{1}{|x|}\mathrm{d}x. \tag{3.5.10}$$

请读者给出上述公式的证明.

例 3.5.6 设 X 和 Y 分别表示两个不同电子元件的寿命, 并且 X 和 Y 相互独立, 且服从同一分布, 密度函数均为

$$f(x) = \begin{cases} \dfrac{1000}{x^2}, & x > 1000, \\ 0, & x \leqslant 1000. \end{cases}$$

试求 $Z = X/Y$ 的密度函数 $f_Z(z)$.

解 利用式 (3.5.9), $Z = X/Y$ 的密度函数 $f_Z(z)$ 为

$$f_Z(z) = \int_{1000}^{+\infty} f(zy)\frac{1000}{y^2}y\mathrm{d}y = \int_{1000}^{+\infty} f(zy)\frac{1000}{y}\mathrm{d}y.$$

当 $z \leqslant 0$ 时, 显然 $f_Z(z) = 0$.

当 $0 < z < 1$ 时, $f_Z(z) = \displaystyle\int_{1000/z}^{+\infty} \frac{1000}{z^2y^2}\cdot\frac{1000}{y}\mathrm{d}y = \frac{1}{2}$.

当 $z \geqslant 1$ 时, $f_Z(z) = \displaystyle\int_{1000}^{+\infty} \frac{1000}{z^2y^2}\cdot\frac{1000}{y}\mathrm{d}y = \frac{1}{2z^2}$.

故 $Z = X/Y$ 的密度函数为

$$f_Z(z) = \begin{cases} 0, & z \leqslant 0, \\ \dfrac{1}{2}, & 0 < z < 1, \\ \dfrac{1}{2z^2}, & z \geqslant 1. \end{cases}$$

□

例 3.5.7　设二维随机变量 (X,Y) 在矩形区域

$$G=\{(x,y):0\leqslant x\leqslant 2,0\leqslant y\leqslant 1\}$$

内服从二维均匀分布, 试求以 X 和 Y 为边长的矩形面积 $S=XY$ 的密度函数 $f_S(s)$.

解　易见 (X,Y) 的密度函数为

$$f(x,y)=\begin{cases}\dfrac{1}{2}, & (x,y)\in G,\\ 0, & (x,y)\notin G.\end{cases}$$

利用式 (3.5.7), $S=XY$ 的密度函数为

$$\begin{aligned}f_S(s)&=\int_0^2 f(x,s/x)\cdot\frac{1}{x}\mathrm{d}x=\begin{cases}\displaystyle\int_s^2\frac{1}{2x}\mathrm{d}x, & 0<s<2,\\ 0, & \text{其他}\end{cases}\\ &=\begin{cases}\dfrac{1}{2}(\ln 2-\ln s), & 0<s<2,\\ 0, & \text{其他}.\end{cases}\end{aligned}$$

□

三、极值分布

设 $X_1,X_2,\cdots,X_n$ 是 n 个相互独立的随机变量, 它们的分布函数分别为 $F_{X_i}(x_i)$, $i=1,2,\cdots,n$. 下面来求极大值 $M=\max\{X_1,X_2,\cdots,X_n\}=:X_{(n)}$ 的分布函数以及极小值 $N=\min\{X_1,X_2,\cdots,X_n\}=:X_{(1)}$ 的分布函数.

由于 $X_1,X_2,\cdots,X_n$ 相互独立, 所以 $M=\max\{X_1,X_2,\cdots,X_n\}$ 的分布函数为

$$\begin{aligned}F_M(z)&=P(M\leqslant z)=P(\max\{X_1,X_2,\cdots,X_n\}\leqslant z)\\ &=P(X_1\leqslant z,X_2\leqslant z,\cdots,X_n\leqslant z)\\ &=P(X_1\leqslant z)P(X_2\leqslant z)\cdots P(X_n\leqslant z)\\ &=F_{X_1}(z)F_{X_2}(z)\cdots F_{X_n}(z).\end{aligned}\tag{3.5.11}$$

类似地, $N=\min\{X_1,X_2,\cdots,X_n\}$ 的分布函数为

$$\begin{aligned}F_N(z)&=P(N\leqslant z)=P(\min\{X_1,X_2,\cdots,X_n\}\leqslant z)\\ &=1-P(\min\{X_1,X_2,\cdots,X_n\}>z)\\ &=1-P(X_1>z,X_2>z,\cdots,X_n>z)\end{aligned}$$

$$
\begin{aligned}
&= 1 - P(X_1 > z)P(X_2 > z)\cdots P(X_n > z) \\
&= 1 - [1 - F_{X_1}(z)][1 - F_{X_2}(z)]\cdots[1 - F_{X_n}(z)].
\end{aligned} \tag{3.5.12}
$$

特别地, 当 $X_1, X_2, \cdots, X_n$ 相互独立且具有相同的分布函数 $F(x)$ 时,

$$F_M(z) = [F(z)]^n, \quad F_N(z) = 1 - [1 - F(z)]^n.$$

进一步, 假设 $F'(x) = f(x)$ (或除去至多可列个点外成立), 则 M 和 N 的密度函数分别为

$$f_M(z) = n[F(z)]^{n-1}f(z), \quad f_N(z) = n[1 - F(z)]^{n-1}f(z).$$

例 3.5.8 设随机变量 $X_1, X_2, \cdots, X_n$ 相互独立, 且皆服从参数为 λ $(\lambda > 0)$ 的指数分布. 试求

(1) $M = \max\{X_1, X_2, \cdots, X_n\}$ 的密度函数 $f_M(z)$;

(2) $N = \min\{X_1, X_2, \cdots, X_n\}$ 的密度函数 $f_N(z)$.

解 由题意知, X_i 的密度函数和分布函数分别为

$$f(x) = \begin{cases} \lambda e^{-\lambda x}, & x > 0, \\ 0, & x \leqslant 0, \end{cases}$$

$$F(x) = \begin{cases} 1 - e^{-\lambda x}, & x > 0, \\ 0, & x \leqslant 0. \end{cases}$$

(1) $M = \max\{X_1, X_2, \cdots, X_n\}$ 的分布函数为

$$F_M(z) = F_{X_1}(z)F_{X_2}(z)\cdots F_{X_n}(z) = F^n(z) = \begin{cases} (1 - e^{-\lambda z})^n, & z > 0, \\ 0, & z \leqslant 0, \end{cases}$$

故 $M = \max\{X_1, X_2, \cdots, X_n\}$ 的密度函数为

$$f_M(z) = F'_M(z) = \begin{cases} n(1 - e^{-\lambda z})^{n-1}\lambda e^{-\lambda z}, & z > 0, \\ 0, & z \leqslant 0. \end{cases}$$

(2) $N = \min\{X_1, X_2, \cdots, X_n\}$ 的分布函数为

$$
\begin{aligned}
F_N(z) &= 1 - [1 - F_{X_1}(z)][1 - F_{X_2}(z)]\cdots[1 - F_{X_n}(z)] \\
&= \begin{cases} 1 - e^{-n\lambda z}, & z > 0, \\ 0, & z \leqslant 0, \end{cases}
\end{aligned}
$$

故 $N = \min\{X_1, X_2, \cdots, X_n\}$ 的密度函数为

$$f_N(z) = F'_N(z) = \begin{cases} n\lambda e^{-n\lambda z}, & z > 0, \\ 0, & z \leqslant 0, \end{cases}$$

即 $N=\min\{X_1,X_2,\cdots,X_n\}$ 服从参数为 $n\lambda$ 的指数分布. □

由上例可以看出: 若随机变量 $X_1,X_2,\cdots,X_n$ 相互独立, 且皆服从参数为 λ 的指数分布, 则 $\max\{X_1,X_2,\cdots,X_n\}$ 不服从指数分布, 但 $\min\{X_1,X_2,\cdots,X_n\}$ 仍服从指数分布.

四、 随机向量的变换

设二维连续型随机变量 (X,Y) 的密度函数为 $f(x,y)$, $g_1(x,y)$ 和 $g_2(x,y)$ 为两个恰当的函数. 如何求 $U=g_1(X,Y)$ 与 $V=g_2(X,Y)$ 的联合密度函数 $h(u,v)$?

假设

$$\begin{cases} u=g_1(x,y), \\ v=g_2(x,y) \end{cases} \tag{3.5.13}$$

存在唯一的反函数

$$\begin{cases} x=x(u,v), \\ y=y(u,v), \end{cases} \tag{3.5.14}$$

且 $g_1(x,y),g_2(x,y)$ 具有连续偏导数, 变换 (3.5.14) 的雅可比行列式

$$J=\frac{\partial(x,y)}{\partial(u,v)}=\begin{vmatrix} \dfrac{\partial x}{\partial u} & \dfrac{\partial y}{\partial u} \\ \dfrac{\partial x}{\partial v} & \dfrac{\partial y}{\partial v} \end{vmatrix}\neq 0,$$

则 (U,V) 的联合密度函数为

$$h(u,v)=\begin{cases} f(x(u,v),y(u,v))|J|, & \text{若}(u,v)\text{属于 }(g_1,g_2)\text{ 的值域}, \\ 0, & \text{其他}. \end{cases} \tag{3.5.15}$$

式 (3.5.15) 的证明应用了二重积分的变量代换法, 请有兴趣的读者尝试证明.

例 3.5.9 设随机变量 X 和 Y 相互独立, 且有相同的密度函数

$$f(x)=\begin{cases} \mathrm{e}^{-x}, & x>0, \\ 0, & x\leqslant 0. \end{cases}$$

设 $U=X+Y$, $V=X/(X+Y)$.

(1) 求 (U,V) 的联合密度函数 $h(u,v)$;

(2) 判断 U 与 V 是否独立?

解 (1) 因为随机变量 X 和 Y 相互独立, 故 (X,Y) 的联合密度函数为

$$f(x,y)=\begin{cases} \mathrm{e}^{-x-y}, & x>0,\ y>0, \\ 0, & \text{其他}. \end{cases}$$

设

$$\begin{cases} u = x+y, \\ v = x/(x+y), \end{cases} \quad x>0, y>0.$$

则

$$\begin{cases} x = uv, \\ y = u(1-v), \end{cases} \quad u>0, 0<v<1,$$

且变换的雅可比行列式为

$$J = \frac{\partial(x,y)}{\partial(u,v)} = \begin{vmatrix} \dfrac{\partial x}{\partial u} & \dfrac{\partial y}{\partial u} \\ \dfrac{\partial x}{\partial v} & \dfrac{\partial y}{\partial v} \end{vmatrix} = \begin{vmatrix} v & 1-v \\ u & -u \end{vmatrix} = -u.$$

根据式 (3.5.15), (U,V) 的联合密度函数为

$$h(u,v) = f(uv, u(1-v))|J| = \begin{cases} u\mathrm{e}^{-u}, & u>0,\ 0<v<1, \\ 0, & \text{其他}. \end{cases}$$

(2) 根据 (U,V) 的联合密度函数, U 与 V 的边缘密度函数分别为

$$h_U(u) = \int_{-\infty}^{+\infty} h(u,v)\mathrm{d}v = \begin{cases} \displaystyle\int_0^1 u\mathrm{e}^{-u}\mathrm{d}v, & u>0, \\ 0, & u\leqslant 0 \end{cases} = \begin{cases} u\mathrm{e}^{-u}, & u>0, \\ 0, & u\leqslant 0, \end{cases}$$

$$h_V(v) = \int_{-\infty}^{+\infty} q(u,v)\mathrm{d}u = \begin{cases} \displaystyle\int_0^{+\infty} u\mathrm{e}^{-u}\mathrm{d}u, & 0<v<1, \\ 0, & \text{其他} \end{cases} = \begin{cases} 1, & 0<v<1, \\ 0, & \text{其他}. \end{cases}$$

由于 $h(u,v) = h_U(u)h_V(v)$, 所以 U 与 V 独立. □

习 题 3.5

1. 设随机变量 X,Y 满足 $P(X\geqslant 0, Y\geqslant 0) = \dfrac{3}{7}$, 且 $P(X\geqslant 0) = P(Y\geqslant 0) = \dfrac{4}{7}$. 试求 $P(\max\{X,Y\}\geqslant 0)$.

2. 设伯努利随机变量 X_1, X_2, X_3, X_4 独立同分布, 且 $P(X_i=0) = 1-P(X_i=1) = 0.6$, $i=1,2,3,4$. 试求行列式 $X = \begin{vmatrix} X_1 & X_2 \\ X_3 & X_4 \end{vmatrix}$ 的概率分布.

3. 设 A, B 为两个事件, 且 $P(A) = \dfrac{1}{4}$, $P(B|A) = \dfrac{1}{3}$, $P(A|B) = \dfrac{1}{2}$. 设

$$X = \begin{cases} 1, & A\text{ 发生}, \\ 0, & \text{其他}, \end{cases} \qquad Y = \begin{cases} 1, & B\text{ 发生}, \\ 0, & \text{其他}. \end{cases}$$

试求

(1) (X,Y) 的概率分布;

(2) $Z=X^2+Y^2$ 的概率分布.

4. 设某一设备装有三个同类的电器元件, 各元件工作相互独立, 且工作时间服从参数为 λ 的指数分布. 当三个元件都正常工作时, 设备才正常工作. 试求设备正常工作时间 T 的概率分布.

5. (1) 设 $(X,Y)\sim U(D)$, 其中 $D=\{(x,y)\mid 0\leqslant x\leqslant 2, 0\leqslant y\leqslant 1\}$. 试求边长为 X,Y 的矩形面积 S 的概率分布.

(2) 设 X,Y 独立同 $N(0,1)$ 分布, 则 $Z=\sqrt{X^2+Y^2}$ 的分布称为瑞利 (Rayleigh) 分布. 试求 $P(X^2+Y^2\leqslant 1)$.

6. 设 X,Y 独立, 且 $X\sim E(\lambda_1), Y\sim E(\lambda_2)$. 若 $P(\min\{X,Y\}>1)=\mathrm{e}^{-1}, P(X\leqslant Y)=\dfrac{1}{3}$, 试求 λ_1,λ_2.

7. (1) 设随机变量 X,Y 独立, 且 $P(X=i)=\dfrac{1}{3}$, $i=-1,0,1$; $Y\sim U[0,1)$. 设 $Z=X+Y$. 试求: $P\left(Z\leqslant\dfrac{1}{2}\middle| X=0\right)$, Z 的概率密度 $f_Z(z)$.

(2) 设随机变量 X,Y 独立, 且 $X\sim\begin{pmatrix}1 & 2\\ 0.3 & 0.7\end{pmatrix}$, $Y\sim f_Y(y)$. 求 $Z=X+Y$ 的概率分布.

(3) 设随机变量 X,Y 独立, 其分布函数分别为

$$F_X(x)=\begin{cases}0, & x<0,\\ \dfrac{1}{4}, & 0\leqslant x<1,\\ 1, & x\geqslant 1,\end{cases}\quad F_Y(y)=\begin{cases}0, & y<0,\\ y, & 0\leqslant y<1,\\ 1, & y\geqslant 1,\end{cases}$$

试求 $Z=X+Y$ 的概率分布.

8. (1) 设 X,Y 独立同 $U(0,1)$ 分布, 试求 $Z=X+Y$ 的密度.

(2) 设 $(X,Y)\sim f(x,y)=\begin{cases}3x, & 0<y<x<1,\\ 0, & \text{其他},\end{cases}$ 试求 $Z=X-Y$ 的密度.

(3) 设 $(X,Y)\sim f(x,y)=\begin{cases}2-x-y, & 0<x,y<1,\\ 0, & \text{其他},\end{cases}$ 试求 $Z=X+Y$ 的密度.

(4) 设 X,Y 独立同 $E(1)$ 分布, 试求 $Z=X-Y$ 的密度.

9. 设 $X_1,X_2,\cdots,X_n$ 独立. 若 $Y=\max\{X_1,X_2,\cdots,X_n\}, Z=\min\{X_1,X_2,\cdots,X_n\}$, 且 $X_i\sim E(\lambda), i=1,2,\cdots,n$. 求 Y,Z 的分布及其联合分布.

10. (1) 设 X,Y 独立同 $U[0,1]$ 分布. 若 $Z=\begin{cases}X+Y, & 0\leqslant X+Y\leqslant 1,\\ X+Y-1, & 1<X+Y\leqslant 2,\end{cases}$ 试问 Z 服从什么分布?

(2) 设 X,Y 独立同 $N(0,1)$ 分布. 若 $Z=\begin{cases}|Y|, & X\geqslant 0,\\ -|Y|, & X<0,\end{cases}$ 证明: $Z\sim N(0,1)$.

11. 设二维随机变量 (X,Y) 在区域 $D=\left\{(x,y)\,\middle|\,0<x<1,x^2<y<\sqrt{x}\right\}$ 上服从均匀分布. 设 $U=\begin{cases}1, & X\leqslant Y,\\ 0, & X>Y.\end{cases}$

(1) 写出 (X,Y) 的概率密度;

(2) 问 U 与 X 是否独立?

(3) 求 $Z=U+X$ 的分布函数 $F(z)$.

12. 设随机变量 X 与 Y 相互独立, X 服从参数为 1 的指数分布, Y 的概率分布为: $P(Y=-1)=p$, $P(Y=1)=1-p$, $0<p<1$. 设 $Z=XY$.

(1) 求 Z 的概率密度;

(2) X 与 Z 是否独立?

13. (1) 设随机向量 (X,Y) 的联合密度函数为

$$f(x,y)=\begin{cases}\dfrac{100}{x^2y^2}, & x,y>10,\\ 0, & \text{其他}.\end{cases}$$

试求 $Z=\dfrac{X}{Y}$ 的密度函数 $f_Z(z)$.

(2) 设随机变量 X,Y 相互独立, 且

$$X\sim f_X(x)=\begin{cases}\dfrac{1}{\pi\sqrt{1-x^2}}, & -1<x<1,\\ 0, & \text{其他},\end{cases}\qquad Y\sim f_Y(y)=\begin{cases}y\mathrm{e}^{-\frac{y^2}{2}}, & y>0,\\ 0, & \text{其他}.\end{cases}$$

证明: $Z=XY\sim N(0,1)$.

(3) 设随机向量 (X,Y) 的联合密度函数为

$$f(x,y)=\begin{cases}2\mathrm{e}^{-(x+2y)}, & x,y>0,\\ 0, & \text{其他},\end{cases}$$

试求 $Z=X-2Y$ 的密度函数 $f_Z(z)$.

第3章测试题

Chapter 4

第4章 随机变量的数字特征

第4章课件

前两章介绍了随机变量的分布函数, 我们知道分布函数能完整地刻画随机变量的统计特性. 但在某些实际问题中, 一方面求分布函数并非易事, 另一方面我们只对随机变量的某些特征感兴趣, 例如, 在评价棉花的质量时, 既要考察纤维的平均长度, 又要考察纤维长度与平均长度的偏离程度, 平均长度较大、偏离程度较小, 棉花质量就较好. 这种由随机变量的分布所确定, 能描述随机变量某些特征的常数统称为数字特征. 本章将介绍几个重要的数字特征: 数学期望、方差、协方差、相关系数、矩以及协方差矩阵.

4.1 数 学 期 望

一、 离散型随机变量的数学期望

1. 定义

为了给出数学期望的定义, 先看一个例子. 一射手进行打靶练习, 规定射入区域 e_2 得 2 分; 射入区域 e_1 得 1 分; 脱靶, 即射入区域 e_0 得 0 分. 射手一次射击得分数 X 是一个随机变量. 设 X 的分布律为

$$P(X=k)=p_k, \quad k=0,1,2.$$

现在射击 N 次, 其中得 0 分的有 n_0 次, 得 1 分的有 n_1 次, 得 2 分的有 n_2 次, 其中 $n_0+n_1+n_2=N$. 他射击 N 次得分的总和为 $n_0\times 0+n_1\times 1+n_2\times 2$. 于是, 平均一次射击的得分数为

$$\frac{0\times n_0+1\times n_1+2\times n_2}{N}=\sum_{k=0}^{2} k\frac{n_k}{N},$$

这里，$\dfrac{n_k}{N}$ 是事件 $\{X=k\}$ 的频率. 在第 5 章我们将会证明，当 N 很大时，$\dfrac{n_k}{N}$ 在一定意义下接近于事件 $\{X=k\}$ 的概率 p_k. 这就是说，当试验次数很多时，随机变量 X 的观察值的加权平均 $\sum\limits_{k=0}^{2} k\dfrac{n_k}{N}$ 在一定意义下接近于 $\sum\limits_{k=0}^{2} kp_k$.

定义 4.1.1 设离散型随机变量 X 的分布律为 $P(X=x_i)=p_i,\ i=1,2,\cdots$. 若级数 $\sum\limits_{i} x_ip_i$ 绝对收敛，则称该级数的和为 X 的**数学期望**(mathematical expectation)，简称**期望**，**期望值或均值**，记为 $EX=\sum\limits_{i} x_ip_i$. 当级数 $\sum\limits_{i} |x_i|p_i$ 发散时，则称 X 的数学期望不存在.

若 i 的取值为有限个，则上述求和自然绝对收敛. 若 i 的取值为可列个，则要求级数 $\sum\limits_{i=1}^{\infty} x_ip_i$ 绝对收敛是为了保证当 $\sum\limits_{i=1}^{\infty} x_ip_i$ 为无穷级数时，$\sum\limits_{i=1}^{\infty} x_ip_i$ 的和不会因为求和次序的改变而改变. 显然数学期望由概率分布唯一确定，所以有时也称它为某概率分布的数学期望.

例 4.1.1 设离散型随机变量 X 的分布律为

$$P\left(X=(-1)^k\frac{2^k}{k}\right)=\frac{1}{2^k},\quad k=1,2,\cdots.$$

容易算出

$$\sum_{k=1}^{\infty}(-1)^k\frac{2^k}{k}\times\frac{1}{2^k}=\sum_{k=1}^{\infty}(-1)^k\frac{1}{k}=-\ln 2,$$

但由于

$$\sum_{k=1}^{\infty}\left|(-1)^k\frac{2^k}{k}\right|\times\frac{1}{2^k}=\sum_{k=1}^{\infty}\frac{1}{k}=\infty,$$

因此 X 的期望不存在.

例 4.1.2 彩票的发行，数额巨大，其实质如何呢？请看一则实例：发行彩票 100 万张，每张 5 元. 设头等奖 5 个，奖金各 31.5 万；二等奖 95 个，奖金各 5000 元；三等奖 900 个，奖金各 300 元；四等奖 9000 个，奖金各 20 元.

以 X 记一张彩票的奖金额，分布律如下：

X	315000	5000	300	20	0
P	$\dfrac{5}{1000000}$	$\dfrac{95}{1000000}$	$\dfrac{900}{1000000}$	$\dfrac{9000}{1000000}$	*

所以每张彩票的平均所得为

$$\begin{aligned}EX&=315000\times\frac{5}{1000000}+5000\times\frac{95}{1000000}+300\times\frac{900}{1000000}+20\times\frac{9000}{1000000}\\&=2.5\ (\text{元}),\end{aligned}$$

即大约能收回一半. 因此这实质上是一种于购买者不利的非公平博弈.

从这个例子可以看出, 彩票中奖与否是随机的, 但彩票的平均所得是可以预先算出的, 计算平均所得是设计彩票的基础. 在我国, 彩票发行由民政部门管理, 只有当收益主要用于公益事业才被允许发行, 例如福利彩票和体育彩票等.

2. 常见的离散型随机变量的数学期望

(1) **伯努利分布** 设随机变量 X 有如下分布律:

X	0	1
P	$1-p$	p

则 X 的数学期望为

$$EX = 0 \times (1-p) + 1 \times p = p.$$

(2) **二项分布** 设随机变量 $X \sim B(n,p)$, 则 X 的数学期望为

$$\begin{aligned} EX &= \sum_{k=0}^{n} k \binom{n}{k} p^k (1-p)^{n-k} = np \sum_{k=1}^{n} \binom{n-1}{k-1} p^{k-1}(1-p)^{n-k} \quad (\text{设} l = k-1) \\ &= np \sum_{l=0}^{n-1} \binom{l}{n-1} p^l (1-p)^{n-1-l} = np(p+1-p)^{n-1} = np. \end{aligned}$$

掷均匀硬币 1000 次, 期望得到多少次正面呢? 答案就是 500 次.

(3) **泊松分布** 设随机变量 $X \sim P(\lambda)$, 则 X 的数学期望为

$$EX = \sum_{k=0}^{\infty} k \frac{\lambda^k}{k!} \mathrm{e}^{-\lambda} = \lambda \mathrm{e}^{-\lambda} \sum_{k=1}^{\infty} \frac{\lambda^{k-1}}{(k-1)!} = \lambda \mathrm{e}^{-\lambda} \sum_{l=0}^{\infty} \frac{\lambda^l}{l!} = \lambda.$$

由此看出泊松分布的参数 λ 就是它的数学期望.

(4) **几何分布** 设随机变量 X 服从参数为 p 的几何分布, 其分布律为

$$P(X=k) = q^{k-1}p, \quad k = 1, 2, \cdots,$$

其中 $q = 1-p$, $0 < p < 1$, 则 X 的数学期望为

$$EX = \sum_{k=1}^{\infty} k q^{k-1} p = p \sum_{k=1}^{\infty} k q^{k-1} = p \left(\sum_{k=0}^{\infty} x^k \right)' \Big|_{x=q} = p \left(\frac{1}{1-x} \right)' \Big|_{x=q} = \frac{1}{p}.$$

二、连续型随机变量的数学期望

1. 定义

定义 4.1.2 设连续型随机变量 X 的密度函数为 $f(x)$. 若积分 $\int_{-\infty}^{+\infty} x f(x) \mathrm{d}x$

绝对收敛, 则称此积分值为 X 的**数学期望**, 简称为**期望**或**均值**, 记为

$$EX = \int_{-\infty}^{+\infty} xf(x)\mathrm{d}x.$$

例 4.1.3 有两个相互独立工作的电子装置, 它们的寿命 (单位: 小时) X_k $(k = 1, 2)$ 服从同一指数分布, 其密度函数为

$$f(x) = \begin{cases} \dfrac{1}{\theta}\mathrm{e}^{-\frac{x}{\theta}}, & x > 0, \\ 0, & x \leqslant 0, \end{cases}$$

其中 $\theta > 0$. 若将这两个电子装置串联组成整机, 求整机寿命 (单位: 小时)Y 的数学期望.

解 易见 X_k $(k = 1, 2)$ 的分布函数为

$$F(x) = \begin{cases} 1 - \mathrm{e}^{-\frac{x}{\theta}}, & x > 0, \\ 0, & x \leqslant 0. \end{cases}$$

由 3.5 节式 (3.5.12) 知, $Y = \min\{X_1, X_2\}$ 的分布函数为

$$F_Y(x) = 1 - [1 - F(x)]^2 = \begin{cases} 1 - \mathrm{e}^{-\frac{2x}{\theta}}, & x > 0, \\ 0, & x \leqslant 0, \end{cases}$$

从而 Y 的密度函数为

$$f_Y(x) = \begin{cases} \dfrac{2}{\theta}\mathrm{e}^{-\frac{2x}{\theta}}, & x > 0, \\ 0, & x \leqslant 0. \end{cases}$$

故 Y 的数学期望为

$$EY = \int_{-\infty}^{+\infty} xf_Y(x)\mathrm{d}x = \int_0^{+\infty} \frac{2}{\theta}x\mathrm{e}^{-\frac{2x}{\theta}}\mathrm{d}x = \frac{\theta}{2}. \qquad \square$$

例 4.1.4 柯西分布的数学期望不存在. 柯西分布的密度函数为

$$f(x) = \frac{1}{\pi(1 + x^2)}, \quad -\infty < x < +\infty.$$

由于

$$\int_{-\infty}^{+\infty} |x| \cdot \frac{1}{\pi(1 + x^2)}\mathrm{d}x = +\infty,$$

故柯西分布的数学期望不存在.

2. 常见的连续型随机变量的数学期望

(1) **均匀分布**　设随机变量 $X \sim U(a,b)$, 则 X 的数学期望为

$$EX = \int_{-\infty}^{+\infty} xf(x)\mathrm{d}x = \int_a^b x \cdot \frac{1}{b-a}\mathrm{d}x = \frac{a+b}{2}.$$

期望值 $\frac{a+b}{2}$ 恰好是区间 (a,b) 的中点.

(2) **指数分布**　设随机变量 $X \sim E(\lambda)$, 则 X 的数学期望为

$$EX = \int_{-\infty}^{+\infty} xf(x)\mathrm{d}x = \int_0^{+\infty} x \cdot \lambda \mathrm{e}^{-\lambda x}\mathrm{d}x = \frac{1}{\lambda}.$$

(3) **正态分布**　设随机变量 $X \sim N(\mu,\sigma^2)$, 则 X 的数学期望为

$$\begin{aligned} EX &= \int_{-\infty}^{+\infty} xf(x)\mathrm{d}x = \int_{-\infty}^{+\infty} x \cdot \frac{1}{\sqrt{2\pi}\sigma}\mathrm{e}^{-\frac{(x-\mu)^2}{2\sigma^2}}\mathrm{d}x \quad \left(\text{设} y = \frac{x-\mu}{\sigma}\right) \\ &= \frac{1}{\sqrt{2\pi}}\int_{-\infty}^{+\infty} (\sigma y + \mu) \cdot \mathrm{e}^{-\frac{y^2}{2}}\mathrm{d}y = \mu. \end{aligned}$$

可见, $N(\mu,\sigma^2)$ 中的参数 μ 正是它的数学期望.

(4) **Γ 分布**　设随机变量 $X \sim \Gamma(r,\lambda)$, 则 X 的数学期望为

$$\begin{aligned} EX &= \int_{-\infty}^{+\infty} xf(x)\mathrm{d}x = \int_0^{+\infty} x \cdot \frac{\lambda^r}{\Gamma(r)}x^{r-1}\mathrm{e}^{-\lambda x}\mathrm{d}x = \frac{1}{\Gamma(r)}\int_0^{+\infty} (\lambda x)^r \mathrm{e}^{-\lambda x}\mathrm{d}x \\ &= \frac{1}{\lambda\Gamma(r)}\int_0^{+\infty} x^r \mathrm{e}^{-x}\mathrm{d}x = \frac{\Gamma(r+1)}{\lambda\Gamma(r)} = \frac{r}{\lambda}. \end{aligned}$$

(5) **对数正态分布**　设随机变量 $X \sim \mathrm{LN}(\mu,\sigma^2)$, 则 X 的数学期望为

$$EX = \mathrm{e}^{\mu + \frac{\sigma^2}{2}}.$$

请读者自行证明.

三、 随机变量的函数的数学期望

已知随机变量 X 的分布, 如何求随机变量 X 的函数 $Y = g(X)$ 的数学期望? 常规思路是: 先利用 X 的分布求出 $Y = g(X)$ 的分布, 然后根据数学期望的定义求出 Y 的数学期望. 然而在一定条件下, 我们可以直接利用 X 的分布来求 $Y = g(X)$ 的数学期望, 而不必先求 $Y = g(X)$ 的分布.

定理 4.1.1　设 X 是随机变量, $Y = g(X)$ 是 X 的函数.

(1) 设 X 是离散型随机变量, 且分布律为 $P(X=x_i)=p_i,\ i=1,2,\cdots$. 若级数 $\sum\limits_{i=1}^{\infty} g(x_i)p_i$ 绝对收敛, 则随机变量 $Y=g(X)$ 的数学期望为

$$EY=Eg(X)=\sum_{i=1}^{\infty} g(x_i)p_i.$$

(2) 设 X 是连续型随机变量, 其密度函数为 $f(x)$. 若积分 $\int_{-\infty}^{+\infty} g(x)f(x)\mathrm{d}x$ 绝对收敛, 则随机变量 $Y=g(X)$ 的数学期望为

$$EY=Eg(X)=\int_{-\infty}^{+\infty} g(x)f(x)\mathrm{d}x.$$

证明略.

例 4.1.5 设随机变量 X 的密度函数为

$$f(x)=\begin{cases} \dfrac{1}{2}\cos\dfrac{x}{2}, & 0\leqslant x\leqslant \pi, \\ 0, & \text{其他}. \end{cases}$$

对 X 独立重复观察 4 次, Y 表示观察值大于 $\dfrac{\pi}{3}$ 的次数, 求 Y^2 的数学期望.

解 由题意,

$$P\left(X>\frac{\pi}{3}\right)=\int_{\frac{\pi}{3}}^{\pi}\frac{1}{2}\cos\frac{x}{2}\mathrm{d}x=1-\sin\frac{\pi}{6}=0.5.$$

故 Y 的分布律为

$$P(Y=k)=\binom{4}{k}0.5^k0.5^{4-k}=\binom{4}{k}0.5^4,\quad k=0,1,2,3,4.$$

根据定理 4.1.1(1),

$$EY^2=\sum_{k=0}^{4}k^2\binom{4}{k}0.5^4=5.$$ □

在例 4.1.5 中, 我们也可以利用 Y 的分布律求出 Y^2 的分布律, 然后根据定义来求 Y^2 的数学期望.

例 4.1.6 设随机变量 X 的密度函数为

$$f(x)=\begin{cases} \dfrac{1}{2\pi}, & 0\leqslant x\leqslant 2\pi, \\ 0, & \text{其他}. \end{cases}$$

求 $Y=|\sin X|$ 的数学期望.

解　由定理 4.1.1(2),

$$EY = E|\sin X| = \int_{-\infty}^{+\infty} |\sin x| f(x)\mathrm{d}x = \int_0^{2\pi} \frac{1}{2\pi} |\sin x| \mathrm{d}x$$
$$= \frac{1}{2\pi}\left[\int_0^{\pi} \sin x\mathrm{d}x - \int_{\pi}^{2\pi} \sin x\mathrm{d}x\right] = \frac{2}{\pi}.$$
□

例 4.1.7　某公司计划开发一种新产品进入市场, 并试图确定该产品的产量. 他们估计出售一件产品可获利 m 元, 而积压一件产品导致 n 元的损失. 假定销售量 Y (单位: 件) 服从指数分布, 密度函数为

$$f_Y(y) = \begin{cases} \frac{1}{\theta}\mathrm{e}^{-\frac{y}{\theta}}, & y > 0, \\ 0, & y \leqslant 0, \end{cases}$$

其中 $\theta > 0$. 若要获得利润的数学期望最大, 则应生产多少件产品?

解　假设生产 x 件产品, 则获利 Q(单位: 元) 为

$$Q = Q(Y) = \begin{cases} mY - n(x - Y), & Y < x, \\ mx, & Y \geqslant x. \end{cases}$$

因此,

$$EQ = \int_0^x \frac{1}{\theta}[my - n(x-y)]\mathrm{e}^{-\frac{y}{\theta}}\mathrm{d}y + \int_x^{+\infty} \frac{1}{\theta} mx\mathrm{e}^{-\frac{y}{\theta}}\mathrm{d}y$$
$$= (m+n)\theta - (m+n)\theta\mathrm{e}^{-\frac{x}{\theta}} - nx.$$

由

$$\frac{\mathrm{d}EQ}{\mathrm{d}x} = (m+n)\mathrm{e}^{-\frac{x}{\theta}} - n = 0,$$

得

$$x = -\theta \ln \frac{n}{m+n}.$$

因为

$$\frac{\mathrm{d}^2 EQ}{\mathrm{d}x^2} = \frac{-(m+n)}{\theta}\mathrm{e}^{-\frac{x}{\theta}} < 0,$$

故, 当 $x = -\theta \ln \dfrac{n}{m+n}$ 时, EQ 取极大值, 且也为最大值.　□

四、 多维随机变量的函数的数学期望

设 $z = g(x_1, x_2, \cdots, x_n)$ 为 n 元可测函数. 已知 $(X_1, X_2, \cdots, X_n)$ 的分布, 如何求 $Z = g(X_1, X_2, \cdots, X_n)$ 的数学期望呢? 常规思路是: 利用 $(X_1, X_2, \cdots, X_n)$ 的分

布求出 $Z=g(X_1,X_2,\cdots,X_n)$ 的分布, 然后根据定义求出 Z 的数学期望. 然而在一定条件下, 我们可以直接利用 $(X_1,X_2,\cdots,X_n)$ 的分布来求 $Z=g(X_1,X_2,\cdots,X_n)$ 的数学期望, 而不必先求 $Z=g(X_1,X_2,\cdots,X_n)$ 的分布. 此处我们我们只叙述二维随机变量情形下的定理, 对 n 维随机变量的情形, 请读者自行给出.

定理 4.1.2 设 (X,Y) 是二维随机变量, $Z=g(X,Y)$ 是 (X,Y) 的函数.

(1) 设 (X,Y) 是二维离散型随机变量, 且分布律为

$$P(X=x_i,Y=y_j)=p_{ij},\quad i,j=1,2,\cdots.$$

若级数 $\sum\limits_i\sum\limits_j g(x_i,y_j)p_{ij}$ 绝对收敛, 则随机变量 $Z=g(X,Y)$ 的数学期望为

$$EZ=Eg(X,Y)=\sum_i\sum_j g(x_i,y_j)p_{ij},$$

特别地,

$$EX=\sum_i\sum_j x_ip_{ij}=\sum_i x_ip_{i\cdot},\quad EY=\sum_i\sum_j y_jp_{ij}=\sum_j y_jp_{\cdot j}.$$

(2) 设 (X,Y) 是二维连续型随机变量, 其密度函数为 $f(x,y)$. 若积分

$$\int_{-\infty}^{+\infty}\int_{-\infty}^{+\infty}g(x,y)f(x,y)\mathrm{d}x\mathrm{d}y$$

绝对收敛, 则随机变量 $Z=g(X,Y)$ 的数学期望为

$$EZ=Eg(X,Y)=\int_{-\infty}^{+\infty}\int_{-\infty}^{+\infty}g(x,y)f(x,y)\mathrm{d}x\mathrm{d}y,$$

特别地,

$$EX=\int_{-\infty}^{+\infty}\int_{-\infty}^{+\infty}xf(x,y)\mathrm{d}x\mathrm{d}y=\int_{-\infty}^{+\infty}xf_X(x)\mathrm{d}x,$$

$$EY=\int_{-\infty}^{+\infty}\int_{-\infty}^{+\infty}yf(x,y)\mathrm{d}x\mathrm{d}y=\int_{-\infty}^{+\infty}yf_Y(y)\mathrm{d}y.$$

证明略.

例 4.1.8 设二维离散型随机变量 (X,Y) 具有如下分布律:

X	Y		
	-1	0	1
0	1/6	1/4	1/6
1	1/8	1/6	1/8

设 $Z=\sin[\pi(X+Y)/2]$, 求 EZ.

解 由定理 4.1.2(1),

$$\begin{aligned}EZ=&E\sin\left[\frac{\pi(X+Y)}{2}\right]\\=&\sin\left[\frac{\pi(0-1)}{2}\right]\times\frac{1}{6}+\sin\left[\frac{\pi(0+0)}{2}\right]\times\frac{1}{4}+\sin\left[\frac{\pi(0+1)}{2}\right]\times\frac{1}{6}\\&+\sin\left[\frac{\pi(1-1)}{2}\right]\times\frac{1}{8}+\sin\left[\frac{\pi(1+0)}{2}\right]\times\frac{1}{6}+\sin\left[\frac{\pi(1+1)}{2}\right]\times\frac{1}{8}\\=&\frac{1}{6}.\end{aligned}$$

□

例 4.1.9 在长为 a 的线段上任取两个点 X 和 Y, 求此两点间的平均距离.

解 由题意知, X 和 Y 都服从 $(0,a)$ 上的均匀分布, 且 X 和 Y 相互独立, 所以 (X,Y) 的联合密度函数为

$$f(x,y)=\begin{cases}\dfrac{1}{a^2}, & 0<x<a,0<y<a,\\ 0, & \text{其他}.\end{cases}$$

根据定理 4.1.2(2),

$$\begin{aligned}E|X-Y|&=\int_{-\infty}^{+\infty}\int_{-\infty}^{+\infty}|x-y|\,f(x,y)\mathrm{d}x\mathrm{d}y=\int_0^a\int_0^a\frac{1}{a^2}|x-y|\,\mathrm{d}x\mathrm{d}y\\&=\frac{1}{a^2}\int_0^a\mathrm{d}x\left[\int_0^x(x-y)\mathrm{d}y+\int_x^a(y-x)\mathrm{d}y\right]\\&=\frac{a}{3}.\end{aligned}$$

□

五、 数学期望的性质

在本节的最后, 我们来证明数学期望的几个重要性质. 以下假设随机变量的数学期望都存在.

性质 4.1.1 设 C 为常数, 则 $E(C)=C$.

性质 4.1.2 设 X 为一个随机变量, C 为常数, 则 $E(CX)=CEX$.

性质 4.1.3 设 X,Y 为任意的两个随机变量, 则

$$E(X+Y)=EX+EY.$$

一般地, 设 $X_1,X_2,\cdots,X_n$ 为 n 个随机变量, 则

$$E(X_1+X_2+\cdots+X_n)=EX_1+EX_2+\cdots+EX_n.$$

性质 4.1.4 若随机变量 $X_1, X_2, \cdots, X_n$ 相互独立, 则有

$$E\left(\prod_{i=1}^{n} X_i\right) = \prod_{i=1}^{n} EX_i.$$

证明 下面仅就连续型随机变量的情形, 证明性质 4.1.3 的第一部分和性质 4.1.4. 其余结论或情形请读者自己给出.

对于性质 4.1.3, 设 (X, Y) 的联合密度函数为 $f(x, y)$, 边缘密度函数分别为 $f_X(x)$ 和 $f_Y(y)$. 根据定理 4.1.2(2),

$$\begin{aligned}
E(X+Y) &= \int_{-\infty}^{+\infty}\int_{-\infty}^{+\infty}(x+y)f(x,y)\mathrm{d}x\mathrm{d}y \\
&= \int_{-\infty}^{+\infty}\int_{-\infty}^{+\infty}xf(x,y)\mathrm{d}x\mathrm{d}y + \int_{-\infty}^{+\infty}\int_{-\infty}^{+\infty}yf(x,y)\mathrm{d}x\mathrm{d}y \\
&= \int_{-\infty}^{+\infty}xf_X(x)\mathrm{d}x + \int_{-\infty}^{+\infty}yf_Y(y)\mathrm{d}y \\
&= EX + EY.
\end{aligned}$$

对于性质 4.1.4, 设 $(X_1, X_2, \cdots, X_n)$ 的联合密度函数为 $f(x_1, x_2, \cdots, x_n)$, 边缘密度函数分别为 $f_{X_1}(x_1), f_{X_2}(x_2), \cdots, f_{X_n}(x_n)$. 若 $X_1, X_2, \cdots, X_n$ 相互独立, 根据式 (3.4.4),

$$\begin{aligned}
E\left(\prod_{i=1}^{n} X_i\right) &= \int_{-\infty}^{+\infty}\cdots\int_{-\infty}^{+\infty}x_1x_2\cdots x_nf(x_1,x_2,\cdots,x_n)\mathrm{d}x_1\cdots\mathrm{d}x_n \\
&= \int_{-\infty}^{+\infty}\cdots\int_{-\infty}^{+\infty}x_1x_2\cdots x_nf_{X_1}(x_1)f_{X_2}(x_2)\cdots f_{X_n}(x_n)\mathrm{d}x_1\cdots\mathrm{d}x_n \\
&= \int_{-\infty}^{+\infty}x_1f_{X_1}(x_1)\mathrm{d}x_1\int_{-\infty}^{+\infty}x_2f_{X_2}(x_2)\mathrm{d}x_2\cdots\int_{-\infty}^{+\infty}x_nf_{X_n}(x_n)\mathrm{d}x_n \\
&= \prod_{i=1}^{n} EX_i.
\end{aligned}$$

□

例 4.1.10 某民航机场的送客车载有 20 名乘客从机场开出, 沿途有 10 个车站可以下车, 若到达一个车站无乘客下车就不停车. 假设每位乘客在每一个车站下车是等可能的, 且乘客之间在哪一个车站下车相互独立, 试求汽车平均停车次数.

解 设 X 为汽车停车次数, 且

$$X_i = \begin{cases} 1, & \text{第 } i \text{ 站有人下车}, \\ 0, & \text{第 } i \text{ 站没有人下车}, \end{cases} \quad i = 1, 2, \cdots, 10.$$

则 $X=X_1+X_2+\cdots+X_{10}$, 且

$$P(X_i=0)=\left(1-\frac{1}{10}\right)^{20}=\left(\frac{9}{10}\right)^{20},\ P(X_i=1)=1-\left(\frac{9}{10}\right)^{20},\quad i=1,2,\cdots,10.$$

故

$$EX_i=0\times\left(\frac{9}{10}\right)^{20}+1\times\left[1-\left(\frac{9}{10}\right)^{20}\right]=1-\left(\frac{9}{10}\right)^{20},\quad i=1,2,\cdots,10.$$

根据性质 4.1.3,

$$EX=EX_1+EX_2+\cdots+EX_{10}=10EX_1=10\left[1-\left(\frac{9}{10}\right)^{20}\right]\approx 8.784,$$

即汽车平均停车次数为 8.784 次. □

习 题 4.1

1. 设随机变量 X 的概率密度为 $f(x)=\begin{cases}a+bx^2, & 0\leqslant x\leqslant 1,\\ 0, & \text{其他}.\end{cases}$ 若 $EX=\dfrac{2}{3}$, 试求 a,b.

2. (1) 设随机变量 X 的概率密度 $f(x)$ 满足: 对任意的 $x\in(-\infty,+\infty)$, $f(\mu+x)=f(\mu-x)$, 其中 μ 为常数, 且 $\displaystyle\int_{-\infty}^{+\infty}|x|f(x)\,\mathrm{d}x$ 收敛. 试证明 $EX=\mu$.

(2) 设 $X\sim f(x)=\begin{cases}1+x, & -1\leqslant x<0,\\ 1-x, & 0\leqslant x\leqslant 1,\\ 0, & \text{其他}.\end{cases}$ 试求 EX.

(3) 设 $X\sim f(x)=\dfrac{1}{2}\mathrm{e}^{-|x-a|}$, $x\in(-\infty,+\infty)$, 试求 EX.

(4) 设 G 为曲线 $y=2x-x^2$ 与 x 轴所围区域, 在区域 G 内任取一点, 该点到 y 轴的距离为 ξ, 求 $E\xi$.

3. (1) 设 $X\sim P(\lambda)$, 试求 $Y=3X^2+2X-1$ 的数学期望.

(2) 设 $X\sim E(1)$, 试求 $E\left(X+\mathrm{e}^{-2X}\right)$.

(3) 设 $X\sim N(0,1)$, 试求 $E\left(X\mathrm{e}^{2X}\right)$.

(4) 设随机变量 X 的分布函数为 $F(x)=a\Phi(x)+b\Phi\left(\dfrac{x-4}{2}\right)$, 其中 a,b 为常数, $\Phi(x)$ 为标准正态分布函数, 且 $EX^2=39$, 试求 EX.

4. (1) 设 $X\sim f(x)=\dfrac{1}{\pi(1+x^2)}$, $x\in(-\infty,+\infty)$, 试求 $E(\min\{|X|,1\})$.

(2) 设 $X\sim f(x)=\dfrac{1}{2}\mathrm{e}^{-|x|}$, $x\in(-\infty,+\infty)$, 试求 $E(\max\{|X|,1\})$.

5. (1) 假设一部机器在一天内发生故障的概率为 0.2, 机器发生故障时全天停止工作. 若一周五个工作日里无故障, 可获利润 10 万元; 发生一次故障仍可获利润 5 万元; 发生两次故障则获利润 0 元; 发生三次或三次以上故障要亏损 2 万元. 试求机器一周内所获得的平均利润.

(2) 游客乘电梯从电视塔底层到顶层观光. 电梯于每个整点的第 5 分钟、第 25 分钟和第 55 分钟从底层起行. 假设一游客在早八点的第 X 分钟到达底层候梯处, 且 X 在 $[0,60]$ 上服从均匀分布, 试求该游客的平均等候时间.

6. (1) 设某企业生产线上产品合格率为 0.96, 不合格产品中只有 $\dfrac{3}{4}$ 的产品可进行再加工且再加工的合格率为 0.8, 其余均为废品; 每件合格品获利 80 元, 每件废品亏损 20 元. 为保证该企业每天平均利润不低于 2 万元, 问: 企业每天至少生产多少产品?

(2) 设某种商品每周的需求量 X 是服从区间 $[10,30]$ 上均匀分布的随机变量, 而经销商进货数量为区间 $[10,30]$ 中的某一整数, 且每销售一单位该商品可获利 500 元. 若供大于求则削价处理, 每处理一单位商品则亏损 100 元; 若供不应求, 则从外部调剂供应, 此时每一单位商品仅获利 300 元. 为使经销商所获利润期望值不少于 9280 元, 试确定最少进货量.

7. (1) 一项保险规定最高理赔额为 10 万元, 假定投保人的损失 Y (单位: 万元) 具有密度函数: $f(y)=\dfrac{2}{y^3}, y\in(1,+\infty)$. 试求其平均理赔额.

(2) 一台仪器连续地测量与记录遥控地区的地震波, 仪器寿命 T 为均值 3 年的服从指数分布的随机变量. 由于前两年仪器没得到监控, 实际发现它失效的时间是 $U=\max\{T,2\}$, 试求 EU.

8. 设 $X\sim f(x)=\begin{cases}2^{-x}\ln 2, & x>0,\\ 0, & x\leqslant 0.\end{cases}$ 对 X 进行独立重复观测, 直到第二个大于 3 的观测值出现时停止, 设 Y 为观测的次数, 试求 Y 的分布及 EY.

9. 设随机变量 X 的概率分布为 $P(X=1)=P(X=2)=\dfrac{1}{2}$, 且在给定 $X=i$ 时, 随机变量 $Y\sim U(0,i), i=1,2$. 试求 EY.

10. (1) 将 n 只球独立地放入 M 只盒子中, 若每只球放入各只盒子是等可能的, 问: 平均有多少只盒子有球?

(2) 一袋中装有 60 只黑球和 40 只红球, 现从中任取 20 只, 则平均取到多少只红球?

(3) 设随机变量 $X\sim B(n,p)$, 试应用性质 4.1.3(即 "随机变量分解" 的方法), 求 EX.

(4) 求连续独立地掷 100 颗骰子所得点数之和的数学期望.

11. (1) 设随机变量 $X_1,X_2,\cdots,X_n$ 独立同 $U(0,\theta)$ 分布, 并设 $Y=\max\{X_1,X_2,\cdots,X_n\}$, $Z=\min\{X_1,X_2,\cdots,X_n\}$, 试求 EY,EZ.

(2) 在区间 $(0,1)$ 上随机地取 n 个点, 求相距最远的两点间距离的数学期望.

(3) 设系统由 n 个部件组成, 并设 X_i 为第 i 个部件能持续工作的时间. 若 $X_1,X_2,\cdots,X_n$ 独立同 $E(\lambda)$ 分布, 在以下情形下, 分别求系统持续工作的平均时间;

(i) 如果一个部件停止工作, 系统就不工作;

(ii) 如果至少有一个部件在工作, 系统就工作.

12. (1) 设 X,Y 独立同 $N(0,1)$ 分布, 试求 $E(\max\{X,Y\})$.

(2) 设 X,Y 独立同 $N\left(\mu,\sigma^2\right)$ 分布, 试求 $E\left(\max\{X,Y\}\right)$, $E\left(\min\{X,Y\}\right)$.

4.2　方　差

一、定义

数学期望描述了随机变量的平均取值, 但在很多实际问题中, 仅仅知道均值是不够的, 因为它不能反映随机变量取值的波动大小或者与均值的偏离程度.

例如, X 与 Y 的分布律分别为

X	-1	0	1
P	$1/3$	$1/3$	$1/3$

Y	-100	0	100
P	$1/3$	$1/3$	$1/3$

尽管它们的数学期望都是 0, 但显然 Y 取值的波动要比 X 取值的波动大. 怎样度量随机变量取值的波动大小呢? 容易看出, $E(|X-EX|)$ 能描述随机变量 X 与其均值 EX 的偏离程度, 但由于它带有绝对值, 不易运算. 为运算方便起见, 通常采用 $E[(X-EX)^2]$ 来度量随机变量与其均值的偏离程度.

定义 4.2.1　设 X 为随机变量. 若 $E[(X-EX)^2]$ 存在, 则称它为随机变量 X 的**方差** (variance), 记为 DX 或 $\mathrm{Var}(X)$, 即

$$DX=\mathrm{Var}(X)=E[(X-EX)^2],$$

并称 $\sqrt{DX}$ 为 X 的**标准差**, 记为 $\sigma(X)$, 即 $\sigma(X)=\sqrt{DX}$.

方差和标准差描述了随机变量对于其数学期望的偏离程度. 在很多情形下, 数学期望与方差连用就构成了相当精致的模型, 例如均值–方差模型.

方差与标准差的功能相似, 它们都是用来描述随机变量取值的集中与分散程度的特征数. 方差与标准差越小, 随机变量的取值越集中; 反之, 则随机变量的取值越分散.

由定义知, 方差实际上是随机变量 X 的函数 $g(X)=(X-EX)^2$ 的数学期望. 因此, 根据定理 4.1.1,

$$DX=\begin{cases}\displaystyle\sum_i (x_i-EX)^2p_i, & \text{离散情形},\\ \displaystyle\int_{-\infty}^{+\infty}(x-EX)^2f(x)\mathrm{d}x, & \text{连续情形},\end{cases}$$

其中 $p_i=P(X=x_i)$, $f(x)$ 分别为随机变量 X 在两种情形下的分布律和密度函数.

随机变量 X 的方差 DX 有如下计算公式:

$$DX=EX^2-(EX)^2.$$

事实上, 由方差的定义和数学期望的性质,

$$DX = E[(X-EX)^2] = E[X^2 - 2XEX + (EX)^2] = EX^2 - (EX)^2.$$

例 4.2.1 一台设备由三大部件构成, 在设备运转中各部件需要调整的概率分别为 0.10, 0.20, 0.30. 假设各部件的状态相互独立, 以 X 表示同时需要调整的部件数, 试求 X 的分布律, 数学期望 EX 以及方差 DX.

解 设 $A_i = \{$部件 i 需要调整$\}$, $i = 1, 2, 3$, 则

$$P(A_1) = 0.10, \quad P(A_2) = 0.20, \quad P(A_3) = 0.30.$$

随机变量 X 的所有可能取值为 $0, 1, 2, 3$, 由于 A_1, A_2, A_3 相互独立, 所以

$$\begin{aligned}
P(X=0) &= P(\overline{A}_1\overline{A}_2\overline{A}_3) = 0.9 \times 0.8 \times 0.7 = 0.504,\\
P(X=1) &= P(A_1\overline{A}_2\overline{A}_3) + P(\overline{A}_1 A_2\overline{A}_3) + P(\overline{A}_1\overline{A}_2 A_3)\\
&= 0.1 \times 0.8 \times 0.7 + 0.9 \times 0.2 \times 0.7 + 0.9 \times 0.8 \times 0.3\\
&= 0.398,\\
P(X=2) &= P(A_1 A_2\overline{A}_3) + P(A_1\overline{A}_2 A_3) + P(\overline{A}_1 A_2 A_3)\\
&= 0.1 \times 0.2 \times 0.7 + 0.1 \times 0.8 \times 0.3 + 0.9 \times 0.2 \times 0.3\\
&= 0.092,\\
P(X=3) &= P(A_1 A_2 A_3) = 0.1 \times 0.2 \times 0.3 = 0.006.
\end{aligned}$$

故 X 的分布律为

X	0	1	2	3
P	0.504	0.398	0.092	0.006

从而

$$EX = 1 \times 0.398 + 2 \times 0.092 + 3 \times 0.006 = 0.6,$$

$$DX = EX^2 - (EX)^2 = 1^2 \times 0.398 + 2^2 \times 0.092 + 3^2 \times 0.006 - 0.6^2 = 0.46. \quad \square$$

例 4.2.2 仍然考虑例 4.1.9, 在长为 a 的线段上任取两个点 X 和 Y, 求此两点间距离的方差.

解 由例 4.1.9, 已经得到 $E|X-Y| = \frac{1}{3}a$, 所以

$$D(|X-Y|) = E(|X-Y|^2) - (E|X-Y|)^2 = E(|X-Y|^2) - \frac{1}{9}a^2.$$

下求 $E(|X-Y|^2)$. 事实上, 根据定理 4.1.2(2),

$$\begin{aligned}E(|X-Y|^2)&=\int_{-\infty}^{+\infty}\int_{-\infty}^{+\infty}(x-y)^2f(x,y)\mathrm{d}x\mathrm{d}y\\&=\int_0^a\int_0^a\frac{1}{a^2}(x-y)^2\mathrm{d}x\mathrm{d}y\\&=\frac{1}{a^2}\int_0^a\int_0^a(x^2-2xy+y^2)\mathrm{d}x\mathrm{d}y\\&=\frac{1}{6}a^2,\end{aligned}$$

故

$$D(|X-Y|)=\frac{1}{6}a^2-\frac{1}{9}a^2=\frac{1}{18}a^2.$$ □

二、常见分布的方差

(1) **伯努利分布**　设随机变量 X 有如下分布律:

X	0	1
P	$1-p$	p

则

$$EX^2=0^2\times(1-p)+1^2\times p=p,$$

由于 $EX=p$, 故

$$DX=EX^2-(EX)^2=p(1-p).$$

(2) **二项分布**　设随机变量 $X\sim B(n,p)$, 则

$$\begin{aligned}EX^2&=\sum_{k=0}^{n}k^2\binom{n}{k}p^k(1-p)^{n-k}\\&=\sum_{k=1}^{n}k(k-1)\binom{n}{k}p^k(1-p)^{n-k}+\sum_{k=0}^{n}k\binom{n}{k}p^k(1-p)^{n-k}\\&=n(n-1)p^2\sum_{k=2}^{n}\binom{n-2}{k-2}p^{k-2}(1-p)^{n-k}+EX\quad(\text{设}l=k-2)\\&=n(n-1)p^2\sum_{l=0}^{n-2}\binom{n-2}{l}p^l(1-p)^{n-2-l}+np\\&=n(n-1)p^2(p+1-p)^{n-2}+np=n(n-1)p^2+np,\end{aligned}$$

由于 $EX=np$, 故

$$DX=EX^2-(EX)^2=np(1-p).$$

(3) **泊松分布**　设随机变量 $X\sim P(\lambda)$, 则

$$EX^2=\sum_{k=0}^{\infty}k^2\cdot\frac{\lambda^k}{k!}\mathrm{e}^{-\lambda}=\sum_{k=1}^{\infty}k(k-1)\cdot\frac{\lambda^k}{k!}\mathrm{e}^{-\lambda}+\sum_{k=0}^{\infty}k\cdot\frac{\lambda^k}{k!}\mathrm{e}^{-\lambda}$$

$$=\mathrm{e}^{-\lambda}\sum_{k=2}^{\infty}\frac{\lambda^k}{(k-2)!}+EX=\lambda^2\mathrm{e}^{-\lambda}\sum_{l=0}^{\infty}\frac{\lambda^l}{l!}+\lambda=\lambda^2+\lambda,$$

由于 $EX=\lambda$, 故

$$DX=EX^2-(EX)^2=\lambda.$$

由此看出泊松分布的参数 λ 既是它的数学期望, 也是它的方差.

(4) **几何分布** 设随机变量 X 服从参数为 p 的几何分布, 其分布律为

$$P(X=k)=q^{k-1}p,\quad k=1,2,\cdots,$$

其中 $q=1-p$, $0<p<1$, 则

$$\begin{aligned}EX^2&=\sum_{k=1}^{\infty}k^2\cdot q^{k-1}p=p\sum_{k=2}^{\infty}k(k-1)\cdot q^{k-1}+\sum_{k=1}^{\infty}k\cdot q^{k-1}p\\&=pq\left(\sum_{k=0}^{\infty}x^k\right)''\Big|_{x=q}+EX=pq\left(\frac{1}{1-x}\right)''\Big|_{x=q}+\frac{1}{p}=\frac{2-p}{p^2},\end{aligned}$$

由于 $EX=\dfrac{1}{p}$, 故

$$DX=EX^2-(EX)^2=\frac{1-p}{p^2}=\frac{q}{p^2}.$$

(5) **均匀分布** 设随机变量 $X\sim U(a,b)$, 则

$$EX^2=\int_{-\infty}^{+\infty}x^2f(x)\mathrm{d}x=\int_a^b x^2\cdot\frac{1}{b-a}\mathrm{d}x=\frac{a^2+ab+b^2}{3},$$

由于 $EX=\dfrac{a+b}{2}$, 故

$$DX=EX^2-(EX)^2=\frac{(b-a)^2}{12}.$$

(6) **指数分布** 设随机变量 $X\sim E(\lambda)$, 则

$$EX^2=\int_{-\infty}^{+\infty}x^2f(x)\mathrm{d}x=\int_0^{+\infty}x^2\cdot\lambda\mathrm{e}^{-\lambda x}\mathrm{d}x=\frac{2}{\lambda^2},$$

由于 $EX=\dfrac{1}{\lambda}$, 故

$$DX=EX^2-(EX)^2=\frac{1}{\lambda^2}.$$

(7) **正态分布** 设随机变量 $X\sim N(\mu,\sigma^2)$, 则

$$DX=E[(X-EX)^2]=\int_{-\infty}^{+\infty}(x-EX)^2f(x)\mathrm{d}x$$

$$
\begin{aligned}
&= \int_{-\infty}^{+\infty} (x-\mu)^2 \cdot \frac{1}{\sqrt{2\pi}\sigma} \mathrm{e}^{-\frac{(x-\mu)^2}{2\sigma^2}} \mathrm{d}x \quad \left(\text{设} y = \frac{x-\mu}{\sigma}\right) \\
&= \frac{1}{\sqrt{2\pi}} \int_{-\infty}^{+\infty} \sigma^2 y^2 \cdot \mathrm{e}^{-\frac{y^2}{2}} \mathrm{d}y = \sigma^2.
\end{aligned}
$$

可见 $N(\mu,\sigma^2)$ 中的参数 σ^2 正是它的方差.

(8) Γ **分布** 设随机变量 $X \sim \Gamma(r,\lambda)$, 则

$$
\begin{aligned}
EX^2 &= \int_{-\infty}^{+\infty} x^2 f(x)\mathrm{d}x = \int_{0}^{+\infty} x^2 \cdot \frac{\lambda^r}{\Gamma(r)} x^{r-1}\mathrm{e}^{-\lambda x}\mathrm{d}x \\
&= \frac{1}{\lambda\Gamma(r)} \int_{0}^{+\infty} (\lambda x)^{r+1}\mathrm{e}^{-\lambda x}\mathrm{d}x \\
&= \frac{1}{\lambda^2\Gamma(r)} \int_{0}^{+\infty} x^{r+1}\mathrm{e}^{-x}\mathrm{d}x = \frac{\Gamma(r+2)}{\lambda^2\Gamma(r)} = \frac{(r+1)r}{\lambda^2},
\end{aligned}
$$

由于 $EX = \dfrac{r}{\lambda}$, 故

$$
DX = EX^2 - (EX)^2 = \frac{(r+1)r}{\lambda^2} - \frac{r^2}{\lambda^2} = \frac{r}{\lambda^2}.
$$

(9) **对数正态分布** 设随机变量 $X \sim \mathrm{LN}(\mu,\sigma^2)$, 则 X 的方差为

$$
DX = \left(\mathrm{e}^{\sigma^2} - 1\right)\mathrm{e}^{2\mu+\sigma^2}.
$$

请读者自行证明.

三、方差的性质

与数学期望一样, 方差也具有如下一些很好的性质. 以下假设随机变量的方差都存在.

性质 4.2.1 若 C 为常数, 则 $D(C) = 0$.

性质 4.2.2 若 X 为随机变量, C 为常数, 则

$$
D(CX) = C^2 DX, \quad D(X+C) = DX.
$$

性质 4.2.3 若 X 与 Y 是任意的两个随机变量, 则

$$
\begin{aligned}
D(X+Y) &= DX + DY + 2E[(X-EX)(Y-EY)], \\
D(X-Y) &= DX + DY - 2E[(X-EX)(Y-EY)].
\end{aligned}
$$

一般地, 对于 n 个随机变量 $X_1, X_2, \cdots, X_n$, 有

$$
D(X_1 + X_2 + \cdots + X_n) = \sum_{i=1}^{n} DX_i + 2\sum_{1\leqslant i<j\leqslant n} E[(X_i - EX_i)(X_j - EX_j)].
$$

性质 4.2.4　若随机变量 X 与 Y 相互独立, 则

$$D(X+Y)=DX+DY,\quad D(X-Y)=DX+DY.$$

一般地, 若 n 个随机变量 $X_1,X_2,\cdots,X_n$ 两两独立, 则

$$D(X_1+X_2+\cdots+X_n)=DX_1+DX_2+\cdots+DX_n.$$

性质 4.2.5　$DX=0$ 的充要条件是: 随机变量 X 以概率 1 取常数 EX, 即

$$P(X=EX)=1.$$

证明　利用方差的定义和数学期望的性质, 容易证明性质 4.2.1 和性质 4.2.2, 读者可自行证明. 下面证明性质 4.2.3~4.2.5.

对于性质 4.2.3, 利用方差的定义和数学期望的性质得

$$\begin{aligned}D(X+Y)&=E[(X+Y)-E(X+Y)]^2\\&=E[(X-EX)+E(Y-EY)]^2\\&=E[(X-EX)^2]+E[(Y-EY)^2]+2E[(X-EX)(Y-EY)]\\&=DX+DY+2E[(X-EX)(Y-EY)].\end{aligned}$$

即证明了性质 4.2.3 的第一个等式, 类似可证明另外两个等式.

对于性质 4.2.4, 由于随机变量 X 与 Y 相互独立, 故由期望的性质 4.1.4 知

$$\begin{aligned}E[(X-EX)(Y-EY)]&=E(XY-XEY-YEX+EXEY)\\&=E(XY)-EXEY=0,\end{aligned}$$

由此等式并结合性质 4.2.3, 即可证明性质 4.2.4.

对于性质 4.2.5, 先证充分性. 设 $P(X=EX)=1$, 则 $P(X^2=(EX)^2)=1$, 从而

$$DX=EX^2-(EX)^2=0.$$

必要性的证明放在切比雪夫不等式证明的后面, 即本节最后部分. □

例 4.2.3　设 $U\sim U[-2,2]$,

$$X=\begin{cases}-1, & U\leqslant -1,\\ 1, & U>-1,\end{cases}\qquad Y=\begin{cases}-1, & U\leqslant 1,\\ 1, & U>1.\end{cases}$$

试求: (1) (X,Y) 的联合分布律; (2) $D(X+Y)$.

解　(1) 随机向量 (X,Y) 有四个可能取值 $(-1,-1),(-1,1),(1,-1),(1,1)$, 且

$$P(X=-1,Y=-1)=P(U\leqslant -1,U\leqslant 1)=\frac{1}{4},$$

$$P(X=-1,Y=1)=P(U\leqslant -1,U>1)=0,$$
$$P(X=1,Y=-1)=P(U>-1,U\leqslant 1)=\frac{1}{2},$$
$$P(X=1,Y=1)=P(U>-1,U>1)=\frac{1}{4},$$

于是可得 (X,Y) 的联合分布律为

X	Y	
	-1	1
-1	$1/4$	0
1	$1/2$	$1/4$

(2) 由 (X,Y) 的联合分布律, 可得 X 和 Y 的边缘分布律分别为

$$X\sim\begin{pmatrix}-1 & 1\\ \dfrac{1}{4} & \dfrac{3}{4}\end{pmatrix},\quad Y\sim\begin{pmatrix}-1 & 1\\ \dfrac{3}{4} & \dfrac{1}{4}\end{pmatrix},$$

从而

$$EX=(-1)\times\frac{1}{4}+1\times\frac{3}{4}=\frac{1}{2},\quad EY=(-1)\times\frac{3}{4}+1\times\frac{1}{4}=-\frac{1}{2},$$
$$EX^2=(-1)^2\times\frac{1}{4}+1^2\times\frac{3}{4}=1,\quad EY^2=(-1)^2\times\frac{3}{4}+1^2\times\frac{1}{4}=1,$$

故

$$DX=EX^2-(EX)^2=\frac{3}{4},\quad DY=EY^2-(EY)^2=\frac{3}{4}.$$

因为

$$\begin{aligned}E[(X-EX)(Y-EY)]=&E\left[\left(X-\frac{1}{2}\right)\left(Y+\frac{1}{2}\right)\right]\\=&\left(-1-\frac{1}{2}\right)\left(-1+\frac{1}{2}\right)\times\frac{1}{4}+\left(1-\frac{1}{2}\right)\left(-1+\frac{1}{2}\right)\times\frac{1}{2}\\&+\left(1-\frac{1}{2}\right)\left(1+\frac{1}{2}\right)\times\frac{1}{4}\\=&\frac{3}{16}-\frac{1}{8}+\frac{3}{16}=\frac{1}{4}.\end{aligned}$$

故由性质 4.2.3,

$$\begin{aligned}D(X+Y)&=DX+DY+2E[(X-EX)(Y-EY)]\\&=\frac{3}{4}+\frac{3}{4}+2\times\frac{1}{4}=2.\end{aligned}$$ □

在例 4.2.3 中, 也可以先由 (X,Y) 的联合分布律求出 $X+Y$ 的分布律, 然后利用公式 $D(X+Y)=E(X+Y)^2-[E(X+Y)]^2$, 即可求出 $D(X+Y)$.

例 4.2.4　袋中有 n 张卡片, 号码分别为 $1,2,\cdots,n$. 从中有放回地抽出 k 张卡片, 设 X 表示所抽得的 k 张卡片的号码之和, 试求 EX 和 DX.

解　设 X_i 为第 i 次抽取的卡片的号码, $i=1,2,\cdots,k$, 则 $X=X_1+X_2+\cdots+X_k$. 因为是有放回抽取, 所以 $X_1,X_2,\cdots,X_k$ 相互独立, 且

$$P(X_i=j)=\frac{1}{n},\quad j=1,2,\cdots,n;\ i=1,2,\cdots,k.$$

故对 $i=1,2,\cdots,k$,

$$\begin{aligned}
EX_i&=\sum_{j=1}^{n}j\times\frac{1}{n}=\frac{1}{n}\times\frac{n(n+1)}{2}=\frac{n+1}{2},\\
EX_i^2&=\sum_{j=1}^{n}j^2\times\frac{1}{n}=\frac{1}{n}\times\frac{n(n+1)(2n+1)}{6}=\frac{(n+1)(2n+1)}{6},\\
DX_i&=EX_i^2-(EX_i)^2=\frac{n^2-1}{12}.
\end{aligned}$$

从而

$$EX=\sum_{i=1}^{k}EX_i=\frac{k}{2}(n+1),$$

$$DX=\sum_{i=1}^{k}DX_i=\frac{k}{12}(n^2-1).$$

□

在本节最后, 我们介绍一个重要的不等式: **切比雪夫** (Chebyshev) **不等式**.

定理 4.2.1　设随机变量 X 具有数学期望 $EX=\mu$ 和方差 $DX=\sigma^2$, 则对任意的正数 ε,

$$P(|X-\mu|\geqslant\varepsilon)\leqslant\frac{\sigma^2}{\varepsilon^2}.\tag{4.2.1}$$

证明　仅就连续型随机变量的情形来证明, 请读者考虑离散型随机变量情形下的证明. 对于一般情形下的证明, 有兴趣的读者可查阅相关书籍.

设 X 的密度函数为 $f(x)$, 则

$$\begin{aligned}
P(|X-\mu|\geqslant\varepsilon)&=\int_{\{x:|x-\mu|\geqslant\varepsilon\}}f(x)\mathrm{d}x\leqslant\int_{\{x:|x-\mu|\geqslant\varepsilon\}}\frac{|x-\mu|^2}{\varepsilon^2}f(x)\mathrm{d}x\\
&\leqslant\frac{1}{\varepsilon^2}\int_{-\infty}^{+\infty}|x-\mu|^2f(x)\mathrm{d}x=\frac{\sigma^2}{\varepsilon^2}.
\end{aligned}$$

式 (4.2.1) 有如下等价的形式:

$$P(|X-\mu|<\varepsilon)\geqslant 1-\frac{\sigma^2}{\varepsilon^2}.\tag{4.2.2}$$

式 (4.2.1) 和 (4.2.2) 表明: 在分布未知但期望和方差已知的情形下, 切比雪夫不等式可以用来估计概率 $P(|X-\mu|\geqslant\varepsilon)$ 的上界或者 $P(|X-\mu|<\varepsilon)$ 的下界, 因此具有很重要的理论意义.

利用切比雪夫不等式, 可以证明方差的性质 4.2.5 的必要性, 具体如下:

设 $DX=0$, 此时 EX 存在. 易见

$$\{X\neq EX\}=\{|X-EX|>0\}=\bigcup_{n=1}^{\infty}\left\{|X-EX|\geqslant\frac{1}{n}\right\},$$

结合概率的次可加性以及切比雪夫不等式, 可得

$$\begin{aligned}P(X\neq EX)&=P\left(\bigcup_{n=1}^{\infty}\left\{|X-EX|\geqslant\frac{1}{n}\right\}\right)\\&\leqslant\sum_{n=1}^{\infty}P\left(|X-EX|\geqslant\frac{1}{n}\right)\\&\leqslant\sum_{n=1}^{\infty}\frac{DX}{(1/n)^2}=0,\end{aligned}$$

从而 $P(X\neq EX)=0$, 也即 $P(X=EX)=1$. 这就证明了性质 4.2.5 的必要性.

习　题　4.2

1. 设随机变量 X 满足 $EX=DX=\lambda$, 且 $E\left[(X-1)(X-2)\right]=1$, 试求 λ.

2. (1) 试证: 对任意的 $c\neq EX$, $DX=E\left(X-EX\right)^2<E\left(X-c\right)^2$.

(2) 设随机变量 X 仅在 $[a,b]$ 上取值, 试证: $a\leqslant EX\leqslant b$, $DX\leqslant\left(\dfrac{b-a}{2}\right)^2$.

3. 设 $X\sim U\left(-1,2\right)$, $Y=\begin{cases}1, & X>0,\\0, & X=0,\\-1, & X<0,\end{cases}$ 试求 DY.

4. (1) 设 $X\sim f\left(x\right)=\begin{cases}1+x, & -1\leqslant x<0,\\1-x, & 0\leqslant x<1,\\0, & 其他,\end{cases}$ 试求 $D\left(3X+2\right)$.

(2) 设 $X\sim f\left(x\right)=\begin{cases}a+bx^2, & 0<x<1,\\0, & 其他,\end{cases}$ 已知 $EX=0.5$, 试求 DX.

5. 设 X 有分布函数 $F\left(x\right)=\begin{cases}\dfrac{1}{2}\mathrm{e}^{x}, & x<0,\\\dfrac{1}{2}, & 0\leqslant x<1,\\1-\dfrac{1}{2}\mathrm{e}^{-\frac{1}{2}(x-1)}, & x\geqslant1,\end{cases}$ 试求 DX.

6. (1) 设 $(X,Y) \sim U(D)$, 其中 D 是以点 $(0,1),(1,0),(1,1)$ 为顶点的三角形区域, 试求 $D(X+Y)$.

(2) 设 $(X,Y) \sim f(x,y) = \begin{cases} 8xy, & 0 \leqslant y \leqslant x \leqslant 1, \\ 0, & \text{其他}, \end{cases}$ 试求 $DX,\ DY,\ E(X+Y)^2$.

7. (1) 设 X,Y 独立同 $N\left(0,\dfrac{1}{2}\right)$ 分布, 试求 $|X-Y|$ 的方差.

(2) 设随机向量 $(X,Y) \sim f(x,y) = \begin{cases} 2\mathrm{e}^{-(2x+y)}, & x,y>0, \\ 0, & \text{其他}. \end{cases}$ 若 $Z=2X+Y$, 试求 DZ.

8. (1) 设 $X \sim E(1)$, 且 $Y = X + \mathrm{e}^{-2X}$, 试求 DY.

(2) 设 $X \sim E(1)$, 且 $Y_1 = \begin{cases} 1, & X>1, \\ 0, & X \leqslant 1, \end{cases}$ $Y_2 = \begin{cases} 1, & X>2, \\ 0, & X \leqslant 2, \end{cases}$ 试求 $D(Y_1+Y_2)$.

9. 设随机变量 $X \sim f(x) = a\mathrm{e}^{4x-2x^2}$, $-\infty < x < +\infty$, 试确定 a, 并求 EX, DX 以及 $P(X \leqslant k)$, $k=1,2$.

10. 设随机变量 X 服从拉普拉斯 (Laplace) 分布, 且具有概率密度: $f(x) = \dfrac{1}{2}\mathrm{e}^{-|x|}$, $x \in (-\infty,+\infty)$.

(1) 试求 $EX,\ DX$;

(2) 若 $Y=|X|$, 试求 $EY,\ DY$.

4.3 协方差与相关系数

对于二维随机变量 (X,Y), 除了讨论随机变量 X 和 Y 的数学期望和方差外, 还有必要讨论描述随机变量 X 和 Y 之间关系的数字特征: 协方差与相关系数. 本节将重点讨论这两个数字特征.

一、协方差

由方差的性质 4.2.4, 如果两个随机变量 X 和 Y 相互独立, 则

$$E[(X-EX)(Y-EY)]=0,$$

这意味着, 当 $E[(X-EX)(Y-EY)] \neq 0$ 时, X 和 Y 不相互独立, 从而说明 X 和 Y 之间存在着一定的联系. 为此引入如下定义.

定义 4.3.1 对于随机变量 X 和 Y, 如果 $E[(X-EX)(Y-EY)]$ 存在, 则称其为随机变量 X 和 Y 的**协方差**(covariance), 记为 $\mathrm{Cov}(X,Y)$, 即

$$\mathrm{Cov}(X,Y)=E[(X-EX)(Y-EY)].$$

协方差实际上是二维随机变量 (X,Y) 的函数的数学期望, 所以可以应用定理 4.1.2 来计算. 但根据方差的性质 4.2.4 的证明, 可以发现

$$\mathrm{Cov}(X,Y)=E(XY)-EX\cdot EY.$$

利用协方差的定义以及数学期望的性质, 不难验证协方差具有以下性质.

性质 4.3.1 $\mathrm{Cov}(X,X)=DX$, $\mathrm{Cov}(X,Y)=\mathrm{Cov}(Y,X)$.

性质 4.3.2 若 X,Y 相互独立, 则 $\mathrm{Cov}(X,Y)=0$.

性质 4.3.3 若 a,b,c 为常数, 则

$$\mathrm{Cov}(aX,bY)=ab\mathrm{Cov}(X,Y),\quad \mathrm{Cov}(X,c)=0.$$

性质 4.3.4 设 X,Y,Z 为三个随机变量, 则

$$\mathrm{Cov}(X+Y,Z)=\mathrm{Cov}(X,Z)+\mathrm{Cov}(Y,Z).$$

利用上一节方差的性质 4.2.3, 可以得到

性质 4.3.5 设 X,Y 为两个随机变量, 则

$$\begin{aligned}D(X+Y)&=DX+DY+2\mathrm{Cov}(X,Y),\\ D(X-Y)&=DX+DY-2\mathrm{Cov}(X,Y).\end{aligned}$$

一般地, 对于 n 个随机变量 $X_1,X_2,\cdots,X_n$,

$$D(X_1+X_2+\cdots+X_n)=\sum_{i=1}^{n}DX_i+2\sum_{1\leqslant i<j\leqslant n}\mathrm{Cov}(X_i,X_j).$$

例 4.3.1 设二维随机变量 (X,Y) 的联合密度函数为

$$f(x,y)=\begin{cases}\dfrac{1}{3}(x+y), & 0<x<1,0<y<2,\\ 0, & \text{其他}.\end{cases}$$

求 $D(2X-3Y+8)$.

解 由性质 4.3.3 和性质 4.3.5 知,

$$\begin{aligned}D(2X-3Y+8)&=D(2X)+D(3Y)-2\mathrm{Cov}(2X,3Y)\\&=4DX+9DY-12\mathrm{Cov}(X,Y).\end{aligned}\tag{4.3.1}$$

下求 DX,DY 以及 $\mathrm{Cov}(X,Y)$, 为此先求出 X 和 Y 的边缘密度函数, 具体如下:

$$f_X(x)=\int_{-\infty}^{+\infty}f(x,y)\mathrm{d}y$$

$$= \begin{cases} \int_0^2 \frac{1}{3}(x+y)\mathrm{d}y, & 0<x<1, \\ 0, & \text{其他} \end{cases} = \begin{cases} \frac{2}{3}(x+1), & 0<x<1, \\ 0, & \text{其他}, \end{cases}$$

$$f_Y(y) = \int_{-\infty}^{+\infty} f(x,y)\mathrm{d}x$$
$$= \begin{cases} \int_0^1 \frac{1}{3}(x+y)\mathrm{d}x, & 0<y<2, \\ 0, & \text{其他} \end{cases} = \begin{cases} \frac{1}{3}\left(\frac{1}{2}+y\right), & 0<y<2, \\ 0, & \text{其他}. \end{cases}$$

从而

$$EX = \int_{-\infty}^{+\infty} x f_X(x)\mathrm{d}x = \int_0^1 \frac{2}{3}x(x+1)\mathrm{d}x = \frac{5}{9},$$
$$EX^2 = \int_{-\infty}^{+\infty} x^2 f_X(x)\mathrm{d}x = \int_0^1 \frac{2}{3}x^2(x+1)\mathrm{d}x = \frac{7}{18},$$
$$EY = \int_{-\infty}^{+\infty} y f_Y(y)\mathrm{d}y = \int_0^2 \frac{1}{3}y\left(\frac{1}{2}+y\right)\mathrm{d}y = \frac{11}{9},$$
$$EY^2 = \int_{-\infty}^{+\infty} y^2 f_Y(y)\mathrm{d}y = \int_0^2 \frac{1}{3}y^2\left(\frac{1}{2}+y\right)\mathrm{d}y = \frac{16}{9},$$

由此得

$$DX = EX^2 - (EX)^2 = \frac{7}{18} - \left(\frac{5}{9}\right)^2 = \frac{13}{162},$$
$$DY = EY^2 - (EY)^2 = \frac{16}{9} - \left(\frac{11}{9}\right)^2 = \frac{23}{81}.$$

最后计算 $\mathrm{Cov}(X,Y)$, 只需计算 $E(XY)$ 即可. 事实上,

$$E(XY) = \int_{-\infty}^{+\infty}\int_{-\infty}^{+\infty} xyf(x,y)\mathrm{d}x\mathrm{d}y = \int_0^1 \mathrm{d}x\int_0^2 \frac{1}{3}xy(x+y)\mathrm{d}y$$
$$= \frac{1}{3}\int_0^1 \left(2x^2 + \frac{8}{3}x\right)\mathrm{d}x = \frac{2}{3},$$

于是有

$$\mathrm{Cov}(X,Y) = E(XY) - EX\cdot EY = \frac{2}{3} - \frac{5}{9}\times\frac{11}{9} = -\frac{1}{81}.$$

代回式 (4.3.1) 得

$$D(2X-3Y+8) = 4\times\frac{13}{162} + 9\times\frac{23}{81} - 12\times\left(-\frac{1}{81}\right) = \frac{245}{81}.$$ □

二、 相关系数

协方差虽然在一定程度上反映了两个随机变量 X 和 Y 之间的一种联系, 但它还受随机变量 X 和 Y 本身数值大小的影响. 例如, 当 X 和 Y 同时扩大 k 倍后, 随机变量 kX 和 kY 的协方差就变成了原来的 k^2 倍. 但实际上, 随机变量 kX 和 kY 的相关性应该和随机变量 X 和 Y 的相关性一致. 另一方面, 协方差还依赖于随机变量 X 和 Y 的度量单位. 为了克服这两方面的缺陷, 我们将协方差 "标准化", 引入下面相关系数的定义.

定义 4.3.2　对于随机变量 X 和 Y, 如果 $0 < DX < +\infty, 0 < DY < +\infty$, 称

$$\rho_{XY} = \frac{\operatorname{Cov}(X,Y)}{\sqrt{DX \cdot DY}} = \frac{E[(X-EX)(Y-EY)]}{\sqrt{DX \cdot DY}}$$

为随机变量 X 和 Y 的**相关系数**(correlation coefficient).

约定常数与任何随机变量的相关系数均为 0.

若 $\rho_{XY} > 0$, 则称 X 和 Y **正相关**; 若 $\rho_{XY} < 0$, 则称 X 和 Y **负相关**.

由相关系数的定义知, 相关系数实际上就是 "标准化" 的随机变量的协方差, 即

$$\rho_{XY} = E\left(\frac{X-EX}{\sqrt{DX}} \cdot \frac{Y-EY}{\sqrt{DY}}\right) = \operatorname{Cov}\left(\frac{X-EX}{\sqrt{DX}}, \frac{Y-EY}{\sqrt{DY}}\right).$$

称 $\dfrac{X-EX}{\sqrt{DX}}$ 为随机变量 X 的**标准化随机变量**, 其均值为 0, 方差为 1.

例 4.3.2　设随机变量 $X_1, X_2, \cdots, X_n\ (n \geqslant 2)$ 相互独立, 且每个随机变量的均值为 0, 方差为 1. 记 $\overline{X} = \dfrac{1}{n}\sum\limits_{i=1}^{n} X_i$, 求 $X_i - \overline{X}$ 与 $X_j - \overline{X}$ 的相关系数 ρ_{ij}, 其中 $i \neq j$.

解　由于 $X_1, X_2, \cdots, X_n$ 相互独立, 且每个随机变量的方差为 1, 故有

$$\begin{aligned}
\operatorname{Cov}(X_i - \overline{X}, X_j - \overline{X}) &= \operatorname{Cov}(X_i, X_j) - \operatorname{Cov}(X_i, \overline{X}) - \operatorname{Cov}(\overline{X}, X_j) + \operatorname{Cov}(\overline{X}, \overline{X}) \\
&= -\operatorname{Cov}\left(X_i, \frac{1}{n}\sum_{i=1}^{n} X_i\right) - \operatorname{Cov}\left(\frac{1}{n}\sum_{i=1}^{n} X_i, X_j\right) + D(\overline{X}) \\
&= -\frac{1}{n} - \frac{1}{n} + \frac{1}{n^2} \times n = -\frac{1}{n},
\end{aligned}$$

$$\begin{aligned}
D(X_i - \overline{X}) &= D\left(X_i - \frac{1}{n}\sum_{i=1}^{n} X_i\right) \\
&= D\left(-\frac{1}{n}X_1 - \cdots - \frac{1}{n}X_{i-1} + \left(1 - \frac{1}{n}\right)X_i - \frac{1}{n}X_{i+1} - \cdots - \frac{1}{n}X_n\right) \\
&= \frac{1}{n^2} + \cdots + \frac{1}{n^2} + \left(1 - \frac{1}{n}\right)^2 + \frac{1}{n^2} + \cdots + \frac{1}{n^2}
\end{aligned}$$

$$= \frac{n-1}{n^2} + \frac{(n-1)^2}{n^2} = \frac{n-1}{n}.$$

类似地, $D(X_j - \overline{X}) = \dfrac{n-1}{n}$. 故 $X_i - \overline{X}$ 与 $X_j - \overline{X}$ 的相关系数为

$$\rho_{ij} = \frac{\mathrm{Cov}(X_i - \overline{X}, X_j - \overline{X})}{\sqrt{D(X_i - \overline{X})} \cdot \sqrt{D(X_j - \overline{X})}} = \frac{-\dfrac{1}{n}}{\dfrac{n-1}{n}} = -\frac{1}{n-1}. \qquad \square$$

例 4.3.3 设二维随机变量 $(X, Y) \sim N(\mu_1, \mu_2, \sigma_1^2, \sigma_2^2, \rho)$, 求 X 和 Y 的相关系数 ρ_{XY}.

解 由于 $(X, Y) \sim N(\mu_1, \mu_2, \sigma_1^2, \sigma_2^2, \rho)$, 所以 $X \sim N(\mu_1, \sigma_1^2)$, $Y \sim N(\mu_2, \sigma_2^2)$, 故有 $EX = \mu_1$, $DX = \sigma_1^2$, $EY = \mu_2$, $DY = \sigma_2^2$. 下求 $\mathrm{Cov}(X, Y)$. 事实上,

$$\begin{aligned}\mathrm{Cov}(X, Y) =& E[(X - EX)(Y - EY)] \\ =& \frac{1}{2\pi\sigma_1\sigma_2\sqrt{1-\rho^2}} \int_{-\infty}^{+\infty} \int_{-\infty}^{+\infty} (x - \mu_1)(y - \mu_2) \\ & \cdot \exp\left\{-\frac{1}{2(1-\rho^2)}\left[\frac{(x-\mu_1)^2}{\sigma_1^2} - \frac{2\rho(x-\mu_1)(y-\mu_2)}{\sigma_1\sigma_2} + \frac{(y-\mu_2)^2}{\sigma_2^2}\right]\right\} \mathrm{d}x\mathrm{d}y.\end{aligned}$$

先将上式中方括号内化成

$$\left(\frac{x-\mu_1}{\sigma_1} - \rho\frac{y-\mu_2}{\sigma_2}\right)^2 + \left(\sqrt{1-\rho^2}\frac{y-\mu_2}{\sigma_2}\right)^2,$$

作变换

$$\begin{cases} u = \dfrac{1}{\sqrt{1-\rho^2}}\left(\dfrac{x-\mu_1}{\sigma_1} - \rho\dfrac{y-\mu_2}{\sigma_2}\right), \\ v = \dfrac{y-\mu_2}{\sigma_2}, \end{cases}$$

则

$$\begin{cases} x - \mu_1 = \sigma_1\left(u\sqrt{1-\rho^2} - \rho v\right), \\ y - \mu_2 = \sigma_2 v, \end{cases}$$

变换的雅可比行列式为

$$J = \frac{\partial(x, y)}{\partial(u, v)} = \sigma_1\sigma_2\sqrt{1-\rho^2},$$

由此得

$$\mathrm{Cov}(X,Y)=\frac{\sigma_1\sigma_2}{2\pi}\int_{-\infty}^{+\infty}\int_{-\infty}^{+\infty}\left(uv\sqrt{1-\rho^2}+\rho v^2\right)\ \exp\left\{-\frac{1}{2}\left(u^2+v^2\right)\right\}\mathrm{d}u\mathrm{d}v.$$

上式右端积分可以分为两个积分之和, 其中

$$\int_{-\infty}^{+\infty}\int_{-\infty}^{+\infty}uv\ \exp\left\{-\frac{1}{2}\left(u^2+v^2\right)\right\}\mathrm{d}u\mathrm{d}v=0,$$

$$\int_{-\infty}^{+\infty}\int_{-\infty}^{+\infty}v^2\ \exp\left\{-\frac{1}{2}\left(u^2+v^2\right)\right\}\mathrm{d}u\mathrm{d}v=2\pi.$$

从而

$$\mathrm{Cov}(X,Y)=\frac{\sigma_1\sigma_2\rho}{2\pi}\times 2\pi=\sigma_1\sigma_2\rho,$$

故

$$\rho_{XY}=\frac{\mathrm{Cov}(X,Y)}{\sqrt{DX}\cdot\sqrt{DY}}=\frac{\sigma_1\sigma_2\rho}{\sigma_1\sigma_2}=\rho.$$ □

上例说明了参数 ρ 是二元正态分布的相关系数. 至此, 我们已经完全搞清楚了二元正态分布中各个参数的含义.

相关系数有如下两个基本性质.

性质 4.3.6 相关系数的绝对值小于或等于 1, 即 $|\rho_{XY}|\leqslant 1$.

证明 由协方差的性质 4.3.5 知

$$\begin{aligned}&D\left(\frac{X-EX}{\sqrt{DX}}\pm\frac{Y-EY}{\sqrt{DY}}\right)\\=&D\left(\frac{X-EX}{\sqrt{DX}}\right)+D\left(\frac{Y-EY}{\sqrt{DY}}\right)\pm 2\mathrm{Cov}\left(\frac{X-EX}{\sqrt{DX}},\frac{Y-EY}{\sqrt{DY}}\right)\\=&1+1\pm 2\rho_{XY}.\end{aligned}\tag{4.3.2}$$

注意到方差是非负的, 所以 $-1\leqslant\rho_{XY}\leqslant 1$, 即 $|\rho_{XY}|\leqslant 1$. □

性质 4.3.7 $|\rho_{XY}|=1$ 的充要条件是: 存在常数 a,b, 使得

$$P(Y=aX+b)=1.$$

证明 设 $\rho_{XY}=1$, 则由式 (4.3.2) 得

$$D\left(\frac{X-EX}{\sqrt{DX}}-\frac{Y-EY}{\sqrt{DY}}\right)=1+1-2\rho_{XY}=0,$$

再结合方差的性质 4.2.5, 有

$$P\left(\frac{X-EX}{\sqrt{DX}}-\frac{Y-EY}{\sqrt{DY}}=0\right)=1,$$

即 $P(Y=aX+b)=1$, 其中

$$a=\frac{\sqrt{DY}}{\sqrt{DX}},\quad b=EY-\frac{\sqrt{DY}}{\sqrt{DX}}\cdot EX. \tag{4.3.3}$$

若 $\rho_{XY}=-1$, 则由式 (4.3.2) 得

$$D\left(\frac{X-EX}{\sqrt{DX}}+\frac{Y-EY}{\sqrt{DY}}\right)=1+1+2\rho_{XY}=0,$$

再结合方差的性质 4.2.5, 有

$$P\left(\frac{X-EX}{\sqrt{DX}}+\frac{Y-EY}{\sqrt{DY}}=0\right)=1,$$

即 $P(Y=aX+b)=1$, 其中

$$a=-\frac{\sqrt{DY}}{\sqrt{DX}},\quad b=EY+\frac{\sqrt{DY}}{\sqrt{DX}}\cdot EX. \tag{4.3.4}$$

反之, 若 $P(Y=aX+b)=1$, 则由相关系数的定义, 立得 $|\rho_{XY}|=1$. □

由性质 4.3.7 及其证明, 可知

(1) $\rho_{XY}=1$ 的充要条件是: 存在常数 $a>0$ 和常数 b, 使得 $P(Y=aX+b)=1$, 其中 a,b 由式 (4.3.3) 确定, 此时称 X 和 Y **完全正相关**;

(2) $\rho_{XY}=-1$ 的充要条件是: 存在常数 $a<0$ 和常数 b, 使得 $P(Y=aX+b)=1$, 其中 a,b 由式 (4.3.4) 确定, 此时称 X 和 Y **完全负相关**.

例如, 将一枚硬币重复掷 n 次, 以 X 和 Y 分别表示正面向上和反面向上的次数. 由于 $Y=-X+n$, 故 X 和 Y 的相关系数等于 -1. 又如, 设随机变量 $X\sim N(0,1)$, $Y\sim N(1,4)$, 且 X 和 Y 的相关系数为 $\rho_{XY}=1$, 则 $P(Y=2X+1)=1$. 请读者思考原因.

性质 4.3.7 表明: 若 $|\rho_{XY}|=1$, 则 X 和 Y 以概率 1 存在线性关系, 因此, 相关系数 ρ_{XY} 刻画了随机变量 X 和 Y 之间线性关系的紧密程度. $|\rho_{XY}|$ 越大, X 和 Y 之间的线性关系越明显.

定义 4.3.3 若 $\rho_{XY}=0$, 则称 X 和 Y **不相关**.

关于不相关, 有下列等价性的命题, 请读者自行证明.

性质 4.3.8 对于随机变量 X 和 Y, 下列命题相互等价.

(i) X 和 Y 不相关; (ii) $\mathrm{Cov}(X,Y)=0$;

(iii) $E(XY)=EX\cdot EY$; (iv) $D(X+Y)=DX+DY$;

(v) $D(X-Y)=DX+DY$; (vi) $D(X-Y)=D(X+Y)$.

性质 4.3.9 若 X 和 Y 独立, 则 X 和 Y 不相关.

证明 因为 X 和 Y 独立, 所以由协方差的性质 4.3.2,

$$\mathrm{Cov}(X,Y)=E(XY)-EX\cdot EY=0,$$

故 X 和 Y 不相关. □

性质 4.3.9 的逆不成立, 见下例.

例 4.3.4 设 (X,Y) 的联合分布律为

X	Y		
	-1	0	1
-1	$\frac{1}{8}$	$\frac{1}{8}$	$\frac{1}{8}$
0	$\frac{1}{8}$	0	$\frac{1}{8}$
1	$\frac{1}{8}$	$\frac{1}{8}$	$\frac{1}{8}$

判断 X 和 Y 是否不相关? 是否独立?

解 由 (X,Y) 的联合分布律, 可得两个边缘分布律分别为

$$X\sim\begin{pmatrix}-1 & 0 & 1\\ \frac{3}{8} & \frac{2}{8} & \frac{3}{8}\end{pmatrix},\quad Y\sim\begin{pmatrix}-1 & 0 & 1\\ \frac{3}{8} & \frac{2}{8} & \frac{3}{8}\end{pmatrix}.$$

易算得 $EX=0,\ EY=0,\ E(XY)=0$, 所以

$$\mathrm{Cov}(X,Y)=E(XY)-EX\cdot EY=0,$$

故 X 和 Y 不相关.

因为

$$P(X=0,Y=0)=0\neq P(X=0)P(Y=0)=\frac{1}{16},$$

所以 X 和 Y 不独立. □

一般地, 若 X 服从对称分布, 则 $Y=|X|$ 与 X 不相关, 但不独立, 见下例.

例 4.3.5 设连续型随机变量 X 的密度函数 $f(x)$ 是一个偶函数, 且 $EX^2<\infty$. 证明: $|X|$ 和 X 不相关, 但 $|X|$ 和 X 不独立.

证明 由于 X 的密度函数 $f(x)$ 是一个偶函数, 且 $EX^2<\infty$, 故有

$$E(X\cdot|X|)=\int_{-\infty}^{+\infty}x\cdot|x|\cdot f(x)\mathrm{d}x=0,\quad EX=\int_{-\infty}^{+\infty}xf(x)\mathrm{d}x=0.$$

从而 $\mathrm{Cov}(X,|X|)=E(X\cdot|X|)-EX\cdot E|X|=0$, 即 $|X|$ 和 X 不相关.

下证 $|X|$ 和 X 不独立. 事实上, 因为 X 的密度函数 $f(x)$ 是一个偶函数, 所以存在常数 $C>0$, 使得 $0<P(X\leqslant C)<1$, 从而 $0<P(|X|\leqslant C)<1$, 故有

$$P(X\leqslant C,|X|\leqslant C)=P(|X|\leqslant C)>P(X\leqslant C)P(|X|\leqslant C),$$

即 $|X|$ 和 X 不独立. □

随机变量 X 和 Y 相互独立与不相关是两个不同的概念. 不相关只说明 X 和 Y 之间不存在线性关系, 但 X 和 Y 之间可能存在其他函数关系. 而相互独立则说明 X 和 Y 之间不存在任何函数关系, 当然也就不存在线性关系. 由此我们就可以很好地理解 "相互独立" 必导致 "不相关"; 反之则未必成立. 但对于二元正态分布 (X,Y), 则 X 和 Y 相互独立等价于 X 和 Y 不相关; 见下例.

例 4.3.6 设二维随机变量 $(X,Y)\sim N(\mu_1,\mu_2,\sigma_1^2,\sigma_2^2,\rho)$. 证明: X 和 Y 相互独立的充要条件是 X 和 Y 不相关.

证明 由例 3.4.4 知, X 和 Y 相互独立等价于 $\rho=0$. 由例 4.3.3 知, X 和 Y 的相关系数 ρ_{XY} 就是参数 ρ. 从而, X 和 Y 相互独立等价于 $\rho_{XY}=0$, 即 X 和 Y 相互独立等价于 X 和 Y 不相关. □

习 题 4.3

1. (1) 连续独立地掷两次骰子, 试求其点数之和与点数之差的协方差.

(2) 将一枚均匀硬币重复掷 n 次, 记 X,Y 分别为正面朝上、反面朝上的次数, 试求协方差与相关系数.

2. (1) 设随机变量 X,Y 独立同参数为 0.6 的 0-1 分布, 即 $B(1,0.6)$. 证明: 随机变量 $U=X+Y$, $V=X-Y$ 不相关也不独立.

(2) 设随机变量 $X\sim f(x)=\dfrac{1}{2}\mathrm{e}^{-|x|}$, $x\in(-\infty,+\infty)$. 试证: X 与 $|X|$ 不相关也不独立.

3. (1) 设 $(X,Y)\sim N(\mu,\mu,\sigma^2,\sigma^2,0)$, 试求 $P(X<Y)$.

(2) 设 $(X,Y)\sim N(1,0,1,1,0)$, 试求 $P(XY-Y<0)$.

4. (1) 设随机变量 X,Y 满足 $DX=DY=2$, 相关系数 $\rho_{XY}=0.25$. 试求随机变量 $U=2X+Y$ 和 $V=2X-Y$ 的相关系数.

(2) 设二维随机向量 $(X,Y)\sim U(G)$, 其中 $G=\{(x,y)\mid 0\leqslant x\leqslant 2, 0\leqslant y\leqslant 1\}$. 设

$$U=\begin{cases}1, & X>Y,\\ 0, & X\leqslant Y,\end{cases}\qquad V=\begin{cases}1, & X>2Y,\\ 0, & X\leqslant 2Y,\end{cases}$$

试求 U,V 的相关系数.

5. 设 a 为 $(0,1)$ 内的一个定点, 随机变量 $X\sim U(0,1)$, 以 Y 表示 X 到点 a 的距离. 试问: a 为何值时, X 与 Y 不相关?

6. (1) 设 (X,Y) 服从区域 $D=\{(x,y)\mid 0<x<y<1\}$ 上的均匀分布, 试求 X,Y 的协方差与相关系数.

(2) 设 (X,Y) 的联合密度为 $f(x,y)=\begin{cases}\dfrac{6}{7}\left(x^2+\dfrac{1}{2}xy\right), & 0<x<1,0<y<2,\\ 0, & 其他.\end{cases}$ 试求 X,Y 的协方差与相关系数.

7. (1) 设随机变量 X,Y 有线性关系: $Y=aX+b$, 且 X 的方差存在, 试求 X,Y 的相关系数 ρ_{XY}.

(2) 设随机变量 $X\sim U\left(-\dfrac{1}{2},\dfrac{1}{2}\right)$, $Y=\cos X$, 即 Y 与 X 有 (非线性) 函数关系, 试证: X,Y 不 (线性) 相关, 即无线性关系.

8. 设 A,B 为两事件, 设

$$X=\begin{cases}1, & 若A发生,\\ 0, & 若A不发生,\end{cases}\qquad Y=\begin{cases}1, & 若B发生,\\ 0, & 若A不发生.\end{cases}$$

试证: X,Y 不相关的充要条件是事件 A,B 独立.

9. 设随机变量 $X\sim N(0,1)$, $Y\sim\begin{pmatrix}-1 & 1\\ \dfrac{1}{2} & \dfrac{1}{2}\end{pmatrix}$, 且 X,Y 相互独立. 设 $Z=XY$. 试证:

(1) $Z\sim N(0,1)$;

(2) X,Z 不相关也不独立.

10. 设随机变量 $X_1,X_2,\cdots,X_n$ 中任意两个的相关系数都是 ρ. 试证: $\rho\geqslant-\dfrac{1}{n-1}$.

11. (1) 某班级共有 n 名新生, 班长从辅导员处领来全班所有的学生证, 随机地发给每一名学生, 试求恰好拿到自己学生证的人数 X 的数学期望与方差.

(2) 袋中有 n 张卡片, 分别标有号码 $1,2,\cdots,n$. 从中不放回地抽出 k 张卡片, 设 ξ 表示所抽出的号码之和. 试求 $E\xi$ 与 $D\xi$.

12. 设二维随机向量 (X,Y) 满足: $EX=EY=0$, $DX=DY=1$, $\operatorname{Cov}(X,Y)=\rho$. 试证: $E\left(\max\left\{X^2,Y^2\right\}\right)\leqslant 1+\sqrt{1-\rho^2}$.

13. (1) 设 $DX,DY>0$, $\rho=\rho_{XY}$. 证明

$$\max_{a,b\in\mathbb{R}}E\left[Y-(aX+b)\right]^2=DY\cdot\left(1-\rho^2\right).$$

由此亦可见, 相关系数 ρ 刻画了随机变量 X,Y 的线性关系的强弱.

(2) 设 $(X,Y)\sim f(x,y)=cx\mathrm{e}^{-y}$, $0<x<y<+\infty$. 试求: $P(X<1\mid Y=2)$ 及 $E[Y-(aX+b)]^2$ 的最小值.

14. (1) 掷一颗均匀的骰子直到所有六个点数全部出现为止, 试求所需投掷次数 Y 的数学期望与方差.

(2) 连续独立地掷一颗均匀的骰子 n 次, 试求 “3” 点和 “5” 点出现次数 X,Y 的协方差以及相关系数.

4.4　矩与协方差矩阵

本节介绍随机变量的另外两个数字特征: 矩和协方差矩阵.

一、矩

数学期望、方差以及协方差是随机变量最常用的数字特征, 它们都是某种矩. 矩 (moment) 是最广泛使用的一种数字特征, 在概率论和数理统计中占有重要地位. 最常用的矩有两种: 原点矩和中心矩, 定义如下.

定义 4.4.1 设 X 为随机变量, k 为正整数. 若 EX^k 存在, 则称它为 X 的k **阶原点矩**; 称 $E|X|^k$ 为 X 的k **阶绝对原点矩**; 称 $E(X-EX)^k$ 为 X 的k **阶中心矩**; 称 $E|X-EX|^k$ 为 X 的k **阶绝对中心矩**.

显然, 随机变量 X 的数学期望 EX 就是 X 的 1 阶原点矩, 方差 DX 就是 X 的 2 阶中心矩. 由于 $|X|^{k-1}\leqslant 1+|X|^k$, 故, 若 X 的 k 阶矩存在, 则所有低阶矩都存在.

例 4.4.1 设 $X\sim N(0,1)$, 设 $Y=X^k$, k 为正整数, 求 EY 和 DY.

解 因为 $X\sim N(0,1)$, 所以其密度函数为

$$f(x)=\frac{1}{\sqrt{2\pi}}\mathrm{e}^{-\frac{1}{2}x^2},\quad x\in(-\infty,+\infty).$$

从而

$$EY=EX^k=\int_{-\infty}^{+\infty}x^k\frac{1}{\sqrt{2\pi}}\mathrm{e}^{-\frac{1}{2}x^2}\mathrm{d}x.$$

若 k 为奇数, 则 $EY=EX^k=0$.

若 k 为偶数, 则由分部积分得

$$\begin{aligned}EY&=\int_{-\infty}^{+\infty}x^k\frac{1}{\sqrt{2\pi}}\mathrm{e}^{-\frac{1}{2}x^2}\mathrm{d}x=-\frac{1}{\sqrt{2\pi}}\int_{-\infty}^{+\infty}x^{k-1}\mathrm{d}\mathrm{e}^{-\frac{1}{2}x^2}\\&=-\frac{1}{\sqrt{2\pi}}\left(x^{k-1}\mathrm{e}^{-\frac{1}{2}x^2}\Big|_{-\infty}^{+\infty}-\int_{-\infty}^{+\infty}\mathrm{e}^{-\frac{1}{2}x^2}\mathrm{d}x^{k-1}\right)\\&=\frac{k-1}{\sqrt{2\pi}}\int_{-\infty}^{+\infty}x^{k-2}\mathrm{e}^{-\frac{1}{2}x^2}\mathrm{d}x\\&=\frac{(k-1)(k-3)}{\sqrt{2\pi}}\int_{-\infty}^{+\infty}x^{k-4}\mathrm{e}^{-\frac{1}{2}x^2}\mathrm{d}x,\end{aligned}$$

反复利用分部积分, 可得

$$EY=\frac{(k-1)(k-3)\cdots3\times1}{\sqrt{2\pi}}\int_{-\infty}^{+\infty}\mathrm{e}^{-\frac{1}{2}x^2}\mathrm{d}x=(k-1)(k-3)\cdots3\times1=:(k-1)!!.$$

因此,

$$EY=EX^k=\begin{cases}0, & k\text{ 为奇数},\\(k-1)!!, & k\text{ 为偶数}.\end{cases}$$

从而,

$$DY = D(X^k) = EX^{2k} - (EX^k)^2 = \begin{cases} (2k-1)!!, & k \text{ 为奇数}, \\ (2k-1)!! - [(k-1)!!]^2, & k \text{ 为偶数}. \end{cases} \qquad \square$$

对于多维随机向量, 可以定义各种混合矩, 具体如下.

定义 4.4.2 设 (X,Y) 为二维随机变量, k,l 为正整数. 若 $E(X^kY^l)$ 存在, 则称它为 X 和 Y 的$k+l$ **阶混合原点矩**. 若 $E(X-EX)^k(Y-EY)^l$ 存在, 则称它为 X 和 Y 的$k+l$ **阶混合中心矩**.

显然, 协方差 $\mathrm{Cov}(X,Y)$ 就是 X 和 Y 的 2 阶混合中心矩.

二、 协方差矩阵

定义 4.4.3 设 (X,Y) 为二维随机变量. 若 DX 和 DY 存在, 则称矩阵

$$\begin{pmatrix} DX & \mathrm{Cov}(X,Y) \\ \mathrm{Cov}(Y,X) & DY \end{pmatrix} = \begin{pmatrix} \mathrm{Cov}(X,X) & \mathrm{Cov}(X,Y) \\ \mathrm{Cov}(Y,X) & \mathrm{Cov}(Y,Y) \end{pmatrix}$$

为 X 和 Y 的**协方差矩阵** (covariance matrix).

对于 n 维随机变量 $X=(X_1,X_2,\cdots,X_n)$, 若 $\mathrm{Cov}(X_i,X_j)$ 存在, $i,j=1,2,\cdots,n$, 则称矩阵

$$\mathrm{Cov}(X) := \begin{pmatrix} \mathrm{Cov}(X_1,X_1) & \mathrm{Cov}(X_1,X_2) & \cdots & \mathrm{Cov}(X_1,X_n) \\ \mathrm{Cov}(X_2,X_1) & \mathrm{Cov}(X_2,X_2) & \cdots & \mathrm{Cov}(X_2,X_n) \\ \vdots & \vdots & & \vdots \\ \mathrm{Cov}(X_n,X_1) & \mathrm{Cov}(X_n,X_2) & \cdots & \mathrm{Cov}(X_n,X_n) \end{pmatrix}$$

为 n 维随机变量 $(X_1,X_2,\cdots,X_n)$ 的**协方差矩阵**.

由于 $\mathrm{Cov}(X_i,X_j) = \mathrm{Cov}(X_j,X_i)$, $i,j=1,2,\cdots,n$, 因此上述矩阵 $\mathrm{Cov}(X)$ 是一个对称矩阵. 另外, 可以证明 $\mathrm{Cov}(X)$ 是半正定矩阵.

习 题 4.4

1. 试求参数为 λ 的指数分布的 k 阶原点矩.
2. 设离散型随机向量 (X,Y) 的联合概率分布律如下:

Y	X		
	-1	0	1
0	0.10	0.15	0.15
1	0.05	0.35	0.20

求: (1) (X,Y) 的协方差阵; (2) $\mathrm{Cov}\left(X^2,Y^2\right)$.

3. (1) 设随机向量 (X,Y) 的协方差矩阵为 $\begin{pmatrix} 1 & 1 \\ 1 & 4 \end{pmatrix}$. 试求 $U=X-2Y$ 和 $V=2X-Y$ 的相关系数.

(2) 设随机向量 $(X,Y) \sim f(x,y)=\begin{cases} 6xy^2, & 0<x,y<1, \\ 0, & \text{其他}. \end{cases}$ 试求 (X,Y) 的协方差矩阵.

4. 两只股票 A 和 B, 在一个给定时期内的收益率 R_A, R_B 均为随机变量, 且 R_A, R_B 的协方差阵为 $V=\begin{pmatrix} 16 & 6 \\ 6 & 9 \end{pmatrix}$. 现将一笔资金按比例 $x, 1-x$ 分别投资于股票 A, B, 从而形成一个投资组合 Π, 记其收益率为 R_Π.

(1) 求 R_A, R_B 的相关系数; (2) 求 $D(R_\Pi)$.

5. 设随机向量 $(X,Y) \sim f(x,y)=\dfrac{2}{\pi\left(1+x^2+y^2\right)^3}$, $x \in (-\infty,+\infty)$. 试求 EX, EY 及 (X,Y) 的协方差阵.

第4章测试题

Chapter 5

第5章 大数定律和中心极限定理

第5章课件

对于随机现象来说，虽然无法准确地判断其状态的变化，但如果对其进行大量的重复试验，却呈现出明显的统计规律性，也即频率的稳定性. 用极限的方法研究其规律性所导出的一系列的重要命题统称为极限定理，其中最重要的是被称为“大数定律”和“中心极限定理”的一些定理. 大数定律阐述的是大量随机变量平均值的稳定性，而中心极限定理阐述的则是随机变量之和以正态分布为极限分布. 大数定律和中心极限定理是概率论的基本理论，在理论研究和实际应用中起着重要的作用. 本章主要介绍几个常见的大数定律和中心极限定理.

5.1 大数定律

第 1 章已经指出随机现象具有统计规律性，即所谓的频率的稳定性. 在这一节中，我们将对频率的稳定性给予理论上的解释.

在介绍常见的大数定律之前，我们先给出三个定义.

一、相关定义

定义 5.1.1 (独立同分布)　设随机变量 $X_1, X_2, \cdots$ 相互独立，且服从同一分布，则称 $\{X_n\}$ 为**独立同分布的随机变量序列**.

定义 5.1.2 (依概率收敛)　设 $\{X_n\}$ 为随机变量序列. 若存在一个随机变量 X，使得对任意的 $\varepsilon > 0$，

$$\lim_{n\to\infty} P(|X_n - X| \geqslant \varepsilon) = 0 \quad \text{或} \quad \lim_{n\to\infty} P(|X_n - X| < \varepsilon) = 1,$$

则称 $\{X_n\}$**依概率收敛** (convergence in probability) 于随机变量 X，记为 $X_n \xrightarrow{P} X$.

可以证明，依概率收敛具有以下基本性质:

(i) 若 $X_n \xrightarrow{P} X, Y_n \xrightarrow{P} Y$, 则 $X_n \pm Y_n \xrightarrow{P} X \pm Y$;

(ii) 若 $X_n \xrightarrow{P} X$, k 为常数, 则 $kX_n \xrightarrow{P} kX$;

(iii) 若 $X_n \xrightarrow{P} X, Y_n \xrightarrow{P} Y$, 则 $X_nY_n \xrightarrow{P} XY$;

(iv) 若 $X_n \xrightarrow{P} X$, 且 $g(x)$ 为 $\mathbb{R}$ 上的连续函数, 则 $g(X_n) \xrightarrow{P} g(X)$.

通常, 可以利用切比雪夫不等式来证明依概率收敛, 具体见下例.

例 5.1.1 设 $\{X_n\}$ 为独立同分布且具有有限 2 阶矩的随机变量序列, 证明:

$$\frac{2}{n(n+1)}\sum_{k=1}^{n} kX_k \xrightarrow{P} EX_1.$$

证明 由于随机变量序列 $\{X_n\}$ 具有有限 2 阶矩, 可设 $D(X_k) = \sigma^2$, $k = 1, 2, \cdots$. 设 $Y_n = \frac{2}{n(n+1)}\sum\limits_{k=1}^{n} kX_k$. 由于随机变量序列 $X_1, X_2, \cdots$ 独立同分布, 所以由期望和方差的性质知

$$EY_n = \frac{2}{n(n+1)}\sum_{k=1}^{n} kEX_k = EX_1\frac{2}{n(n+1)}\sum_{k=1}^{n} k = EX_1,$$

$$DY_n = \frac{4}{n^2(n+1)^2}\sum_{k=1}^{n} k^2 DX_k = \frac{4\sigma^2}{n^2(n+1)^2}\sum_{k=1}^{n} k^2 = \frac{4n+2}{3n(n+1)}\sigma^2.$$

对任意的 $\varepsilon > 0$, 由切比雪夫不等式, 得

$$P(|Y_n - EY_n| \geqslant \varepsilon) \leqslant \frac{4n+2}{3n(n+1)\varepsilon^2}\sigma^2 \to 0, \quad n \to \infty,$$

故 $\lim\limits_{n\to\infty} P(|Y_n - EY_n| \geqslant \varepsilon) = 0$, 即 $\frac{2}{n(n+1)}\sum\limits_{k=1}^{n} kX_k \xrightarrow{P} EX_1$. □

下面给出大数定律的定义.

定义 5.1.3 (大数定律) 设 $\{X_n\}$ 为随机变量序列. 若存在常数序列 $\{a_n\}$, 使得对任意的 $\varepsilon > 0$,

$$\lim_{n\to\infty} P\left(\left|\frac{1}{n}\sum_{i=1}^{n} X_i - a_n\right| \geqslant \varepsilon\right) = 0,$$

则称随机变量序列 $\{X_n\}$ 服从**大数定律** (law of large numbers).

通常, a_n 取为 $\frac{1}{n}\sum\limits_{i=1}^{n} X_i$ 的均值 $\frac{1}{n}\sum\limits_{i=1}^{n} EX_i$.

二、大数定律

1. 切比雪夫大数定律

定理 5.1.1 设随机变量 $X_1, X_2, \cdots$ 相互独立, 且方差有共同的上界, 即 $DX_i \leqslant C < +\infty$, $i = 1, 2, \cdots$. 则对任意的 $\varepsilon > 0$,

$$\lim_{n\to\infty} P\left(\left|\frac{1}{n}\sum_{i=1}^{n} X_i - \frac{1}{n}\sum_{i=1}^{n} EX_i\right| \geqslant \varepsilon\right) = 0. \tag{5.1.1}$$

证明 由于 $X_1, X_2, \cdots$ 相互独立, 对任意的 $\varepsilon > 0$, 由切比雪夫不等式得

$$P\left(\left|\frac{1}{n}\sum_{i=1}^{n}X_i - \frac{1}{n}\sum_{i=1}^{n}EX_i\right| \geqslant \varepsilon\right) \leqslant \frac{D\left(\frac{1}{n}\sum\limits_{i=1}^{n}X_i\right)}{\varepsilon^2} = \sum_{i=1}^{n}\frac{DX_i}{n^2\varepsilon^2} \leqslant \frac{C}{n\varepsilon^2},$$

故有

$$\lim_{n\to\infty} P\left(\left|\frac{1}{n}\sum_{i=1}^{n}X_i - \frac{1}{n}\sum_{i=1}^{n}EX_i\right| \geqslant \varepsilon\right) = 0. \qquad \square$$

切比雪夫大数定律说明: 当 n 充分大时, 随机变量序列 $X_1, X_2, \cdots$ 的前 n 项的算术平均 $\overline{X}_n = \frac{1}{n}\sum\limits_{i=1}^{n}X_i$ 以很大的概率逼近于它的数学期望 $\frac{1}{n}\sum\limits_{i=1}^{n}EX_i$.

这个结果是俄国数学家切比雪夫于 1866 年发现, 它是关于大数定律的一个相当普遍的结论, 很多大数定律的古典结果都是它的特例. 此外, 证明这个大数定律所用的方法后来称为**矩法**, 在此方法上发展起来的一系列不等式是研究概率极限理论的有力工具.

2. 马尔可夫大数定律

马尔可夫 (Markov) 注意到: 在切比雪夫的证明中, 只要

$$\frac{1}{n^2}D\left(\sum_{i=1}^{n}X_i\right) \to 0, \quad n \to \infty, \tag{5.1.2}$$

则大数定律就能成立. 通常称条件 (5.1.2) 为马尔可夫条件. 验证马尔可夫条件, 是证明很多大数定律的有力工具.

定理 5.1.2 对于随机变量序列 $\{X_n\}$, 若式 (5.1.2) 成立, 则对任意的 $\varepsilon > 0$, 均有式 (5.1.1) 成立, 即随机变量序列 $\{X_n\}$ 服从大数定律.

3. 伯努利大数定律

定理 5.1.3 设 n_A 是 n 次重复独立试验中事件 A 发生的次数, p 是事件 A 在每次试验中发生的概率. 则对任意的 $\varepsilon > 0$,

$$\lim_{n\to\infty} P\left(\left|\frac{n_A}{n} - p\right| \geqslant \varepsilon\right) = 0.$$

证明 设 $X_i = \begin{cases} 1, & \text{在第}i\text{次试验中事件}A\text{发生}, \\ 0, & \text{在第}i\text{次试验中事件}A\text{不发生}, \end{cases}$ $i = 1, 2, \cdots, n$. 则有

$$n_A = X_1 + X_2 + \cdots + X_n, \quad \frac{n_A}{n} = \frac{1}{n}\sum_{i=1}^{n}X_i.$$

显然 $X_1, X_2, \cdots, X_n$ 相互独立, 且都服从参数为 p 的 0-1 分布, 从而

$$\frac{1}{n}\sum_{i=1}^{n} EX_i = EX_1 = p, \quad DX_1 = p(1-p) \leqslant \frac{1}{4},$$

由定理 5.1.1 得,

$$\lim_{n\to\infty} P\left(\left|\frac{1}{n}\sum_{i=1}^{n} X_i - \frac{1}{n}\sum_{i=1}^{n} EX_i\right| \geqslant \varepsilon\right) = 0,$$

即

$$\lim_{n\to\infty} P\left(\left|\frac{n_A}{n} - p\right| \geqslant \varepsilon\right) = 0. \qquad \square$$

伯努利大数定律是最早的一个大数定律, 它刻画了频率的稳定性, 即事件 A 发生的频率 n_A/n 总在它的概率 p 的附近摆动, 当试验次数 n 充分大时, 频率 n_A/n 与概率 p 之间非常接近. 因此在实际生活中, 当试验次数充分大时, 往往用频率估计概率.

4. 辛钦大数定律

定理 5.1.4 设 $\{X_n\}$ 是独立同分布的随机变量序列, 且 $EX_1 = \mu$. 则对任意的 $\varepsilon > 0$,

$$\lim_{n\to\infty} P\left(\left|\frac{1}{n}\sum_{i=1}^{n} X_i - \mu\right| \geqslant \varepsilon\right) = 0,$$

即 $\frac{1}{n}\sum\limits_{i=1}^{n} X_i \xrightarrow{P} \mu$.

证明略.

由辛钦 (Khinchine) 大数定律可知: 如果 $\{X_n\}$ 为独立同分布的随机变量序列, 且 $E|X_i|^k$ 存在, 其中 k 为正整数, 则 $\{X_n^k\}$ 服从大数定律, 即对任意的 $\varepsilon > 0$,

$$\lim_{n\to\infty} P\left(\left|\frac{1}{n}\sum_{i=1}^{n} X_i^k - EX_1^k\right| \geqslant \varepsilon\right) = 0.$$

这个结论在数理统计中是很有用的, 可以将 $\frac{1}{n}\sum\limits_{i=1}^{n} X_i^k$ 作为 EX_1^k 的近似值, 这就是数理统计中矩估计的理论基础.

例 5.1.2 设 $\{X_n\}$ 是独立同分布的随机变量序列, 且都服从参数为 1 的泊松分布. 讨论当 $n\to\infty$ 时, $Y_n = \frac{1}{n}\sum\limits_{i=1}^{n} X_i^2$ 依概率收敛情况.

解 因为 $\{X_n\}$ 是独立同分布的随机变量序列, 所以 $\{X_n^2\}$ 仍是独立同分布的随机变量序列, 且

$$EX_1^2 = DX_1 + (EX_1)^2 = 1 + 1 = 2.$$

故由辛钦大数定律知,

$$Y_n = \frac{1}{n}\sum_{i=1}^{n} X_i^2 \xrightarrow{P} EX_1^2 = 2. \qquad \square$$

习　题　5.1

1. (1) 设 X 满足: $EX = 11$, $DX = 9$. 试由切比雪夫不等式估计 $P(2 < X < 20)$.

(2) 设随机变量 X, Y 满足: $EX = EY = 2$, $DX = 1, DY = 4$, 且 $\rho_{XY} = 0.5$. 试由切比雪夫不等式估计 $P(|X - Y| \geqslant 6)$.

(3) 设 $X \sim N(1,1)$, $Y \sim N(0,1)$, 且 $E(XY) = -0.1$. 试估计 $P(-4 < X + 2Y < 6)$.

(4) 设随机变量 $X_1, X_2, \cdots, X_n$ 相互独立, 且 $EX_i = \mu$, $DX_i = \sigma^2$, $i = 1, 2, \cdots, n$. 设 $\overline{X} = \frac{1}{n}\sum\limits_{i=1}^{n} X_i$, 试估计 $P\left(\mu - 2 < \overline{X} < \mu + 2\right)$.

2. 设随机变量 $X \sim f(x) = \begin{cases} \dfrac{x^m}{m!}\mathrm{e}^{-x}, & x > 0, \\ 0, & x \leqslant 0, \end{cases}$ $m \in \mathbb{N}$. 试证:

$$P(0 < X < 2(m+1)) \geqslant \frac{m}{m+1}.$$

3. 设在每次试验中, 事件 A 发生的概率均为 0.75. 试问当 n 需多大时, 才能使 n 次独立重复试验中事件 A 发生的频率为 $0.74 \sim 0.76$ 的概率至少为 0.90?

4. 设随机变量序列 $\{X_n\}$ 独立同 $U(0,a)$ 分布, 其中 $a > 0$ 为常数. 证明

$$Y_n = \max\{X_1, X_2, \cdots, X_n\} \xrightarrow{P} a.$$

5. 证明下列结论.

(1) 如果 $X_n \xrightarrow{P} a$, 则对任意的常数 $c \in \mathbb{R}$, $cX_n \xrightarrow{P} ca$;

(2) 如果 $X_n \xrightarrow{P} X$ 且 $X_n \xrightarrow{P} Y$, 则 $P(X = Y) = 1$;

(3) 如果 $X_n \xrightarrow{P} X$, $Y_n \xrightarrow{P} Y$, 则 $X_n + Y_n \xrightarrow{P} X + Y$;

(4) 如果 $X_n \xrightarrow{P} X$, $g(x)$ 是 $\mathbb{R}$ 上的连续函数, 则 $g(X_n) \xrightarrow{P} g(X)$.

6. (1) 设 $\{X_n\}$ 为独立随机变量序列, 且 $P(X_n = \pm 2^n) = \frac{1}{2^{2n+1}}$, $P(X_n = 0) = 1 - \frac{1}{2^{2n}}$, $n = 1, 2, \cdots$. 证明 $\{X_n\}$ 服从大数定律.

(2) 设随机变量序列 $\{X_n\}$ 独立同分布, 且有同一分布函数

$$F(x) = \frac{1}{2} + \frac{1}{\pi}\arctan\frac{x}{a}, \quad x \in (-\infty, +\infty).$$

试问: 辛钦大数定律对此随机变量序列是否适用?

7. 设随机变量序列 $\{X_n\}$ 独立同 $E(2)$ 分布, 则当 $n \to \infty$ 时,

$$\overline{X} = \frac{1}{n}\sum_{i=1}^{n} X_i, \quad \frac{1}{n}\sum_{i=1}^{n} X_i^2, \quad \frac{1}{n}\sum_{i=1}^{n}\left(X_i - \overline{X}\right)^2$$

分别依概率收敛于什么?

5.2 中心极限定理

大数定律讨论的是在什么条件下, 随机变量序列的算术平均依概率收敛到其均值的问题. 现在我们来讨论在什么条件下, 相互独立的随机变量的和的分布函数会收敛于正态分布. 这就是**中心极限定理**(central limit theorem) 所讨论的内容.

中心极限定理的一般提法是: 设 $\{X_n\}$ 为独立随机变量序列, 且 EX_n 和 DX_n 存在, $n=1,2,\cdots$. 设

$$Y_n=\frac{\sum_{k=1}^{n}X_k-\sum_{k=1}^{n}EX_k}{\sqrt{\sum_{k=1}^{n}DX_k}}. \tag{5.2.1}$$

若对任意的 $x\in(-\infty,+\infty)$,

$$\lim_{n\to\infty}P(Y_n\leqslant x)=\int_{-\infty}^{x}\frac{1}{\sqrt{2\pi}}\mathrm{e}^{-\frac{t^2}{2}}\mathrm{d}t=\Phi(x), \tag{5.2.2}$$

即 Y_n 的分布函数的极限是标准正态分布, 则称 $\{X_n\}$ 服从**中心极限定理**.

下面介绍三个最常用的中心极限定理.

一、林德伯格–莱维中心极限定理 (或独立同分布下的中心极限定理)

定理 5.2.1 设 $\{X_n\}$ 是独立同分布的随机变量序列, 且 $EX_n=\mu$, $DX_n=\sigma^2>0$, $n=1,2,\cdots$. 设

$$Y_n=\frac{\sum_{k=1}^{n}X_k-\sum_{k=1}^{n}EX_k}{\sqrt{\sum_{k=1}^{n}DX_k}}=\frac{\sum_{k=1}^{n}X_k-n\mu}{\sqrt{n}\sigma},$$

则对任意的 $y\in(-\infty,+\infty)$, 均成立

$$\lim_{n\to\infty}P\left(Y_n\leqslant y\right)=\int_{-\infty}^{y}\frac{1}{\sqrt{2\pi}}\mathrm{e}^{-\frac{t^2}{2}}\mathrm{d}t=\Phi(y). \tag{5.2.3}$$

证明略.

定理 5.2.1 只假设 $X_1,X_2,\cdots$ 独立同分布且方差存在, 而不必关注它的分布是什么, 只要 n 充分大, 就可以用正态分布去逼近随机变量和的分布, 所以这个定理有着广泛的应用.

林德伯格–莱维 (Lindeberg-Levy) 中心极限定理告诉我们: 随机变量 Y_n 的分布函数的极限是标准正态分布 $N(0,1)$, 即当 n 充分大时,

$$Y_n = \frac{\sum\limits_{k=1}^{n} X_k - n\mu}{\sqrt{n}\sigma} \stackrel{\bullet}{\sim} N(0,1),$$

其中记号 $\stackrel{\bullet}{\sim}$ 表示前者分布函数趋近于后者. 这意味着, 当 n 充分大时,

$$\sum_{k=1}^{n} X_k \stackrel{\bullet}{\sim} N(n\mu, n\sigma^2).$$

由此可推出, 当 n 充分大时, 对任意的实数 x,

$$P\left(\sum_{k=1}^{n} X_k \leqslant x\right) \approx \varPhi\left(\frac{x - n\mu}{\sqrt{n}\sigma}\right). \tag{5.2.4}$$

例 5.2.1 某生产线生产的产品成箱包装, 每箱的重量是随机的. 假设每箱平均重 50 千克, 标准差为 5 千克, 若用最大载重量为 5 吨的汽车承运, 试利用中心极限定理说明每辆车最多可以装多少箱, 才能保障不超载的概率大于 0.977.

解 设 X_k 表示装运的第 k 箱的重量 (单位: 千克), $k = 1, 2, \cdots, n$, 其中 n 为箱数. 根据题意, $X_1, X_2, \cdots, X_n$ 独立同分布, 而 n 箱的总重量可记为 $U_n = \sum\limits_{k=1}^{n} X_k$.

因为 $EX_k = 50 =: \mu$, $DX_k = 25 =: \sigma^2$, 所以由林德伯格–莱维中心极限定理, 或者利用式 (5.2.4), $U_n = \sum\limits_{k=1}^{n} X_k$ 近似地服从 $N(50n, 25n)$, 而所求的箱数 n 取决于条件

$$P(U_n \leqslant 5000) = P\left(\frac{U_n - 50n}{5\sqrt{n}} \leqslant \frac{5000 - 50n}{5\sqrt{n}}\right) \approx \varPhi\left(\frac{1000 - 10n}{\sqrt{n}}\right) \geqslant 0.977 = \varPhi(2),$$

所以 $\dfrac{1000 - 10n}{\sqrt{n}} \geqslant 2$, 解得 $n \leqslant 98.02$, 即每辆车最多可以装 98 箱. □

二、 棣莫弗–拉普拉斯中心极限定理 (或二项分布的正态近似)

定理 5.2.2 设 n_A 是 n 重伯努利试验中事件 A 发生的次数, p $(0 < p < 1)$ 是事件 A 在每次试验中发生的概率, 即 $n_A \sim B(n, p)$, 则对任意的 $y \in (-\infty, +\infty)$,

$$\lim_{n \to \infty} P\left(\frac{n_A - np}{\sqrt{np(1-p)}} \leqslant y\right) = \int_{-\infty}^{y} \frac{1}{\sqrt{2\pi}} \mathrm{e}^{-\frac{t^2}{2}} \mathrm{d}t = \varPhi(y). \tag{5.2.5}$$

证明 设

$$X_k = \begin{cases} 1, & \text{在第 } k \text{ 次试验中事件 } A \text{ 发生}, \\ 0, & \text{在第 } k \text{ 次试验中事件 } A \text{ 不发生}, \end{cases} \quad k = 1, 2, \cdots, n,$$

则

$$n_A = X_1 + X_2 + \cdots + X_n.$$

由题意知随机变量 $X_1, X_2, \cdots, X_n$ 相互独立, 且都服从参数为 p 的 0-1 分布. 易见

$$EX_k = p,\ \ DX_k = p(1-p), \quad k = 1, 2, \cdots, n,$$

故由林德伯格–莱维中心极限定理, 对任意的 $y \in (-\infty, +\infty)$,

$$\lim_{n\to\infty} P\left(\frac{n_A - np}{\sqrt{np(1-p)}} \leqslant y\right) = \lim_{n\to\infty} P\left(\frac{\sum\limits_{k=1}^{n} X_k - np}{\sqrt{np(1-p)}} \leqslant y\right)$$
$$= \int_{-\infty}^{y} \frac{1}{\sqrt{2\pi}} \mathrm{e}^{-\frac{t^2}{2}} \mathrm{d}t = \Phi(y),$$

即证明了 (5.2.5) 式. □

棣莫弗–拉普拉斯 (De Moivre-Laplace) 中心极限定理是林德伯格–莱维中心极限定理的特例, 但它是概率论发展史上第一个中心极限定理, 专门针对二项分布, 因此称为 “二项分布的正态近似”.

棣莫弗–拉普拉斯中心极限定理告诉我们: 二项分布的极限分布是正态分布, 即当 n 充分大时,

$$n_A \stackrel{\bullet}{\sim} N\left(np, np(1-p)\right).$$

出此可推出, 当 n 充分人时, 对任意的实数 x,

$$P\left(n_A \leqslant x\right) \approx \Phi\left(\frac{x - np}{\sqrt{np(1-p)}}\right); \tag{5.2.6}$$

对任意的非负整数 k_1 和 k_2,

$$P\left(k_1 \leqslant n_A \leqslant k_2\right) \approx \Phi\left(\frac{k_2 - np}{\sqrt{np(1-p)}}\right) - \Phi\left(\frac{k_1 - np}{\sqrt{np(1-p)}}\right). \tag{5.2.7}$$

例 5.2.2 对于一个学生而言, 来参加家长会的家长人数是一个随机变量. 设一个学生无家长、1 名家长、2 名家长来参加家长会的概率分别为 0.05, 0.8, 0.15. 若学校共有 400 名学生, 且设各学生来参加家长会的家长人数相互独立, 且服从同一分布.

(1) 求参加家长会的人数 X 超过 450 的概率;

(2) 求有 1 名家长来参加家长会的学生人数不多于 340 的概率.

解 (1) 设 X_k 表示第 k 个学生来参加家长会的家长人数, $k=1,2,\cdots,400$, 则由题意知, X_k 的分布律如下:

X_k	0	1	2
P	0.05	0.8	0.15

由于 $X_1,X_2,\cdots,X_{400}$ 相互独立, 服从同一分布, 且

$$EX_k=1.1,\quad DX_k=0.19,\quad k=1,2,\cdots,400.$$

而 $X=X_1+X_2+\cdots+X_{400}$, 故由林德伯格–莱维中心极限定理,

$$\begin{aligned}P(X>450)&=1-P(X\leqslant 450)=1-P\left(\sum_{k=1}^{400}X_k\leqslant 450\right)\\&=1-P\left(\frac{\displaystyle\sum_{k=1}^{400}X_k-400\times 1.1}{\sqrt{400\times 0.19}}\leqslant\frac{450-400\times 1.1}{\sqrt{400\times 0.19}}\right)\\&\approx 1-\Phi(1.147)=0.1251.\end{aligned}$$

(2) 设 Y 表示有 1 名家长参加家长会的学生人数, 则 $Y\sim B(400,0.8)$, 故由棣莫弗–拉普拉斯中心极限定理,

$$\begin{aligned}P(Y\leqslant 340)&=P\left(\frac{Y-400\times 0.8}{\sqrt{400\times 0.8\times 0.2}}\leqslant\frac{340-400\times 0.8}{\sqrt{400\times 0.8\times 0.2}}\right)\approx\Phi(2.5)\\&=0.9938.\end{aligned}$$

□

三、 李雅普诺夫中心极限定理 (或独立不同分布下的中心极限定理)

定理 5.2.3 设 $\{X_n\}$ 是独立随机变量序列, 具有有限的数学期望和方差:

$$EX_k=\mu_k,\quad DX_k=\sigma_k^2>0,\quad k=1,2,\cdots.$$

记 $B_n^2=\sum\limits_{k=1}^{n}\sigma_k^2$, 并设

$$Y_n=\frac{\displaystyle\sum_{k=1}^{n}X_k-\sum_{k=1}^{n}EX_k}{\sqrt{\displaystyle\sum_{k=1}^{n}DX_k}}=\frac{\displaystyle\sum_{k=1}^{n}(X_k-\mu_k)}{B_n}.$$

若存在正常数 δ, 使得

$$\frac{1}{B_n^{2+\delta}}\sum_{k=1}^{n}E\left|X_k-\mu_k\right|^{2+\delta}\to 0,\quad n\to\infty, \tag{5.2.8}$$

则对任意的 $y\in(-\infty,+\infty)$,

$$\lim_{n\to\infty}P\left(Y_n\leqslant y\right)=\int_{-\infty}^{y}\frac{1}{\sqrt{2\pi}}\mathrm{e}^{-\frac{t^2}{2}}\mathrm{d}t=\Phi(y). \tag{5.2.9}$$

条件 (5.2.8) 称为李雅普诺夫条件. 对于相互独立、且均值和方差都存在的随机变量序列, 为了验证式 (5.2.9), 只需要验证李雅普诺夫条件 (5.2.8) 即可.

定理 5.3.3 表明: 在定理的条件下, 当 n 充分大时,

$$Y_n=\frac{\sum\limits_{k=1}^{n}\left(X_k-\mu_k\right)}{B_n}\overset{\bullet}{\sim}N\left(0,1\right).$$

由此可知, 当 n 充分大时,

$$\sum_{k=1}^{n}X_k=B_nY_n+\sum_{k=1}^{n}\mu_k\overset{\bullet}{\sim}N\left(\sum_{k=1}^{n}\mu_k,B_n^2\right).$$

这就是说, 无论各随机变量 $X_1,X_2,\cdots$ 服从什么分布, 只要满足定理的条件, 当 n 充分大时, 它们的和 $\sum\limits_{k=1}^{n}X_k$ 就近似地服从正态分布. 这就是正态随机变量在概率论中占有重要地位的一个基本原因.

例 5.2.3 一份考卷由 99 个题目组成, 并按由易到难顺序排列. 某学生答对第 1 题的概率为 0.99, 答对第 2 题的概率为 0.98. 一般地, 他答对第 i 题的概率为 $1-i/100, i=1,2,\cdots$. 假如该学生回答各题是相互独立的, 并且要正确回答其中 60 个以上 (包含 60 个) 题目才算通过考试. 试计算该学生通过考试的可能性有多大.

解 设

$$X_i=\begin{cases}1, & \text{若学生答对第 } i \text{ 题},\\ 0, & \text{若学生答错第 } i \text{ 题},\end{cases}\quad i=1,2,\cdots,99.$$

由题意知, $X_1,X_2,\cdots,X_{99}$ 相互独立, 且服从不同的两点分布:

$$P(X_i=1)=p_i=1-\frac{i}{100},\quad P(X_i=0)=1-p_i=\frac{i}{100},\quad i=1,2,\cdots,99.$$

所要求的概率就是

$$P\left(\sum_{i=1}^{99}X_i\geqslant 60\right).$$

为了使用李雅普诺夫中心极限定理, 构造随机变量 $X_{100}, X_{101}, X_{102}, \cdots$, 使得 X_n ($n \geqslant 100$) 与 X_{99} 同分布, 且 $\{X_n\}$ 为独立随机变量序列. 下面我们用 $\delta = 1$ 来验证李雅普诺夫条件 (5.2.8). 事实上, 因为

$$B_n = \sqrt{\sum_{i=1}^{n} DX_i} = \sqrt{\sum_{i=1}^{n} p_i(1-p_i)} \to \infty, \quad n \to \infty,$$

$$E\,|X_i - p_i|^3 = (1-p_i)^3 p_i + p_i^3(1-p_i) \leqslant p_i(1-p_i),$$

故

$$\frac{1}{B_n^3}\sum_{i=1}^{n} E\,|X_i - p_i|^3 \leqslant \frac{1}{B_n} \to 0, \quad n \to \infty,$$

即 $\{X_n\}$ 满足李雅普诺夫条件 (5.2.8).

当 $n = 99$ 时,

$$E\left(\sum_{i=1}^{99} X_i\right) = \sum_{i=1}^{99} p_i = \sum_{i=1}^{99}\left(1 - \frac{i}{100}\right) = 49.5,$$

$$B_{99}^2 = \sum_{i=1}^{99} DX_i = \sum_{i=1}^{99} p_i(1-p_i) = \sum_{i=1}^{99}\left(1 - \frac{i}{100}\right)\cdot\frac{i}{100} = 16.665,$$

所以该学生通过考试的可能性为

$$P\left(\sum_{i=1}^{99} X_i \geqslant 60\right) = P\left(\frac{\sum\limits_{i=1}^{99} X_i - 49.5}{\sqrt{16.665}} \geqslant \frac{60-49.5}{\sqrt{16.665}}\right)$$

$$\approx 1 - \varPhi(2.57) = 0.005,$$

由此看出, 该学生通过考试的可能性很小, 大约只有千分之五. □

习　题　5.2

1. (1) 连续地掷一颗质地均匀的骰子 80 次, 试求 “点数之和超过 300” 的概率.

(2) 某汽车销售店每天销售的汽车数服从参数为 $\lambda = 2$ 的泊松分布. 若一年 365 天都经营汽车销售, 且每天销售的汽车数是相互独立的, 试求 “一年中售出 700 辆以上汽车” 的概率.

(3) 某餐厅每天接待 400 名顾客, 假设每位顾客的消费额 (单位: 元) 服从 $(20, 100)$ 上的均匀分布, 且顾客的消费额是相互独立的, 试求:

(i) 该餐厅每天的平均营业额;

(ii) “该餐厅每天的营业额在平均营业额 ± 760 内” 的概率.

2. (1) 设某种福利彩票的奖金额 X 由摇奖决定, 其分布律为

$$X \sim \begin{pmatrix} 5 & 10 & 20 & 30 & 40 & 50 & 100 \\ 0.2 & 0.2 & 0.2 & 0.1 & 0.1 & 0.1 & 0.1 \end{pmatrix},$$

若一年中要开出 300 个奖, 试问需要多少奖金总额, 才有 95% 的把握能够发放奖金?

(2) 独立重复地对某物体的长度 l 进行 n 次测量, 假设每次测量的结果 X_i 服从正态分布 $N\left(l, 0.2^2\right)$; 记 $\overline{X}$ 为 n 次测量结果的算术平均值. 为保证有 95% 的把握使平均值与实际值 l 的差异小于 0.1, 试问至少需要测量多少次?

3. (1) 设有 2500 个同一年龄段和同一社会阶层的人参加了某保险公司的人寿保险, 假设在一年中每个人死亡的概率为 0.002, 每个人在年初向保险公司缴纳保费 1200 元, 而在死亡时保险受益人可以从保险公司领到保险金 200000 元, 问:

(i) “保险公司亏本” 的概率是多少?

(ii) “保险公司获利不少于 1000000 元” 的概率是多少?

(2) 银行为支付某日即将到期的债券需准备一笔现金, 已知这批债券共发行了 500 张, 每张需支付本息 1000 元, 假设 “持券人 (一人一券) 到期日到银行领取本息” 的概率为 0.4, 试问: 银行于该日应准备多少现金才能以 99.9% 的把握满足客户的兑换?

4. (1) 某复杂系统由 100 个相互独立工作的部件组成, 每个部件正常工作的概率为 0.9. 已知整个系统中至少有 85 个部件正常工作, 系统才能正常工作. 试求 “系统正常工作” 的概率.

(2) 某车间有同型号的机床 200 台, 在一小时内每台机床约有 70% 的时间是工作的. 假定各机床工作是相互独立的, 工作时每台机床要消耗电能 15kW. 问: 至少需要多少电能, 才可以有 95% 的可能性保证此车间正常生产?

(3) 电视台做关于某节目收视率的调查, 在每天该节目播出时随机地向当地居民做电话问询, 问其是否在看电视, 若在看是否在看此节目. 设回答在看电视的居民数为 n, 为保证以 95% 的概率使调查误差在 10% 之内, n 应取多大?

5. 设随机变量 $X_1, X_2, \cdots, X_{100}$ 独立同 $U(0,1)$ 分布, $Y = \prod\limits_{i=1}^{100} X_i$. 试由中心极限定理估计概率 $P\left(Y < 10^{-40}\right)$.

6. 某中学有师生 1600 人, 到学校食堂就餐人数约占师生总人数的 $\dfrac{3}{4}$, 试由中心极限定理确定:

(1) 学校食堂应最多安排多少座位, 使 “空座位超过 100 个” 的概率不超过 0.01;

(2) 在此安排下, 求 “有师生就餐无座位” 的概率.

7. 用概率方法证明: $\lim\limits_{n \to \infty} \left(1 + n + \dfrac{n^2}{2!} + \cdots + \dfrac{n^n}{n!}\right) \mathrm{e}^{-n} = \dfrac{1}{2}$.

8. (1) 设随机变量序列 $\{X_n\}$ 独立同 $U(-1,1)$ 分布, 试求 $\lim\limits_{n \to \infty} P\left(\dfrac{1}{\sqrt{n}} \sum\limits_{i=1}^{n} X_i \leqslant 1\right)$.

(2) 设随机序列 $\{X_n\}$ 独立同参数为 $\dfrac{1}{2}$ 的 0-1 分布. 若

$$\lim_{n \to \infty} P\left(\frac{C}{\sqrt{n}} \sum_{i=1}^{n} \left(X_{2i} - X_{2i-1}\right) \leqslant x\right) = \varPhi(x),$$

试求常数 C.

第5章测试题

Chapter 6

第6章 数理统计的基本概念

第6章课件

在概率论的许多问题中，概率分布通常被假定为已知，并由此研究随机变量的性质、数字特征及相关应用等. 但在实际问题中，往往并不知道随机变量的分布，或者只知道随机变量的分布类型，而不知道该分布的具体参数. 这就是数理统计需要解决的问题. 从本章开始，我们将介绍数理统计的基本内容.

数理统计以概率论为基础，研究如何有效地收集与分析受随机性影响的数据，并根据这些数据对研究对象的客观规律作出合理的估计与推断. 数理统计包括两方面的内容：其一是抽样方法与试验设计，研究如何有效地收集数据；其二是统计推断，探讨如何对所获取的数据进行分析，从而对随机变量所服从的概率分布及其数字特征作出推断.

6.1 总体与样本

在一个统计问题中，把研究对象的全体称为**总体**，构成总体的每个元素称为**个体**. 对于多数实际问题，总体中的个体是一些具体的人或物. 例如，要研究某大学学生的身高情况，每个学生的身高就是一个个体，而全体学生的身高则构成了问题的总体. 若抛开问题的实际背景，总体可以视为服从某种概率分布的一个数集 (或向量集)，其中每个数或向量出现的概率一般不相同. 因此，可用一个概率分布去描述和归纳总体. 从这个意义上讲，总体对应于一个随机变量，每个个体就是随机变量的一个取值，而这种取值具有一定的概率分布. 从而对总体的研究就相当于对这个随机变量的研究，总体可以用随机变量的分布函数来表示. 以后称“从总体中抽样”与“从分布中抽样”具有相同含义.

定义 6.1.1 设 X 是代表总体的随机变量，则称随机变量 X 为**总体**，简称总体 (或**母体**) X，称 X 的数字特征为总体 X 的**数字特征**.

如果总体 X 服从正态分布, 则称 X 为**正态总体**. 总体中包含个体的个数称为**总体的容量**. 容量有限的总体称为**有限总体**; 否则称之为**无限总体**.

总体与个体有时是相对的. 同样一个事物, 某些情形下可视作总体, 某些情形下则又可视作个体. 例如, 考察某大学非英语专业学生的 CET6 (大学英语六级) 成绩, 那么该校所有的非英语专业的班级的 CET6 成绩的全体即为总体, 而该校非英语专业的每一个班级的 CET6 成绩的全体是一个个体; 而若仅考虑该校非英语专业某一个班级的 CET6 成绩, 那么该班级 CET6 成绩的全体即构成一个总体, 此时个体则是该班级每个人的 CET6 成绩.

若总体的某些属性是定性而非数值的, 如产品的等级、新生婴儿的性别等, 这时可借鉴随机变量的引入通过适当的转换将其数量化, 例如, 可以用 "0" 与 "1" 分别表示正品与次品或女性与男性等.

要了解总体的性质, 就必须测定每个个体的性质, 但若把总体中的所有个体都一一加以测定往往又是不可能的. 在许多情形下, 总体中的个体数太多 (如一道工序加工的半成品等) 甚至是无穷的 (如蒸馏车间各位置点的温度), 无法去测定所有的个体. 此外, 有的指标的测定具有破坏性 (如灯泡的使用寿命、炮弹的爆炸威力等), 从而就不能对所有的个体普遍地加以测定. 因此, 要对总体的某个性质进行推断, 就需要对总体进行若干次观测, 即通过从总体中随机地抽取若干个体来获取总体的有关信息.

定义 6.1.2 对总体 X 的每次观测得到 X 的一个取值 (数量指标), 由于 X 的取值随观测而变化, 故讨论一般问题时, 每个个体的一次观测值就是一个随机变量. 从总体中随机抽取的 n 个个体所得到的观测值就是 n 个随机变量, 通常依次记为 $X_1, X_2, \cdots, X_n$ 或 $(X_1, X_2, \cdots, X_n)$, 称其为总体 X 的一个**样本**或**子样**, 称样本中所含个体的数目 n 为**样本容量**或子样容量. 一次抽样完成后, 得到 n 个具体的数据 $(x_1, x_2, \cdots, x_n)$ 称之为样本 $(X_1, X_2, \cdots, X_n)$ 的一个**样本观测值** (或简称**样本值**).

样本观测值 $(x_1, x_2, \cdots, x_n)$ 实际上是 n 维随机向量 $(X_1, X_2, \cdots, X_n)$ (样本) 的一个取值. 通常将样本 $(X_1, X_2, \cdots, X_n)$ 的所有可能取值的全体称为**样本空间**, 从而一个样本观测值 $(x_1, x_2, \cdots, x_n)$ 就是样本空间的一个点.

样本具有所谓的二重性: 一方面, 由于样本是从总体中随机抽取的, 抽取前无法预知它们的数值, 因此样本是随机变量 (向量); 另一方面, 样本在抽取后经观测就有确定的观测值, 因此样本对应于一组数值 (样本值), 即上述随机变量 (向量) 的一个取值.

样本来自总体, 因此样本必包含着总体的信息. 既然期望通过样本信息来推断总体的分布类型或总体的数字特征, 样本能否真实地反映总体就直接关系到统计推断的准确性. 这就对样本提出如下两个要求:

(1) **独立性**　要求对总体 X 的观测是独立进行的, 因而所抽取的 n 个个体 X_1, $X_2, \cdots, X_n$ 是相互独立的;

(2) **代表性**　要求对总体 X 的每次观测都是在同一条件下进行的, 从而所抽取的每个个体 X_i 都与总体 X 同分布.

称满足上述独立性、代表性的样本 $(X_1, X_2, \cdots, X_n)$ 为**简单随机样本**, 以后在不致混淆的情形下常常简称为样本.

在实际获取样本时, 只要试验是在同样的条件下进行的, 样本的代表性是可以被接受的; 至于样本的独立性, 在抽样时则需多加注意, 且在许多情形下也只能近似得到. 在实际问题中, 若对有限总体的观测为独立重复试验, 通常采用放回抽样来获取简单随机样本; 对于不放回抽样, 在总体中个体个数 N 很大且样本容量 $n \ll N$ 时, 可近似将不放回抽样视作放回抽样, 从而将所得样本近似视作简单随机样本.

若总体 X 的分布函数为 $F(x)$, 则取自 X 的简单随机样本 $(X_1, X_2, \cdots, X_n)$ 的联合分布函数为

$$F(x_1, x_2, \cdots, x_n) = P(X_1 \leqslant x_1, X_2 \leqslant x_2, \cdots, X_n \leqslant x_n) = \prod_{i=1}^{n} F(x_i).$$

若离散型总体 X 有分布律 $\begin{pmatrix} x_1 & x_2 & \cdots & x_k & \cdots \\ p_1 & p_2 & \cdots & p_k & \cdots \end{pmatrix}$, 则样本的联合分布律为

$$P(X_1 = x_{j_1}, X_2 = x_{j_2}, \cdots, X_n = x_{j_n}) = \prod_{i=1}^{n} P(X_i = x_{j_i}) = \prod_{i=1}^{n} p_{j_i},$$

其中 x_{j_i} 为 X_i 的一个可能取值, $i = 1, 2, \cdots, n$.

若连续型总体 X 有概率密度 $f(x)$, 则样本的联合概率密度为

$$f(x_1, x_2, \cdots, x_n) = \prod_{i=1}^{n} f(x_i).$$

例 6.1.1　(1) 设总体 X 服从泊松分布 $P(\lambda)$, 试求其样本 $(X_1, X_2, \cdots, X_n)$ 的联合概率分布; (2) 设总体 X 服从指数分布 $E(\lambda)$, 试求其样本 $(X_1, X_2, \cdots, X_n)$ 的联合概率密度.

解　(1) 由于 $X \sim P(\lambda)$, 则有

$$P(X = k) = \frac{\lambda^k}{k!} \mathrm{e}^{-\lambda}, \quad k = 0, 1, \cdots.$$

由于样本 $X_1, X_2, \cdots, X_n$ 独立且与 X 同分布, 则联合概率分布为

$$P(X_1 = k_1, X_2 = k_2, \cdots, X_n = k_n) = \prod_{i=1}^{n} P(X_i = k_i) = \prod_{i=1}^{n} \frac{\lambda^{k_i}}{k_i!} \mathrm{e}^{-\lambda},$$

其中 $k_i=0,1,\cdots;\ i=1,2,\cdots,n$.

(2) 由于 $X\sim E(\lambda)$, 则

$$f(x)=\begin{cases}\lambda\mathrm{e}^{-\lambda x}, & x>0,\\ 0, & x\leqslant 0.\end{cases}$$

由于样本 $X_1,X_2,\cdots,X_n$ 独立且与 X 同分布, 则样本的联合概率密度为

$$\begin{aligned}f(x_1,x_2,\cdots,x_n)&=\prod_{i=1}^{n}f_{X_i}(x_i)=\prod_{i=1}^{n}f(x_i)\\&=\begin{cases}\lambda^n\mathrm{e}^{-\lambda\sum\limits_{i=1}^{n}x_i}, & x_i>0,\ i=1,2,\cdots,n,\\ 0, & 其他.\end{cases}\end{aligned}$$ □

例 6.1.2 现测量某同学的身高 μ, 独立测量 n 次, 结果为 $(X_1,X_2,\cdots,X_n)$, 试求样本分布.

解 在测量人员与测量仪器均正常的情形下, 由中心极限定理, 可以认为测量误差服从正态分布, 故有

$$\begin{cases}X_i=\mu+\varepsilon_i,\\ \varepsilon_i\sim N\left(0,\sigma^2\right),\end{cases}\quad i=1,2,\cdots,n,$$

且 $\varepsilon_1,\varepsilon_2,\cdots,\varepsilon_n$ 相互独立, 其中 ε_i 是第 i 次测量的随机误差, 从而, $X_i\sim N\left(\mu,\sigma^2\right)$, $i=1,2,\cdots,n$. 因此, 样本的联合密度函数为

$$\begin{aligned}f\left(x_1,x_2,\cdots,x_n\right)&=\prod_{i=1}^{n}\frac{1}{\sqrt{2\pi}\sigma}\exp\left\{-\frac{\left(x_i-\mu\right)^2}{2\sigma^2}\right\}\\&=(2\pi)^{-\frac{n}{2}}\sigma^{-n}\exp\left\{-\frac{1}{2\sigma^2}\sum_{i=1}^{n}\left(x_i-\mu\right)^2\right\}.\end{aligned}$$ □

习 题 6.1

1. 现考察一袋中球的颜色的分布. 已知袋中有 3 只白球 2 只黑球; 若用数量指标 0 表示取出球的颜色为白球, 1 表示取出球的颜色为黑球. 试写出总体. 若用随机变量 X 表示该总体, 试给出总体 X 的分布.

2. 设总体 X 分别服从如下分布: (1) $U[0,1]$, (2) $G(p)$; $(X_1,X_2,\cdots,X_n)$ 为取自总体的样本, 试分别求样本的分布.

3. (1) 设总体 X 的密度函数为

$$f(x)=\begin{cases}2x, & 0<x<1,\\ 0, & 其他,\end{cases}$$

(X_1, X_2) 为取自 X 的样本, 求 $P\left(\frac{X_1}{X_2} \leqslant \frac{1}{2}\right)$.

(2) 设 (X_1, X_2) 为取自 $X \sim E(\lambda)$ 的样本, $Y = \sqrt{X_1 X_2}$. 证明: $E\left(\frac{4Y}{\pi}\right) = \frac{1}{\lambda}$.

6.2 统 计 量

样本取自总体, 因此样本是总体的代表和反映, 是对总体进行统计推断的依据. 但在处理具体的理论与应用问题时, 却不是直接利用样本所提供的原始数据进行推断. 这是由于样本中所含的总体的信息较为分散, 从而需要对样本中所含的信息进行加工与提炼, 把样本中所含的有关信息集中起来. 最常用的加工方法便是针对不同的问题构造样本的不同函数, 从而反映总体的多方面特征.

定义 6.2.1 设 $(X_1, X_2, \cdots, X_n)$ 是取自总体 X 的一个简单随机样本. 若样本函数 $T = T(X_1, X_2, \cdots, X_n)$ 中不含任何未知参数, 则称 T 为**统计量**. 统计量的分布称为**抽样分布**. 若 $(x_1, x_2, \cdots, x_n)$ 为样本的观测值, 则称 $T(x_1, x_2, \cdots, x_n)$ 为**统计量的观测值或统计值**.

统计量 $T = T(X_1, X_2, \cdots, X_n)$ 作为样本 $(X_1, X_2, \cdots, X_n)$ 的函数, 且只能是可测函数, 才能保证统计量 T 是随机变量, 请读者查阅实变函数或测度论相关书籍. 常见的统计量一般为样本的连续函数. 尽管统计量不含任何未知参数 (这也是由统计量作为统计推断的依据决定的), 但它的分布却可能依赖于未知参数. 例如, 若样本 $(X_1, X_2, \cdots, X_n)$ 取自正态总体 $X \sim N(\mu, \sigma^2)$, μ, σ^2 未知, 则易知统计量 $\frac{1}{n}\sum\limits_{i=1}^{n} X_i$ 的分布 $N\left(\mu, \frac{\sigma^2}{n}\right)$ 中含有未知参数.

样本的统计量是不含总体分布中的未知参数的, 只是在有的统计推断问题中会遇到如下情形. 设 $(X_1, X_2, \cdots, X_n)$ 为取自总体 X 的样本, 现若需对总体分布中的某一未知参数 θ 进行推断 (总体分布中也可能还含有其他未知参数), 此时需构造样本的一个仅含未知参数 θ 的函数 $U(X_1, X_2, \cdots, X_n; \theta)$, 它不是统计量, 却服从一个已知的分布. 利用此已知分布的知识, 即可对未知参数 θ 进行统计推断 (区间估计便是如此). 这种仅含一个未知参数, 但其分布却已知的样本函数称为**枢轴量**. 例如, 设 $(X_1, X_2, \cdots, X_n)$ 取自总体 $X \sim N(\mu, \sigma_0^2)$, 其中 σ_0^2 已知, μ 未知. 设

$$U = U(X_1, X_2, \cdots, X_n; \mu) = \frac{\overline{X} - \mu}{\sigma_0/\sqrt{n}},$$

其中 $\overline{X} = \frac{1}{n}\sum\limits_{i=1}^{n} X_i$. 易知, $U \sim N(0, 1^2)$, 即为一个枢轴量.

定义 6.2.2 设 $(X_1, X_2, \cdots, X_n)$ 为取自总体 X 的样本.

(1) 称统计量 $\overline{X} = \frac{1}{n}\sum\limits_{i=1}^{n} X_i$ 为**样本均值**;

(2) 称统计量 $S_n^2=\frac{1}{n}\sum\limits_{i=1}^{n}\left(X_i-\overline{X}\right)^2$ 为 (**未修正的**) **样本方差**;

(3) 称统计量 $S_n=\sqrt{\frac{1}{n}\sum\limits_{i=1}^{n}\left(X_i-\overline{X}\right)^2}$ 为 (**未修正的**) **样本标准差**;

(4) 称统计量 $S^2=\frac{1}{n-1}\sum\limits_{i=1}^{n}\left(X_i-\overline{X}\right)^2$ 为**修正的样本方差**, 以后又常称之为**样本方差**;

(5) 称统计量 $S=\sqrt{\frac{1}{n-1}\sum\limits_{i=1}^{n}\left(X_i-\overline{X}\right)^2}$ 为**修正的样本标准差**, 以后又常称之为**样本标准差**;

(6) 称统计量 $A_k=\frac{1}{n}\sum\limits_{i=1}^{n}X_i^k$ 为样本的k **阶原点矩**;

(7) 称统计量 $B_k=\frac{1}{n}\sum\limits_{i=1}^{n}\left(X_i-\overline{X}\right)^k$ 为样本的k **阶中心矩**.

以上的七种样本数字特征统称为**样本矩**.

通常用 S^2 来替代 S_n^2, 并称 S^2 为样本方差, 这里有两个原因: 其一是只有 S^2 才是总体方差 σ^2 的无偏估计, 即 $ES^2=\sigma^2$; 其二是将分母取为 $n-1$ 会使得 S^2 大于实际大小, 其原因是好的学者一般都是“保守”的, 即: 如果我们不得不出现偏差, 那么即使如此也是由于过高估计了总体的方差, 分母较小可以使我们做到这一点.

样本均值 $\overline{X}$ 与样本方差 S^2 是两个最常用的统计量, 它们有如下性质.

性质 6.2.1 $\sum\limits_{i=1}^{n}(X_i-\overline{X})=0$.

性质 6.2.2 $\min\limits_{c\in\mathbb{R}}\sum\limits_{i=1}^{n}(X_i-c)^2=\sum\limits_{i=1}^{n}(X_i-\overline{X})^2$.

证明 根据性质 6.2.1,

$$
\begin{aligned}
\sum_{i=1}^{n}(X_i-c)^2&=\sum_{i=1}^{n}[(X_i-\overline{X})+(\overline{X}-c)]^2\\
&=\sum_{i=1}^{n}(X_i-\overline{X})^2+\sum_{i=1}^{n}(\overline{X}-c)^2+2(\overline{X}-c)\sum_{i=1}^{n}(X_i-\overline{X})\\
&=\sum_{i=1}^{n}(X_i-\overline{X})^2+\sum_{i=1}^{n}(\overline{X}-c)^2\\
&\geqslant\sum_{i=1}^{n}(X_i-\overline{X})^2,
\end{aligned}
$$

上述等号成立当且仅当 $c=\overline{X}$. □

性质 6.2.3 $S_n^2=\frac{1}{n}\sum\limits_{i=1}^{n}X_i^2-\overline{X}^2$.

证明 由定义可得

$$S_n^2 = \frac{1}{n}\sum_{i=1}^{n}(X_i - \overline{X})^2 = \frac{1}{n}\sum_{i=1}^{n}\left(X_i^2 + \overline{X}^2 - 2X_i\overline{X}\right)$$
$$= \frac{1}{n}\left(\sum_{i=1}^{n}X_i^2 + \sum_{i=1}^{n}\overline{X}^2 - 2\overline{X}\sum_{i=1}^{n}X_i\right) = \frac{1}{n}\sum_{i=1}^{n}X_i^2 - \overline{X}^2. \qquad \square$$

一般来说, 总体 X 的数字特征是未知的或部分未知的, 我们如上定义样本矩是为了利用样本 $(X_1, X_2, \cdots, X_n)$ 的数字特征来估计总体 X 的数字特征. 因此, 样本矩与总体矩之间必然有着紧密的联系.

性质 6.2.4 设总体 X 的期望 $EX = \mu$ 及方差 $DX = \sigma^2$ 均存在, $(X_1, X_2, \cdots, X_n)$ 为取自总体 X 的样本, 则

$$E\left(\overline{X}\right) = \mu, \quad D\overline{X} = \frac{\sigma^2}{n}, \quad ES^2 = \sigma^2.$$

证明 由定义可知,

$$E\left(\overline{X}\right) = E\left(\frac{1}{n}\sum_{i=1}^{n}X_i\right) = \frac{1}{n}E\left(\sum_{i=1}^{n}X_i\right) = \frac{1}{n}\sum_{i=1}^{n}EX_i = \frac{1}{n}\sum_{i=1}^{n}EX = \mu,$$

$$D\left(\overline{X}\right) = D\left(\frac{1}{n}\sum_{i=1}^{n}X_i\right) = \frac{1}{n^2}D\left(\sum_{i=1}^{n}X_i\right) = \frac{1}{n^2}\sum_{i=1}^{n}DX_i = \frac{1}{n^2}\sum_{i=1}^{n}DX = \frac{\sigma^2}{n}.$$

由性质 6.2.3,

$$ES_n^2 = E\left(\frac{1}{n}\sum_{i=1}^{n}X_i^2 - \overline{X}^2\right) = \frac{1}{n}\sum_{i=1}^{n}EX_i^2 - E\overline{X}^2$$
$$= \frac{1}{n}\sum_{i=1}^{n}EX^2 - \left[\left(E\overline{X}\right)^2 + D\overline{X}\right]$$
$$= \mu^2 + \sigma^2 - \left(\mu^2 + \frac{\sigma^2}{n}\right) = \frac{n-1}{n}\sigma^2,$$

从而, $ES^2 = E\left(\frac{n}{n-1}S_n^2\right) = \sigma^2.$ $\square$

除了样本的上述数字特征以外, 另一类常用的统计量是顺 (次) 序统计量, 其在近代统计推断中起着重要的作用.

定义 6.2.3 设 $(X_1, X_2, \cdots, X_n)$ 为取自总体 X 的样本, $(x_1, x_2, \cdots, x_n)$ 为样本的观测值, 将其由小到大重新排列成 $x_{(1)} \leqslant x_{(2)} \leqslant \cdots \leqslant x_{(n)}$. 无论样本观测值 $(x_1, x_2, \cdots, x_n)$ 取何值, 随机变量 $X_{(k)}$ 总以 $x_{(k)}$ 为其观测值, 则称 $X_{(k)}$ 为样本 $(X_1, X_2, \cdots, X_n)$ 的第 k 个**顺序统计量**, $k = 1, 2, \cdots, n$.

特别地, 称 $X_{(1)}=\min\limits_{1\leqslant k\leqslant n}X_k=\min\{X_1,X_2,\cdots,X_n\}$, $X_{(n)}=\max\limits_{1\leqslant k\leqslant n}X_k=\max\{X_1,X_2,\cdots,X_n\}$ 分别为样本 $(X_1,X_2,\cdots,X_n)$ 的**最小顺序统计量、最大顺序统计量**; 并称 $X_{(n)}-X_{(1)}$ 为**样本极差**, 其反映了总体分布的分散程度.

例 6.2.1 设 $(X_1,X_2,\cdots,X_n)$ 为总体 X 的一个样本, $S^2=\dfrac{1}{n-1}\sum\limits_{i=1}^{n}\left(X_i-\overline{X}\right)^2$ 是样本方差. 试证: $\dfrac{1}{n(n-1)}\sum\limits_{i<j}(X_i-X_j)^2=S^2$.

证明 由等式 $\left(\sum\limits_{i=1}^{n}X_i\right)^2=\sum\limits_{i=1}^{n}X_i^2+2\sum\limits_{i<j}X_iX_j$ 可知,

$$
\begin{aligned}
\sum_{i<j}(X_i-X_j)^2&=(n-1)\sum_{i=1}^{n}X_i^2-2\sum_{i<j}X_iX_j\\
&=n\sum_{i=1}^{n}X_i^2-\left(\sum_{i=1}^{n}X_i\right)^2\\
&=n\sum_{i=1}^{n}\left(X_i-\overline{X}\right)^2=n(n-1)S^2.
\end{aligned}
$$

□

例 6.2.2 设总体 X 的二阶矩存在, $(X_1,X_2,\cdots,X_n)$ 是样本. 证明: $X_i-\overline{X}$ 与 $X_j-\overline{X}$ 的相关系数为 $-\dfrac{1}{n-1}$, 其中 $i\neq j$.

证明 不妨设总体 X 的方差为 $DX=\sigma^2$. 由定义, $X_i-\overline{X}$ 与 $X_j-\overline{X}$ 的相关系数为

$$
\rho=\rho\left(X_i-\overline{X},X_j-\overline{X}\right)=\frac{\operatorname{Cov}\left(X_i-\overline{X},X_j-\overline{X}\right)}{\sqrt{D\left(X_i-\overline{X}\right)}\sqrt{D\left(X_j-\overline{X}\right)}}.
$$

注意到 $X_1,X_2,\cdots,X_n$ 的独立性, 则有

$$
\operatorname{Cov}(X_i,X_j)=0,\quad \operatorname{Cov}\left(\overline{X},\overline{X}\right)=D\left(\overline{X}\right)=\frac{\sigma^2}{n},
$$

$$
\operatorname{Cov}\left(X_i,\overline{X}\right)=\operatorname{Cov}\left(X_j,\overline{X}\right)=\operatorname{Cov}\left(X_i,\frac{1}{n}\sum_{k=1}^{n}X_k\right)=\frac{\sigma^2}{n}.
$$

因此

$$
\operatorname{Cov}(X_i-\overline{X},X_j-\overline{X})=\operatorname{Cov}(X_i,X_j)-\operatorname{Cov}(X_i,\overline{X})-\operatorname{Cov}(X_j,\overline{X})+\operatorname{Cov}(\overline{X},\overline{X})=-\frac{\sigma^2}{n}.
$$

由于

$$
\begin{aligned}
D\left(X_i-\overline{X}\right)&=D\left(X_j-\overline{X}\right)=D\left(X_1-\overline{X}\right)\\
&=D\left(\frac{(n-1)X_1-X_2-\cdots-X_n}{n}\right)=\frac{(n-1)\sigma^2}{n},
\end{aligned}
$$

故 $\rho=-\dfrac{1}{n-1}$. □

例 6.2.3　设总体 X 服从参数为 p 的几何分布 $G(p)$, 即 $P(X=k)=pq^{k-1}$, $k=1,2,\cdots$, 其中, $0<p<1$, $q=1-p$. 设 $(X_1,X_2,\cdots,X_n)$ 为取自该总体的样本, 试分别求 $X_{(n)},X_{(1)}$ 的概率分布.

解　由于 $P(X\leqslant k)=\sum\limits_{i=1}^{k}pq^{i-1}=1-q^k$, $k=1,2,\cdots$, 故

$$\begin{aligned}P\left(X_{(n)}\leqslant k\right)&=P(X_1\leqslant k,X_2\leqslant k,\cdots,X_n\leqslant k)\\&=\prod_{i=1}^{n}P(X_i\leqslant k)=\prod_{i=1}^{n}P(X\leqslant k)=\left(1-q^k\right)^n,\quad k=1,2,\cdots.\end{aligned}$$

从而,

$$\begin{aligned}P\left(X_{(n)}=k\right)&=P\left(X_{(n)}\leqslant k\right)-P\left(X_{(n)}\leqslant k-1\right)\\&=\left(1-q^k\right)^n-\left(1-q^{k-1}\right)^n,\quad k=1,2,\cdots.\end{aligned}$$

注意到, $P(X\geqslant k)=1-P(X\leqslant k-1)=q^{k-1}$, $k=1,2,\cdots$, 故

$$\begin{aligned}P\left(X_{(1)}\geqslant k\right)&=P(X_1\geqslant k,X_2\geqslant k,\cdots,X_n\geqslant k)\\&=\prod_{i=1}^{n}P(X_i\geqslant k)=\prod_{i=1}^{n}P(X\geqslant k)=q^{(k-1)n},\end{aligned}$$

从而

$$P\left(X_{(1)}=k\right)=P\left(X_{(1)}\geqslant k\right)-P\left(X_{(1)}\geqslant k+1\right)=q^{(k-1)n}-q^{kn},\quad k=1,2,\cdots.$$ □

习　题　6.2

1. (1) 设总体 X 以等概率取 $1,2,3,4,5$, 现从中抽取一个样本 (X_1,X_2,X_3,X_4), 试分别求 $X_{(1)}$, $X_{(4)}$ 的分布.

(2) 设 $(X_1,X_2,\cdots,X_{16})$ 是取自总体 $N\left(8,2^2\right)$ 的样本, 试求概率 $P(X_{(16)}>10)$, $P(X_{(1)}>5)$.

2. 设 $(X_1,X_2,\cdots,X_n)$ 是取自总体 $X\sim U(0,1)$ 的样本, $X_{(1)}\leqslant X_{(2)}\leqslant\cdots\leqslant X_{(n)}$ 是样本 $(X_1,X_2,\cdots,X_n)$ 的顺序统计量. 试求 $EX_{(1)}$, $EX_{(n)}$ 以及样本极差 $X_{(n)}-X_{(1)}$ 的分布.

3. 设 $X_1,X_2,\cdots,X_5$ 独立同分布, 且

$$X_i\sim f(x)=\begin{cases}2x, & 0<x<1,\\0, & 其他.\end{cases}$$

试求 $P\left(X_{(2)}<\dfrac{1}{2}\right)$.

6.3 抽样分布

当取得总体 X 的样本 $(X_1, X_2, \cdots, X_n)$ 后, 通常借助样本的统计量或枢轴量来对未知的总体分布进行推断, 为此需要确定这些统计量或枢轴量的分布. 在即将讨论常用的统计分布之前, 先引入分位数的概念. 分位数是统计推断中常用统计分布的一类数字特征, 熟悉它的概念与性质对于查阅常用统计分布表是十分有用的.

定义 6.3.1 设随机变量 X 的分布函数为 $F(x)$. 对给定的实数 $\alpha\ (0<\alpha<1)$, 如果实数 F_α 满足 $P(X>F_\alpha)=\alpha$, 则称 F_α 为随机变量 X 分布的**水平为 α 的上侧分位数或上 α 分位数**.

由上述定义可知,

$$1-F(F_\alpha)=\alpha,\quad F(F_\alpha)=1-\alpha.$$

一般来说, 直接求解分位数是很困难的. 对常见的统计分布, 本书的附录中给出了若干典型分布的分位数表, 通过查表, 可以很方便地得到分位数的值. 可以验证与上侧分位数有关的如下两个等式:

$$P(X \leqslant F_{1-\alpha})=\alpha,\ P\left(F_{1-\frac{\alpha}{2}}<X \leqslant F_{\frac{\alpha}{2}}\right)=1-\alpha.$$

对于如标准正态分布的对称分布 (其密度函数为偶函数, 函数曲线关于 y 轴对称), 统计学中还会用到另一种分位数: 双侧分位数.

定义 6.3.2 设 X 是对称分布的连续型随机变量, 其分布函数为 $F(x)$. 对给定的实数 $\alpha\ (0<\alpha<1)$, 如果正实数 $F_{\frac{\alpha}{2}}$ 满足 $P\left(|X|>F_{\frac{\alpha}{2}}\right)=\alpha$, 则称 $F_{\frac{\alpha}{2}}$ 为随机变量 X 分布的**水平为 α 的双侧分位数或双侧 α 分位数**.

根据定义 6.3.2, $F_{\frac{\alpha}{2}}$ 即为 X 分布的上 $\dfrac{\alpha}{2}$ 分位数. 容易验证

$$F\left(F_{\frac{\alpha}{2}}\right)-F\left(-F_{\frac{\alpha}{2}}\right)=1-\alpha.$$

很多统计推断都是基于正态分布的假设. 下面即将讨论的三种重要的统计分布: χ^2 分布、t 分布和 F 分布, 均以标准正态分布为基石. 它们都有明确的实际背景, 且有显式的密度表达式, 常被称为统计学的 "三大抽样分布".

一、χ^2 分布

定义 6.3.3 设随机变量 $X_1, X_2, \cdots, X_n$ 独立同 $N(0,1)$ 分布, 则称

$$\chi^2=X_1^2+X_2^2+\cdots+X_n^2$$

服从**自由度为 n 的 χ^2 分布**, 记为 $\chi^2 \sim \chi^2(n)$.

上述定义是 χ^2 分布的典型模式. χ^2 分布是由德国天文学家赫尔默特 (F. Helmert) 于 1876 年在研究正态总体样本方差时而得到. 由于 χ^2 是 n 个独立同 $N(0,1)$ 分布的随机变量的平方和, 且每个 X_i 都可独立取值, 可以说它有一个自由度, 共有 n 个这样的 X_i, 故有 n 个自由度, 此即 "自由度 n" 名称的由来, 也可解释为二次型的秩.

如果 $X_1, X_2, \cdots, X_n$ 相互独立, 且 $X_i \sim N\left(\mu_i, \sigma_i^2\right)$, $i=1,2,\cdots,n$, 则由定义,

$$\sum_{i=1}^{n}\left(\frac{X_i-\mu_i}{\sigma_i}\right)^2 \sim \chi^2(n).$$

关于 χ^2 分布, 有如下性质.

性质 6.3.1　设 $X_1, X_2, \cdots, X_n$ 独立同 $N(0,1)$ 分布, $X=X_1^2+X_2^2+\cdots+X_n^2$, 则

$$EX=n, \quad DX=2n.$$

证明　因为 $X_1, X_2, \cdots, X_n$ 独立同 $N(0,1)$ 分布, 所以

$$EX=EX_1^2+EX_2^2+\cdots+EX_n^2=n.$$

由于

$$\begin{aligned}
EX_i^4 &= \int_{-\infty}^{+\infty} x^4 \frac{1}{\sqrt{2\pi}} \mathrm{e}^{-\frac{x^2}{2}} \mathrm{d}x \\
&= \frac{2}{\sqrt{2\pi}} \int_0^{+\infty} x^4 \mathrm{e}^{-\frac{x^2}{2}} \mathrm{d}x \quad \left(\text{设} x=\sqrt{2t}\right) \\
&= \frac{2}{\sqrt{2\pi}} \int_0^{+\infty} 4t^{\frac{3}{2}} \mathrm{e}^{-t} \frac{1}{\sqrt{2}} \mathrm{d}t \\
&= \frac{4}{\sqrt{\pi}} \Gamma\left(\frac{5}{2}\right) = \frac{4}{\sqrt{\pi}} \cdot \frac{3}{2} \cdot \Gamma\left(\frac{3}{2}\right) = \frac{4}{\sqrt{\pi}} \cdot \frac{3}{2} \cdot \frac{1}{2} \cdot \Gamma\left(\frac{1}{2}\right) = 3,
\end{aligned}$$

其中上式应用 Γ 函数的性质: $\Gamma(x+1)=x\Gamma(x)$, $\Gamma\left(\frac{1}{2}\right)=\sqrt{\pi}$. 故 $DX_i^2=EX_i^4-\left(EX_i^2\right)^2=2$, 进一步地

$$DX=DX_1^2+DX_2^2+\cdots+DX_n^2=2n. \qquad \square$$

若 $X \sim \chi^2(n)$, 则对任意的 $x \in \mathbb{R}$, 根据中心极限定理 (定理 5.2.1),

$$\lim_{n\to\infty} P\left(\frac{X-n}{\sqrt{2n}} \leqslant x\right) = \int_{-\infty}^{x} \frac{1}{\sqrt{2\pi}} \mathrm{e}^{-\frac{t^2}{2}} \mathrm{d}t = \Phi(x).$$

因此, 当 n 很大时, $\dfrac{X-n}{\sqrt{2n}} \overset{\bullet}{\sim} N\left(0,1^2\right)$, 从而有 $X \overset{\bullet}{\sim} N\left(n,2n\right)$.

$\chi^2(n)$ 分布的密度函数为

$$f(x)=\begin{cases} \dfrac{1}{2^{\frac{n}{2}}\Gamma\left(\dfrac{n}{2}\right)}x^{\frac{n-1}{2}}\mathrm{e}^{-\frac{1}{2}x}, & x>0, \\ 0, & \text{其他}, \end{cases}$$

当 $n \geqslant 3$ 时, $\chi^2(n)$ 的密度函数曲线为单峰曲线. 密度函数从原点开始递增, 在 $x=n-2$ 处达到最大值, 然后递减, 渐近于 x 轴. 显然该密度曲线关于直线 $x=n-2$ 并不对称. 随着自由度 n 的增大, 密度曲线的峰值向右移动, 曲线也变得比较平缓并趋于对称, 且可用正态分布来近似.

由于 χ^2 分布的密度函数难以直接计算, 通常为其制定了统计用表. 由上侧分位数定义, 当 $X \sim \chi^2(n)$ 时,

$$P\left(X>\chi^2_\alpha(n)\right)=P\left(X<\chi^2_{1-\alpha}(n)\right)=\alpha.$$

由于 $\chi^2(n)$ 分布是非对称分布, 不存在双侧分位数, 但在以后的统计推断中, 常常会用到如下等式:

$$P\left(\left\{X<\chi^2_{1-\frac{\alpha}{2}}(n)\right\}\cup\left\{X>\chi^2_{\frac{\alpha}{2}}(n)\right\}\right)=\alpha,\ P\left(\chi^2_{1-\frac{\alpha}{2}}(n)<X<\chi^2_{\frac{\alpha}{2}}(n)\right)=1-\alpha.$$

性质 6.3.2 (χ^2 分布的可加性或再生性) 若 $X \sim \chi^2(n)$, $Y \sim \chi^2(m)$, 且 X,Y 独立, 则 $X+Y \sim \chi^2(n+m)$.

证明 由定义, 设 $X=X_1^2+X_2^2+\cdots+X_n^2$, $Y=Y_1^2+Y_2^2+\cdots+Y_m^2$, 其中 $X_1,X_2,\cdots,X_n$ 独立同 $N(0,1)$ 分布, $Y_1,Y_2,\cdots,Y_m$ 独立同 $N(0,1)$ 分布. 由于 X,Y 独立, 故 $X_1,X_2,\cdots,X_n,Y_1,Y_2,\cdots,Y_m$ 相互独立, 从而

$$X+Y=X_1^2+X_2^2+\cdots+X_n^2+Y_1^2+Y_2^2+\cdots+Y_m^2 \sim \chi^2(n+m). \qquad \square$$

例 6.3.1 设 X 服从 $N(0,1)$ 分布, $(X_1,X_2,\cdots,X_{m+n})$ 为来自总体 X 的一个样本. 设 $Y=\dfrac{1}{m}\left(\sum\limits_{i=1}^{m}X_i\right)^2+\dfrac{1}{n}\left(\sum\limits_{i=m+1}^{m+n}X_i\right)^2$, 其中 $m,n>1$. 证明 Y 服从 χ^2 分布.

解 由于 $\sum\limits_{i=1}^{m}X_i \sim N(0,m)$, $\sum\limits_{i=m+1}^{m+n}X_i \sim N(0,n)$, 所以

$$\frac{1}{\sqrt{m}}\sum_{i=1}^{m}X_i \sim (0,1), \quad \frac{1}{\sqrt{n}}\sum_{i=m+1}^{m+n}X_i \sim N(0,1).$$

从而,

$$\left(\frac{1}{\sqrt{m}}\sum_{i=1}^{m}X_i\right)^2\sim\chi^2(1),\quad\left(\frac{1}{\sqrt{n}}\sum_{i=m+1}^{m+n}X_i\right)^2\sim\chi^2(1),$$

且上述两个随机变量独立. 根据性质 6.2.3,

$$Y=\frac{1}{m}\left(\sum_{i=1}^{m}X_i\right)^2+\frac{1}{n}\left(\sum_{i=m+1}^{m+n}X_i\right)^2\sim\chi^2(2).$$

□

二、t 分布

定义 6.3.4　设随机变量 X,Y 独立, 且 $X\sim N(0,1)$, $Y\sim\chi^2(n)$, 则称 $T=\dfrac{X}{\sqrt{Y/n}}$ 服从**自由度为 n 的 t 分布**, 记为 $T\sim t(n)$.

t 分布是数理统计学中一类极其重要的分布, 它与标准正态分布的微小差别是由英国统计学家戈塞特 (W. S. Gosset) 发现的. 戈塞特年轻时曾在牛津大学学习数学与化学, 1899 年开始在一家酿酒厂担任技师, 从事试验与数据分析工作. 通过长期的工作积累和潜心研究, 戈塞特于 1908 年以 "student" 的笔名发表了其研究成果: 一种尾部概率与正态分布相差较大的分布, 故后人也称 t 分布为**学生氏分布**. t 分布对解决小样本 (样本数 $n<30$) 的统计推断问题作用极大, 开创了小样本理论的先河, 故其在数理统计学发展史上具有划时代的意义.

$t(n)$ 分布的概率密度为

$$f(x)=\frac{\Gamma\left(\dfrac{n+1}{2}\right)}{\sqrt{n\pi}\,\Gamma\left(\dfrac{n}{2}\right)}\left(1+\frac{x^2}{n}\right)^{-\frac{n+1}{2}},\quad x\in(-\infty,+\infty).$$

因此, t 分布的密度函数曲线为单峰曲线, 关于 y 轴对称, 且在 $x=0$ 处取得最大值, x 轴为其水平渐近线. 当自由度 n 很大时, t 分布渐近于标准正态分布. 与标准正态分布的密度函数曲线相比, t 分布的密度函数曲线以较慢的速率趋于 x 轴, 所以 t 分布的尾部比标准正态分布的尾部有更大的概率.

由于 t 分布具有对称的密度曲线, 从而具有双侧分位数. 易见, 若 $X\sim t(n)$, 则

$$P(X>t_\alpha(n))=P(X<-t_\alpha(n))=\alpha,\ t_\alpha(n)=-t_{1-\alpha}(n),\ P\left(|X|>t_{\frac{\alpha}{2}}(n)\right)=\alpha.$$

三、F 分布

定义 6.3.5　设随机变量 X,Y 独立, 且 $X\sim\chi^2(m)$, $Y\sim\chi^2(n)$, 则称 $F=\dfrac{X/m}{Y/n}$ 服从**自由度为 (m,n) 的 F 分布**, 记为 $F\sim F(m,n)$, 其中 m 称为**第一自由度**, n 称为**第二自由度**.

关于 F 分布, 有如下性质. 请读者根据定义即可证明.

性质 6.3.3 若 $F=\dfrac{X/m}{Y/n}\sim F(m,n)$, 则 $\dfrac{1}{F}=\dfrac{Y/n}{X/m}\sim F(n,m)$.

F 分布是由英国统计学家费希尔 (Fisher) 于 20 世纪 20 年代提出, 其与 t 分布还有如下的联系.

性质 6.3.4 若 $T\sim t(n)$, 则 $T^2\sim F(1,n)$.

$F(m,n)$ 分布的概率密度为

$$f(x)=\begin{cases}\dfrac{\Gamma\left(\dfrac{m+n}{2}\right)\left(\dfrac{m}{n}\right)^{\frac{m}{2}}x^{\frac{m}{2}-1}}{\Gamma\left(\dfrac{m}{2}\right)\Gamma\left(\dfrac{n}{2}\right)\left(1+\dfrac{m}{n}x\right)^{\frac{m+n}{2}}}, & x>0,\\ 0, & x\leqslant 0.\end{cases}$$

由于 F 为非负随机变量, 其密度函数曲线自然也不会关于 y 轴对称, 从而, 对 F 分布而言, 也不存在双侧分位数, 但在统计学中也常常使用如下的等式:

$$P\left(\left\{F<F_{1-\frac{\alpha}{2}}(m,n)\right\}\cup\left\{F>F_{\frac{\alpha}{2}}(m,n)\right\}\right)=\alpha$$

或

$$P\left(F_{1-\frac{\alpha}{2}}(m,n)<F<F_{\frac{\alpha}{2}}(m,n)\right)=1-\alpha.$$

性质 6.3.5 $F_{1-\alpha}(m,n)=\dfrac{1}{F_{\alpha}(n,m)}$.

四、 抽样分布定理

总体的分布往往是未知的或部分未知的. 基于实际问题的需要, 我们有时须对分布类型已知的总体的未知重要数字特征 (如总体均值、总体方差等) 或总体分布中所含的未知参数进行统计推断, 这类问题称为参数统计推断, 这也是本书数理统计部分的主要内容. 在参数统计推断问题中, 常常需要利用总体的样本构造出合适的统计量或枢轴量. 统计学中统称统计量或枢轴量的分布为抽样分布. 英国统计学家费希尔曾把抽样分布、参数估计与假设检验列为统计推断的三个中心内容.

讨论抽样分布的途径有两个: 其一是精确地求出抽样分布, 并称相应的统计推断为小样本统计推断; 其二是让样本容量趋于无穷并求出抽样分布的极限分布, 然后在样本容量充分大时, 利用该极限分布作为抽样分布的近似分布, 并由此对未知参数进行统计推断, 相应的统计推断常称为大样本统计推断.

定义 6.3.6 当样本容量 $n\to\infty$ 时, 统计量 (枢轴量) 或统计推断方法的性质称为**大样本性质**. 当样本容量大小固定时, 统计量 (枢轴量) 或统计推断方法的性质称为**小样本性质**.

大样本性质与小样本性质的差别不在于样本容量的多少, 而在于所讨论的问题是在样本容量 $n \to \infty$ 时考虑, 还是在样本容量 n 固定时考虑. 关于大样本性质的研究: 统计大样本理论已成为数理统计的一个举足轻重的部分.

求抽样分布是数理统计的基本问题之一. 一般而言, 求出精确的抽样分布有时比较困难, 甚至难以实现. 以下我们先分别介绍单正态总体、双正态总体的几个常用的精确抽样分布.

三种常用的统计分布: χ^2 分布, t 分布与 F 分布为讨论正态总体的抽样分布作了必要的准备. 下面定理涉及正态总体的样本均值与样本方差的抽样分布, 是讨论正态总体抽样分布的一个基础性定理.

定理 6.3.1 设总体 $X \sim N\left(\mu, \sigma^2\right)$, $(X_1, X_2, \cdots, X_n)$ 是取自总体 X 的一个容量为 n 的样本. 设 $\overline{X} = \dfrac{1}{n}\sum\limits_{i=1}^{n} X_i$, $S^2 = \dfrac{1}{n-1}\sum\limits_{i=1}^{n}\left(X_i - \overline{X}\right)^2$ 分别为样本均值与样本方差, 则

(1) $\overline{X} \sim N\left(\mu, \dfrac{\sigma^2}{n}\right)$; (2) $\dfrac{(n-1)S^2}{\sigma^2} \sim \chi^2(n-1)$; (3) $\overline{X}$ 与 S^2 相互独立.

该定理又称为费希尔定理. 结论 (1) 可由 “独立的正态随机变量的线性组合仍服从正态分布” 而得; 见 3.5 节. 结论 (2) 和 (3) 的证明此处略去, 有兴趣的读者可查阅相关书籍.

定理 6.3.2 (单个正态总体的抽样分布) 设 $(X_1, X_2, \cdots, X_n)$ 为取自正态总体 $X \sim N\left(\mu, \sigma^2\right)$ 的样本, $\overline{X}$ 与 S^2 分别为该样本的样本均值与样本方差, 则

(1) $U = \dfrac{\overline{X} - \mu}{\sigma/\sqrt{n}} \sim N(0,1)$; (2) $T = \dfrac{\overline{X} - \mu}{S/\sqrt{n}} \sim t(n-1)$.

证明 根据定理 6.3.1, 结论 (1) 显然. 对于结论 (2), 由 t 分布的定义可知,

$$T = \frac{\overline{X} - \mu}{S/\sqrt{n}} = \frac{\dfrac{\overline{X} - \mu}{\sigma/\sqrt{n}}}{\sqrt{\dfrac{(n-1)S^2/\sigma^2}{(n-1)}}} \sim t(n-1). \qquad \square$$

定理 6.3.3 (两个正态总体的抽样分布) 设 $X \sim N\left(\mu_1, \sigma_1^2\right)$ 与 $Y \sim N\left(\mu_2, \sigma_2^2\right)$ 是两个相互独立的正态总体. 设 $(X_1, X_2, \cdots, X_n)$ 是取自总体 X 的样本, $\overline{X}, S_1^2$ 分别为其样本均值与样本方差; $(Y_1, Y_2, \cdots, Y_m)$ 是取自总体 Y 的样本, $\overline{Y}, S_2^2$ 分别为其样本均值与样本方差, 则

(1) $U = \dfrac{\left(\overline{X} - \overline{Y}\right) - (\mu_1 - \mu_2)}{\sqrt{\sigma_1^2/n + \sigma_2^2/m}} \sim N(0,1)$;

(2) $F = \dfrac{S_1^2/\sigma_1^2}{S_2^2/\sigma_2^2} = \dfrac{\sigma_2^2 S_1^2}{\sigma_1^2 S_2^2} \sim F(n-1, m-1)$;

(3) 当 $\sigma_1^2=\sigma_2^2=\sigma^2$ 时,

$$T=\frac{\left(\overline{X}-\overline{Y}\right)-(\mu_1-\mu_2)}{\sqrt{\dfrac{(n-1)S_1^2+(m-1)S_2^2}{n+m-2}}\sqrt{\dfrac{1}{n}+\dfrac{1}{m}}}\sim t\left(n+m-2\right).$$

证明 由定理 6.3.1 的结论 (1) 知, $\overline{X}\sim N\left(\mu_1,\sigma_1^2/n\right)$, $\overline{Y}\sim N\left(\mu_2,\sigma_2^2/m\right)$. 由于 X,Y 独立, 从而 $\overline{X},\overline{Y}$ 也独立, 故 $\overline{X}-\overline{Y}\sim N\left(\mu_1-\mu_2,\sigma_1^2/n+\sigma_2^2/m\right)$, 从而

$$U=\frac{\left(\overline{X}-\overline{Y}\right)-(\mu_1-\mu_2)}{\sqrt{\sigma_1^2/n+\sigma_2^2/m}}\sim N\left(0,1\right).$$

由定理 6.3.1 的结论 (2) 知

$$\frac{(n-1)\,S_1^2}{\sigma_1^2}\sim\chi^2\left(n-1\right),\quad\frac{(m-1)\,S_2^2}{\sigma_2^2}\sim\chi^2\left(m-1\right).$$

由于 X,Y 独立, 从而 S_1^2,S_2^2 也独立, 故

$$F=\frac{\left[(n-1)\,S_1^2/\sigma_1^2\right]/(n-1)}{\left[(m-1)\,S_2^2/\sigma_2^2\right]/(m-1)}=\frac{S_1^2/\sigma_1^2}{S_2^2/\sigma_2^2}\sim F\left(n-1,m-1\right).$$

当 $\sigma_1^2=\sigma_2^2=\sigma^2$ 时, 由 χ^2 分布的可加性得

$$\frac{(n-1)\,S_1^2+(m-1)\,S_2^2}{\sigma^2}\sim\chi^2\left(n+m-2\right),$$

从而由 t 分布的定义知

$$\begin{aligned}T&=\frac{U}{\sqrt{\{[(n-1)\,S_1^2+(m-1)\,S_2^2]/\sigma^2\}/(n+m-2)}}\\&=\frac{\left(\overline{X}-\overline{Y}\right)-(\mu_1-\mu_2)}{\sqrt{\dfrac{(n-1)S_1^2+(m-1)S_2^2}{n+m-2}}\sqrt{\dfrac{1}{n}+\dfrac{1}{m}}}\sim t\left(n+m-2\right).\end{aligned}$$

□

例 6.3.2 设 $(X_1,X_2,\cdots,X_9)$ 是取自正态总体 X 的样本, 设

$$Z=\frac{\sqrt{2}\,(Y_1-Y_2)}{S},$$

其中

$$Y_1=\frac{X_1+X_2+\cdots+X_6}{6},\quad Y_2=\frac{X_7+X_8+X_9}{3},\quad S^2=\frac{\sum\limits_{i=7}^{9}(X_i-Y_2)^2}{2}.$$

证明: $Z\sim t\,(2)$.

证明 设总体 $X \sim N(\mu, \sigma^2)$, 则 $Y_1 \sim N(\mu, \sigma^2/6)$, $Y_2 \sim N(\mu, \sigma^2/3)$, 且二者独立, 从而根据定理 6.3.3(1),

$$\frac{Y_1 - Y_2}{\sigma/\sqrt{2}} \sim N(0,1).$$

根据定理 6.3.1 (2) 和 (3), $\frac{2S^2}{\sigma^2} \sim \chi^2(2)$, 且 $Y_1 - Y_2$ 与 S^2 相互独立. 故由 t 分布的定义

$$\frac{\sqrt{2}(Y_1 - Y_2)/\sigma}{\sqrt{(2S^2/\sigma^2)/2}} = \frac{\sqrt{2}(Y_1 - Y_2)}{S} \sim t(2). \qquad \square$$

例 6.3.3 设总体 X 服从 $N(\mu, \sigma^2)$ 分布, $(X_1, X_2, \cdots, X_n, X_{n+1})$ 为取自总体 X 的一个样本. 设 $\overline{X} = \frac{1}{n}\sum\limits_{i=1}^{n} X_i$, $S_n^2 = \frac{1}{n}\sum\limits_{i=1}^{n}\left(X_i - \overline{X}\right)^2$. 试求统计量

$$\frac{X_{n+1} - \overline{X}}{S_n}\sqrt{\frac{n-1}{n+1}}$$

的抽样分布.

解 由于 $X_{n+1} - \overline{X} \sim N\left(0, \frac{n+1}{n}\sigma^2\right)$, 对其标准化即有

$$\frac{X_{n+1} - \overline{X}}{\sqrt{\frac{n+1}{n}}\,\sigma} \sim N(0,1).$$

根据定理 6.3.1(2)(3), $\frac{nS_n^2}{\sigma^2} \sim \chi^2(n-1)$, 且 $X_{n+1} - \overline{X}$ 与 S_n^2 相互独立. 因此,

$$\frac{X_{n+1} - \overline{X}}{\sqrt{\frac{n+1}{n}}\,\sigma} \Bigg/ \sqrt{\frac{nS_n^2}{\sigma^2}/(n-1)} = \frac{X_{n+1} - \overline{X}}{S_n}\sqrt{\frac{n-1}{n+1}} \sim t(n-1). \qquad \square$$

习 题 6.3

1. 查表求下列分布的上侧分位数:

(1) $u_{0.4}, u_{0.2}, u_{0.1}, u_{0.05}$; (2) $\chi^2_{0.95}(5), \chi^2_{0.05}(5), \chi^2_{0.99}(10), \chi^2_{0.01}(10)$;

(3)$F_{0.95}(4,6), F_{0.975}(3,7), F_{0.99}(5,5)$; (4) $t_{0.05}(3), t_{0.01}(5), t_{0.10}(7), t_{0.005}(10)$.

2. (1) 设总体 $X \sim N(\mu, 10^2)$, 现抽取一容量为 n 的样本, 样本均值记为 $\overline{X}$, 欲使 $P(\mu - 5 < \overline{X} < \mu + 5) = 0.954$, 试问 n 取何值?

(2) 从正态总体 $X \sim N(\mu, \sigma^2)$ 中抽取一个样本 $(X_1, X_2, \cdots, X_n)$, 求 k 使得

$$P\left(\overline{X} > \mu + kS_n\right) = 1 - \alpha,$$

其中 α 很小, $S_n=\sqrt{\frac{1}{n}\sum\limits_{i=1}^{n}\left(X_i-\overline{X}\right)^2}$ 为未修正的样本标准差.

3. 在正态总体 $X\sim N\left(\mu,\sigma^2\right)$ 中抽取容量为 n 的样本 $(X_1,X_2,\cdots,X_n)$, 其中 μ,σ^2 未知.

(1) 求 $E(S^2)$, $D(S^2)$;

(2) 当 $n=16$ 时, 求 $P\left(\frac{S^2}{\sigma^2}\leqslant 2.04\right)$, 其中 $S^2=\frac{1}{n-1}\sum\limits_{i=1}^{n}\left(X_i-\overline{X}\right)^2$ 为修正的样本方差.

4. (1) 设 $(X_1,X_2,\cdots,X_{10})$ 是取自正态总体 $X\sim N\left(1,\sigma^2\right)$ 的简单随机样本, $\overline{X}$ 为样本均值, S 为样本标准差. 若 $P\left(\overline{X}\leqslant 1,S^2\leqslant\sigma^2\right)=\frac{1}{3}$, 试求 $P\left(S^2\leqslant\sigma^2\right)$.

(2) 设 $(X_1,X_2,\cdots,X_n)$ 是取自正态总体 $X\sim N\left(\mu,\sigma^2\right)$ 的样本, $\overline{X}$ 为样本均值. 若 $P(|X-\mu|<a)=P\left(\left|\overline{X}-\mu\right|<b\right)$, 试求 $\frac{a}{b}$.

5. 设$(X_1,X_2,\cdots,X_n)$ 是取自正态总体 $X\sim N\left(\mu,\sigma^2\right)$ 的样本, $\overline{X}$ 为样本均值, S^2 为样本方差. 计算: $E\left[\,\overline{X}\cdot S^2\right]^2$, $D\left[\left(\overline{X}-\mu\right)^2+\left(1-\frac{1}{n}\right)S^2\right]$.

6. 设 $(X_1,X_2,\cdots,X_{10})$ 是取自正态总体 $X\sim N\left(\mu,0.5^2\right)$ 的简单随机样本, $\overline{X}$ 为样本均值.

(1) 若 $\mu=0$, 求 $P\left(\sum\limits_{i=1}^{10}X_i^2\geqslant 4\right)$;

(2) 若 μ 未知, 求 $P\left(\sum\limits_{i=1}^{10}\left(X_i-\overline{X}\right)^2\geqslant 2.85\right)$.

7. 设 $(X_1,X_2,\cdots,X_n)$ 和 $(Y_1,Y_2,\cdots,Y_n)$ 是分别取自总体 $X\sim N(\mu_1,\sigma^2)$ 和 $Y\sim N(\mu_2,\sigma^2)$ 的简单随机样本, 且 X,Y 独立, $\overline{X}$ 与 $\overline{Y}$ 分别是两个样本均值, S_1^2 与 S_2^2 分别是两个样本方差. 试求统计量 $\frac{(n-1)\left(S_1^2+S_2^2\right)}{\sigma^2}$ 与 $\frac{n\left[\left(\overline{X}-\overline{Y}\right)-\left(\mu_1-\mu_2\right)\right]^2}{S_1^2+S_2^2}$ 的分布.

8. 设总体 $X\sim N\left(\mu,\sigma^2\right)$, $(X_1,X_2,\cdots,X_{2n})$ 为取自 X 的样本, $\overline{X}=\frac{1}{2n}\sum\limits_{i=1}^{2n}X_i$. 试求统计量 $T=\sum\limits_{i=1}^{n}\left(X_i+X_{i+1}-2\overline{X}\right)^2$ 的数学期望.

9. 设 (X_1,X_2) 是取自正态总体 $N\left(0,\sigma^2\right)$ 的样本.

(1) 求 $\frac{(X_1-X_2)^2}{(X_1+X_2)^2}$ 的分布;

(2) 求常数 k, 使得 $P\left(\frac{(X_1+X_2)^2}{(X_1+X_2)^2+(X_1-X_2)^2}>k\right)=0.1$.

第6章测试题

Chapter 7

第7章 参数估计

第7章课件

在诸多实际问题中, 总体分布往往是未知的或部分未知的, 统计的基本任务就是用样本去推断总体的数量特征. 基于推断的内容及其形式, 可对统计推断作如下分类:

- 统计推断
  - 统计估计
    - 参数估计
      - 点估计
      - 区间估计
    - 非参数估计
  - 假设检验
    - 参数假设检验
    - 非参数假设检验

如果实际问题需要利用样本去估计总体的未知分布函数, 或分布函数中的未知参数以及某些重要的数字特征等, 则称这类问题为统计估计问题. 如果总体的分布函数是未知的, 这类的估计问题称为非参数估计; 如果总体分布函数的类型已知, 未知的只是分布函数的一些参数, 只要确定这些参数就可以完全确定总体的分布函数, 这类的估计问题称为参数估计. 本章主要介绍参数估计问题. 这里的参数可指如下的三类未知参数:

(1) 分布中所含的未知参数, 如正态分布 $N\left(\mu,\sigma^2\right)$ 中的 μ,σ;

(2) 分布中所含未知参数的函数, 如 $X\sim N\left(\mu,\sigma^2\right)$, $P(X\leqslant k)=\varPhi((k-\mu)/\sigma)$ 是未知参数 μ,σ 的函数;

(3) 分布的各种数字特征也是未知参数, 如 EX, DX 以及分布的中位数等.

一般地, 常用 θ 表示参数. 参数 θ 的所有可能取值的集合称为**参数空间**, 记为 $\varTheta$. 所谓参数估计, 就是基于样本构造适当的统计量对上述的各种参数作出估计.

7.1 点估计的概念与评价标准

一、点估计的概念

定义 7.1.1 设 θ 为总体 X 的分布中所含的参数或参数的函数或 X 的数字特征, 统称 θ 为总体分布的**参数**; 记 Θ 为 θ 的所有可能取值的集合, 称之为总体分布的**参数空间**.

参数空间可以是一维的, 也可以是多维的. 例如:

若 $X \sim P(\lambda)$, $\lambda \in \Theta = (0, +\infty)$, 参数空间是一维的.

若 $X \sim N(\mu, \sigma^2)$, $(\mu, \sigma^2) \in \Theta = \left\{(\mu, \sigma^2) \,\middle|\, \mu \in (-\infty, +\infty), \sigma^2 \in (0, +\infty)\right\}$, 参数空间是二维的.

尽管参数 θ 的真值是未知的, 但参数空间 Θ 是事先知道的.

定义 7.1.2 设 $(X_1, X_2, \cdots, X_n)$ 为总体 X 的样本, $(x_1, x_2, \cdots, x_n)$ 为样本的观测值, θ 是总体分布中的未知参数. 若构造统计量 $g(X_1, X_2, \cdots, X_n)$, 对于抽样实施后的样本观测值 $(x_1, x_2, \cdots, x_n)$, 用统计量的观测值 $g(x_1, x_2, \cdots, x_n)$ 作为未知参数 θ 真值的估计, 则称 $g(X_1, X_2, \cdots, X_n)$ 为 θ 的**点估计量**, 记为 $\hat{\theta}(X_1, X_2, \cdots, X_n)$; 称 $g(x_1, x_2, \cdots, x_n)$ 为 θ 的**点估计值**, 记为 $\hat{\theta}(x_1, x_2, \cdots, x_n)$.

这种对总体分布中未知参数进行定值的估计, 就是参数的点估计. 在不致混淆时, 点估计量与点估计值统称为**点估计** (point estimation), 简称为**估计**, 简记为 $\hat{\theta}$. 事实上, θ 的估计值 $\hat{\theta}$ 是参数空间 Θ 的一个点, 用其作为 θ 真值的近似估计, 故而得名 "点估计". 若总体分布含有多个未知参数 $(\theta_1, \theta_2, \cdots, \theta_k) \in \Theta$, 则称统计量 $\hat{\theta}_i(X_1, X_2, \cdots, X_n)$ 为 θ_i 的估计量, 其相应的取值 $\hat{\theta}_i(x_1, x_2, \cdots, x_n)$ 为 θ_i 的估计值. 至于待估参数为未知参数的实值函数 $h(\theta)$ 时, 则称统计量 $h(\hat{\theta})$ 为 $h(\theta)$ 的估计量, 其相应的取值为 $h(\theta)$ 的估计值.

例 7.1.1 设某型电子元件的寿命 $X \sim f(x; \theta) = \mathrm{e}^{-\frac{x}{\theta}}/\theta$, 其中 $x > 0$, $\theta > 0$ 为未知参数. 现抽样获得如下样本值 (单位: 小时): 1680, 1300, 1690, 1431, 1742, 1981, 1083, 2120, 2522, 试估计未知参数 θ.

解 由题设, $EX = \theta$, 故用样本均值 $\overline{X}$ 作为 θ 的估计量是个很自然的想法. 对于给定的样本值, $\overline{x} = \dfrac{1}{9}(1680 + 1300 + \cdots + 2522) = 1728$, 从而, $\hat{\theta} = \overline{X}$ 与 $\hat{\theta} = \overline{x} = 1728$ 分别为 θ 的估计量与估计值. □

在上题中, 若将 $\hat{\theta}_1 = X_1$, $\hat{\theta}_2 = \dfrac{1}{2}\left(X_{(1)} + X_{(9)}\right)$ 视为 θ 的估计量似乎也无可厚非. 由此可见, 对于一个未知参数, 理论上可以构造多种不同的估计, 因此有必要建立一些评价估计量好坏的标准.

二、评价估计量的标准

1. 无偏性

对估计量最常见的合理性要求就是满足无偏性, 即要求 $\hat{\theta}$ 的平均取值与 θ 的真值保持一致.

定义 7.1.3　设 $\hat{\theta}=\hat{\theta}(X_1,X_2,\cdots,X_n)$ 为参数 θ 的估计量, $\theta\in\Theta$. 若对任意的 $\theta\in\Theta$, $E_\theta(\hat{\theta})=\theta$, 则称 $\hat{\theta}$ 为 θ 的**无偏估计**(unbiased estimation), 否则称之为**有偏估计**(biased estimation).

无偏估计量的条件可以改写为 $E_\theta(\hat{\theta}-\theta)=0$, 其实际意义就是无系统误差. 当使用 $\hat{\theta}$ 估计 θ 时, 由于样本的随机性, $\hat{\theta}$ 与 θ 总是有偏差的, 这种偏差对某些样本观测值为正, 对某些样本观测值为负, 时而大, 时而小. 无偏性则表示这些偏差的平均值为 0, 这就是无偏估计的含义. 若估计不具有无偏性, 则无论使用多少次, 其平均值与参数真值都有一定的距离, 这个距离就是系统误差. 另外, 这里将 $E(\cdot)$ 写成 $E_\theta(\cdot)$, 是为了强调总体中的未知参数真值为 θ, 其中 θ 可以取遍参数空间 Θ 的所有值, 故而给出一类总体的估计方法, 而并不只针对某一个总体. 为了简便起见, 很多时候不加下标.

例 7.1.2　设 $\hat{\theta}$ 是参数 θ 的无偏估计, 且 $D(\hat{\theta})>0$, 则 $\hat{\theta}^2$ 不是 θ^2 的无偏估计.

证明　由于 $D(\hat{\theta})=E(\hat{\theta}^2)-[E(\hat{\theta})]^2=E(\hat{\theta}^2)-\theta^2>0$, 从而 $E(\hat{\theta}^2)>\theta^2$. 故 $\hat{\theta}^2$ 不是 θ^2 的无偏估计. □

若 $\hat{\theta}$ 是 θ 的无偏估计, 其函数 $g(\hat{\theta})$ 一般不是 $g(\theta)$ 的无偏估计, 除非 $g(\theta)$ 是 θ 的线性函数.

例 7.1.3　设总体 X 的期望 μ 与方差 σ^2 均存在, $(X_1,X_2,\cdots,X_n)$ 为取自总体 X 的一个样本, 证明:

(1) $Y=\sum\limits_{i=1}^{n}k_iX_i$ 是 μ 的无偏估计, 其中 $\sum\limits_{i=1}^{n}k_i=1$, $k_i>0$;

(2) (修正) 样本方差 $S^2=\dfrac{1}{n-1}\sum\limits_{i=1}^{n}\left(X_i-\overline{X}\right)^2$ 是 σ^2 的无偏估计;

(3) (未修正) 样本方差 $S_n^2=\dfrac{1}{n}\sum\limits_{i=1}^{n}\left(X_i-\overline{X}\right)^2$ 不是 σ^2 的无偏估计, 而是 σ^2 的渐近无偏估计.

证明　(1) 因为 $EY=E\left(\sum\limits_{i=1}^{n}k_iX_i\right)=\sum\limits_{i=1}^{n}k_iEX_i=\sum\limits_{i=1}^{n}k_i\mu=\mu$, 故 Y 为总体均值 μ 的无偏估计.

(2) 根据性质 6.2.4, $ES^2=\sigma^2$, 故 S^2 是 σ^2 的无偏估计.

(3) 由于 $S_n^2=\dfrac{n-1}{n}S^2$, 故 $ES_n^2=\dfrac{n-1}{n}ES^2=\dfrac{n-1}{n}\sigma^2\to\sigma^2\ (n\to\infty)$, 即 S_n^2 不是 σ^2 的无偏估计, 而是其渐近无偏估计. □

例 7.1.4　设 $(X_1,X_2,\cdots,X_n)$ 是取自正态总体 $X\sim N\left(\mu,\sigma^2\right)$ 的一个样本.

(1) 若 μ 已知, 试选择 k, 使得 $\hat{\sigma}=k\sum\limits_{i=1}^{n}|X_i-\mu|$ 为 σ 的无偏估计, 并求其方差;

(2) 试选择 k, 使 $\hat{\sigma}=k\sum\limits_{i=1}^{n}\left|X_i-\overline{X}\right|$ 为 σ 的无偏估计.

解 (1) 由于 $X_i\sim N\left(\mu,\sigma^2\right)$, 则 $Y_i=\dfrac{X_i-\mu}{\sigma}\sim N(0,1)$, 从而,

$$\begin{aligned}E\left|\frac{X_i-\mu}{\sigma}\right|&=E|Y_i|=\int_{-\infty}^{+\infty}|y|\cdot\frac{1}{\sqrt{2\pi}}\mathrm{e}^{-\frac{y^2}{2}}\mathrm{d}y\\&=\frac{2}{\sqrt{2\pi}}\int_{0}^{+\infty}y\mathrm{e}^{-\frac{y^2}{2}}\mathrm{d}y=\sqrt{\frac{2}{\pi}}.\end{aligned}$$

显然,

$$E\left(\hat{\sigma}\right)=k\sigma\sum_{i=1}^{n}E\left|\frac{X_i-\mu}{\sigma}\right|=\sqrt{\frac{2}{\pi}}kn\sigma.$$

根据条件 $E(\hat{\sigma})=\sigma$, 故 $k=\dfrac{1}{n}\sqrt{\dfrac{\pi}{2}}$.

易知, Y_i, $i=1,2,\cdots,n$, 独立同分布, 且

$$Y_i^2=\left(\frac{X_i-\mu}{\sigma}\right)^2\sim\chi^2\left(1\right).$$

故

$$E\left(\frac{X_i-\mu}{\upsilon}\right)^2=1,\ D\left|\frac{X_i-\mu}{\sigma}\right|=E\left|\frac{X_i-\mu}{\sigma}\right|^2-\left(E\left|\frac{X_i-\mu}{\sigma}\right|\right)^2=1-\frac{2}{\pi}.$$

从而

$$D\left(\hat{\sigma}\right)=\frac{\pi}{2n^2}\sigma^2\cdot D\left(\sum_{i=1}^{n}\left|\frac{X_i-\mu}{\sigma}\right|\right)=\frac{\pi}{2n^2}\sigma^2n\left(1-\frac{2}{\pi}\right)=\left(1-\frac{2}{\pi}\right)\frac{\pi}{2n}\sigma^2.$$

(2) 由于 $X_i-\overline{X}=-\dfrac{1}{n}\sum\limits_{j\neq i}X_j+\left(1-\dfrac{1}{n}\right)X_i$, 故

$$E\left(X_i-\overline{X}\right)=0,\ D\left(X_i-\overline{X}\right)=\frac{1}{n^2}\sum_{j\neq i}DX_j+\left(1-\frac{1}{n}\right)^2DX_i=\frac{n-1}{n}\sigma^2.$$

根据正态分布的可加性, $X_i-\overline{X}\sim N\left(0,\dfrac{n-1}{n}\sigma^2\right)$, 从而

$$\sqrt{\frac{n}{n-1}}\left(\frac{X_i-\overline{X}}{\sigma}\right)\sim N\left(0,1\right),$$

由 (1) 的结论, $E\left(\sqrt{\frac{n}{n-1}}\left|\frac{X_i-\overline{X}}{\sigma}\right|\right)=\sqrt{\frac{2}{\pi}}$, 则有

$$E\left(\left|X_i-\overline{X}\right|\right)=\sqrt{\frac{2(n-1)}{n\pi}}\sigma.$$

故

$$E(\hat{\sigma})=k\sigma E\left(\sum_{i=1}^{n}\left|\frac{X_i-\overline{X}}{\sigma}\right|\right)=k\sigma\sum_{i=1}^{n}E\left|\frac{X_i-\overline{X}}{\sigma}\right|=k\sigma n\sqrt{\frac{2}{\pi}}\sqrt{\frac{n-1}{n}}=\sigma,$$

即有

$$k=\sqrt{\frac{\pi}{2n(n-1)}}.$$

□

例 7.1.5 试求一批产品不合格率 p 的无偏估计量.

解 记总体

$$X=\begin{cases}1, & \text{随机抽取一件为不合格品},\\ 0, & \text{随机抽取一件为合格品}.\end{cases}$$

则 $p=P(X=1)=EX$. 设 $(X_1,X_2,\cdots,X_n)$ 为抽自总体 X 的一个样本, $\overline{X}=\frac{1}{n}\sum\limits_{i=1}^{n}X_i$, $E\left(\overline{X}\right)=\frac{1}{n}\sum\limits_{i=1}^{n}EX_i=p$, 所以 $\overline{X}$ 为 p 的一个无偏估计量. □

实际上, 并不是所有的参数都存在无偏估计. 当参数存在无偏估计时, 称此参数是**可估的**, 否则称其是**不可估的**.

例 7.1.6 设 $(X_1,X_2,\cdots,X_n)$ 是取自两点分布 $B(1,p)$ 的一个样本.

(1) 试求 $p(1-p)$ 的一个无偏估计;

(2) 证明: $\frac{1}{p}$ 的无偏估计不存在.

解 (1) 易见, $\overline{X}=\frac{1}{n}\sum\limits_{i=1}^{n}X_i$ 是 p 的一个无偏估计, 故直观上 $\overline{X}\left(1-\overline{X}\right)$ 是 $p(1-p)$ 的一个估计, 但是

$$\begin{aligned}E\overline{X}\left(1-\overline{X}\right)&=E\overline{X}-E\overline{X}^2=p-\left[D\overline{X}+\left(E\overline{X}\right)^2\right]\\&=p-\left[\frac{p(1-p)}{n}+p^2\right]=\frac{(n-1)p(1-p)}{n}\neq p(1-p),\end{aligned}$$

从而有

$$E\frac{n\overline{X}\left(1-\overline{X}\right)}{(n-1)}=p(1-p),$$

所以 $\frac{n\overline{X}\left(1-\overline{X}\right)}{(n-1)}$ 为 $p(1-p)$ 的一个无偏估计.

若注意到 $DX=p(1-p)$, 根据性质 6.2.4, $S^2=\frac{1}{n-1}\sum\limits_{i=1}^{n}\left(X_i-\overline{X}\right)^2$ 为 $p(1-p)$ 的一个无偏估计.

(2) 反证法. 假设 $g(X_1,X_2,\cdots,X_n)$ 是 $\frac{1}{p}$ 的一个无偏估计, 则对任意的 $p\in(0,1)$,

$$Eg(X_1,X_2,\cdots,X_n)=\sum_{x_1,x_2,\cdots,x_n}g(x_1,x_2,\cdots,x_n)\cdot p^{\sum\limits_{i=1}^{n}x_i}(1-p)^{n-\sum\limits_{i=1}^{n}x_i}=\frac{1}{p}.$$

从而有如下方程成立:

$$\sum_{x_1,x_2,\cdots,x_n}g(x_1,x_2,\cdots,x_n)\cdot p^{1+\sum\limits_{i=1}^{n}x_i}(1-p)^{n-\sum\limits_{i=1}^{n}x_i}-1=0.$$

上式是关于 p 的 $n+1$ 次方程, 它至多有 $n+1$ 个实根, 故上述方程不可能对任意的 $p\in(0,1)$ 均成立, 从而导出矛盾. 所以 $\frac{1}{p}$ 的无偏估计不存在. □

实际上, 对同一个参数, 可能有多个无偏估计量. 例如, 总体 $X\sim P(\lambda)$, $\lambda>0$ 未知, $(X_1,X_2,\cdots,X_n)$ 取自总体 X. 由于 $EX=DX=\lambda$, $\overline{X}$ 是 EX 的无偏估计量, $S^2=\frac{1}{n-1}\sum\limits_{i=1}^{n}\left(X_i-\overline{X}\right)^2$ 是 DX 的无偏估计量, 从而 $\overline{X},S^2$ 都是 λ 的无偏估计量, 且对任意的 $k\in[0,1]$, $\hat{\lambda}=k\overline{X}+(1-k)S^2$ 均是 λ 的无偏估计量, 所以 λ 有无穷多个无偏估计量.

无偏估计只有在大量重复使用时才能显示它的使用价值. 如果试验次数只有一次, 就必须充分利用样本所提供的信息. 一般情形下, 当样本容量很小时, 参数没有很好的估计, 甚至有时一味地追求无偏性, 效果反而适得其反.

例 7.1.7 设总体 $X\sim P(\lambda)$, 即 $P(X=k)=\frac{\lambda^k}{k!}\mathrm{e}^{-\lambda}$, $k=0,1,\cdots$, 其中 $\lambda>0$ 未知. 试求 $\mathrm{e}^{-2\lambda}$ 的一个点估计量.

解 设 X_1 为取自 X 的容量为 1 的样本. 由 $EX_1=EX=\lambda$, 可知 X_1 是 λ 的一个无偏估计, 从而 $g_1(X_1)=\mathrm{e}^{-2X_1}$ 是 $\mathrm{e}^{-2\lambda}$ 的一个可能的估计, 但 $E[g_1(X_1)]=\mathrm{e}^{-\lambda\left(1-\mathrm{e}^{-2}\right)}\neq\mathrm{e}^{-2\lambda}$, 故 $g_1(X_1)$ 不是无偏估计量.

考虑函数

$$g_2(x)=\begin{cases}1, & x\text{ 是偶数},\\ -1, & x\text{ 是奇数},\end{cases}$$

可以验证: $E[g_2(X_1)]=\mathrm{e}^{-2\lambda}$, 即 $g_2(X_1)$ 为 $\mathrm{e}^{-2\lambda}$ 的一个无偏估计量; 但其除了满足无偏性外, 几乎陷入了荒谬的境地: 当 X_1 取值为奇数时, 它取负值. 因此, 在样本容量很小时, 不能片面追求无偏性, 必须充分利用样本中的信息. □

2. 有效性

一个未知 (待估) 参数可以有多个甚至无穷多个无偏估计量. 估计的无偏性保证了估计量的观测值的平均值即为未知参数的真值, 但没有反映出估计值偏离均值的程度. 由于方差刻画随机变量取值偏离其均值的程度, 方差越小则说明该随机变量的取值越集中. 因此, 一个好的估计量, 不仅应该具有无偏性, 而且应该有尽可能小的方差.

定义 7.1.4 设 $\hat{\theta}_1, \hat{\theta}_2$ 是总体中未知参数 θ 的无偏估计, 如果对任意的 $\theta \in \Theta$,

$$D\hat{\theta}_1 \leqslant D\hat{\theta}_2,$$

且至少存在一个 $\theta \in \Theta$, 使得上述不等式严格成立, 则称 $\hat{\theta}_1$ 比 $\hat{\theta}_2$ 更**有效**.

例 7.1.8 设有总体 X, EX, DX 均存在, $(X_1, X_2, \cdots, X_n)$ 是取自 X 的一个样本. 易知 $\overline{X} = \frac{1}{n}\sum\limits_{i=1}^{n} X_i$ 与 $\sum\limits_{i=1}^{n} k_i X_i$ $(k_i \geqslant 0, \sum\limits_{i=1}^{n} k_i = 1)$都是 EX 的无偏估计量. 试比较它们的有效性.

解 注意到 $\sum\limits_{i=1}^{n} k_i = 1$, 则有

$$D\overline{X} = \frac{1}{n^2}\sum_{i=1}^{n} DX_i = \frac{1}{n}DX = \frac{1}{n}\left(\sum_{i=1}^{n} k_i\right)^2 DX,$$

$$D\left(\sum_{i=1}^{n} k_i X_i\right) = \sum_{i=1}^{n} k_i^2 DX_i = \left(\sum_{i=1}^{n} k_i^2\right) DX.$$

由柯西不等式, $\sum\limits_{i=1}^{n} k_i^2 \geqslant \frac{1}{n}\left(\sum\limits_{i=1}^{n} k_i\right)^2$, 从而有

$$D\overline{X} \leqslant D\left(\sum_{i=1}^{n} k_i X_i\right).$$

所以在样本 $(X_1, X_2, \cdots, X_n)$ 的一切凸组合 $\sum\limits_{i=1}^{n} k_i X_i$ 中, $\overline{X} = \frac{1}{n}\sum\limits_{i=1}^{n} X_i$ 是总体均值 EX 的无偏估计量中的有效估计量. □

例 7.1.9 设总体 $X \sim U(0, \theta)$, 其中 $\theta > 0$ 未知. 设 $(X_1, X_2, \cdots, X_n)$ 为取自 X 的一个样本.

(1) 试证: $\hat{\theta}_1 = \dfrac{n+1}{n} X_{(n)}$, $\hat{\theta}_2 = (n+1)X_{(1)}$ 都是 θ 的无偏估计;

(2) $\hat{\theta}_1$ 与 $\hat{\theta}_2$ 谁更有效?

解 (1) 先求 $X_{(n)}$ 和 $X_{(1)}$ 的分布函数. 对任意的 $x \in \mathbb{R}$,

$$F_{X_{(n)}}(x) = P\left(X_{(n)} \leqslant x\right) = P\left(\max\{X_1, X_2, \cdots, X_n\} \leqslant x\right)$$

$$
\begin{aligned}
&= P\left(X_1 \leqslant x, X_2 \leqslant x, \cdots, X_n \leqslant x\right) = \prod_{i=1}^{n} P\left(X_i \leqslant x\right) \\
&= \begin{cases} 0, & x \leqslant 0, \\ \left(\dfrac{x}{\theta}\right)^n, & 0 < x < \theta, \\ 1, & x \geqslant \theta; \end{cases}
\end{aligned}
$$

$$
\begin{aligned}
F_{X_{(1)}}(x) &= P\left(X_{(1)} \leqslant x\right) = 1 - P\left(X_{(1)} > x\right) \\
&= 1 - P\left(\min\left\{X_1, X_2, \cdots, X_n\right\} > x\right) \\
&= 1 - P\left(X_1 > x, X_2 > x, \cdots, X_n > x\right) = 1 - \prod_{i=1}^{n} P\left(X_i > x\right) \\
&= \begin{cases} 0, & x \leqslant 0, \\ 1 - \left(\dfrac{\theta - x}{\theta}\right)^n, & 0 < x < \theta, \\ 1, & x \geqslant \theta. \end{cases}
\end{aligned}
$$

从而相应的密度函数为

$$
f_{X_{(n)}}(x) = \frac{\mathrm{d}}{\mathrm{d}x} F_{X_{(n)}}(x) = \begin{cases} \dfrac{n}{\theta} \cdot \left(\dfrac{x}{\theta}\right)^{n-1}, & 0 < x < \theta, \\ 0, & \text{其他}; \end{cases}
$$

$$
f_{X_{(1)}}(x) = \frac{\mathrm{d}}{\mathrm{d}x} F_{X_{(1)}}(x) = \begin{cases} \dfrac{n}{\theta} \cdot \left(\dfrac{\theta - x}{\theta}\right)^{n-1}, & 0 < x < \theta, \\ 0, & \text{其他}. \end{cases}
$$

因此,

$$
E\left(X_{(n)}\right) = \int_{-\infty}^{+\infty} x f_{X_{(n)}}(x)\,\mathrm{d}x = \int_0^{\theta} x\left[\frac{n}{\theta} \cdot \left(\frac{x}{\theta}\right)^{n-1}\right] \mathrm{d}x = \frac{n\theta}{n+1};
$$

$$
E\left(X_{(1)}\right) = \int_{-\infty}^{+\infty} x f_{X_{(1)}}(x)\,\mathrm{d}x = \int_0^{\theta} x\left[\frac{n}{\theta} \cdot \left(\frac{\theta - x}{\theta}\right)^{n-1}\right] \mathrm{d}x = \frac{\theta}{n+1}.
$$

从而,

$$
\begin{aligned}
E\hat{\theta}_1 &= E\left(\frac{n+1}{n} X_{(n)}\right) = \frac{n+1}{n} E\left(X_{(n)}\right) = \theta, \\
E\hat{\theta}_2 &= E\left[(n+1) X_{(1)}\right] = (n+1) E\left(X_{(1)}\right) = \theta.
\end{aligned}
$$

所以, $\hat{\theta}_1 = \dfrac{n+1}{n} X_{(n)}$, $\hat{\theta}_2 = (n+1) X_{(1)}$ 都是 θ 的无偏估计.

(2) 结合 (1) 的结论, 计算可得

$$D\left(X_{(n)}\right)=EX_{(n)}^2-\left[EX_{(n)}\right]^2=\int_0^\theta x^2\left[\frac{n}{\theta}\cdot\left(\frac{x}{\theta}\right)^{n-1}\right]\mathrm{d}x-\left(\frac{n\theta}{n+1}\right)^2$$

$$=\frac{n\theta^2}{(n+2)(n+1)^2}.$$

故

$$D\hat{\theta}_1=D\left(\frac{n+1}{n}X_{(n)}\right)=\left(\frac{n+1}{n}\right)^2D\left(X_{(n)}\right)=\frac{\theta^2}{n(n+2)}.$$

类似可得

$$D\left(X_{(1)}\right)=EX_{(1)}^2-\left[EX_{(1)}\right]^2=\int_0^\theta x^2\left[\left(\frac{n}{\theta}\right)\cdot\left(\frac{\theta-x}{\theta}\right)^{n-1}\right]\mathrm{d}x-\left(\frac{\theta}{n+1}\right)^2$$

$$=\frac{2\theta^2}{(n+1)(n+2)}.$$

故

$$D\hat{\theta}_2=D\left[(n+1)X_{(1)}\right]=(n+1)^2D\left(X_{(1)}\right)=\frac{2(n+1)\theta^2}{n+2}.$$

从而 $D\hat{\theta}_1<D\hat{\theta}_2$, 所以 $\hat{\theta}_1$ 比 $\hat{\theta}_2$ 更有效. □

3. 相合性 (或一致性)

前面讨论的无偏性和有效性, 其前提是样本容量固定. 一般来说, 样本容量越大, 样本中所含总体的信息就应该越多, 从而就越能精确估计总体中的未知参数. 对于无限总体, 随着样本容量的无限增大, 一个好的估计与待估参数的真值之间任意接近的可能性会越来越大. 估计量的这种性质称为相合性.

定义 7.1.5　设 $\theta\in\Theta$ 为未知参数, $\hat{\theta}_n=\hat{\theta}_n(X_1,X_2,\cdots,X_n)$ 是 θ 的一个估计量, n 是样本容量. 若对任意给定的 $\varepsilon>0$, $\lim\limits_{n\to\infty}P\left(\left|\hat{\theta}_n-\theta\right|\geqslant\varepsilon\right)=0$, 则称 $\hat{\theta}_n$ 为参数 θ 的 (**弱**) **相合估计量** (consistent estimator).

相合性反映了估计的大样本性质, 被认为是对估计的一个最基本要求. 如果一个估计量, 在样本容量不断增大时, 它都不能将参数估计到任意指定的精度, 那么这个估计是值得怀疑的. 通常, 不满足相合性要求的估计一般不予考虑.

若将上述定义中依赖于样本容量 n 的估计量 $\hat{\theta}_n$ 视为一个随机序列, 相合性则要求 $\hat{\theta}_n$ 依概率收敛于 θ, 从而验证估计的相合性可应用依概率收敛的性质及各种 (弱) 大数定律.

一般地, 验证估计量 $\hat{\theta}_n$ 是否有相合性, 首先验证 $\hat{\theta}_n$ 是否为 θ 的无偏估计. 若 $\hat{\theta}_n$ 为 θ 的无偏估计, 利用切比雪夫不等式则有

$$P\left(\left|\hat{\theta}_n-\theta\right|\geqslant\varepsilon\right)\leqslant\frac{D\hat{\theta}_n}{\varepsilon^2},\quad\forall\varepsilon>0;$$

若 $\hat{\theta}_n$ 不是 θ 的无偏估计, 则由马尔可夫不等式有

$$P\left(\left|\hat{\theta}_n-\theta\right|\geqslant\varepsilon\right)\leqslant\frac{E\left|\hat{\theta}_n-\theta\right|}{\varepsilon},\ \forall\varepsilon>0,$$

再借助有关定理作出判断, 这里不再赘述.

例 7.1.10　设 $(X_1,X_2,\cdots,X_n)$ 是取自总体 X 的一个样本, 其中 $EX=\mu$, $DX=\sigma^2$ 均未知. 试证:

$$\hat{\mu}=\frac{2\sum\limits_{i=1}^{n}iX_i}{n\left(n+1\right)}$$

是 μ 的无偏和相合估计量.

证明　因为

$$E\left(\hat{\mu}\right)=\frac{2\sum\limits_{i=1}^{n}iE\left(X_i\right)}{n\left(n+1\right)}=\frac{2\mu\sum\limits_{i=1}^{n}i}{n\left(n+1\right)}=\mu,$$

所以 $\hat{\mu}$ 是 μ 的无偏估计量.

因为

$$D\left(\hat{\mu}\right)=\frac{4\sum\limits_{i=1}^{n}i^2D\left(X_i\right)}{\left[n\left(n+1\right)\right]^2}=\frac{2\left(2n+1\right)\sigma^2}{3n\left(n+1\right)}\to0,\quad n\to\infty,$$

利用切比雪夫不等式, 则有 $\hat{\mu}\xrightarrow{P}\mu$, 所以 $\hat{\mu}$ 是 μ 的相合估计量. □

定理 7.1.1　设 $\theta_n=\theta_n\left(X_1,X_2,\cdots,X_n\right)$ 是 θ 的一个估计量, 若

$$\lim_{n\to\infty}E\theta_n=\theta,\quad\lim_{n\to\infty}D\theta_n=0,$$

则 θ_n 是 θ 的相合估计.

证明　根据切比雪夫不等式, 对任意的 $\varepsilon>0$,

$$P\left(\left|\theta_n-E\theta_n\right|\geqslant\frac{\varepsilon}{2}\right)\leqslant\frac{4D\theta_n}{\varepsilon^2}.$$

由 $\lim\limits_{n\to\infty}E\theta_n=\theta$ 可知, 当 n 充分大时, $\left|E\theta_n-\theta\right|<\dfrac{\varepsilon}{2}$. 根据不等式

$$\left|\theta_n-\theta\right|\leqslant\left|\theta_n-E\theta_n\right|+\left|E\theta_n-\theta\right|,$$

故当 n 充分大时,

$$\left\{\left|\theta_n-E\theta_n\right|<\frac{\varepsilon}{2}\right\}\subset\left\{\left|\theta_n-\theta\right|<\varepsilon\right\}.$$

从而, 当 n 充分大时,

$$\{|\theta_n-\theta|\geqslant\varepsilon\}\subset\left\{|\theta_n-E\theta_n|\geqslant\frac{\varepsilon}{2}\right\},$$

因此,

$$P\left(|\theta_n-\theta|\geqslant\varepsilon\right)\leqslant P\left(|\theta_n-E\theta_n|\geqslant\frac{\varepsilon}{2}\right)\leqslant\frac{4D\theta_n}{\varepsilon^2}\to 0,\quad n\to\infty,$$

即 θ_n 是 θ 的相合估计. □

定理 7.1.2　设 $\theta_n=\theta_n\left(X_1,X_2,\cdots,X_n\right)$ 是 θ 的相合估计量, $g\left(x\right)$ 是连续函数, 则 $g\left(\theta_n\right)$ 是 $g\left(\theta\right)$ 的相合估计量.

证明　由 $g\left(x\right)$ 的连续性, 对任意的 $\varepsilon>0$, 存在 $\delta>0$, 当 $|\theta_n-\theta|<\delta$ 时,

$$|g\left(\theta_n\right)-g\left(\theta\right)|<\varepsilon;$$

从而 $\{|\theta_n-\theta|<\delta\}\subset\{|g\left(\theta_n\right)-g\left(\theta\right)|<\varepsilon\}$, 也即有

$$\{|g\left(\theta_n\right)-g\left(\theta\right)|\geqslant\varepsilon\}\subset\{|\theta_n-\theta|\geqslant\delta\}.$$

由于 θ_n 是 θ 的相合估计量, 故对于以上给定的 δ,

$$\lim_{n\to\infty}P\left(|\theta_n-\theta|\geqslant\delta\right)=0.$$

从而,

$$\lim_{n\to\infty}P\left(|g\left(\theta_n\right)-g\left(\theta\right)|\geqslant\varepsilon\right)=0,$$

即 $g\left(\theta_n\right)$ 是 $g\left(\theta\right)$ 的相合估计量. □

习　题　7.1

1. 设总体 X 的概率密度为

$$f\left(x;\theta\right)=\begin{cases}\dfrac{3x^2}{\theta^3}, & 0<x<\theta,\\ 0, & \text{其他},\end{cases}$$

其中 $\theta\in(0,+\infty)$ 为未知参数. 设 (X_1,X_2,X_3) 为取自总体 X 的简单随机样本, $T=X_{(3)}$.

(1) 求 T 的概率密度;

(2) 确定 a, 使得 $E\left(aT\right)=\theta$.

2. 设总体 X 的概率密度为

$$f\left(x;\theta\right)=\begin{cases}\dfrac{2x}{3\theta^2}, & \theta<x<2\theta,\\ 0, & \text{其他},\end{cases}$$

其中 θ 是未知参数. 设 $(X_1, X_2, \cdots, X_n)$ 为取自总体 X 的简单随机样本. 若 $E\left(c\sum\limits_{i=1}^{n}X_i^2\right)=\theta^2$, 试求 c.

3. 设 $(X_1, X_2, \cdots, X_n)$ 为取自总体 $X\sim U[a,b]$ 的样本.

(1) 试问: $\hat{a}=X_{(1)}, \hat{b}=X_{(n)}$ 是不是参数 a,b 的无偏估计量?

(2) 如何修正, 才能得到 a,b 的无偏估计量?

4. 设总体 X,Y 的期望与方差均存在且 $DX=DY$, $(X_1, X_2, \cdots, X_n)$ 与 $(Y_1, Y_2, \cdots, Y_m)$ 为分别取自 X 与 Y 的两个样本, 试证:

$$S^2=\frac{1}{n+m-2}\left[\sum_{i=1}^{n}\left(X_i-\overline{X}\right)^2+\sum_{i=1}^{m}\left(Y_i-\overline{Y}\right)^2\right]$$

是总体方差 $DX=DY=\sigma^2$ 的无偏估计量.

5. 设 $(X_1, X_2, \cdots, X_n)$ $(n>2)$ 是取自总体 $X\sim N\left(0,\sigma^2\right)$ 的一个样本. 设 $\overline{X}=\dfrac{1}{n}\sum\limits_{i=1}^{n}X_i$, $Y_i=X_i-\overline{X}$, $i=1,2,\cdots,n$.

(1) 试求: $D\left(Y_i\right), i=1,2,\cdots,n$, 以及 $\operatorname{Cov}\left(Y_1,Y_n\right)$;

(2) 若 $C\left(Y_1+Y_n\right)^2$ 是 σ^2 的无偏估计量, 求常数 C.

6. (1) 设总体 $X\sim N\left(\mu,\sigma^2\right)$, $(X_1, X_2, \cdots, X_n)$ 为 X 的一个样本. 试确定常数 C, 使得 $C\sum\limits_{i=1}^{n-1}\left(X_{i+1}-X_i\right)^2$ 为 σ^2 的无偏估计.

(2) 设 $(X_1, X_2, \cdots, X_n)$ 是正态总体 $N\left(\mu,\sigma^2\right)$ 的一个简单随机样本. 试求常数 k, 使得 $\hat{\sigma}=k\sum\limits_{i=1}^{n}\sum\limits_{j=1}^{n}\left|X_i-X_j\right|$ 为 σ 的无偏估计.

7. (1) 设 X_1, X_2, X_3 独立同均匀分布 $U(0,\theta)$. 试证: $\dfrac{4}{3}X_{(3)}$ 与 $4X_{(1)}$ 均是 θ 的无偏估计量, 并比较哪个更有效?

(2) 设 $(X_1, X_2, \cdots, X_n)$为取自总体$X\sim U\left[\theta-\dfrac{1}{2},\theta+\dfrac{1}{2}\right]$ 的一个样本. 证明: 样本均值 $\overline{X}$ 与 $\dfrac{1}{2}\left[X_{(1)}+X_{(n)}\right]$ 均是 θ 的无偏估计量, 并比较哪个更有效?

7.2 参数的点估计

一、矩估计

矩估计最早是由英国统计学家皮尔逊 (K. Pearson) 于 1894 年提出的, 后人称此方法为矩法或矩估计法. 其基本思想是

(1) 用样本矩去替换总体矩, 这里的矩既可以是原点矩也可以是中心矩;

(2) 用样本矩的函数去替换相应的总体矩的函数.

定义 7.2.1 设总体 X 的分布函数为 $F(x;\theta_1,\theta_2,\cdots,\theta_k)$, $(\theta_1,\theta_2,\cdots,\theta_k)\in\Theta$ 为未知参数. 设总体 X 的 k 阶原点矩 $\mu_k=EX^k$ 存在, 且 $\theta_1,\theta_2,\cdots,\theta_k$ 可表示为 $\mu_1,\mu_2,\cdots,\mu_k$ 的函数 $\theta_j=\theta_j(\mu_1,\mu_2,\cdots,\mu_k)$, $j=1,2,\cdots,k$. 用样本的 j 阶原点矩

$A_j = \frac{1}{n}\sum\limits_{i=1}^{n} X_i^j$ 替换 μ_j, $j=1,2,\cdots,k$, 称 $\hat{\theta}_j = \theta_j(A_1, A_2, \cdots, A_k)$ 为参数 θ_j 的**矩估计量**, $j=1,2,\cdots,k$, 相应的观测值称为**矩估计值**.

上述定义中应用原点矩替换, 也可以采用中心矩替换. 由于选择替换的矩不尽相同, 可能得到不同的矩估计. 常用的矩估计一般只涉及一、二阶矩. 这是由于所涉矩的阶数越小, 对总体的要求也尽可能少.

矩估计也可能不存在. 如果总体的 (一阶) 原点矩不存在, 如柯西分布, 就不能得到矩估计, 从而矩法失效.

使用矩估计时, 并不需要知道总体的分布类型, 这也使得矩估计的应用非常广泛. 我们可以如此解释矩估计的合理性.

由 (辛钦) 大数定律, 若随机序列 $\{X_n, n \geqslant 1\}$ 独立同分布, 且 $E\left(X_i^k\right) = \mu_k$ $(i=1,2,\cdots)$ 存在, 则

$$\lim_{n\to\infty} P\left(\left|\frac{1}{n}\sum_{i=1}^{n} X_i^k - \mu_k\right| \geqslant \varepsilon\right) = 0, \quad \forall \varepsilon > 0.$$

上式表明样本矩依概率收敛于总体矩. 随着样本容量的增加, 样本矩与总体矩之间出现差异的可能性越来越小.

例 7.2.1　设 $(X_1, X_2, \cdots, X_n)$ 为取自总体 X 的一个样本. 若 $EX = \mu$, $DX = \sigma^2$, 试求 μ, σ^2 的矩估计.

解　由矩估计的思想, 利用样本的一、二阶矩替换相应的总体矩, 则有

$$\begin{cases} \mu = \overline{X}, \\ \mu^2 + \sigma^2 = \frac{1}{n}\sum\limits_{i=1}^{n} X_i^2, \end{cases}$$

解之得

$$\hat{\mu} = \overline{X}, \quad \hat{\sigma}^2 = \frac{1}{n}\sum_{i=1}^{n} X_i^2 - \overline{X}^2.$$

事实上, 若用样本的一阶原点矩和二阶中心矩来替换总体的相应矩, 也有

$$\hat{\mu} = \overline{X}, \quad \hat{\sigma}^2 = S_n^2 = \frac{1}{n}\sum_{i=1}^{n}\left(X_i - \overline{X}\right)^2 = \frac{1}{n}\sum_{i=1}^{n} X_i^2 - \overline{X}^2. \qquad \square$$

例 7.2.2　设总体 $X \sim f(x;\theta) = \frac{1}{2\theta}\mathrm{e}^{-\frac{|x|}{\theta}}$, 其中 $\theta > 0$ 未知. 试求 θ 的矩估计量.

解　设 $(X_1, X_2, \cdots, X_n)$ 是取自总体 X 的一个样本. 易见, $EX = 0$ 与 θ 无关, 因此需要考虑二阶矩:

$$EX^2 = \int_{-\infty}^{+\infty} x^2 f(x;\theta)\,\mathrm{d}x = 2\theta^2.$$

用 $\frac{1}{n}\sum\limits_{i=1}^{n} X_i^2$ 替换 EX^2, 则有 θ 的矩估计量

$$\hat{\theta}=\sqrt{\frac{1}{2n}\sum_{i=1}^{n}X_i^2}. \qquad \square$$

例 7.2.3 设总体 $X\sim E(\lambda)$, 其中 $\lambda>0$ 未知. 试求 λ 的矩估计量.

解 因为 $X\sim E(\lambda)$, 故有 $EX=\dfrac{1}{\lambda}$, $DX=\dfrac{1}{\lambda^2}$. 若用 $\overline{X}$ 替换 EX, 则 λ 的矩估计量为 $\hat{\lambda}=\dfrac{1}{\overline{X}}$. 若用 $S_n^2=\dfrac{1}{n}\sum\limits_{i=1}^{n}\left(X_i-\overline{X}\right)^2$ 替换 DX, 则得 λ 的另一个矩估计量 $\hat{\lambda}=\dfrac{1}{\sqrt{S_n^2}}=\dfrac{1}{S_n}$. $\square$

一般地, 若 $\hat{\theta}$ 为 θ 的矩估计量, $g(\theta)$ 为 θ 的连续函数, 则 $g(\hat{\theta})$ 也为 $g(\theta)$ 的矩估计量.

例 7.2.4 设样本 $(X_1,X_2,\cdots,X_n)$ 取自总体 X, $X\sim B(m,p)$, 其中 m 已知, $p\in\Theta=(0,1)$ 未知. 试求 $\dfrac{p}{q}$ 的矩估计量, 其中 $q=1-p$.

解 易见, $\hat{p}=\dfrac{\overline{X}}{m}$ 为 p 的矩估计量. 若设 $g(p)=\dfrac{p}{q}=\dfrac{p}{1-p}$, 即有 $\dfrac{p}{q}$ 的矩估计量

$$g(\hat{p})=\frac{\hat{p}}{1-\hat{p}}=\frac{\overline{X}}{m-\overline{X}}.$$

注意到, $DX=mpq$, $g(p)=\dfrac{p}{q}=\dfrac{mp^2}{DX}$, 即有 $\dfrac{p}{q}$ 的另一个矩估计量

$$\frac{m\left(\dfrac{\overline{X}}{m}\right)^2}{\dfrac{1}{n}\sum\limits_{i=1}^{n}\left(X_i-\overline{X}\right)^2}=\frac{\left(\overline{X}\right)^2}{\dfrac{m}{n}\sum\limits_{i=1}^{n}\left(X_i-\overline{X}\right)^2}. \qquad \square$$

在例 7.2.3 和例 7.2.4 中, 基于不同矩得到的矩估计一般是不同的, 这是由于不同的矩包含了总体分布的不同信息. 如何充分地利用不同矩所包含的总体分布的信息从而得到更有效的估计, 越来越受到人们的关注, 进而产生了近些年在计量经济学中广为流行的广义矩方法 (GMM).

例 7.2.5 一个袋中装有白球与黑球, 有放回地抽取一个容量为 n 的样本, 其中有 k 个白球. 试求袋中黑球数与白球数之比 R 的矩估计.

解 设袋中有白球 x 个, 则黑球有 Rx 个, 袋中共计有球 $(R+1)\,x$ 个, 故从袋中任取一球是白球的概率为 $1/(R+1)$, 黑球的概率为 $R/(R+1)$. 现从中有放回地抽

取 n 个球, 可视为从两点分布的总体 X 中抽取容量为 n 的样本 $(X_1, X_2, \cdots, X_n)$, 其中

$$X_i = \begin{cases} 1, & \text{第 } i \text{ 次抽到白球}, \\ 0, & \text{第 } i \text{ 次抽到黑球}, \end{cases} \quad i = 1, 2, \cdots, n.$$

由于 $X \sim B\left(1, \dfrac{1}{R+1}\right)$, 所以 $EX = \dfrac{1}{R+1}$, 从而 $R = \dfrac{1}{EX} - 1$, 用 $\overline{X} = \dfrac{1}{n}\sum\limits_{i=1}^{n} X_i$ 替换 EX, 则有 R 的矩估计:

$$\hat{R} = \frac{1}{\overline{X}} - 1.$$

设 $(x_1, x_2, \cdots, x_n)$ 为样本的观测值. 由于有放回地抽取 n 个球, 其中有 k 个白球, 故 $\sum\limits_{i=1}^{n} x_i = k$, 因此 $\overline{x} = \dfrac{k}{n}$(点估计值), 从而 R 的矩估计值为 $\hat{R} = \dfrac{n}{k} - 1$. □

在例 7.2.5 中, 若记任意抽取一球是白球的概率为 p, 则 $p = \dfrac{1}{R+1}$, 从而 $R = \dfrac{1}{p} - 1$. 用 $\overline{X}$ 替换 p, 则有 $\hat{R} = \dfrac{1}{\overline{X}} - 1$.

例 7.2.6　设购买面包者中男性的概率为 p, 女性的概率为 $1-p$, $p \in \Theta = [1/2, 2/3]$. 现发现 70 位购买面包者中有 30 位男性, 40 位女性, 试求参数 p 的矩估计.

解　设总体 $X \sim B(1, p)$, $(X_1, X_2, \cdots, X_{70})$ 为取自总体 X 的样本, 且

$$X_i = \begin{cases} 1, & \text{第 } i \text{ 次购买面包者为男性}, \\ 0, & \text{第 } i \text{ 次购买面包者为女性}, \end{cases} \quad i = 1, 2, \cdots, 70.$$

设 $(x_1, x_2, \cdots, x_{70})$ 为样本的观测值, 则 $\sum\limits_{i=1}^{70} x_i = 30$. 由于 $EX = p$, 则有矩估计 $\hat{p} = \overline{X}$, 从而 p 的矩估计值为 $\hat{p} = \sum\limits_{i=1}^{70} \dfrac{x_i}{70} = \dfrac{3}{7}$. □

矩估计只涉及总体矩和样本矩, 而与参数空间无关. 在上例中 $\hat{p} = 3/7 \notin \Theta = [1/2, 2/3]$, 这是矩估计的不合理之处. 矩估计着眼于它的大样本性质, 当样本容量很大时, 矩估计才是合理的.

设 $((X_1, Y_1), (X_2, Y_2), \cdots, (X_n, Y_n))$ 为从二维总体 (X, Y) 中抽取的容量为 n 的样本. 设

$$\overline{X} = \frac{1}{n}\sum_{i=1}^{n} X_i, \quad \overline{Y} = \frac{1}{n}\sum_{i=1}^{n} Y_i, \quad S_X^2 = \frac{1}{n}\sum_{i=1}^{n}\left(X_i - \overline{X}\right)^2, \quad S_Y^2 = \frac{1}{n}\sum_{i=1}^{n}\left(Y_i - \overline{Y}\right)^2.$$

称 $S_{XY} = \dfrac{1}{n}\sum\limits_{i=1}^{n}\left(X_i - \overline{X}\right)\left(Y_i - \overline{Y}\right)$ 为**样本协方差**, $\hat{\rho} = \dfrac{S_{XY}}{S_X \cdot S_Y}$ 为**样本相关系数**. 由于总体相关系数 $\rho = \dfrac{\operatorname{Cov}(X, Y)}{\sqrt{DX} \cdot \sqrt{DY}}$, 用 $\overline{X}, \overline{Y}, S_X^2, S_Y^2$ 分别作为 EX, EY, DX,

DY 的矩估计量, 用样本协方差 S_{XY} 作为总体协方差 $\mathrm{Cov}(X,Y)$ 的矩估计量, 从而总体相关系数 ρ 的矩估计量即为 $\hat{\rho}=\dfrac{S_{XY}}{S_X\cdot S_Y}$.

需要指出的是, 矩估计是众多点估计方法中的一种, 它的特点是并不要求掌握总体的分布类型, 只要未知参数可以表示成总体矩的函数, 就能求出其矩估计. 当总体分布类型已知时, 由于没有充分利用总体分布所提供的信息, 矩估计不一定是理想的估计, 但因为其简单易行, 而且具有一定的优良性, 故其应用仍然十分广泛.

二、最 (极) 大似然估计

最 (极) 大似然估计 (maximum likelihood estimation) 最早是由德国数学家高斯在 1821 年针对正态分布提出的, 但现今人们一般将之归功于费希尔, 这主要是由于其在 1912 年重新提出并证明了这个方法的一些性质. 最大似然估计法是目前广泛应用的一种估计方法, 它的基本思想是基于“概率”最大的事件最可能出现的最大似然原理.

例如, 某随机试验有若干可能出现的结果 $A,B,C,\cdots$, 若在某次试验中, 结果 A 出现了, 那么自然认为 $P(A)$ 最大. 事实上, 最大似然估计的思想见之于诸多生活中的实例, 医生给病人看病, 在问清症状后作诊断时, 总是优先考虑直接引发这些症状的疾病; 机器发生故障时, 修理技工总是选择从易损部件或薄弱环节筛查; 公安人员侦破凶杀案, 也一般先从与被害人有密切来往且又有作案嫌疑的对象中进行排查等等.

再看一例. 设总体 $X\sim B(1,p)$, 其中 p 未知, (X_1,X_2,X_3) 为取自 X 的样本, (x_1,x_2,x_3) 为样本的一个观测值. 设

$$
\begin{aligned}
L(x_1,x_2,x_3;p)&=P(X_1=x_1,X_2=x_2,X_3=x_3)=\prod_{i=1}^{3}P(X_i=x_i)\\
&=p^{\sum\limits_{i=1}^{3}x_i}(1-p)^{3-\sum\limits_{i=1}^{3}x_i},\quad x_i\in\{0,1\},\quad i=1,2,3.
\end{aligned}
$$

(1) 如果需要 p 从的两个值 1/4, 3/4 中选一个, 即 $p\in\Theta=\{1/4,\ 3/4\}$, 将仅依赖于 $\sum\limits_{i=1}^{3}x_i$ 的 $L(x_1,x_2,x_3;p)$ 的值列表如下:

$x_1+x_2+x_3$	0	1	2	3
$L(x_1,x_2,x_3;1/4)$	27/64	9/64	3/64	1/64
$L(x_1,x_2,x_3;3/4)$	1/64	3/64	9/64	27/64

观测到 $x_1+x_2+x_3=0$, 自然应该认为 p 取 1/4; 若观测到 $x_1+x_2+x_3=3$, 自然应该认为 p 取 3/4. 此时参数 p 的取值是按照最大概率原则来确定的.

(2) 更一般地, 如果参数 p 的取值范围为 $p \in \Theta = [0,1]$, 设 $(x_1, x_2, \cdots, x_n)$ 为样本 $(X_1, X_2, \cdots, X_n)$ 的观测值, 则有

$$\begin{aligned} L(x_1, x_2, \cdots, x_n; p) &= P(X_1 = x_1, X_2 = x_2, \cdots, X_n = x_n) \\ &= p^{\sum\limits_{i=1}^{n} x_i} (1-p)^{n - \sum\limits_{i=1}^{n} x_i}, \quad x_i \in \{0,1\}, \quad i = 1, 2, \cdots, n. \end{aligned}$$

此时应选取 p 的估计值为何值, 才能使该样本的观测值出现的可能性最大?

下面分情形讨论:

(1) 若 $\sum\limits_{i=1}^{n} x_i = 0$, 则 p 的估计值取 0;

(2) 若 $\sum\limits_{i=1}^{n} x_i = n$, 则 p 的估计值取 1;

(3) 若 $0 < \sum\limits_{i=1}^{n} x_i < n$, 设

$$L(p) = L(x_1, x_2, \cdots, x_n; p) = p^{\sum\limits_{i=1}^{n} x_i} (1-p)^{n - \sum\limits_{i=1}^{n} x_i},$$

则有

$$\ln L(p) = \left(\sum_{i=1}^{n} x_i\right) \ln p + \left(n - \sum_{i=1}^{n} x_i\right) \ln(1-p),$$

设 $\dfrac{\mathrm{d}}{\mathrm{d}p} \ln L(p) = 0$, 则有 $p = \dfrac{1}{n} \sum\limits_{i=1}^{n} x_i = \overline{x}$.

现分别就总体离散和连续两种情形来讨论未知 (待估) 参数的最大似然估计.

1. 离散型总体

设总体 X 的分布律为 $P(X = x_i) = p(x_i; \theta_1, \theta_2, \cdots, \theta_k)$, 其中 $\theta_1, \theta_2, \cdots, \theta_k$ 为未知参数, Θ 为参数空间, $(X_1, X_2, \cdots, X_n)$ 为取自总体 X 的一个样本, $(x_1, x_2, \cdots, x_n)$ 为样本的一个观测值, 则样本的 “联合分布” 为

$$\begin{aligned} L(\theta_1, \theta_2, \cdots, \theta_k) &= P((X_1, X_2, \cdots, X_n) = (x_1, x_2, \cdots, x_n)) \\ &= \prod_{i=1}^{n} P(X_i = x_i) = \prod_{i=1}^{n} p(x_i; \theta_1, \theta_2, \cdots, \theta_k), \end{aligned}$$

称 $L(\theta_1, \theta_2, \cdots, \theta_k)$ 为 $(\theta_1, \theta_2, \cdots, \theta_k)$ 的**似然函数**.

若对任意给定的样本值 $(x_1, x_2, \cdots, x_n)$, 存在 $\hat{\theta}_{i\mathrm{MLE}} = \hat{\theta}_{i\mathrm{MLE}}(x_1, x_2, \cdots, x_n)$, $i = 1, 2, \cdots, k$, 使得

$$L\left(\hat{\theta}_{1\mathrm{MLE}}, \hat{\theta}_{2\mathrm{MLE}}, \cdots, \hat{\theta}_{k\mathrm{MLE}}\right) = \max_{(\theta_1, \theta_2, \cdots, \theta_k) \in \Theta} L(\theta_1, \theta_2, \cdots, \theta_k).$$

则称 $\hat{\theta}_{i\text{MLE}} = \hat{\theta}_{i\text{MLE}}(x_1, x_2, \cdots, x_n)$ 为 θ_i 的**最大似然估计值**, 称统计量 $\hat{\theta}_{i\text{MLE}}(X_1, X_2, \cdots, X_n)$ 为 θ_i 的**最大似然估计量**, $i = 1, 2, \cdots, k$, 其中下标 MLE 是 maximum likelihood estimation 的缩写.

例 7.2.7 设总体 X 服从 $\{1, 2, \cdots, N\}$ 上的均匀分布, $(x_1, x_2, \cdots, x_n)$ 为样本的一个观测值, 试求 $\hat{N}_{\text{MLE}}$.

解 设 $(X_1, X_2, \cdots, X_n)$ 为取自总体 X 的样本, 样本出现观测值 $(x_1, x_2, \cdots, x_n)$ 的概率为

$$L(N) = P((X_1, X_2, \cdots, X_n) = (x_1, x_2, \cdots, x_n)) = \prod_{i=1}^{n} P(X_i = x_i) = \frac{1}{N^n}.$$

欲使似然函数 $L(N)$ 取值最大, 只须 N 取值最小. 由于 $N \geqslant \max\{x_1, x_2, \cdots, x_n\} = x_{(n)}$, 则 $\hat{N}_{\text{MLE}} = x_{(n)}$, 从而 N 的最大似然估计量为 $\hat{N}_{\text{MLE}} = X_{(n)}$. □

例 7.2.8 设总体 X 有分布:

$$P(X = 1) = \theta^2, \quad P(X = 2) = 2\theta(1 - \theta), \quad P(X = 3) = (1 - \theta)^2,$$

其中 θ 为未知参数且 $\theta \in (0, 1)$.

(1) 若已知取得的样本值为 $(1, 2, 1)$, 试求最大似然估计值 $\hat{\theta}_{\text{MLE}}$.

(2) 更一般地, 现做 n 次试验, 观测到样本取值 $1, 2, 3$ 分别有 n_1, n_2, n_3 次, 其中 $n_1 + n_2 + n_3 = n$. 试求 $\hat{\theta}_{\text{MLE}}$.

解 (1) 易见, 样本出现观测值 $(1, 2, 1)$ 的概率为

$$\begin{aligned} P((X_1, X_2, X_3) = (1, 2, 1)) &= P(X_1 = 1, X_2 = 2, X_3 = 1) \\ &= P(X_1 = 1) P(X_2 = 2) P(X_3 = 1) = 2\theta^5 (1 - \theta). \end{aligned}$$

考虑 θ 的似然函数

$$L(\theta) = 2\theta^5 (1 - \theta), \quad \theta \in (0, 1).$$

设 $\dfrac{\mathrm{d}L(\theta)}{\mathrm{d}\theta} = 10\theta^4 - 12\theta^5 = 0$, 即有

$$\hat{\theta}_{\text{MLE}} = \frac{5}{6}.$$

(2) 设 $(X_1, X_2, \cdots, X_n)$ 为取自总体 X 的样本, $(x_1, x_2, \cdots, x_n)$ 为样本观测值. 由题意, $|\{i \mid x_i = k\}| = n_k$, $k = 1, 2, 3$. 样本出现上述观测值的概率为

$$P((X_1, X_2, \cdots, X_n) = (x_1, x_2, \cdots, x_n)) = \theta^{2n_1} [2\theta (1 - \theta)]^{n_2} (1 - \theta)^{2n_3}.$$

考虑 θ 的似然函数:

$$L(\theta) = L(x_1, x_2, \cdots, x_n; \theta) = 2^{n_2} \theta^{2n_1 + n_2} (1 - \theta)^{2n_3 + n_2}.$$

设 $\dfrac{\mathrm{d}\ln L(\theta)}{\mathrm{d}\theta}=\dfrac{2n_1+n_2}{\theta}-\dfrac{2n_3+n_2}{1-\theta}=0$, 即有

$$\hat{\theta}_{\mathrm{MLE}}=\frac{2n_1+n_2}{2n}.$$

□

例 7.2.9 为了估计湖中鱼的条数 N, 从湖中钓出 r 条鱼作上记号放回湖中, 经过一段时间再从湖中钓出 s 条鱼, 结果发现这 s 条中有 x 条标有记号, 应如何估计 N?

解 设第二次钓出标有记号的鱼为 X 条, 则

$$P(X=x)=\frac{\dbinom{r}{x}\dbinom{N-r}{s-x}}{\dbinom{N}{s}}.$$

取 N 的似然函数为

$$L(N)=L(x;N)=\frac{\dbinom{r}{x}\dbinom{N-r}{s-x}}{\dbinom{N}{s}}.$$

用最大似然估计法, 即选取 $\hat{N}$, 使得: $L(\hat{N})=\max\limits_{N}L(N)$. 考虑比值:

$$\frac{L(x;N)}{L(x;N-1)}=\frac{N^2-(r+s)N+rs}{N^2-(r+s)N+Nx},$$

注意到, 当 $N<\dfrac{rs}{x}$ 时, $L(x;N)>L(x;N-1)$; 当 $N>\dfrac{rs}{x}$ 时, $L(x;N)<L(x;N-1)$. 因此, $L(x;N)$ 在 $N=\dfrac{rs}{x}$ 时取得最大值, 但其不一定是整数, 故取 $\hat{N}=\left[\dfrac{rs}{x}\right]$. □

2. 连续型总体

设总体 X 的概率密度函数为 $f(x;\theta_1,\theta_2,\cdots,\theta_k)$, 其中 $(\theta_1,\theta_2,\cdots,\theta_k)\in\Theta$ 为待估参数, $(X_1,X_2,\cdots,X_n)$ 为取自总体 X 的一个样本. 设 $(x_1,x_2,\cdots,x_n)$ 为样本的一个观测值, 则样本落在 $(x_1,x_2,\cdots,x_n)$ 的附近 (邻域) $\prod\limits_{i=1}^{n}(x_i-\delta_i,x_i+\delta_i)$ 的概率为

$$\begin{aligned}&P\left((X_1,X_2,\cdots,X_n)\in\prod_{i=1}^{n}(x_i-\delta_i,x_i+\delta_i)\right)\\=&\prod_{i=1}^{n}P\left(X_i\in(x_i-\delta_i,x_i+\delta_i)\right)\end{aligned}$$

$$
\begin{aligned}
&= \prod_{i=1}^{n} \int_{x_i-\delta_i}^{x_i+\delta_i} f\left(x;\theta_1,\theta_2,\cdots,\theta_k\right)\mathrm{d}x \\
&\approx \prod_{i=1}^{n} \left[f\left(x_i;\theta_1,\theta_2,\cdots,\theta_k\right)2\delta_i\right] \\
&= 2^n \prod_{i=1}^{n}\delta_i \prod_{i=1}^{n} f\left(x_i;\theta_1,\theta_2,\cdots,\theta_k\right).
\end{aligned}
$$

因此, 可选取 $\theta_1,\theta_2,\cdots,\theta_k$ 的似然函数

$$
L\left(\theta_1,\theta_2,\cdots,\theta_k\right) = \prod_{i=1}^{n} f\left(x_i;\theta_1,\theta_2,\cdots,\theta_k\right).
$$

类似于对离散型总体的讨论, 若对任意给定的样本值 $(x_1,x_2,\cdots,x_n)$, 存在 $\hat{\theta}_{i\mathrm{MLE}} = \hat{\theta}_{i\mathrm{MLE}}(x_1,x_2,\cdots,x_n)$, $i=1,2,\cdots,k$, 使得

$$
L\left(\hat{\theta}_{1\mathrm{MLE}},\hat{\theta}_{2\mathrm{MLE}},\cdots,\hat{\theta}_{k\mathrm{MLE}}\right) = \max_{(\theta_1,\theta_2,\cdots,\theta_k)\in\Theta} L\left(\theta_1,\theta_2,\cdots,\theta_k\right).
$$

则 $\hat{\theta}_{i\mathrm{MLE}} = \hat{\theta}_{i\mathrm{MLE}}(x_1,x_2,\cdots,x_n)$ 为 θ_i 的最大似然估计值, $\hat{\theta}_{i\mathrm{MLE}}(X_1,X_2,\cdots,X_n)$ 为 θ_i 的**最大似然估计量**, $i=1,2,\cdots,k$.

例 7.2.10 设总体 $X \sim U[0,\theta]$, 其中 $\theta>0$ 为未知参数, 试求 $\hat{\theta}_{\mathrm{MLE}}$.

解 设 $(X_1,X_2,\cdots,X_n)$ 是取自总体 X 的样本, $(x_1,x_2,\cdots,x_n)$ 是样本的观测值. 考虑参数 θ 的似然函数

$$
L(\theta) = \prod_{i=1}^{n} f\left(x_i;\theta\right) = \begin{cases} \left(\dfrac{1}{\theta}\right)^n, & 0 \leqslant x_i \leqslant \theta,\ i=1,2,\cdots,n, \\ 0, & \text{其他}. \end{cases}
$$

欲使 $L(\theta)$ 取到最大值, 只需 θ 取最小值. 注意到

$$
L\left(\theta\right) = \left(\frac{1}{\theta}\right)^n, \quad 0 \leqslant x_{(1)} \leqslant \cdots \leqslant x_{(n)} \leqslant \theta,
$$

所以当 $\theta = x_{(n)}$ 时, $L(\theta)$ 达到最大, 从而最大似然估计量为 $\hat{\theta} = X_{(n)}$. □

例 7.2.11 设总体 $X \sim U[\theta,\theta+1]$, 其中 $\theta \in \mathbb{R}$ 为未知参数, 试求 $\hat{\theta}_{\mathrm{MLE}}$.

解 设 $(X_1,X_2,\cdots,X_n)$ 是取自总体 X 的样本, $(x_1,x_2,\cdots,x_n)$ 是样本的观测值. 考虑参数 θ 的似然函数

$$
L\left(\theta\right) = \prod_{i=1}^{n} f\left(x_i;\theta\right) = \begin{cases} 1, & \theta \leqslant x_{(1)} \leqslant \cdots \leqslant x_{(n)} \leqslant \theta+1, \\ 0, & \text{其他}. \end{cases}
$$

注意到似然函数欲取最大值 1, 只需参数满足

$$\theta \leqslant x_{(1)} \leqslant \cdots \leqslant x_{(n)} \leqslant \theta + 1,$$

解得 $x_{(n)}-1 \leqslant \hat{\theta} \leqslant x_{(1)}$, 从而 θ 的最大似然估计值为 $\hat{\theta}_{\mathrm{MLE}} = kx_{(1)} + (1-k)\left(x_{(n)}-1\right)$, $k \in [0,1]$, 最大似然估计量为

$$\hat{\theta}_{\mathrm{MLE}} = kX_{(1)} + (1-k)\left(X_{(n)} - 1\right), \quad k \in [0,1]. \qquad \square$$

例 7.2.11 表明: 最大似然估计可能不唯一, 甚至有无穷多个!

例 7.2.12　设总体 X 的概率密度为

$$f(x;\theta) = \begin{cases} \theta, & 0 < x < 1, \\ 1-\theta, & 1 \leqslant x < 2, \\ 0, & \text{其他}, \end{cases}$$

其中 $\theta\,(0 < \theta < 1)$ 是未知参数. 若 $(X_1, X_2, \cdots, X_n)$ 为取自总体 X 的一个样本, N 为样本值 $(x_1, x_2, \cdots, x_n)$ 中小于 1 的个数, 试求矩估计 $\hat{\theta}_{\mathrm{ME}}$ 和最大似然估计 $\hat{\theta}_{\mathrm{MLE}}$.

解　根据总体 X 的概率密度函数,

$$EX = \int_{-\infty}^{+\infty} xf(x;\theta)\,\mathrm{d}x = \int_0^1 \theta x \mathrm{d}x + \int_1^2 (1-\theta)\,x\mathrm{d}x = \frac{3}{2} - \theta,$$

从而 $\theta = \dfrac{3}{2} - EX$. 用样本均值 $\overline{X}$ 替换总体均值 EX, 则有 θ 的矩估计量

$$\hat{\theta}_{\mathrm{ME}} = \frac{3}{2} - \overline{X},$$

矩估计值 $\hat{\theta}_{\mathrm{ME}} = \dfrac{3}{2} - \overline{x}$.

考虑 θ 的似然函数

$$L(\theta) = \prod_{i=1}^{n} f(x_i;\theta) = \theta^N (1-\theta)^{n-N}, \quad 0 < \theta < 1.$$

设

$$\frac{\mathrm{d}\ln L(\theta)}{\mathrm{d}\theta} = \frac{N}{\theta} - \frac{n-N}{1-\theta} = 0,$$

则 θ 的最大似然估计为 $\hat{\theta}_{\mathrm{MLE}} = \dfrac{N}{n}$. $\square$

例 7.2.13　设 $(X_1, X_2, \cdots, X_n)$ 为取自 (两参数指数分布) 总体 X 的一个样本, X 的概率密度为

$$f(x;\mu,\theta) = \begin{cases} \dfrac{1}{\theta}\exp\left\{-\dfrac{x-\mu}{\theta}\right\}, & x > \mu, \\ 0, & x \leqslant \mu, \end{cases} \quad \theta > 0,\ -\infty < \mu < +\infty,$$

试求参数 μ,θ 的最大似然估计 $\hat{\mu},\hat{\theta}$.

解 设 $(x_1,x_2,\cdots,x_n)$ 为样本的观测值, 考虑参数 μ,θ 的似然函数

$$\begin{aligned}L(\mu,\theta)&=\prod_{i=1}^{n}f(x_i;\mu,\theta)\\&=\begin{cases}\dfrac{1}{\theta^n}\exp\left\{-\dfrac{\sum\limits_{i=1}^{n}x_i-n\mu}{\theta}\right\}, & x_i>\mu,i=1,2,\cdots,n,\\0, & \text{其他}\end{cases}\\&=\begin{cases}\dfrac{1}{\theta^n}\exp\left\{-\dfrac{\sum\limits_{i=1}^{n}x_i-n\mu}{\theta}\right\}, & x_{(1)}>\mu,\\0, & \text{其他},\end{cases}\end{aligned}$$

注意到, 固定 θ 时, $L(\mu,\theta)$ 为 μ 的单调递增函数. 根据最大似然估计的定义, μ 的最大似然估计值为 $\hat{\mu}=x_{(1)}$, 最大似然估计量为 $\hat{\mu}=X_{(1)}$.

设

$$\frac{\mathrm{d}\ln L(\hat{\mu},\theta)}{\mathrm{d}\theta}=-\frac{n}{\theta}+\frac{\sum\limits_{i=1}^{n}x_i-n\hat{\mu}}{\theta^2}=0,$$

则 θ 的最大似然估计值为

$$\hat{\theta}=\frac{1}{n}\sum_{i=1}^{n}x_i-\hat{\mu}=\overline{x}-x_{(1)},$$

最大似然估计量为 $\hat{\theta}=\overline{X}-X_{(1)}$. □

例 7.2.14 设总体 X 服从两参数韦布尔分布, 即 X 有分布函数

$$F(x;m,\beta)=\begin{cases}1-\exp\left\{-\left(\dfrac{x}{\beta}\right)^m\right\}, & x>0,\\0, & x\leqslant 0,\end{cases}$$

其中 m,β 为未知参数. 设 $(X_1,X_2,\cdots,X_n)$ 是取自 X 的一个样本, 试求 m,β 的最大似然估计.

解 记总体 X 的概率密度为 $f(x;m,\beta)$, 则

$$f(x;m,\beta)=\frac{\mathrm{d}}{\mathrm{d}x}F(x;m,\beta)=\begin{cases}\dfrac{mx^{m-1}}{\beta^m}\exp\left\{-\left(\dfrac{x}{\beta}\right)^m\right\}, & x>0,\\0, & x\leqslant 0.\end{cases}$$

设 $(x_1, x_2, \cdots, x_n)$ 是样本的观测值, 考虑参数 m, β 的似然函数:

$$
\begin{aligned}
L(m,\beta) &= \prod_{i=1}^{n} f(x_i; m, \beta) \\
&= \begin{cases} \dfrac{m^n\left(\prod\limits_{i=1}^{n} x_i\right)^{m-1}}{\beta^{mn}} \exp\left\{-\dfrac{\sum\limits_{i=1}^{n} x_i^m}{\beta^m}\right\}, & x_{(1)} > 0; \\ 0, & \text{其他}. \end{cases}
\end{aligned}
$$

设

$$
\begin{cases}
\dfrac{\partial}{\partial m} \ln L(m,\beta) = \dfrac{n}{m} - n\ln\beta + \sum\limits_{i=1}^{n} \ln x_i \\
\qquad\qquad - \dfrac{1}{\beta^m}\left(\sum\limits_{i=1}^{n} x_i^m \ln x_i - \ln\beta \sum\limits_{i=1}^{n} x_i^m\right) = 0, \\
\dfrac{\partial}{\partial \beta} \ln L(m,\beta) = -\dfrac{nm}{\beta} + \dfrac{m}{\beta^{m+1}} \sum\limits_{i=1}^{n} x_i^m = 0.
\end{cases}
$$

化简得

$$
\frac{\sum\limits_{i=1}^{n} x_i^m \ln x_i}{\sum\limits_{i=1}^{n} x_i^m} - \frac{1}{m} = \frac{\sum\limits_{i=1}^{n} \ln x_i}{n}.
$$

此为一个超越方程, 但可以证明其有唯一正根 $\hat{m}$, 即为 m 的最大似然估计值. 从而, β 的最大似然估计值为 $\hat{\beta} = \left(\dfrac{1}{n}\sum\limits_{i=1}^{n} x_i^m\right)^{\frac{1}{m}}$. □

根据上述例题, 我们可以发现, 最大似然估计可能不止一个, 有时甚至为无穷多个; 即使最大似然估计值唯一确定, 却很难求出或者无法给出它的显式表示, 只能根据其样本观测值进行数值求解; 对数似然方程的解不一定使得对数似然函数取得最大值, 因为驻点不一定是极值点.

习　题　7.2

1. 设总体 X 服从对数正态分布 $\mathrm{LN}(\mu, \sigma^2)$, 即 X 的概率密度函数为

$$
f(x;\mu,\sigma^2) = \begin{cases} \dfrac{1}{\sqrt{2\pi}\sigma x} \mathrm{e}^{-\frac{(\ln x - \mu)^2}{2\sigma^2}}, & x > 0, \\ 0, & x \leqslant 0, \end{cases}
$$

其中 $\mu \in (-\infty, +\infty)$, $\sigma^2 \in (0, +\infty)$ 均未知.

(1) 求 μ,σ^2 的矩估计量;

(2) 求 μ,σ^2 的最大似然估计量;

(3) 求 EX,DX 的最大似然估计量.

2. 设总体 X 的概率密度为

$$f(x;\theta,\lambda)=\begin{cases}\theta\mathrm{e}^{-\theta(x-\lambda)}, & x>\lambda,\\ 0, & x\leqslant\lambda,\end{cases}$$

其中 $\lambda\in\mathbb{R}$, $\theta>0$ 均未知. 试求 θ,λ 的最大似然估计量.

3. (1) 设总体 $X\sim U[-\theta,\theta]$, 其中 $\theta>0$ 未知; 试求 θ 的矩估计与最大似然估计.

(2) 设总体 $X\sim U[\theta_1,\theta_1+\theta_2]$, 其中 $\theta_1,\theta_2>0$ 为未知参数. 试求参数 θ_1,θ_2 的矩估计与最大似然估计.

4. 设离散型总体 X 有如下分布:

$$X\sim\begin{pmatrix}0 & 1 & 2 & 3\\ \theta^2 & 2\theta(1-\theta) & \theta^2 & 1-2\theta\end{pmatrix},$$

其中 $\theta\in\Theta=\left(0,\dfrac{1}{2}\right)$ 为未知参数. 由总体得如下样本值: 3, 1, 3, 0, 3, 1, 2, 3, 求未知参数 θ 的矩估计与最大似然估计.

5. (1) 一个袋中装有白球与黑球, 有放回地抽取一个容量为 n 的样本, 其中有 k 个白球. 试求袋中黑球数与白球数之比 R 的最大似然估计.

(2) 甲、乙两人独立地校对一书稿的清样, 他们分别发现了 k_1,k_2 个错误, 其中 k_{12} 个错误是共同的 $(k_{12}>0)$. 求总的错误个数 n 的估计.

6. 设总体 X 的概率密度为

$$f(x;\theta)=\begin{cases}\dfrac{\theta^2}{x^3}\mathrm{e}^{-\frac{\theta}{x}}, & x>0,\\ 0, & x\leqslant 0,\end{cases}$$

其中 $\theta>0$ 未知, 设 $(X_1,X_2,\cdots,X_n)$ 为取自总体 X 的简单随机样本.

(1) 求 θ 的矩估计量;

(2) 求 θ 的最大似然估计量.

7. 设总体 X 的概率密度为

$$f(x;\theta)=\begin{cases}\dfrac{1}{1-\theta}, & \theta\leqslant x\leqslant 1,\\ 0, & \text{其他},\end{cases}$$

其中 θ 为未知参数. 设 $(X_1,X_2,\cdots,X_n)$ 为取自总体 X 的简单随机样本.

(1) 求 θ 的矩估计量;

(2) 求 θ 的最大似然估计量.

8. 设总体 X 的概率密度为

$$f(x;\sigma^2)=\begin{cases}\dfrac{A}{\sigma}\mathrm{e}^{-\frac{(x-\mu)^2}{2\sigma^2}}, & x\geqslant\mu,\\ 0, & x<\mu,\end{cases}$$

其中 μ 为已知参数, $\sigma > 0$ 是未知参数, A 是常数. 设 $(X_1, X_2, \cdots, X_n)$ 为取自总体 X 的简单随机样本.

(1) 求 A;

(2) 求 σ^2 的最大似然估计量.

9. 设总体 X 的概率密度为

$$f(x;\sigma) = \frac{1}{2\sigma} \mathrm{e}^{-\frac{|x|}{\sigma}}, \quad -\infty < x < +\infty,$$

其中 $\sigma \in (0, +\infty)$ 为未知参数. 设 $(X_1, X_2, \cdots, X_n)$ 为取自总体 X 的简单随机样本, σ 的最大似然估计为 $\widehat{\sigma}$.

(1) 求 $\widehat{\sigma}$;

(2) 求 $E(\widehat{\sigma}), D(\widehat{\sigma})$;

(3) 证明: $\widehat{\sigma}$ 是 σ 的相合估计量.

10. 某工程师为了解一台天平的精度, 用该天平对一物体的质量做 n 次测量, 该物体的质量 μ 是已知的. 设 n 次测量结果 $X_1, X_2, \cdots, X_n$ 相互独立且均服从正态分布 $N(\mu, \sigma^2)$. 该工程师记录了 n 次测量的绝对误差 $Z_i = |X_i - \mu|$ $(i = 1, 2, \cdots, n)$.

(1) 求 Z_1 的概率密度;

(2) 利用一阶矩求 σ 的矩估计量;

(3) 求 σ 的最大似然估计量.

11. 设总体 X 的分布函数为

$$F(x;\theta) = \begin{cases} 1 - \mathrm{e}^{-\frac{x^2}{\theta}}, & x > 0, \\ 0, & x \leqslant 0, \end{cases}$$

其中 $\theta > 0$ 未知. 设 $(X_1, X_2, \cdots, X_n)$ 为取自总体 X 的简单随机样本.

(1) 求 EX, $E(X^2)$;

(2) 求 θ 的最大似然估计量 $\widehat{\theta}_n$;

(3) 是否存在实数 a, 使得对任意的 $\varepsilon > 0$, 都有 $\lim\limits_{n\to\infty} P\left(\left|\widehat{\theta}_n - a\right| \geqslant \varepsilon\right) = 0$.

7.3 区间估计

点估计是用一个点去估计未知参数, 在多数情形下会有误差, 但是任何一种估计, 如果不注明估计的误差, 恐怕并无多少意义. 有时可能会对参数的变动范围感兴趣, 这便是区间估计 (interval estimation), 试图用一个区间去估计未知参数. 例如 “明天的降雨量为 10mm”, 仅有这样一个点估计是不够的, 需要对估计的随机性有更明确的表述, 若 “明天的降雨量有 90% 的把握为 8 ~ 12mm” 就会稳妥得多. 点估计虽然给出了未知参数的估计量或估计值, 但并未给出相应的可靠度与精度; 而区间估计正好弥补了这一不足! 在区间估计理论中, 现今最为广泛接受的观点是置信区间, 它是统计学家奈曼 (Jerzy Neyman) 于 1934 年建立并提出的. 本节只介绍基于枢轴量的区间估计法.

定义 7.3.1 设总体 X 的分布中含有未知参数 $\theta, \theta \in \Theta$, $(X_1, X_2, \cdots, X_n)$ 为总体 X 的样本. 如果存在统计量 $\hat{\theta}_{\mathrm{L}} = \hat{\theta}_{\mathrm{L}}(X_1, X_2, \cdots, X_n)$, $\hat{\theta}_{\mathrm{U}} = \hat{\theta}_{\mathrm{U}}(X_1, X_2, \cdots, X_n)$, 使得对任意的 $\theta \in \Theta$, 均有 $P(\hat{\theta}_{\mathrm{L}} < \theta < \hat{\theta}_{\mathrm{U}}) = 1 - \alpha$, 则称 $(\hat{\theta}_{\mathrm{L}}, \hat{\theta}_{\mathrm{U}})$ 为参数 θ 的置信水平为 $1 - \alpha$ 的**置信区间**(confidence interval), $\hat{\theta}_{\mathrm{L}}, \hat{\theta}_{\mathrm{U}}$ 分别称为 θ 的**置信下限**和**置信上限**.

定义 7.3.1 中的 $1 - \alpha$ 也称为**置信系数**, **置信概率**或**置信度**(confidence level); α 称为**显著性水平**, 一般取为 $0.1, 0.05, 0.025, 0.01$ 等.

应正确理解置信区间含义. 不能将 $P(\hat{\theta}_{\mathrm{L}} < \theta < \hat{\theta}_{\mathrm{U}}) = 1 - \alpha$ 解释为 "θ 落在 $(\hat{\theta}_{\mathrm{L}}, \hat{\theta}_{\mathrm{U}})$ 内的概率为 $1 - \alpha$", 这是因为参数 θ 是常数, 而不是随机变量; 实际上应解释为 "随机区间 $(\hat{\theta}_{\mathrm{L}}, \hat{\theta}_{\mathrm{U}})$ 以 $1 - \alpha$ 的概率包含未知参数 θ 的真值"; 若认为 "随机区间 $(\hat{\theta}_{\mathrm{L}}, \hat{\theta}_{\mathrm{U}})$ 包含未知参数 θ 的真值", 则持此看法犯错的概率为 α. 因此, 若对总体 X 进行 n 次的抽样, 得到 n 个样本观测值 $(x_1, x_2, \cdots, x_n)$, 进而得到 n 个置信区间

$$(\hat{\theta}_{\mathrm{L}}(x_1, x_2, \cdots, x_n), \hat{\theta}_{\mathrm{U}}(x_1, x_2, \cdots, x_n)),$$

那么这其中大约有 $n(1 - \alpha)$ 个区间包含未知参数 θ 的真值.

置信区间 $(\hat{\theta}_{\mathrm{L}}, \hat{\theta}_{\mathrm{U}})$ 是一个随机区间, 其端点及区间的长度一般都是关于样本函数的随机变量, 都是统计量. 总体参数的真值是客观存在且固定、未知的, 而抽取不同的样本会得到不同的置信区间.

评价一个置信区间 $(\hat{\theta}_{\mathrm{L}}, \hat{\theta}_{\mathrm{U}})$ 的优劣含有两个要素: 一是可靠度 (置信度), 也就是用区间 $(\hat{\theta}_{\mathrm{L}}, \hat{\theta}_{\mathrm{U}})$ 包含 θ 是否可靠, 一般用概率 $P(\hat{\theta}_{\mathrm{L}} < \theta < \hat{\theta}_{\mathrm{U}})$ 来度量; 另一个是精度, 用区间 $(\hat{\theta}_{\mathrm{L}}, \hat{\theta}_{\mathrm{U}})$ 的平均长度 $E(\hat{\theta}_{\mathrm{U}} - \hat{\theta}_{\mathrm{L}})$ 来度量.

一般而言, 在样本容量固定的条件下, 提高精度会降低可靠度, 提高可靠度又会牺牲精度. 为解决这一矛盾, 可采用如下原则: 先考虑可靠度, 要求置信区间 $(\hat{\theta}_{\mathrm{L}}, \hat{\theta}_{\mathrm{U}})$ 有 $1 - \alpha$ 的置信度, 在这一前提下, 使 $(\hat{\theta}_{\mathrm{L}}, \hat{\theta}_{\mathrm{U}})$ 的精度尽可能地高.

在有些区间估计问题中, 不是寻求双侧置信区间, 而是更关注单侧置信区间. 例如, 设总体的未知参数为 θ, 对于给定的置信度 $1 - \alpha$, 若是关于元件、设备的寿命问题, 所关心的问题是 "未知参数至少有多大", 则应有 $P(\theta > \hat{\theta}_{\mathrm{L}}) = 1 - \alpha$; 若是关于药品的毒性、轮胎的磨损或产品的不合格率等问题, 所关心的问题是 "未知参数不超过多大", 则应有 $P(\theta < \hat{\theta}_{\mathrm{U}}) = 1 - \alpha$. 在本节中, 我们只讨论双侧置信区间的构造. 构造置信区间一般有枢轴量法、统计量法以及基于假设检验的接受域法等, 其中最为常见的是枢轴量法.

应用枢轴量法建立区间估计一般步骤为

(1) 先给出一个统计量 $T = T(X_1, X_2, \cdots, X_n)$, 一般选择未知参数 θ 的点估计量;

(2) 构造 T 和 θ 的函数 $G(T,\theta)$, 使其分布与待估参数 θ 无关, $G(T,\theta)$ 即为枢轴量;

(3) 选择两个常数 c_1, c_2, 使得 $P\left(c_1 < G\left(T,\theta\right) < c_2\right) = 1-\alpha$;

(4) 对不等式 $c_1 < G\left(T,\theta\right) < c_2$ 作等价变形, 得到 $\hat{\theta}_{\mathrm{L}} < \theta < \hat{\theta}_{\mathrm{U}}$, 则

$$P(\hat{\theta}_{\mathrm{L}} < \theta < \hat{\theta}_{\mathrm{U}}) = P(c_1 < G(T,\theta) < c_2) = 1-\alpha.$$

从而, $(\hat{\theta}_{\mathrm{L}}, \hat{\theta}_{\mathrm{U}})$ 为 θ 的 $1-\alpha$ 置信区间.

例 7.3.1 设总体 $X \sim U(0,\theta)$, 其中 $\theta > 0$ 未知, $(X_1, X_2, \cdots, X_n)$ 为取自 X 的一个样本. 试利用 $X_{(n)}/\theta$ 的分布导出未知参数 θ 的置信度为 $1-\alpha$ 的置信区间.

解 因为 X 的分布函数为

$$F_X(x) = \begin{cases} 0, & x \leqslant 0, \\ \dfrac{x}{\theta}, & 0 < x < \theta, \\ 1, & x \geqslant \theta, \end{cases}$$

从而 $X_{(n)}$ 的分布函数为

$$\begin{aligned} F_{X_{(n)}}(x) &= P\left(X_{(n)} \leqslant x\right) = P\left(X_1 \leqslant x, X_2 \leqslant x, \cdots, X_n \leqslant x\right) \\ &= \prod_{i=1}^{n} P\left(X_i \leqslant x\right) = \begin{cases} 0, & x \leqslant 0, \\ \left(\dfrac{x}{\theta}\right)^n, & 0 < x < \theta, \\ 1, & x \geqslant \theta; \end{cases} \end{aligned}$$

$X_{(n)}$ 的概率密度为

$$f_{X_{(n)}}(x) = \frac{\mathrm{d}}{\mathrm{d}x} F_{X_{(n)}}(x) = \begin{cases} \dfrac{n}{\theta} \cdot \left(\dfrac{x}{\theta}\right)^{n-1}, & 0 < x < \theta, \\ 0, & \text{其他}. \end{cases}$$

根据定理 2.4.1, $X_{(n)}/\theta$ 的概率密度为

$$f_{X_{(n)}/\theta}(z) = \begin{cases} nz^{n-1}, & 0 < z < 1, \\ 0, & \text{其他}. \end{cases}$$

因此, 可以选择 $X_{(n)}/\theta$ 为 θ 的区间估计的枢轴量. 选取正数 c_1, c_2, 使得 $P(c_1 < X_{(n)}/\theta < c_2) = 1-\alpha$. 易见, 满足此条件的 c_1, c_2 有无穷多组.

为方便计, 考虑

$$P\left(\frac{X_{(n)}}{\theta} \geqslant c_2\right) = P\left(\frac{X_{(n)}}{\theta} \leqslant c_1\right) = \frac{\alpha}{2},$$

从而 $c_1 = \sqrt[n]{\alpha/2},\ c_2 = \sqrt[n]{1-\alpha/2}$, 且

$$P\left(\sqrt[n]{\alpha/2} < \frac{X_{(n)}}{\theta} < \sqrt[n]{1-\alpha/2}\right) = P\left(\frac{X_{(n)}}{\sqrt[n]{1-\alpha/2}} < \theta < \frac{X_{(n)}}{\sqrt[n]{\alpha/2}}\right) = 1-\alpha,$$

则有 θ 的一个置信度为 $1-\alpha$ 的置信区间 $\left(X_{(n)}/\sqrt[n]{1-\alpha/2},\ X_{(n)}/\sqrt[n]{\alpha/2}\right)$. □

此例也说明未知参数的区间估计并不唯一!

相比于其他总体, 正态总体的参数的置信区间应用最为广泛. 在构造正态总体参数的置信区间的过程中, 标准正态分布、χ^2 分布、t 分布以及 F 分布等扮演了重要的角色!

一、 正态总体均值的区间估计

1. *若总体 $X \sim N\left(\mu, \sigma_0^2\right)$, 其中 σ_0^2 已知, 求 μ 的置信度为 $1-\alpha$ 的置信区间*

设 $(X_1, X_2, \cdots, X_n)$ 为取自 X 的样本. 考虑总体均值 μ 的一个点估计量 $\overline{X}$, 则 $\overline{X} \sim N\left(\mu, \sigma_0^2/n\right)$, 故 $\sqrt{n}\left(\overline{X}-\mu\right)/\sigma_0 \sim N(0,1)$. 选择区间估计的枢轴量 $U = \sqrt{n}\left(\overline{X}-\mu\right)/\sigma_0$, 对于给定的置信度 $1-\alpha$, 选取常数 c_1, c_2, 使得 $P(c_1 < U < c_2) = 1-\alpha$. 鉴于标准正态分布的对称性, 取 $c_2 = u_{\frac{\alpha}{2}}, c_1 = -u_{\frac{\alpha}{2}}$, 则有

$$\begin{aligned} P\left(-u_{\frac{\alpha}{2}} < U < u_{\frac{\alpha}{2}}\right) &= P\left(-u_{\frac{\alpha}{2}} < \frac{\sqrt{n}\left(\overline{X}-\mu\right)}{\sigma_0} < u_{\frac{\alpha}{2}}\right) \\ &= P\left(\overline{X} - \frac{\sigma_0}{\sqrt{n}} u_{\frac{\alpha}{2}} < \mu < \overline{X} + \frac{\sigma_0}{\sqrt{n}} u_{\frac{\alpha}{2}}\right) = 1-\alpha, \end{aligned}$$

可得 μ 的一个置信度为 $1-\alpha$ 的置信区间

$$\left(\overline{X} - \frac{\sigma_0}{\sqrt{n}} u_{\frac{\alpha}{2}},\ \overline{X} + \frac{\sigma_0}{\sqrt{n}} u_{\frac{\alpha}{2}}\right), \tag{7.3.1}$$

简记为 $\left(\overline{X} \pm \frac{\sigma_0}{\sqrt{n}} u_{\frac{\alpha}{2}}\right)$.

以上得到的置信区间尽管是随机区间, 但其长度 $2\frac{\sigma_0}{\sqrt{n}} u_{\frac{\alpha}{2}}$ 却为常数. 可以证明上述置信区间在所有这类区间中平均长度最短.

例 7.3.2 设总体 $X \sim N\left(\mu, \sigma^2\right)$, 其中 μ 未知, $\sigma^2 = 4$. 设 $(X_1, X_2, \cdots, X_n)$ 为取自总体的一个样本,

(1) 当 $n = 16$ 时, 试求置信度分别为 0.9, 0.95 的 μ 的置信区间的长度;

(2) 当 n 分别为何值时, 才能使得 μ 的置信度为 0.9, 0.95 的置信区间的长度不超过 1?

解 (1) 由式 (7.3.1), 置信区间的长度为 $2\frac{\sigma}{\sqrt{n}}u_{\frac{\alpha}{2}}$. 当 $1-\alpha=0.9$ 时,

$$2\frac{\sigma}{\sqrt{n}}u_{\frac{\alpha}{2}}=2\times\frac{2}{\sqrt{16}}\times 1.65=1.65.$$

当 $1-\alpha=0.95$ 时,

$$2\frac{\sigma}{\sqrt{n}}u_{\frac{\alpha}{2}}=2\times\frac{2}{\sqrt{16}}\times 1.96=1.96.$$

(2) 欲使 $2\frac{\sigma}{\sqrt{n}}u_{\frac{\alpha}{2}}\leqslant 1$, 则 $n\geqslant\left(2\sigma u_{\frac{\alpha}{2}}\right)^2$. 当 $1-\alpha=0.9$ 时,

$$n\geqslant\left(2\sigma u_{\frac{\alpha}{2}}\right)^2=(2\times 2\times 1.65)^2\geqslant 44.$$

当 $1-\alpha=0.95$ 时,

$$n\geqslant\left(2\sigma u_{\frac{\alpha}{2}}\right)^2=(2\times 2\times 1.96)^2\geqslant 62.$$ □

例 7.3.2 告诉我们: 当样本容量固定时, 提高可靠度 (置信度) 会拉长置信区间, 从而降低精度; 而要使精度不降低, 只能增加样本容量.

例 7.3.3 设 (X_1,X_2,X_3,X_4) 为取自总体 X 的样本, $(0.50,1.25,0.80,2.00)$ 为样本的观测值. 已知 $Y=\ln X\sim N(\mu,1)$, 试求

(1) μ 的置信度为 0.95 的置信区间;

(2) 总体均值 EX 的置信度为 0.95 的置信区间.

解 (1) 由于 $Y\sim N(\mu,1)$, 因此 μ 的置信度为 0.95 的置信区间为

$$\left(\overline{Y}\pm\frac{\sigma_0}{\sqrt{n}}u_{\frac{\alpha}{2}}\right)=\left(\overline{\ln X}\pm\frac{\sigma_0}{\sqrt{n}}u_{\frac{\alpha}{2}}\right),$$

由于 $\overline{y}=\frac{1}{4}(\ln 0.50+\ln 1.25+\ln 0.80+\ln 2.00)=0$, 则有置信区间

$$\left(\overline{y}\pm\frac{\sigma_0}{\sqrt{n}}u_{\frac{\alpha}{2}}\right)=\left(0\pm\frac{1}{\sqrt{4}}\times 1.96\right)=(-0.98,0.98).$$

(2) 由于 $EX=\mathrm{e}^{\mu+\frac{1}{2}}$ 关于 μ 是单调递增的, 故 EX 的置信度为 0.95 的置信区间为 $\left(\mathrm{e}^{-0.98+\frac{1}{2}},\mathrm{e}^{0.98+\frac{1}{2}}\right)=(\mathrm{e}^{-0.48},\mathrm{e}^{1.48})$. □

2. 若总体 $X\sim N(\mu,\sigma^2)$, 其中 σ^2 未知, 求 μ 的置信度为 $1-\alpha$ 的置信区间

设 $(X_1,X_2,\cdots,X_n)$ 为取自 X 的样本, 考虑总体均值 μ 的一个点估计量 $\overline{X}$, 但此时 $\sqrt{n}\left(\overline{X}-\mu\right)/\sigma$ 不能作为区间估计的枢轴量, 因为 σ 未知. 考虑用修正的样

本标准差 $S=\sqrt{\frac{1}{n-1}\sum\limits_{i=1}^{n}\left(X_i-\overline{X}\right)^2}$ 替换总体标准差 σ, 根据定理 6.3.2,

$$T=\frac{\overline{X}-\mu}{S/\sqrt{n}}\sim t\,(n-1)\,.$$

选择 T 作为区间估计的枢轴量, 对于给定的置信水平 $1-\alpha$, 选取常数 c_1,c_2, 使得 $P\,(c_1<T<c_2)\;=\;1-\alpha$. 鉴于 t 分布的对称性, 取 $c_2=t_{\frac{\alpha}{2}}(n-1),c_1=-t_{\frac{\alpha}{2}}(n-1)$, 则有

$$\begin{aligned}&P\left(-t_{\frac{\alpha}{2}}(n-1)<T<t_{\frac{\alpha}{2}}(n-1)\right)\\ =&P\left(-t_{\frac{\alpha}{2}}(n-1)<\frac{\sqrt{n}\left(\overline{X}-\mu\right)}{S}<t_{\frac{\alpha}{2}}(n-1)\right)\\ =&P\left(\overline{X}-\frac{S}{\sqrt{n}}t_{\frac{\alpha}{2}}(n-1)<\mu<\overline{X}+\frac{S}{\sqrt{n}}t_{\frac{\alpha}{2}}(n-1)\right)=1-\alpha,\end{aligned}$$

则可得 μ 的一个置信度为 $1-\alpha$ 的置信区间为

$$\left(\overline{X}-\frac{S}{\sqrt{n}}t_{\frac{\alpha}{2}}(n-1),\ \overline{X}+\frac{S}{\sqrt{n}}t_{\frac{\alpha}{2}}(n-1)\right),\tag{7.3.2}$$

简记为 $\left(\overline{X}\pm\frac{S}{\sqrt{n}}t_{\frac{\alpha}{2}}(n-1)\right)$.

以上得到的置信区间长度 $2\frac{S}{\sqrt{n}}t_{\alpha/2}\,(n-1)$ 为随机变量. 可以验证上述置信区间在所有这类区间中平均长度最短.

我们注意到: 无论是方差已知情形下置信区间的长度 $2\frac{\sigma_0}{\sqrt{n}}u_{\frac{\alpha}{2}}$, 还是方差未知情形下置信区间的长度 $2\frac{S}{\sqrt{n}}t_{\frac{\alpha}{2}}(n-1)$, 在样本容量固定时, 若提高区间估计的可靠度 $1-\alpha$, 即降低 α, 从而 $u_{\frac{\alpha}{2}},t_{\frac{\alpha}{2}}(n-1)$ 都会增大, 相应置信区间的长度也会增大, 故降低了区间估计的精度; 反之, 若提高区间估计的精度, 在样本容量固定时, 只能降低 $u_{\frac{\alpha}{2}},t_{\frac{\alpha}{2}}(n-1)$, 即增加 α, 从而降低 $1-\alpha$, 即降低了区间估计的可靠度. 因此, 在增加样本容量的情形下, 既可以提高区间估计的精度, 也可以提高区间估计的可靠度.

例 7.3.4 设样本 $(X_1,X_2,\cdots,X_n)$ 取自正态总体 $N\left(\mu,\sigma^2\right)$, 其中 μ,σ^2 均未知. 若随机变量 L 是关于 μ 的置信度为 $1-\alpha$ 的置信区间的长度, 试求 $E\left(L^2\right)$.

解 当 σ^2 未知时, 根据式 (7.3.2), μ 的置信度为 $1-\alpha$ 的置信区间的长度为 $L=2\frac{S}{\sqrt{n}}t_{\frac{\alpha}{2}}(n-1)$. 故 $L^2=\frac{4S^2}{n}t^2_{\frac{\alpha}{2}}(n-1)$, 从而,

$$EL^2=\frac{4ES^2}{n}t^2_{\frac{\alpha}{2}}(n-1)=\frac{4\sigma^2}{n}t^2_{\frac{\alpha}{2}}\,(n-1)\,.$$

□

例 7.3.5　鱼塘被汞污染后, 鱼的组织中含汞量 $X \sim N\left(\mu, \sigma^2\right)$. 现从鱼塘中捞出一批鱼, 随机抽出 6 条进行检测, 测得鱼组织的含汞量 (ppm) 为

$$2.06,\ 1.93,\ 2.12,\ 2.08,\ 1.98,\ 1.95.$$

(1) 若由历史资料 $\sigma = 0.10$, 试求平均含汞量 μ 的置信度为 0.95 的置信区间;

(2) 若 σ^2 未知, 试求 μ 的置信度为 0.95 的置信区间.

解　样本容量 $n = 6$, 计算可得 $\overline{x} = \frac{1}{6}\sum\limits_{i=1}^{6} x_i = 2.02$.

(1) 当 $\sigma = 0.10$ 时, 根据式 (7.3.1), μ 的置信度为 0.95 的置信区间为

$$\left(\overline{x} - \frac{\sigma}{\sqrt{n}} u_{\frac{\alpha}{2}}, \overline{x} + \frac{\sigma}{\sqrt{n}} u_{\frac{\alpha}{2}}\right) = \left(2.02 - 1.96 \times \frac{0.1}{\sqrt{6}}, 2.02 + 1.96 \times \frac{0.1}{\sqrt{6}}\right) = (1.94, 2.10).$$

(2) 当 σ^2 未知时, 根据式 (7.3.2), μ 的置信度为 0.95 的置信区间为

$$\begin{aligned}&\left(\overline{x} - \frac{s}{\sqrt{n}} t_{\frac{\alpha}{2}}(n-1), \overline{x} + \frac{s}{\sqrt{n}} t_{\frac{\alpha}{2}}(n-1)\right)\\ =& \left(2.02 - 2.57 \times \frac{0.11}{\sqrt{6}}, 2.02 + 2.57 \times \frac{0.11}{\sqrt{6}}\right) = (1.90, 2.14),\end{aligned}$$

其中, $s = \sqrt{\frac{1}{5}\sum\limits_{i=1}^{6}(x_i - \overline{x})^2} = 0.11$. □

在例 7.3.5 中, 由同一组样本观测值, 按同样的置信度, 关于 μ 的置信区间因 σ^2 是否已知而不同, 这是因为当 σ^2 已知时, 我们掌握的信息量会多一些, 在其他条件相同的条件下, 对 μ 的估计精度自然要高一些, 表现为 μ 的置信区间短一些; 反之, 若 σ^2 未知, 对 μ 的估计精度就低一些, 表现为 μ 的置信区间长一些. 当 σ^2 已知时, 我们也可采用 σ^2 未知的区间估计法, 但精度要差一些, 这种做法一般会被认为是“错误”的, 这是因为本可用上的已知信息却没用上, 得到的结果自然不会是最优的.

3. 若总体 $X \sim N\left(\mu_1, \sigma_1^2\right)$ 和 $Y \sim N\left(\mu_2, \sigma_2^2\right)$ 独立, 其中 σ_1^2, σ_2^2 均已知, 求 $\mu_1 - \mu_2$ 的置信水平为 $1 - \alpha$ 的置信区间

设 $(X_1, X_2, \cdots, X_n)$ 与 $(Y_1, Y_2, \cdots, Y_m)$ 分别是取自总体 X, Y 的样本, 则

$$\overline{X} = \frac{1}{n}\sum_{i=1}^{n} X_i \sim N\left(\mu_1, \frac{\sigma_1^2}{n}\right), \quad \overline{Y} = \frac{1}{m}\sum_{i=1}^{m} Y_i \sim N\left(\mu_2, \frac{\sigma_2^2}{m}\right);$$

由于 $\overline{X}, \overline{Y}$ 独立, 则 $\overline{X} - \overline{Y} \sim N\left(\mu_1 - \mu_2, \sigma_1^2/n + \sigma_2^2/m\right)$, 从而 (或根据定理 6.3.3(1))

$$\frac{\left(\overline{X} - \overline{Y}\right) - (\mu_1 - \mu_2)}{\sqrt{\sigma_1^2/n + \sigma_2^2/m}} \sim N(0, 1).$$

对于给定的置信度 $1-\alpha$, 由于

$$P\left(\left|\frac{(\overline{X}-\overline{Y})-(\mu_1-\mu_2)}{\sqrt{\sigma_1^2/n+\sigma_2^2/m}}\right|<u_{\frac{\alpha}{2}}\right)=1-\alpha,$$

故 $\mu_1-\mu_2$ 的置信度为 $1-\alpha$ 的置信区间为

$$\left(\overline{X}-\overline{Y}-\sqrt{\sigma_1^2/n+\sigma_2^2/m}\cdot u_{\frac{\alpha}{2}},\ \overline{X}-\overline{Y}+\sqrt{\sigma_1^2/n+\sigma_2^2/m}\cdot u_{\frac{\alpha}{2}}\right),$$

简记为 $\left(\overline{X}-\overline{Y}\pm\sqrt{\sigma_1^2/n+\sigma_2^2/m}\cdot u_{\frac{\alpha}{2}}\right)$.

4. 若总体 $X\sim N\left(\mu_1,\sigma_1^2\right)$ 和 $Y\sim N\left(\mu_2,\sigma_2^2\right)$ 独立, 其中 $\sigma_1^2=\sigma_2^2=\sigma^2$ 均未知, 求 $\mu_1-\mu_2$ 的置信度为 $1-\alpha$ 的置信区间

设 $(X_1,X_2,\cdots,X_n)$ 与 $(Y_1,Y_2,\cdots,Y_m)$ 分别是取自总体 X,Y 的样本,

$$S_1^2=\frac{1}{n-1}\sum_{i=1}^{n}\left(X_i-\overline{X}\right)^2,\quad S_2^2=\frac{1}{m-1}\sum_{i=1}^{m}\left(Y_i-\overline{Y}\right)^2.$$

根据定理 6.3.3(3),

$$T=\frac{(\overline{X}-\overline{Y})-(\mu_1-\mu_2)}{\sqrt{\dfrac{(n-1)S_1^2+(m-1)S_2^2}{n+m-2}}\sqrt{\dfrac{1}{n}+\dfrac{1}{m}}}\sim t\,(n+m-2)\,.$$

从而对于给定的置信度 $1-\alpha$, 由于 $P\left(|T|<t_{\frac{\alpha}{2}}\,(n+m-2)\right)=1-\alpha$, 故 $\mu_1-\mu_2$ 的置信度为 $1-\alpha$ 的置信区间为

$$\left(\overline{X}-\overline{Y}-\sqrt{\frac{(n-1)S_1^2+(m-1)S_2^2}{n+m-2}}\sqrt{\frac{1}{n}+\frac{1}{m}}\;t_{\frac{\alpha}{2}}(n+m-2)\,,\right.$$

$$\left.\overline{X}-\overline{Y}+\sqrt{\frac{(n-1)S_1^2+(m-1)S_2^2}{n+m-2}}\sqrt{\frac{1}{n}+\frac{1}{m}}\;t_{\frac{\alpha}{2}}(n+m-2)\right),$$

简记为

$$\left(\overline{X}-\overline{Y}\pm\sqrt{\frac{(n-1)S_1^2+(m-1)S_2^2}{n+m-2}}\sqrt{\frac{1}{n}+\frac{1}{m}}\;t_{\frac{\alpha}{2}}(n+m-2)\right).$$

对于两个总体 X,Y 的均值之差 $\mu_1-\mu_2$ 的置信区间, 若 $\mu_1-\mu_2$ 的置信下限大于 0, 则有较大的把握认为 $\mu_1>\mu_2$; 若 $\mu_1-\mu_2$ 的置信上限小于 0, 则有较大的把握认为 $\mu_1<\mu_2$; 而若 $\mu_1-\mu_2$ 的置信区间包含零点, 则不能断定 μ_1,μ_2 的大小或者认为 μ_1,μ_2 差异不显著.

当 $\sigma_1^2 \neq \sigma_2^2$ 且皆未知时, 求 $\mu_1-\mu_2$ 的置信区间问题就是著名的 Behrens-Fisher 问题, 由 Behrens 在 1929 年从实际应用中提出的问题. 该问题的几种特殊情形已获圆满解决, 但一般情形至今尚未解决, 此处不再赘述.

二、 正态总体方差的区间估计

1. 若总体 $X \sim N\left(\mu_0, \sigma^2\right)$, 其中 μ_0 已知, 求 σ^2 的置信度为 $1-\alpha$ 的置信区间

设 $(X_1, X_2, \cdots, X_n)$ 为取自总体 X 的样本. 因为 $X_i \sim N\left(\mu_0, \sigma^2\right)$ 且相互独立, 故

$$\chi^2=\frac{1}{\sigma^2} \sum_{i=1}^n\left(X_i-\mu_0\right)^2 \sim \chi^2(n).$$

选择上述 χ^2 作为枢轴量, 且为方便计, 选取 $c_1=\chi_{1-\frac{\alpha}{2}}^2(n)$, $c_2=\chi_{\frac{\alpha}{2}}^2(n)$, 使得

$$P\left(c_1<\chi^2<c_2\right)=P\left(\frac{\sum_{i=1}^n\left(X_i-\mu_0\right)^2}{\chi_{\frac{\alpha}{2}}^2(n)}<\sigma^2<\frac{\sum_{i=1}^n\left(X_i-\mu_0\right)^2}{\chi_{1-\frac{\alpha}{2}}^2(n)}\right)=1-\alpha,$$

从而 σ^2 的置信度为 $1-\alpha$ 的置信区间为

$$\left(\frac{\sum_{i=1}^n\left(X_i-\mu_0\right)^2}{\chi_{\frac{\alpha}{2}}^2(n)}, \frac{\sum_{i=1}^n\left(X_i-\mu_0\right)^2}{\chi_{1-\frac{\alpha}{2}}^2(n)}\right).$$

2. 若总体 $X \sim N\left(\mu, \sigma^2\right)$, 其中 μ 未知, 求 σ^2 的置信度为 $1-\alpha$ 的置信区间

设 $(X_1, X_2, \cdots, X_n)$ 为取自总体 X 的样本. 根据定理 6.3.1(2),

$$\chi^2=\frac{(n-1) S^2}{\sigma^2} \sim \chi^2(n-1).$$

选择上述 χ^2 作为枢轴量, 为方便计, 选取 $c_1=\chi_{1-\frac{\alpha}{2}}^2(n-1)$, $c_2=\chi_{\frac{\alpha}{2}}^2(n-1)$, 使得

$$P\left(c_1<\chi^2<c_2\right)=P\left(\frac{(n-1) S^2}{\chi_{\frac{\alpha}{2}}^2(n-1)}<\sigma^2<\frac{(n-1) S^2}{\chi_{1-\frac{\alpha}{2}}^2(n-1)}\right)=1-\alpha,$$

从而 σ^2 的置信度为 $1-\alpha$ 的置信区间为

$$\left(\frac{(n-1) S^2}{\chi_{\frac{\alpha}{2}}^2(n-1)}, \frac{(n-1) S^2}{\chi_{1-\frac{\alpha}{2}}^2(n-1)}\right).$$

例 7.3.6 设 $(X_1, X_2, \cdots, X_n)$ 为取自总体 $X \sim N(c\mu, \sigma^2)$ 的样本, $(Y_1, Y_2, \cdots, Y_m)$ 为取自总体 $Y \sim N(\mu, \sigma^2)$, 且 $(X_1, X_2, \cdots, X_n)$ 与 $(Y_1, Y_2, \cdots, Y_m)$ 相互独立, 其中 $c > 1$ 已知, μ, σ^2 均未知.

(1) 求 σ^2 的置信度为 $1-\alpha$ 的置信区间;

(2) 求 μ 的置信度为 $1-\alpha$ 的置信区间.

解 (1) 根据定理 6.3.1(2),

$$(n-1) S_1^2/\sigma^2 \sim \chi^2(n-1),\ (m-1) S_2^2/\sigma^2 \sim \chi^2(m-1),$$

其中 $S_1^2 = \dfrac{1}{n-1}\sum\limits_{i=1}^{n}\left(X_i - \overline{X}\right)^2$, $S_2^2 = \dfrac{1}{m-1}\sum\limits_{i=1}^{m}\left(Y_i - \overline{Y}\right)^2$.

由于 χ^2 分布的可加性,

$$\chi^2 = \frac{(n-1) S_1^2 + (m-1) S_2^2}{\sigma^2} \sim \chi^2(n+m-2).$$

对于给定的置信度 $1-\alpha$, 由于

$$\begin{aligned}
&P\left(\chi^2_{1-\frac{\alpha}{2}}(n+m-2) < \chi^2 < \chi^2_{\frac{\alpha}{2}}(n+m-2)\right) \\
&= P\left(\frac{(n-1) S_1^2 + (m-1) S_2^2}{\chi^2_{\frac{\alpha}{2}}(n+m-2)} < \sigma^2 < \frac{(n-1) S_1^2 + (m-1) S_2^2}{\chi^2_{1-\frac{\alpha}{2}}(n+m-2)}\right) \\
&= 1-\alpha,
\end{aligned}$$

故 σ^2 的置信度为 $1-\alpha$ 的置信区间为

$$\left(\frac{(n-1) S_1^2 + (m-1) S_2^2}{\chi^2_{\frac{\alpha}{2}}(n+m-2)}, \frac{(n-1) S_1^2 + (m-1) S_2^2}{\chi^2_{1-\frac{\alpha}{2}}(n+m-2)}\right).$$

(2) 由于 $\overline{X} \sim N(c\mu, \sigma^2/n)$, $\overline{Y} \sim N(\mu, \sigma^2/m)$, 且 $\overline{X}, \overline{Y}$ 独立, 从而有

$$\frac{\left(\overline{X} - \overline{Y}\right) - (c\mu - \mu)}{\sigma\sqrt{\dfrac{1}{n} + \dfrac{1}{m}}} \sim N(0,1),$$

根据 t 分布的定义,

$$T = \frac{\left(\overline{X} - \overline{Y}\right) - (c\mu - \mu)}{\sqrt{\dfrac{(n-1) S_1^2 + (m-1) S_2^2}{(n+m-2)}}\sqrt{\dfrac{1}{n} + \dfrac{1}{m}}} \sim t(n+m-2).$$

选择 T 作为枢轴量, 对于给定的置信度 $1-\alpha$, 由于

$$P\left(|T| < t_{\frac{\alpha}{2}}(n+m-2)\right) = P\left(\frac{\left(\overline{X} - \overline{Y}\right) - \varDelta}{c-1} < \mu < \frac{\left(\overline{X} - \overline{Y}\right) + \varDelta}{c-1}\right) = 1-\alpha,$$

故 μ 的置信度为 $1-\alpha$ 的置信区间为

$$\left(\frac{(\overline{X}-\overline{Y})-\Delta}{c-1}, \frac{(\overline{X}-\overline{Y})+\Delta}{c-1}\right),$$

其中 $\Delta=t_{\frac{\alpha}{2}}(n+m-2)\sqrt{\dfrac{(n-1)S_1^2+(m-1)S_2^2}{(n+m-2)}}\sqrt{\dfrac{1}{n}+\dfrac{1}{m}}$. □

3. **设总体 $X\sim N\left(\mu_1,\sigma_1^2\right)$ 与总体 $Y\sim N\left(\mu_2,\sigma_2^2\right)$ 独立, 其中 μ_1,μ_2 已知, 求 σ_1^2/σ_2^2 的置信度为 $1-\alpha$ 的置信区间**

设 $(X_1,X_2,\cdots,X_n)$, $(Y_1,Y_2,\cdots,Y_m)$ 分别为取自总体 X,Y 的两个样本, 且二者独立, 从而根据 F 分布的定义,

$$F=\frac{m\sigma_2^2\sum\limits_{i=1}^{n}(X_i-\mu_1)^2}{n\sigma_1^2\sum\limits_{i=1}^{m}(Y_i-\mu_2)^2}\sim F(n,m).$$

选择 F 作为区间估计的枢轴量, 由于 $P\left(F_{1-\frac{\alpha}{2}}(n,m)<F<F_{\frac{\alpha}{2}}(n,m)\right)=1-\alpha$, 故 σ_1^2/σ_2^2 置信度为 $1-\alpha$ 的置信区间

$$\left(\frac{m\sum\limits_{i=1}^{n}(X_i-\mu_1)^2}{n\sum\limits_{i=1}^{m}(Y_i-\mu_2)^2F_{\frac{\alpha}{2}}(n,m)}, \frac{m\sum\limits_{i=1}^{n}(X_i-\mu_1)^2}{n\sum\limits_{i=1}^{m}(Y_i-\mu_2)^2F_{1-\frac{\alpha}{2}}(n,m)}\right).$$

4. **设总体 $X\sim N\left(\mu_1,\sigma_1^2\right)$ 与总体 $Y\sim N\left(\mu_2,\sigma_2^2\right)$ 独立, 其中 μ_1,μ_2 均未知, 求 σ_1^2/σ_2^2 的置信度为 $1-\alpha$ 的置信区间**

设 $(X_1,X_2,\cdots,X_n)$, $(Y_1,Y_2,\cdots,Y_m)$ 分别为取自总体 X,Y 的两个样本. 易见,

$$\frac{(n-1)S_1^2}{\sigma_1^2}\sim\chi^2(n-1), \quad \frac{(m-1)S_2^2}{\sigma_2^2}\sim\chi^2(m-1),$$

且二者独立, 其中

$$S_1^2=\frac{1}{n-1}\sum_{i=1}^{n}\left(X_i-\overline{X}\right)^2, \quad S_2^2=\frac{1}{m-1}\sum_{i=1}^{m}\left(Y_i-\overline{Y}\right)^2.$$

从而根据定理 6.3.3(2),

$$F=\frac{\left[(n-1)S_1^2/\sigma_1^2\right]/(n-1)}{\left[(m-1)S_2^2/\sigma_2^2\right]/(m-1)}=\frac{\sigma_2^2S_1^2}{\sigma_1^2S_2^2}\sim F(n-1,m-1).$$

选择 F 作为区间估计的枢轴量, 对于给定的置信度 $1-\alpha$, 由于

$$P(F_{1-\frac{\alpha}{2}}(n-1,m-1)<F<F_{\frac{\alpha}{2}}(n-1,m-1))=1-\alpha,$$

故 σ_1^2/σ_2^2 的置信度为 $1-\alpha$ 的置信区间为

$$\left(\frac{S_1^2}{S_2^2F_{\frac{\alpha}{2}}(n-1,m-1)},\frac{S_1^2}{S_2^2F_{1-\frac{\alpha}{2}}(n-1,m-1)}\right).$$

对于两个总体 X,Y 的方差之比 σ_1^2/σ_2^2 的置信区间, 若 σ_1^2/σ_2^2 的置信下限大于 1, 则有较大的把握认为 $\sigma_1^2>\sigma_2^2$; 若 σ_1^2/σ_2^2 的置信上限小于 1, 则有较大的把握认为 $\sigma_1^2<\sigma_2^2$; 而若 σ_1^2/σ_2^2 的置信区间包含 1, 则不能断定 σ_1^2,σ_2^2 的大小或者认为 σ_1^2,σ_2^2 的差异不显著.

关于非正态总体未知参数的区间估计, 枢轴量的分布往往不易确定, 我们可以借助枢轴量的极限分布来构造近似的置信区间, 当然这要求样本容量足够大. 近似置信区间的求法与之前精确置信区间的求法类似, 不同之处在于将枢轴量的精确分布改为极限分布.

例 7.3.7 设 $(X_1,X_2,\cdots,X_n)$ 是取自任意非正态总体 X 的样本, 其中 $EX=\mu$, $DX=\sigma^2$ 均未知. 当 n 充分大时, 求 μ 的置信度为 $1-\alpha$ 的近似置信区间.

解 由中心极限定理, $\overline{X}=\frac{1}{n}\sum\limits_{i=1}^{n}X_i\dot{\sim}N\left(\mu,\frac{\sigma^2}{n}\right)$, 从而, $\frac{\overline{X}-\mu}{\sigma/\sqrt{n}}\dot{\sim}N\left(0,1^2\right)$. 以 S 替换 σ, 则 $U=\frac{\overline{X}-\mu}{S/\sqrt{n}}\dot{\sim}N\left(0,1^2\right)$. 故, 当 n 充分大时, 对于给定的置信度 $1-\alpha$,

$$P\left(\left|\frac{\overline{X}-\mu}{S/\sqrt{n}}\right|<u_{\frac{\alpha}{2}}\right)\approx 1-\alpha,$$

从而 μ 的置信度为 $1-\alpha$ 的近似置信区间为 $\left(\overline{X}-\frac{S}{\sqrt{n}}u_{\frac{\alpha}{2}},\overline{X}+\frac{S}{\sqrt{n}}u_{\frac{\alpha}{2}}\right)$. □

在实际应用中, 经常还会遇到分析比率的问题. 例如, 某产品的不合格率、某项政策的支持率、某电视节目的收视率等等. 在诸如此类的问题中, 通常把比率 p 视作两点分布的参数. 以考察某电视节目的收视率为例, 设

$$X=\begin{cases}1, & \text{某人收看了此电视节目,}\\ 0, & \text{某人未看此电视节目,}\end{cases}$$

并设 $X\sim\begin{pmatrix}1 & 0\\ p & 1-p\end{pmatrix}$, 其中 p 为此类节目的收视率. 则 $EX=p$, $DX=p\left(1-p\right)$.

假设 $(X_1,X_2,\cdots,X_n)$ 是取自上述总体 X 的样本. 显然, $\sum\limits_{i=1}^{n}X_i\sim B\left(n,p\right)$,

$\overline{X}=\frac{1}{n}\sum\limits_{i=1}^{n}X_i$ 满足: $E\overline{X}=p$, $D\overline{X}=\frac{p(1-p)}{n}$. 由中心极限定理,

$$U=\frac{\overline{X}-p}{\sqrt{p(1-p)/n}}\overset{\bullet}{\sim}N\left(0,1^2\right).$$

选择 U 作为 p 的区间估计的枢轴量, 对于给定的置信度 $1-\alpha$,

$$P\left(\left|\frac{\overline{X}-p}{\sqrt{p(1-p)/n}}\right|<u_{\frac{\alpha}{2}}\right)\approx 1-\alpha.$$

由不等式 $\left|\frac{\overline{X}-p}{\sqrt{p(1-p)/n}}\right|<u_{\frac{\alpha}{2}}$ 可得

$$\left(1+\frac{\lambda}{n}\right)p^2-\left(2\overline{X}+\frac{\lambda}{n}\right)p+\overline{X}^2<0,$$

其中 $\lambda=u_{\frac{\alpha}{2}}^2$, 解得 $p_{\mathrm{L}}<p<p_{\mathrm{U}}$, 其中

$$p_{\mathrm{L}},p_{\mathrm{U}}=\frac{1}{1+\frac{\lambda}{n}}\left(\overline{X}+\frac{\lambda}{2n}\mp\sqrt{\frac{\overline{X}\left(1-\overline{X}\right)\lambda}{n}+\frac{\lambda^2}{4n^2}}\right).$$

当 n 比较大时, 常略去 $\frac{\lambda}{n}$ 项, 即 p 的 $1-\alpha$ 近似置信区间为

$$\left(\overline{X}-\sqrt{\frac{\overline{X}\left(1-\overline{X}\right)}{n}}\,u_{\frac{\alpha}{2}},\ \overline{X}+\sqrt{\frac{\overline{X}\left(1-\overline{X}\right)}{n}}\,u_{\frac{\alpha}{2}}\right).$$

习　题　7.3

1. 从正态总体 $N\left(3.4,6^2\right)$ 中抽取一容量为 n 的样本, 如果要求其样本均值位于 (1.4, 5.4) 内的概率不小于 0.95, 问: 样本容量 n 至少应为多大?

2. 已知一批零件的长度 (单位: cm) 服从正态分布 $N\left(\mu,1^2\right)$, 从中随机抽取 16 个, 得到长度的平均值为 40cm, 试求 μ 的置信度为 0.95 的置信区间.

3. 设从总体 $X\sim N\left(\mu_1,\sigma_1^2\right)$ 和总体 $Y\sim N\left(\mu_2,\sigma_2^2\right)$ 分别抽取容量为 $n=10, m=15$ 的独立样本, 由样本的观测值可得 $\overline{x}=\frac{1}{n}\sum\limits_{i=1}^{n}x_i=82$, $\overline{y}=\frac{1}{m}\sum\limits_{i=1}^{m}y_i=76$,

$$s_1^2=\frac{1}{n-1}\sum_{i=1}^{n}\left(x_i-\overline{x}\right)^2=56.5,\quad s_2^2=\frac{1}{m-1}\sum_{i=1}^{m}\left(y_i-\overline{y}\right)^2=52.4.$$

(1) 若已知 $\sigma_1^2=64$, $\sigma_2^2=49$, 求 $\mu_1-\mu_2$ 的置信度为 0.95 的置信区间;

(2) 若已知 $\sigma_1^2=\sigma_2^2$, 求 $\mu_1-\mu_2$ 的置信度为 0.95 的置信区间;

(3) 求 σ_1^2/σ_2^2 的置信度为 0.95 的置信区间.

4. 设总体 $X\sim N\left(\mu,2.8^2\right)$, 现抽取一容量为 10 的样本, 且有 $\overline{x}=\dfrac{1}{10}\sum\limits_{i=1}^{10}x_i=1500$.

(1) 试求 μ 的置信度为 0.95 的置信区间;

(2) 欲使置信度为 0.95 的置信区间长度小于 1, 则样本容量 n 至少为多少?

(3) 若 $n=100$, 随机区间 $\left(\overline{X}-\dfrac{1}{2},\overline{X}+\dfrac{1}{2}\right)$ 作为 μ 的置信区间, 其置信度为多少?

5. 设总体 X 有概率密度

$$f(x;\theta)=\begin{cases}\mathrm{e}^{-(x-\theta)}, & x>\theta,\\ 0, & x\leqslant\theta,\end{cases}\quad -\infty<\theta<+\infty;$$

$(X_1,X_2,\cdots,X_n)$ 为取自该总体的样本.

(1) 证明: $X_{(1)}-\theta$ 的分布与 θ 无关, 并求此分布;

(2) 求 θ 的置信度为 $1-\alpha$ 的置信区间.

6. 设总体 $X\sim N\left(\mu,\sigma^2\right)$, $(X_1,X_2,\cdots,X_n)$ 为从 X 中抽取的样本. 证明:

$$\left(\min_{1\leqslant i\leqslant n}X_i,\max_{1\leqslant i\leqslant n}X_i\right)$$

为 μ 的置信度为 $1-\dfrac{1}{2^{n-1}}$ 的置信区间.

第7章测试题

Chapter 8

第8章 假设检验

第8章课件

统计推断的另一基本内容是假设检验. 假设检验是由 K. Pearson 于 20 世纪初提出的, 之后由 R. Fisher 进行了细化, 并最终由 J. Neyman 和 E. Pearson 提出了较为完整的假设检验理论. 当对参数的信息有所了解, 却又存在着某种质疑或猜测需要证实时, 则应用假设检验的方法来处理.

8.1 假设检验的基本概念和方法

一般地, 在假设检验问题中, 其出发点是对总体作一个假设, 其实质是关于总体的概率分布及其参数的论断, 该假设可能是正确的, 也可能是错误的.

定义 8.1.1 所谓**假设检验**(hypothesis testing), 是先对总体的分布函数类型或分布中某些参数作出可能的假设, 并根据所获得的样本, 采用合理的方法来判断假设是否成立.

在统计学上, 把统计假设的一部分称为**原假设**(或**零假设**(null hypothesis)), 记为 H_0; 把原假设的对立面称为**对立假设**(或**备择假设**(alternative hypothesis)), 记为 H_1.

例如, 判断一枚硬币是否均匀, 主要考察抛掷时 "掷出正面" 的概率是否为 $\frac{1}{2}$. 把 "$p=\frac{1}{2}$" 作为原假设, 将此硬币抛掷 100 次, 记 X 为掷出正面的次数. 若 $\left|\frac{X}{100}-\frac{1}{2}\right|$较小, 则接受假设 "$p=\frac{1}{2}$"; 否则就拒绝该假设. 可以将此例的统计假设写为

$$H_0: p=\frac{1}{2} \leftrightarrow H_1: p \neq \frac{1}{2}$$

或

$$H_0 : p = \frac{1}{2} \text{ vs } H_1 : p \neq \frac{1}{2},$$

其中 vs 是 versus(与, 对) 的缩写.

针对一个具体的检验问题, 首先是要确定原假设 H_0 和对立假设 H_1. 原假设是研究的起点, 在没有其他信息的情况下, 原假设被看作可接受的真实状态, 其通常是不应轻易否定的一个被检验的假设, 只有在样本提供足够不利于它的证据时才能拒绝它. 因此, 如果样本提供的信息没有充分的理由否定原假设 H_0, 则不能拒绝 H_0 而接受 H_1.

例如, 现要对生产的一批产品进行质量检测以判断这批产品是否合格. 由于厂家声誉一直较好, 故没有充分的证据是不能判定这批产品不合格的, 在此情形下应将原假设设置为 "这批产品合格". 再如, 要检验一种新药品是否优于原药品, 如果原药品已长期使用并被证明有效, 那么一种并不特别有效的新药投放市场可能不会给患者带来利益, 反而可能会造成一些不良后果. 因此, 在进行新药临床试验时, 通常将原假设设置为 "新药并不优于旧药". 如何确定原假设和对立假设, 这与个人的着眼点有关; 有时交换原假设与对立假设, 会得出截然相反的检验结论. 当根据抽样的结果接受或拒绝一个假设时, 只是表明一种判断, 而由于样本的随机性, 所作出的判断很有可能是错误的.

定义 8.1.2 原假设 H_0 被拒绝的样本观测值所在的区域称为**拒绝域**(或**否定域**), 它是样本空间的子集, 记为 W; 而其补集 $\overline{W}$ 称为**接受域**.

如果样本观测值 $(x_1, x_2, \cdots, x_n) \in W$, 则拒绝 H_0 或称 H_0 不成立; 如果样本观测值 $(x_1, x_2, \cdots, x_n) \notin W$, 则接受 H_0 或称 H_0 成立.

一个拒绝域唯一地确定一个检验准则 (检验法); 反之, 一个检验准则也唯一地确定一个拒绝域. 究竟是接受原假设还是拒绝原假设, 通常依据所谓的 "小概率原理" 来确定.

定义 8.1.3 所谓**小概率原理**, 是指小概率事件 (或概率很小的事件) 在一次试验或观测中是几乎不可能发生的.

假设检验的基本思想即为 "小概率原理" 概率性质的反证法, 其与纯数学上的反证法有所不同. 纯数学上的反证法是基于形式逻辑上的绝对矛盾, 而小概率原理是基于 "小概率事件在一次观测中可以认为基本上不会发生" 的实际推断原则.

小概率原理体现了 "反证法" 的思想: 若要检验假设 H_0, 先假设 H_0 正确, 构造一个小概率事件 A, 再根据问题给出的条件, 检验小概率事件 A 在一次试验中是否发生. 如果事件 A 居然发生了, 则说明此次抽样结果与假设 H_0 不相符, 根据 "小概率事件几乎不发生" 原理, 这就不能不让人质疑 H_0 的正确性, 因此我们更愿意拒绝 H_0 而接受 H_1. 如果 A 不发生, 我们应该接受 H_0.

例如, 若某厂每天产品分三批包装, 规定每批产品的次品率都低于 0.01 才能出厂. 某日有三批产品等待检验出厂, 现检验员进行抽样检查, 从三批产品各抽一件进行检验, 发现有一件是次品, 问: 该日产品能否出厂?

假设该日产品能出厂, 则表明每批产品的次品率都低于 0.01. 以 A 记事件 "任抽一件产品是次品", B 记事件 "三批产品中各抽一件至少有一件是次品", 则

$$P(A) = p \leqslant 0.01,\ P(B) = 1 - P\left(\overline{B}\right) = 1 - (1-p)^3 \leqslant 1 - 0.99^3 < 0.03.$$

根据如此小的概率 $P(B)$, 当然可以推断 "在一次试验中 B 是不可能发生的". 然而现经一次检验发现有一件是次品, 即小概率事件 B 在一次试验中发生了, 这表明原假设不成立, 该日产品不能出厂.

下面通过一个例子来完整地说明假设检验的基本思想及步骤.

例 8.1.1　某灯泡厂在正常情况下, 所生产的灯泡的使用寿命 $X \sim N(1800, 100^2)$ (单位: 小时). 今从该厂生产的一批灯泡中随机抽取 25 个检测, 测得其平均寿命为 $\overline{x} = 1730$. 假设标准差保持不变, 问能否认为这批灯泡的平均寿命仍为 1800 小时?

解　该问题判断总体均值 $\mu = 1800$ 是否成立? 根据 μ 的估计值 $\widehat{\mu} = \overline{x} = 1730$, 似乎应否定 "$\mu = 1800$". 即使 $\mu = 1800$ 成立, 样本均值 $\overline{x} = 1800$ 出现的可能性也不大. 事实上, 由于 $\overline{X}$ 为连续型随机变量, 所以 $P\left(\overline{X} = 1800\right) = 0$, 也就是事件 $\left\{\overline{X} = 1800\right\}$ 几乎不发生. 因此参数点估计无法回答该问题, 需另寻其他方法. 问题可以重述如下:

已知总体 $X \sim N\left(\mu, 100^2\right)$, 现抽取一容量为 25 的样本, 样本均值 $\overline{x} = 1730$, 检验假设 $H_0 : \mu = 1800 \leftrightarrow H_1 : \mu \neq 1800$ 哪一个成立?

该问题的一般描述如下: 已知总体 $X \sim N\left(\mu, \sigma_0^2\right)$, 现抽取一容量为 n 的样本 $(X_1, X_2, \cdots, X_n)$, 由样本观测值 $(x_1, x_2, \cdots, x_n)$ 得 $\overline{x} = \dfrac{1}{n}\sum\limits_{i=1}^{n} x_i$, 检验假设

$$H_0 : \mu = \mu_0 \leftrightarrow H_1 : \mu \neq \mu_0$$

哪一个成立? 其中 H_0 是原假设, H_1 是备择假设.

现从 μ 的点估计量 $\overline{X}$ 出发研究该问题, 设

$$U = \frac{\sqrt{n}\left(\overline{X} - \mu_0\right)}{\sigma_0}.$$

当 H_0 成立时, $U \sim N(0,1)$, 则 $|U|$ 的取值一般偏小; 否则, 当 H_1 成立时, $|U|$ 的取值一般偏大. 因此当 $|U|$ 没有超过某个临界值 c 时, 应接受或保留 H_0; 反之, 则应拒绝 H_0. 从而 H_0 的拒绝域 W 具有如下形式:

$$W = \left\{(x_1, x_2, \cdots, x_n) : |u| = \left|\frac{\sqrt{n}\left(\overline{x} - \mu_0\right)}{\sigma_0}\right| \geqslant c\right\},$$

下面讨论如何确定临界值 c. 由于原假设 $H_0: \mu = \mu_0$ 是正常情况下的状态, 故若没有充分的证据, 则不应轻易怀疑其正确性. 因此, 在 H_0 成立时, 要限制其被拒绝的概率上界 α, α 称为**显著性水平**, 则有

$$\begin{aligned} P\left(\text{拒绝}H_0 \mid H_0\text{为真}\right) &= P\left((X_1, X_2, \cdots, X_n) \in W \,\middle|\, H_0\text{为真}\right) \\ &= \alpha. \ (\leqslant \alpha;\ \text{此处取等号以方便计算}) \end{aligned}$$

从而有

$$P\left(\left|\frac{\sqrt{n}\left(\overline{X} - \mu_0\right)}{\sigma_0}\right| \geqslant c \,\middle|\, \mu = \mu_0\right) = \alpha,$$

故 $c = u_{\frac{\alpha}{2}}$, H_0 的拒绝域为

$$W = \left\{(x_1, x_2, \cdots, x_n) : \left|\frac{\sqrt{n}\left(\overline{x} - \mu_0\right)}{\sigma_0}\right| \geqslant u_{\frac{\alpha}{2}}\right\}.$$

为了检验 H_0 是否成立, 先假设 H_0 成立, 再运用统计方法观察由此会导致的后果, 如果对 H_0 不利的小概率事件在一次试验中发生了, 则拒绝 H_0; 反之应接受 H_0.

基于上述讨论, 我们给出假设检验的基本步骤.

(1) **建立假设**

在假设检验中, 常把一个被检验的假设作为原 (零) 假设, 用 H_0 表示; 与 H_0 对立的假设作为备择 (对立) 假设, 用 H_1 表示. 在此例中, 可建立如下假设:

$$H_0: \mu = 1800 \leftrightarrow H_1: \mu \neq 1800.$$

(2) **选择检验统计量, 给出原假设的拒绝域形式**

由样本对原假设进行判断总是通过一个统计量完成, 该统计量称为检验统计量. 使原假设 H_0 被拒绝的样本观测值所在区域构成了拒绝域, 用 W 表示.

在此例中, 选取检验统计量 $U = \dfrac{\sqrt{25}\left(\overline{X} - 1800\right)}{100}$. 当 H_0 成立时, $|U|$ 一般偏小, 若取显著性水平 $\alpha = 0.05$, 则由 $P\left(|U| \geqslant c\right) = 0.05$ 可知拒绝域为

$$W = \left\{(x_1, x_2, \cdots, x_{25}) : \left|\frac{\sqrt{25}\left(\overline{x} - 1800\right)}{100}\right| \geqslant u_{0.025}\right\}.$$

当拒绝域确定了, 检验准则也确定了

(1) 如果 $(x_1, x_2, \cdots, x_{25}) \in W$, 则认为 H_0 不成立;

(2) 如果 $(x_1, x_2, \cdots, x_{25}) \notin W$, 则认为 H_0 成立 (为真).

检验的结果与真实情况可能吻合也可能不吻合. 因此, 检验是可能犯错误的! 检验可能犯的错误有两类:

(1) H_0 为真但由于随机性使样本观测值落在拒绝域中, 从而拒绝原假设 H_0, 这种错误称为**第一类错误**, 其发生的概率称为犯第一类错误的概率, 又称**弃真概率**, 常记之为 α, 可以表示为

$$\alpha = P\left(拒绝H_0 \left| H_0为真\right.\right) = P\left((X_1, X_2, \cdots, X_n) \in W \left| H_0为真\right.\right).$$

(2) H_0 不真 (即 H_1 为真) 但由于随机性使样本观测值落在接受域中, 从而接受原假设 H_0, 这种错误称为**第二类错误**, 其发生的概率称为犯第二类错误的概率, 又称**取伪概率**, 常记之为 β, 可以表示为

$$\beta = P\left(接受H_0 \left| H_1为真\right.\right) = P\left((X_1, X_2, \cdots, X_n) \notin W \left| H_1为真\right.\right).$$

(3) **作出判断**

由样本的观测值计算检验统计量的观测值, 进而观察"小概率事件"是否发生. 若样本观测值落入拒绝域内, 则拒绝 H_0; 否则接受 H_0.

在此例中, 由于

$$|u| = \left|\frac{\sqrt{25}\,(1730 - 1800)}{100}\right| = 3.5 > 1.96 = u_{0.025},$$

所以样本观测值落入拒绝域内, 从而拒绝 H_0, 可认为 $\mu \neq 1800$. □

例 8.1.2 设总体 $X \sim N\left(\mu, \sigma_0^2\right)$, 总体均值 $\mu = \mu_0$ 或 $\mu = \mu_1\,(\mu_0 < \mu_1)$, $(X_1, X_2, \cdots, X_n)$ 为取自总体 X 的样本, 现检验假设: $H_0: \mu = \mu_0 \leftrightarrow H_1: \mu = \mu_1$, 试求检验犯第一类错误、第二类错误的概率 α, β.

解 考虑总体均值 μ 的一个点估计量 $\overline{X}$, 易见 $\overline{X} \sim N\left(\mu, \sigma_0^2/n\right)$, 从而

$$\frac{\sqrt{n}\left(\overline{X} - \mu\right)}{\sigma_0} \sim N(0,1).$$

当 H_0 成立时, 检验统计量 $U = \sqrt{n}\left(\overline{X} - \mu_0\right)/\sigma_0 \sim N(0,1)$, 且取值偏小, 所以拒绝域形如

$$W = \{(x_1, x_2, \cdots, x_n) : \overline{x} \geqslant c\}.$$

因此, 犯第一类错误的概率为

$$\begin{aligned}
\alpha &= P\left(拒绝H_0 \mid H_0为真\right) = P\left(\overline{X} \geqslant c \mid \mu = \mu_0\right) \\
&= P\left(\frac{\sqrt{n}\left(\overline{X} - \mu_0\right)}{\sigma_0} \geqslant \frac{\sqrt{n}\,(c - \mu_0)}{\sigma_0} \,\middle|\, \mu = \mu_0\right) \\
&= 1 - \Phi\left(\frac{\sqrt{n}\,(c - \mu_0)}{\sigma_0}\right);
\end{aligned}$$

犯第二类错误的概率为

$$\begin{aligned}\beta &= P\left(\text{接受}H_0 \mid H_1\text{为真}\right) = P\left(\overline{X} < c \mid \mu = \mu_1\right)\\ &= P\left(\frac{\sqrt{n}\left(\overline{X}-\mu_1\right)}{\sigma_0} < \frac{\sqrt{n}\,(c-\mu_1)}{\sigma_0}\,\middle|\, \mu=\mu_1\right)\\ &= \varPhi\left(\frac{\sqrt{n}\,(c-\mu_1)}{\sigma_0}\right).\end{aligned}$$

□

由例 8.1.2, 在样本容量 n 固定的情况下, 当 α 减小时, $\varPhi(\sqrt{n}\,(c-\mu_0)/\sigma_0)$ 增大, 从而 $\sqrt{n}\,(c-\mu_1)/\sigma_0$ 增大, 所以 β 增大. 类似地, 若减少 β, 则 $\varPhi(\sqrt{n}\,(c-\mu_1)/\sigma_0)$ 也随之减少, $\sqrt{n}\,(c-\mu_0)/\sigma_0$ 也减少, 从而 α 增大. 由此可见, 要同时减小 α,β 是不可能的. 在上例中, $\alpha+\beta\neq 1$. 一般情况下也是如此.

通常把在 $\alpha=0.05$ 时拒绝 H_0 称为 "显著" 的, 把 $\alpha=0.01$ 时拒绝 H_0 称为 "高度显著" 的.

例 8.1.3 某厂生产的一种零件, 标准要求长度是 68mm, 实际生产的产品长度服从正态分布 $N\left(\mu, 3.6^2\right)$. 考虑假设检验问题: $H_0:\mu=68 \leftrightarrow H_1:\mu\neq 68$, 其拒绝域形如 $W=\{(x_1,x_2,\cdots,x_n):|\overline{x}-68|\geqslant 1\}$.

(1) 分别求当样本容量为 $n=36$, 64 时, 犯第一类错误的概率 α;

(2) 当 H_0 不成立时, 设 $\mu=70$, 样本容量 $n=64$, 求犯第二类错误的概率 β.

解 (1) 当 $n=36$ 时, $\overline{X}\sim\left(\mu,\dfrac{3.6^2}{36}\right)$, 从而

$$\begin{aligned}\alpha &= P\left(\left|\overline{X}-68\right|\geqslant 1 \mid H_0\text{成立}\right) = P\left(\left|\frac{\overline{X}-68}{0.6}\right|\geqslant\frac{5}{3}\,\middle|\,H_0\text{成立}\right)\\ &= 2\left[1-\varPhi\left(\frac{5}{3}\right)\right]=0.095.\end{aligned}$$

当 $n=64$ 时, $\overline{X}\sim\left(\mu,\dfrac{3.6^2}{64}\right)$, 从而

$$\begin{aligned}\alpha &= P\left(\left|\overline{X}-68\right|\geqslant 1 \mid H_0\text{成立}\right)\\ &= P\left(\left|\frac{\overline{X}-68}{0.45}\right|\geqslant\frac{20}{9}\,\middle|\,H_0\text{成立}\right) = 2\left[1-\varPhi\left(\frac{20}{9}\right)\right]=0.0264.\end{aligned}$$

(2) 当 $n=64,\mu=70$ 时, $\overline{X}\sim N\left(70,0.45^2\right)$, 从而

$$\begin{aligned}\beta &= P\left(\left|\overline{X}-68\right|<1 \mid H_0\text{不成立}\right) = P\left(67<\overline{X}<69\,\middle|\,H_0\text{不成立}\right)\\ &= P\left(\frac{67-70}{0.45}<\frac{\overline{X}-70}{0.45}<\frac{69-70}{0.45}\,\middle|\,H_0\text{不成立}\right)\end{aligned}$$

$$=\Phi\left(\frac{69-70}{0.45}\right)-\Phi\left(\frac{67-70}{0.45}\right)=0.0132.$$ □

例 8.1.4 设总体 X 服从均匀分布 $U(0,\theta)$, $(X_1,X_2,\cdots,X_n)$ 为取自 X 的样本. 考虑检验问题 $H_0:\theta\geqslant 3\leftrightarrow H_1:\theta<3$, 拒绝域为 $W=\{(x_1,x_2,\cdots,x_n):x_{(n)}\leqslant 2.5\}$, 求检验犯第一类错误的概率 α 的最大值. 若要使得 α 不超过 0.05, n 至少应取多大?

解 由定义,

$$\begin{aligned}\alpha&=P\left((X_1,X_2,\cdots,X_n)\in W\mid H_0\text{为真}\right)=P\left(X_{(n)}\leqslant 2.5\mid H_0\text{为真}\right)\\&=P\left(X_1\leqslant 2.5,X_2\leqslant 2.5,\cdots,X_n\leqslant 2.5\mid H_0\text{为真}\right)\\&=\prod_{i=1}^{n}P\left(X_i\leqslant 2.5\,|\theta\geqslant 3\right)=\left[P\left(X\leqslant 2.5\,|\theta\geqslant 3\right)\right]^n=\left(\frac{2.5}{\theta}\right)^n\\&\leqslant\left(\frac{2.5}{3}\right)^n=\left(\frac{5}{6}\right)^n.\end{aligned}$$

若 $\left(\frac{5}{6}\right)^n\leqslant 0.05$, 则 $n\geqslant 17$. □

习 题 8.1

1. 设总体 $X\sim N(\mu,1)$, $(X_1,X_2,\cdots,X_{100})$ 是取自总体 X 的简单随机样本. 在对期望 μ 的检验中, 若取拒绝域 $W=\{(x_1,x_2,\cdots,x_{100}):|\overline{x}|\geqslant 0.196\}$, 其中 $\overline{x}=\frac{1}{100}\sum\limits_{i=1}^{100}x_i$. 试分别对下面的假设检验求出检验的显著性水平 α.

(1) 检验假设 $H_0:\mu=0\leftrightarrow H_1:\mu\neq 0$;

(2) 检验假设 $H_0:\mu=0.04\leftrightarrow H_1:\mu\neq 0.04$.

2. 设 $(X_1,X_2,\cdots,X_n)$ 是正态总体 $N(\mu,1)$ 的一个样本. 考虑假设检验问题: $H_0:\mu=2\leftrightarrow H_1:\mu=3$, 检验由拒绝域 $W=\left\{(x_1,x_2,\cdots,x_n):\overline{x}=\frac{1}{n}\sum\limits_{i=1}^{n}x_i\geqslant 2.6\right\}$ 来确定.

(1) 试求当 $n=20$ 时检验犯两类错误的概率;

(2) 如果要使犯第二类错误的概率 $\beta\leqslant 0.01$, n 至少应取多少?

(3) 证明: 当 $n\to\infty$ 时, $\alpha,\beta\to 0$.

3. 设 $(X_1,X_2,\cdots,X_{16})$ 是取自正态总体 $N(\mu,4)$ 的样本, 考虑检验问题: $H_0:\mu=6\leftrightarrow H_1:\mu\neq 6$, 其拒绝域为 $W=\{(x_1,x_2,\cdots,x_{16}):|\overline{x}-6|\geqslant c\}$, 试求 c, 使得检验的显著性水平为 0.05, 并求检验在 $\mu=6.5$ 处犯第二类错误的概率.

4. 设总体 X 服从 $N(a,2.6^2)$ 分布, 样本 $(X_1,X_2,\cdots,X_n)$ 取自总体 X. 考虑检验问题: $H_0:a\leqslant 12\leftrightarrow H_1:a=13$, 拒绝域为 $W=\{(x_1,x_2,\cdots,x_n):\overline{x}\geqslant 12.4277\}$.

(1) 当 $n=100$ 时, 求 α,β;

(2) 证明: 当 $n\to\infty$ 时, $\alpha,\beta\to 0$.

8.2 正态总体均值的假设检验

一、U 检验法

所谓 U 检验法, 一般指检验所借助的统计量服从标准正态分布的检验法.

1. **方差已知时单个正态总体均值的双侧 (显著性) 检验**

设总体 $X \sim N\left(\mu, \sigma_0^2\right)$, 其中 σ_0^2 已知, 现检验总体均值 μ 与已知的 μ_0 是否有显著差异. 步骤如下:

(1) 提出统计假设

$$H_0: \mu=\mu_0 \leftrightarrow H_1: \mu \neq \mu_0.$$

(2) 设 $\left(X_1, X_2, \cdots, X_n\right)$ 为取自总体 X 的样本, $\overline{X}$ 为样本均值. 选取检验统计量

$$U=\frac{\sqrt{n}\left(\overline{X}-\mu_0\right)}{\sigma_0},$$

则当 H_0 成立时, $U \sim N(0,1)$.

(3) 由于 H_0 为真时, $|U|$ 的取值偏小, 从而, 当 $|U|$ 的取值超过某一临界值 c 时拒绝 H_0, 则 H_0 的拒绝域形如

$$W=\left\{\left(x_1, x_2, \cdots, x_n\right):\left|\frac{\sqrt{n}\left(\overline{x}-\mu_0\right)}{\sigma_0}\right| \geqslant c\right\}.$$

因此, 对于给定的显著性水平 α, 选取临界值 $c=u_{\frac{\alpha}{2}}$.

(4) 根据样本观测值作出判断. 若 $\left(x_1, x_2, \cdots, x_n\right) \in W$, 则拒绝 H_0; 否则接受 H_0.

例 8.2.1 设一车床生产的纽扣直径服从正态分布. 根据以往的经验, 当车床正常工作时, 生产纽扣的平均直径 $\mu_0=26\text{mm}$, 方差 $\sigma_0^2=5.2\text{mm}^2$. 某天开工一段时间后, 为检验车床生产是否正常, 从刚生产的纽扣中随机抽检了 100 颗, 测得其观测值 $\left(x_1, x_2, \cdots, x_{100}\right)$ 的样本均值为 $\overline{x}=26.56\text{mm}$. 假定车床所生产的纽扣的精度保持不变, 试分别在显著性水平 $\alpha_1=0.05, \alpha_2=0.01$ 下检验该车床生产是否正常.

解 设 X 为该车床生产的纽扣的直径, 则 $X \sim N\left(\mu, \sigma_0^2\right)$, 其中 $\sigma_0^2=5.2$.

(1) 提出统计假设

$$H_0: \mu=\mu_0=26 \leftrightarrow H_1: \mu \neq 26.$$

(2) 选取检验统计量

$$U=\frac{\sqrt{n}\left(\overline{X}-\mu_0\right)}{\sigma_0},$$

则当 H_0 成立时, $U \sim N(0,1)$.

(3) 对于显著性水平 $\alpha_1 = 0.05, \alpha_2 = 0.01$, 由

$$P\left(|U| \geqslant u_{0.025} \mid H_0\text{为真}\right) = 0.05, \quad P\left(|U| \geqslant u_{0.005} \mid H_0\text{为真}\right) = 0.01,$$

查标准正态分布表, 得临界值 $u_{0.025} = 1.96$, $u_{0.005} = 2.58$, 则两种不同显著性水平 $\alpha_1 = 0.05, \alpha_2 = 0.01$ 下的拒绝域分别为

$$W_1 = \left\{(x_1, x_2, \cdots, x_{100}) : \left|\frac{\sqrt{100}\,(\overline{x} - \mu_0)}{\sigma_0}\right| \geqslant 1.96\right\},$$

$$W_2 = \left\{(x_1, x_2, \cdots, x_{100}) : \left|\frac{\sqrt{100}\,(\overline{x} - \mu_0)}{\sigma_0}\right| \geqslant 2.58\right\}.$$

(4) 根据得到的样本观测值,

$$1.96 < \left|\frac{\sqrt{100}\,(26.56 - 26)}{\sqrt{5.2}}\right| \approx 2.4558 < 2.58,$$

则 $(x_1, x_2, \cdots, x_{100}) \in W_1$, $(x_1, x_2, \cdots, x_{100}) \notin W_2$, 从而在显著性水平 $\alpha_1 = 0.05$ 下, 拒绝 H_0; 在显著性水平 $\alpha_2 = 0.01$ 下, 接受 H_0. □

例 8.2.1 表明: 对于同一个假设检验问题, 由于显著性水平的不同, 同一个样本可能得出完全相反的结论. 事实上, 在 U 检验法中, 由于 $u_{0.025} < u_{0.005}$, 所以若 H_0 在 $\alpha_2 = 0.01$ 时被拒绝, 则 H_0 一定在 $\alpha_1 = 0.05$ 时也被拒绝; 而若 H_0 在 $\alpha_1 = 0.05$ 时被拒绝, H_0 还有可能在 $\alpha_2 = 0.01$ 时被接受, 只不过此时犯取伪错误的概率增大了. 因此, 在实际应用中, 应该根据所检验问题的性质及专业要求, 合理地选择显著性水平 α. 对于某些重要、特殊的场合, 假如错判会产生严重后果 (如飞机失事、药品有毒副作用等), 显著性水平 α 应选得小一些; 否则可以稍大些.

2. *方差已知时单个正态总体均值的单侧检验*

设总体 $X \sim N\left(\mu, \sigma_0^2\right)$, 其中 σ_0^2 已知. 在实际问题中, 还会遇到 μ 与已知的 μ_0 是否有显著差异的左侧检验与右侧检验问题.

2.1. 左侧检验

设 $(X_1, X_2, \cdots, X_n)$ 为取自总体 X 的样本, $\overline{X}$ 为样本均值. 统计假设为

$$H_0 : \mu = \mu_0 \leftrightarrow H_1 : \mu < \mu_0 \text{ 或 } H_0 : \mu \geqslant \mu_0 \leftrightarrow H_1 : \mu < \mu_0,$$

其中 μ_0 为已知常数.

(1) 提出统计假设

$$H_0 : \mu = \mu_0 \leftrightarrow H_1 : \mu < \mu_0.$$

(2) 选取检验统计量. 考虑总体均值的点估计量 $\overline{X}$, 当 H_0 成立时, 则检验统计量

$$U=\frac{\sqrt{n}\left(\overline{X}-\mu_0\right)}{\sigma_0}\sim N\left(0,1\right).$$

(3) 给出 H_0 的拒绝域. 由于 H_0 为真时, μ 的无偏估计量 $\overline{X}$ 的观测值应该集中地分布在 μ_0 的附近, 从而当 H_0 为真时, U 的取值偏大. 故 U 取值越小, 则对 H_0 越不利, 从而当 U 的取值不超过某一临界值 c 时, 则拒绝 H_0. 因此, 对于给定的显著性水平 α,

$$P\left(U\leqslant u_{1-\alpha}=-u_\alpha \mid H_0\text{为真}\right)=P\left(\frac{\sqrt{n}\left(\overline{X}-\mu_0\right)}{\sigma_0}\leqslant u_{1-\alpha}\middle|H_0\text{为真}\right)=\alpha,$$

从而得到 H_0 的拒绝域:

$$W=\left\{(x_1,x_2,\cdots,x_n):\frac{\sqrt{n}\left(\overline{x}-\mu_0\right)}{\sigma_0}\leqslant u_{1-\alpha}\right\}.$$

(4) 根据得到的样本观测值作出判断. 若 $(x_1,x_2,\cdots,x_n)\in W$, 则拒绝 H_0; 否则接受 H_0.

例 8.2.2 有一批枪弹, 出厂时的初速度 (单位: m/s) 服从正态分布 $N(950, 10^2)$. 经过较长时间储存后, 现取出 9 发枪弹试射, 测得其初速度如下:

914, 920, 910, 934, 953, 945, 912, 924, 940.

假设 $\sigma_0^2=10^2$ 不变, 试在显著性水平 $\alpha=0.05$ 下检验这批枪弹的初速度是否变小.

解 设 X 为经过较长时间储存后这批枪弹的初速度, 由题意, $X\sim N\left(\mu,\sigma_0^2\right)$, 其中 $\sigma_0^2=10^2$, 现要检验 μ 与 $\mu_0=950$ 是否有显著差异. 由于枪弹经过较长时间储存后, 其初速度不可能增加, 所以这是一个左侧检验问题.

(1) 提出统计假设

$$H_0:\mu=\mu_0=950\leftrightarrow H_1:\mu<\mu_0=950.$$

(2) 选取检验统计量

$$U=\frac{\sqrt{n}\left(\overline{X}-\mu_0\right)}{\sigma_0},$$

当 H_0 为真时, $U\sim N\left(0,1\right)$.

(3) 对于给定的显著性水平 $\alpha=0.05$, 由

$$P\left(U\leqslant u_{0.95}\mid H_0\text{为真}\right)=P\left(\frac{\sqrt{n}\left(\overline{X}-\mu_0\right)}{\sigma_0}\leqslant u_{0.95}\middle|H_0\text{为真}\right)=0.05,$$

查标准正态分布函数表: $u_{0.95}=-u_{0.05}=-1.645$, 则 H_0 的拒绝域为

$$W=\left\{(x_1,x_2,\cdots,x_9):\frac{\sqrt{9}\,(\overline{x}-\mu_0)}{\sigma_0}\leqslant -1.645\right\}.$$

(4) 根据得到的样本观测值, 统计量的观测值为

$$u=\frac{\sqrt{9}\,(\overline{x}-\mu_0)}{\sigma_0}=\frac{\sqrt{9}\,(928-950)}{10}=-6.6<-1.645,$$

所以 $(x_1,x_2,\cdots,x_9)\in W$, 从而拒绝原假设 H_0, 可以认为这批枪弹经过较长时间储存后初速度变小. □

类似地, 对于假设

$$H_0:\mu\geqslant\mu_0\leftrightarrow H_1:\mu<\mu_0,$$

由于 H_0 为真时, μ 的无偏估计量 $\overline{X}$ 的观测值应集中地分布在 μ_0 附近而偏右侧, 从而当 H_0 为真时, U 的取值偏大. 所以当 U 的取值不超过某一临界值 c 时, 则拒绝 H_0. 因此, H_0 的拒绝域形如:

$$W=\left\{(x_1,x_2,\cdots,x_n):\frac{\sqrt{n}\,(\overline{x}-\mu_0)}{\sigma_0}\leqslant c\right\}.$$

当 H_0 为真时,

$$P\left(\frac{\sqrt{n}\,(\overline{X}-\mu_0)}{\sigma_0}\leqslant c\right)\leqslant P\left(\frac{\sqrt{n}\,(\overline{X}-\mu)}{\sigma_0}\leqslant c\right).$$

由于总体 $X\sim N\left(\mu,\sigma_0^2\right)$, 因此 $\dfrac{\sqrt{n}\,(\overline{X}-\mu)}{\sigma_0}\sim N(0,1)$. 故, 欲使

$$P\left(\frac{\sqrt{n}\,(\overline{X}-\mu_0)}{\sigma_0}\leqslant c\middle|H_0\text{为真}\right)\leqslant\alpha,$$

只需让

$$P\left(\frac{\sqrt{n}\,(\overline{X}-\mu)}{\sigma_0}\leqslant c\middle|H_0\text{为真}\right)=\alpha,$$

从而可取 $c=u_{1-\alpha}$, 所以 H_0 的拒绝域为

$$W=\left\{(x_1,x_2,\cdots,x_n):\frac{\sqrt{n}\,(\overline{x}-\mu_0)}{\sigma_0}\leqslant u_{1-\alpha}\right\}.$$

2.2. 右侧检验

设 $(X_1, X_2, \cdots, X_n)$ 为取自总体 X 的样本, $\overline{X}$ 为样本均值. 统计假设为

$$H_0: \mu = \mu_0 \leftrightarrow H_1: \mu > \mu_0 \text{ 或 } H_0: \mu \leqslant \mu_0 \leftrightarrow H_1: \mu > \mu_0,$$

其中 μ_0 为已知常数.

类似于左侧检验的讨论, 得到以上两种假设情形下右侧检验的相同拒绝域:

$$W = \left\{ (x_1, x_2, \cdots, x_n) : \frac{\sqrt{n}\,(\overline{x} - \mu_0)}{\sigma_0} \geqslant u_\alpha \right\}.$$

3. **两个正态总体方差均已知时均值比较的双侧检验**

设两个独立总体 $X \sim N\left(\mu_1, \sigma_1^2\right)$, $Y \sim N\left(\mu_2, \sigma_2^2\right)$, 其中 μ_1, μ_2 未知, σ_1^2, σ_2^2 已知. 现从总体 X, Y 中独立地分别抽取样本 $(X_1, X_2, \cdots, X_n)$ 与 $(Y_1, Y_2, \cdots, Y_m)$, 检验 μ_1 与 μ_2 是否有显著差异.

(1) 提出统计假设

$$H_0: \mu_1 = \mu_2 \leftrightarrow H_1: \mu_1 \neq \mu_2.$$

(2) 选取检验统计量. 由于 $\overline{X}, \overline{Y}$ 独立, 则

$$\frac{\left(\overline{X} - \overline{Y}\right) - (\mu_1 - \mu_2)}{\sqrt{\dfrac{\sigma_1^2}{n} + \dfrac{\sigma_2^2}{m}}} \sim N(0,1).$$

选取检验统计量

$$U = \frac{\overline{X} - \overline{Y}}{\sqrt{\dfrac{\sigma_1^2}{n} + \dfrac{\sigma_2^2}{m}}};$$

则当 H_0 为真时, $U \sim N(0,1)$.

(3) 由于 H_0 为真时, $|U|$ 的取值偏小; 反之, $|U|$ 的取值偏大. 故, 当 $|U|$ 的取值超过某一临界值 c 时, 则拒绝 H_0. 从而, H_0 的拒绝域形如

$$\begin{aligned} W &= \{(x_1, x_2, \cdots, x_n, y_1, y_2, \cdots, y_m) : |u| \geqslant c\} \\ &= \left\{ (x_1, x_2, \cdots, x_n, y_1, y_2, \cdots, y_m) : \left| \frac{\overline{x} - \overline{y}}{\sqrt{\dfrac{\sigma_1^2}{n} + \dfrac{\sigma_2^2}{m}}} \right| \geqslant c \right\}. \end{aligned}$$

因此, 对于给定的显著性水平 α, 选取临界值 $c = u_{\frac{\alpha}{2}}$, 则

$$P\left(\text{拒绝} H_0 \mid H_0 \text{为真}\right) = P\left(|U| \geqslant u_{\frac{\alpha}{2}} \mid H_0 \text{为真}\right) = \alpha.$$

从而 H_0 的拒绝域为

$$\begin{aligned} W &= \left\{(x_1, x_2, \cdots, x_n, y_1, y_2, \cdots, y_m) : |u| \geqslant u_{\frac{\alpha}{2}}\right\} \\ &= \left\{(x_1, x_2, \cdots, x_n, y_1, y_2, \cdots, y_m) : \left|\frac{\overline{x} - \overline{y}}{\sqrt{\frac{\sigma_1^2}{n} + \frac{\sigma_2^2}{m}}}\right| \geqslant u_{\frac{\alpha}{2}}\right\}. \end{aligned}$$

(4) 根据样本观测值作出判断. 若 $(x_1, x_2, \cdots, x_n, y_1, y_2, \cdots, y_m) \in W$, 则拒绝 H_0; 否则接受 H_0.

例 8.2.3 运动员在训练日的成绩是全天成绩的平均. 运动员甲在 2009 年最后一个训练期和 2010 年最后一个训练期 110 米跨栏的成绩 (单位: s) 记录如下:

训练日	1	2	3	4	5	6	7	8	9	10
2009 年	13.75	13.42	13.94	14.16	13.99	14.53	13.84	14.25	13.68	13.51
2010 年	14.06	13.36	13.39	13.62	13.32	14.02	13.74	13.39	13.59	

根据以往记录, 甲在 2009 年和 2010 年的成绩的标准差分别是 $\sigma_1 = 0.36$ 和 $\sigma_2 = 0.34$. 在显著性水平 $\alpha = 0.05$ 下, 能否认为甲在这两个训练期的表现有显著差异?

解 设 $X_1, X_2, \cdots, X_{10}$ 表示 2009 年的成绩记录, $Y_1, Y_2, \cdots, Y_9$ 表示 2010 年的成绩记录, 则可认为 $(X_1, X_2, \cdots, X_{10})$ 是总体 $X \sim N(\mu_1, \sigma_1^2)$ 的样本, $(Y_1, Y_2, \cdots, Y_9)$ 是总体 $Y \sim N(\mu_2, \sigma_2^2)$ 的样本, 且二者独立, 其中 $\sigma_1 = 0.36$, $\sigma_2 = 0.34$.

提出统计假设:

$$H_0: \mu_1 = \mu_2 \leftrightarrow H_1: \mu_1 \neq \mu_2.$$

选取检验统计量:

$$U = \frac{\overline{X} - \overline{Y}}{\sqrt{\frac{\sigma_1^2}{10} + \frac{\sigma_2^2}{9}}}.$$

由 $\overline{X}, \overline{Y}$ 的独立性, 当 H_0 成立时, $U \sim N(0,1)$. 由于 $P(|U| \geqslant 1.96) = 0.05$, 故 H_0 的显著性水平为 0.05 的拒绝域为

$$W = \left\{(x_1, x_2, \cdots, x_{10}, y_1, y_2, \cdots, y_9) : \left|\frac{\overline{x} - \overline{y}}{\sqrt{\frac{\sigma_1^2}{10} + \frac{\sigma_2^2}{9}}}\right| \geqslant 1.96\right\}.$$

计算得 $\overline{x} = 13.907$, $\overline{y} = 13.610$, 统计量的观测值为

$$u = \frac{13.907 - 13.610}{\sqrt{\frac{0.36^2}{10} + \frac{0.34^2}{9}}} \approx 1.849 < 1.96.$$

因此, 检验结果不显著, 不能认为甲在这两个训练期的表现有显著差异. □

在例 8.2.3 中, 2010 年的平均成绩 $\overline{y}=13.610$ 好于 2009 年的 $\overline{x}=13.907$, 说明训练成绩很可能是提高了, 但在显著性水平 $\alpha=0.05$ 下, 双侧假设检验并没检验出这个结果, 这是因为双侧检验是在得到数据之前所设计的检验, 并没利用试验数据所提供的信息.

当拿到最新的试验数据时, 可以根据数据所提供的信息作单侧假设检验. 利用该例中的训练数据, 在显著性水平 $\alpha=0.05$ 下检验运动员甲在 2010 年的训练成绩是否有显著提高.

因为 $\overline{y}=13.610<\overline{x}=13.907$, 首先提出单侧统计假设:

$$H_0:\mu_1\leqslant\mu_2\leftrightarrow H_1:\mu_1>\mu_2,$$

设

$$U_0=\frac{\left(\overline{X}-\overline{Y}\right)-(\mu_1-\mu_2)}{\sqrt{\dfrac{\sigma_1^2}{n}+\dfrac{\sigma_2^2}{m}}}\sim N(0,1).$$

当 H_0 为真时, $-(\mu_1-\mu_2)\geqslant 0$, 故

$$U=\frac{\overline{X}-\overline{Y}}{\sqrt{\dfrac{\sigma_1^2}{n}+\dfrac{\sigma_2^2}{m}}}\leqslant U_0=\frac{\left(\overline{X}-\overline{Y}\right)-(\mu_1-\mu_2)}{\sqrt{\dfrac{\sigma_1^2}{n}+\dfrac{\sigma_2^2}{m}}},$$

从而

$$P(U\geqslant u_\alpha)\leqslant P(U_0\geqslant u_\alpha)=\alpha.$$

因此, H_0 的显著性水平为 $\alpha=0.05$ 拒绝域为

$$W=\left\{(x_1,x_2,\cdots,x_{10},y_1,y_2,\cdots,y_9):\frac{\overline{x}-\overline{y}}{\sqrt{\dfrac{\sigma_1^2}{10}+\dfrac{\sigma_2^2}{9}}}\geqslant 1.645\right\}.$$

根据例 8.2.3 的数据,

$$u=\frac{13.907-13.610}{\sqrt{\dfrac{0.36^2}{10}+\dfrac{0.34^2}{9}}}=1.849>1.645,$$

所以拒绝 H_0, 则可认为甲在 2010 年的训练成绩有显著提高.

这个结果与例 8.2.3 的结果, 究竟哪个该被采用呢? 因为结论 “2010 年训练成绩有显著提高” 犯错误的概率不超过 0.05, 所以我们宁愿采用之.

二、T 检验法

所谓 T 检验法, 一般指检验所借助的统计量服从 t 分布的检验法.

以下仅考虑方差未知时单个正态总体均值的双侧显著性检验.

设总体 $X \sim N\left(\mu, \sigma^2\right)$, 其中 σ^2 未知, 现检验总体均值 μ 与已知的 μ_0 是否有显著差异. 具体检验步骤如下:

(1) 提出统计假设

$$H_0: \mu=\mu_0 \leftrightarrow H_1: \mu \neq \mu_0 .$$

(2) 选取检验 T 统计量. 设 $\left(X_1, X_2, \cdots, X_n\right)$ 为取自总体 X 的样本, $\overline{X}$ 为样本均值. 用 σ^2 的无偏估计 $S^2=\dfrac{1}{n-1} \sum\limits_{i=1}^n\left(X_i-\overline{X}\right)^2$ 来代替 σ^2, 当 H_0 成立时, 则

$$T=\frac{\sqrt{n}\left(\overline{X}-\mu_0\right)}{S} \sim t(n-1) .$$

选取 T 其作为检验统计量.

(3) 给出 H_0 的拒绝域. 由于 H_0 为真时, $|T|$ 的取值偏小. 故, 当 $|T|$ 的取值超过某一临界值 c 时, 则拒绝 H_0. 从而 H_0 的拒绝域形如

$$W=\left\{\left(x_1, x_2, \cdots, x_n\right):\left|\frac{\sqrt{n}\left(\bar{x}-\mu_0\right)}{s}\right| \geqslant c\right\} .$$

因此, 对于给定的显著性水平 α, 选取临界值 $c=t_{\frac{\alpha}{2}}(n-1)$, 则

$$P\left(\text{拒绝} H_0 \mid H_0 \text{为真}\right)=P\left(|T| \geqslant t_{\frac{\alpha}{2}}(n-1) \mid H_0 \text{为真}\right)=\alpha .$$

从而 H_0 的拒绝域为

$$W=\left\{\left(x_1, x_2, \cdots, x_n\right):\left|\frac{\sqrt{n}\left(\bar{x}-\mu_0\right)}{s}\right| \geqslant t_{\frac{\alpha}{2}}(n-1)\right\} .$$

(4) 根据样本观测值作出判断. 若 $\left(x_1, x_2, \cdots, x_n\right) \in W$, 则拒绝 H_0; 否则接受 H_0.

例 8.2.4 某市居民上月平均伙食费为 355 元. 随机抽取 49 个居民, 他们本月平均伙食费为 365 元, 由这 49 个样本计算所得的样本标准差为 $s=35$ 元. 假定该市居民月伙食费 X 服从正态分布, 试分别在显著性水平 $\alpha_1=0.05, \alpha_2=0.01$ 下检验 "本月该市居民平均伙食费较上月无变化" 的假设.

解 因为 $X \sim N\left(\mu, \sigma^2\right)$, 其中 σ^2 未知, 故按照 T 检验法进行检验.

(1) 提出统计假设

$$H_0: \mu=\mu_0 \leftrightarrow H_1: \mu \neq \mu_0 .$$

(2) 选取检验统计量. 当 H_0 为真时, 则统计量

$$T=\frac{\sqrt{49}\left(\overline{X}-\mu_0\right)}{S}\sim t\left(48\right).$$

(3) 对于给定的显著性水平 $\alpha_1=0.05, \alpha_2=0.01$, 由

$$P\left(拒绝H_0 \mid H_0为真\right)=P\left(|T|\geqslant t_{\frac{\alpha}{2}}\left(48\right) \mid H_0为真\right)=\alpha,$$

则在两种显著性水平下的拒绝域分别为

$$W_1=\left\{(x_1,x_2,\cdots,x_{49}):\left|\frac{\sqrt{49}\left(\overline{x}-\mu_0\right)}{s}\right|\geqslant 1.96\right\},$$

$$W_2=\left\{(x_1,x_2,\cdots,x_{49}):\left|\frac{\sqrt{49}\left(\overline{x}-\mu_0\right)}{s}\right|\geqslant 2.58\right\},$$

其中 $t_{0.005}\left(48\right)\approx u_{0.005}=2.58, t_{0.025}\left(48\right)\approx u_{0.025}=1.96$.

(4) 根据样本观测值, 统计量的观测值满足

$$1.96<t=7\times\frac{365-355}{35}=2<2.58,$$

所以 $(x_1,x_2,\cdots,x_{49})\in W_1$, 但 $(x_1,x_2,\cdots,x_{49})\notin W_2$, 从而在显著性水平 $\alpha_1=0.05$ 下拒绝 H_0, 在显著性水平 $\alpha_2=0.01$ 下接受 H_0. □

例 8.2.5 为检验某超市出售的净重为 500g 的袋装白糖的净重是否标准 (假设服从正态分布), 需要进行抽样检查. 随机抽取了 9 袋白糖, 测得净重如下:

499.12, 499.48, 499.25, 499.53, 500.82, 499.11, 498.52, 500.01, 498.87.

试问: 这批白糖的净重是否符合标准? ($\alpha=0.05$)

解 对 $\mu_0=500$g, 提出如下假设:

$$H_0:\mu=\mu_0\leftrightarrow H_1:\mu\neq\mu_0.$$

设刚刚下线的袋装白糖的净重 X 为总体, 则 $X\sim N\left(\mu,\sigma^2\right)$, 其中 μ,σ^2 未知. 因为标准差 σ 未知, 所以用修正的样本标准差 S 代替. 选取检验统计量, 当 H_0 为真时, 则

$$T=\frac{\sqrt{9}\left(\overline{X}-\mu_0\right)}{S}\sim t\left(8\right).$$

对于给定的显著性水平 $\alpha=0.05$, 查表得 $t_{\frac{\alpha}{2}}(8)=2.306$, 则

$$P\left(|T|\geqslant 2.306 \mid H_0为真\right)=P\left(\left|\frac{\sqrt{9}(\overline{X}-\mu_0)}{S}\right|\geqslant 2.306\middle|H_0为真\right)=0.05,$$

从而, H_0 的显著性水平为 0.05 的拒绝域为

$$W = \left\{ (x_1, x_2, \cdots, x_9) : \left| \frac{\sqrt{9}\,(\overline{x} - \mu_0)}{s} \right| \geqslant 2.306 \right\}.$$

由已知数据计算: $\overline{x} = 499.412, s = 0.676$, 从而

$$|t| = \left| \frac{\sqrt{9}\,(\overline{x} - \mu_0)}{s} \right| = 2.609 > 2.306;$$

故拒绝 H_0, 可认为 $\mu \neq 500$, 即这批白糖的净重不符合标准. □

在例 8.2.5 中, 由于 $\overline{x} = 499.412 < 500$, 所以可以认为超市供应的白糖是缺斤少两的. 作出此判断也有可能犯错误, 只是犯错误的概率不超过 $\alpha = 0.05$. 在许多实际问题中, 还常常需要检验总体均值 μ 是否大于 (或小于) 某个定值 μ_0, 这时就需要作单侧假设检验. 下面通过例子简单说明单侧检验的具体应用和步骤.

重新回到例 8.2.5, 在显著性水平 0.05 下检验这批白糖的平均净重是否不足. 为此提出统计假设:

$$H_0 : \mu \geqslant 500 \leftrightarrow H_1 : \mu < 500,$$

由于 $T_0 = \dfrac{\sqrt{9}\left(\overline{X} - \mu\right)}{S} \sim t\,(8)$, 且当 H_0 为真时,

$$T = \frac{\sqrt{9}\left(\overline{X} - 500\right)}{S} \geqslant T_0 = \frac{\sqrt{9}\left(\overline{X} - \mu\right)}{S}.$$

故, 当 H_0 为真时, T 的取值应该偏大, 从而当 T 取值较小时应该拒绝 H_0, 故 H_0 的拒绝域形如:

$$W = \{(x_1, x_2, \cdots, x_9) : t \leqslant c\} = \left\{ (x_1, x_2, \cdots, x_9) : \frac{\sqrt{9}\,(\overline{x} - 500)}{s} \leqslant c \right\}.$$

对于给定的显著性水平 0.05, 当 H_0 为真时,

$$P\left(T \leqslant -t_{0.05}\,(8) \mid H_0\text{为真}\right) \leqslant P\left(T_0 \leqslant -t_{0.05}\,(8) \mid H_0\text{为真}\right) = 0.05,$$

查表得 $t_{0.05}\,(8) = 1.86$, 所以 H_0 的拒绝域为

$$W = \{(x_1, x_2, \cdots, x_9) : t \leqslant -1.86\}.$$

由已有数据计算得

$$t = \frac{\sqrt{9}\,(\overline{x} - 500)}{s} = -2.609 < -1.86,$$

从而拒绝 H_0.

与例 8.2.5 比较可以看出: 对于相同的显著性水平 0.05, 由于临界值 $t_{0.05}(8) < t_{0.025}(8)$, 所以在双侧假设检验显著时, 单侧假设检验必显著. 这是因为对于适当的单侧原假设 H_0 与相同的显著性水平 α, 一定成立 $t_{\alpha}(n) < t_{\frac{\alpha}{2}}(n)$. 反之, 单侧假设检验显著时, 双侧假设检验则不一定显著. 造成这一结果的原因在于: 单侧检验的原假设与备择假设的设计通常利用了数据所提供的信息, 而双侧检验的设计往往并没考虑到数据信息.

例 8.2.6 某厂家断言其所生产的小型电动机在正常负载条件下平均电流不会超过 0.8A. 现随机抽取该型号电动机 16 台, 发现其平均电流为 0.92A, 而由该样本得到的样本标准差为 $s = 0.32$A. 假定这种电动机的工作电流 X 服从正态分布, 取显著性水平 $\alpha = 0.05$, 根据这一抽样结果, 能否否定厂家断言?

解 设工作电流 $X \sim N(\mu, \sigma^2)$, 其中 σ^2 未知. 厂家的断言为 "$\mu \leqslant 0.8$".

(1) 若将厂家的断言作为原假设, 则假设检验问题为

$$H_0 : \mu \leqslant 0.8 \leftrightarrow H_1 : \mu > 0.8.$$

由 T 检验法, 此时 H_0 的拒绝域形如

$$W = \{(x_1, x_2, \cdots, x_{16}) : t \geqslant c\} = \left\{(x_1, x_2, \cdots, x_{16}) : \frac{\sqrt{16}(\overline{x} - 0.8)}{s} \geqslant c\right\};$$

对于给定的显著性水平 $\alpha = 0.05$, $t_{0.05}(15) = 1.753$, 则 H_0 的拒绝域为

$$W = \left\{(x_1, x_2, \cdots, x_{16}) : \frac{\sqrt{16}(\overline{x} - 0.8)}{s} \geqslant 1.753\right\}.$$

根据样本的观测值计算得

$$t = \frac{\sqrt{16}(0.92 - 0.8)}{0.32} = 1.5 < 1.753,$$

故不应当拒绝 H_0, 即不能否定厂家的断言.

(2) 若将厂家断言的对立面, 即 $\mu > 0.8$ 作为原假设, 则假设检验问题为

$$H_0 : \mu > 0.8 \leftrightarrow H_1 : \mu \leqslant 0.8.$$

由 T 检验法, 此时 H_0 的拒绝域形如

$$W = \{(x_1, x_2, \cdots, x_{16}) : t \leqslant c\} = \left\{(x_1, x_2, \cdots, x_{16}) : \frac{\sqrt{16}(\overline{x} - 0.8)}{s} \leqslant c\right\}.$$

对于给定的显著性水平 $\alpha = 0.05$, 则 H_0 的拒绝域为

$$W = \{(x_1, x_2, \cdots, x_{16}) : t \leqslant -t_{0.05}(15)\}$$

$$= \left\{ (x_1, x_2, \cdots, x_{16}) : \frac{\sqrt{16}\,(\overline{x} - 0.8)}{s} \leqslant -1.753 \right\}.$$

根据样本观测值计算得 $t = \dfrac{\sqrt{16}\,(0.92 - 0.8)}{0.32} = 1.5 > -1.753$, 故不应当拒绝 H_0, 即可以否定厂家的断言. □

例 8.2.6 表明: 问题的提法的不同可能导致截然相反的结论. 究其原因是由于问题的着眼点不同. 当把“厂家断言正确”作为原假设时, 主要根据该厂家以往的表现和信誉, 对其断言自然会给予很大的信任; 只有很不利于该厂家的观测结果才能改变看法, 因而一般难以拒绝这个断言. 反之, 当把“厂家断言不正确”作为原假设时, 可能一开始就对该厂家的产品抱怀疑态度, 只有很有利于该厂家的结果才能改变看法. 因此, 在所得观测数据并非决定性地偏向于某一方时, 我们的着眼点会影响检验结果.

例 8.2.7 某糕点厂经理为判断牛奶供应商的鲜牛奶是否被兑水, 决定对其供应的牛奶进行随机抽样. 现测得 12 个牛奶样品的冰点如下:

$$\begin{array}{llllll} -0.5426, & -0.5467, & -0.5360, & -0.5281, & -0.5444, & -0.5468, \\ -0.5420, & -0.5347, & -0.5468, & -0.5496, & -0.5410, & -0.5405. \end{array}$$

已知鲜牛奶的冰点是 -0.5450 摄氏度, 试在显著性水平 $\alpha = 0.05$ 下, 判断此供应商的牛奶是否被兑水.

解 设 X_i 为第 i 个样品的冰点, $i = 1, 2, \cdots, 12$, 且 $(X_1, X_2, \cdots, X_{12})$ 取自正态总体 $X \sim N(\mu, \sigma^2)$, 其中 μ, σ^2 未知.

如果牛奶没有兑水, 则 $\mu = \mu_0 = -0.5450$. 根据测得的数据计算可得

$$\overline{x} = -0.5416, \quad s = 0.0061.$$

由于水的冰点是 0 摄氏度, 故兑水牛奶的冰点将会提高, 而 $\overline{x} = -0.5416 > -0.5450$, 故有理由质疑牛奶被兑水. 提出统计假设:

$$H_0 : \mu = \mu_0 \text{ (没兑水)} \leftrightarrow H_1 : \mu > \mu_0 \text{ (兑水)}.$$

当 H_0 为真时,

$$T = \frac{\sqrt{12}\,(\overline{X} - \mu_0)}{S} \sim t(11).$$

由于 T 取值越大越不利于 H_0, 这预示牛奶被兑水, 故 H_0 的拒绝域形如

$$W = \{(x_1, x_2, \cdots, x_{12}) : t \geqslant c\} = \left\{ (x_1, x_2, \cdots, x_{12}) : \frac{\sqrt{12}\,(\overline{x} - \mu_0)}{s} \geqslant c \right\}.$$

对于给定的显著性水平 $\alpha = 0.05$, 查 t 分位数表得 $t_{0.05}(11) = 1.7959$, 则拒绝域为

$$W = \left\{(x_1, x_2, \cdots, x_{12}) : \frac{\sqrt{12}\,(\overline{x} - \mu_0)}{s} \geqslant 1.7959\right\}.$$

经计算,

$$t = \frac{\sqrt{12}\,(\overline{x} - \mu_0)}{s} = 1.9308 > 1.7959,$$

故拒绝 H_0, 可以认定牛奶被兑水, 且作此判断犯错误的概率不超过显著性水平 0.05. □

在例 8.2.7 中, 假若抽样只得到前 7 个数据

$$-0.5426, -0.5467, -0.5360, -0.5281, -0.5444, -0.5468, -0.5420.$$

再次在显著性水平 $\alpha = 0.05$ 下判断牛奶是否被兑水. 经计算此时有

$$\overline{x} = -0.5409 > -0.5450, \quad s = 0.0067,$$

故可以提出与例 8.2.7 中相同的统计假设并选取相同的检验统计量, 而且拒绝域的形式也完全相同. 由于

$$t = \frac{\sqrt{7}\,(\overline{x} - \mu_0)}{s} = \frac{\sqrt{7}\,(-0.5409 + 0.5450)}{0.0067} = 1.619 < t_{0.05}(6) = 1.9432,$$

故检验并不显著, 不能拒绝 H_0, 即不能认为牛奶被兑水.

将此结果与例 8.2.7 的结论相比较. 首先, 前 7 次测量的平均冰点值 -0.5409 高于 12 次测量的平均冰点值 -0.5416, 预示着从前 7 次的测量数据更应当给出拒绝 H_0 的判断, 但是却不能从这 7 个测量数据得到拒绝 H_0 的结果. 造成此现象的原因是测量数据较少, 将测量数据增加到 12 个, 得出的结论就会更加可靠. 其次, 由前 7 次测量结果得到的检验不显著就接受 H_0 也是不合理的, 因为并不知道接受 H_0 犯第二类错误的概率有多大.

习 题 8.2

1. 设某次数学考试的考生成绩服从正态分布. 现从中随机抽取 36 位考生的成绩, 算得平均成绩为 66.5 分, 标准差为 15 分. 问: 在显著性水平 0.05 下, 是否可以认为在这次考试中全体考生的平均成绩为 70 分?

2. 设总体 $X \sim N(\mu, \sigma_0^2)$. 现从总体 X 中抽取一容量为 4 的样本 (X_1, X_2, X_3, X_4). 若已知 $\sigma_0^2 = 16$, 对于假设: $H_0 : \mu = 5 \leftrightarrow H_1 : \mu \neq 5$,

(1) 试给出一个显著性水平为 $\alpha = 0.05$ 的检验法;

(2) 若 $\mu = 6$, 试计算利用该检验法犯第二类错误的概率 β.

3. 某车间用一台包装机包装精盐, 额定标准每袋净重 500g. 设包装机包装出的每袋盐重量 $X \sim N\left(\mu, \sigma^2\right)$. 为检查包装机的工作情况, 随机抽取 9 袋, 称得净重 (单位: g) 为

$$498, 505, 516, 526, 487, 510, 512, 513, 514.$$

若显著性水平为 $\alpha = 0.05$, 在下列两种情形下, 试问包装精盐的每袋标准净重有无显著变化? $\left(\overline{x} = \frac{1}{9}\sum_{i=1}^{9} x_i = 509,\ s^2 = \frac{1}{8}\sum_{i=1}^{9}(x_i - \overline{x})^2 = 126.25\right)$

(1) 已知 $\sigma^2 = 15^2$;

(2) σ^2 未知.

8.3　正态总体方差的假设检验

一、χ^2 检验法

所谓 χ^2 检验法, 一般指检验所借助的统计量服从 χ^2 分布的检验法.

1. 均值已知时单个正态总体方差的双侧检验

设总体 $X \sim N\left(\mu_0, \sigma^2\right)$, $(X_1, X_2, \cdots, X_n)$ 为取自总体 X 的样本, 现检验总体方差 σ^2 与已知的 σ_0^2 是否有显著差异.

(1) 提出统计假设:

$$H_0 : \sigma^2 = \sigma_0^2 \leftrightarrow H_1 : \sigma^2 \neq \sigma_0^2.$$

(2) 选取检验统计量.

由于 H_0 为真时, $(X_i - \mu_0)/\sigma_0, i = 1, 2, \cdots, n$ 独立同 $N(0,1)$ 分布, 从而检验统计量

$$\chi^2 = \frac{1}{\sigma_0^2}\sum_{i=1}^{n}(x_i - \mu_0)^2 \sim \chi^2(n).$$

(3) 给出 H_0 的拒绝域.

如果 χ^2 的取值偏大或者偏小, 则对 H_0 不利. 因此, 如果 χ^2 的取值超过某临界值 c_1 或小于某临界值 c_2 时, 则拒绝 H_0. 故 H_0 的拒绝域形如

$$W = \left\{(x_1, x_2, \cdots, x_n) : \chi^2 \geqslant c_1\right\} \cup \left\{(x_1, x_2, \cdots, x_n) : \chi^2 \leqslant c_2\right\}.$$

对于给定的显著性水平 α, 选取临界值 $c_1 = \chi^2_{\frac{\alpha}{2}}(n), c_2 = \chi^2_{1-\frac{\alpha}{2}}(n)$, 则

$$\begin{aligned} &P\left(\text{拒绝}H_0 \mid H_0\text{为真}\right) \\ =&P\left(\chi^2 \geqslant \chi^2_{\frac{\alpha}{2}}(n) \mid H_0\text{为真}\right) + P\left(\chi^2 \leqslant \chi^2_{1-\frac{\alpha}{2}}(n) \mid H_0\text{为真}\right) = \alpha. \end{aligned}$$

从而得到 H_0 的拒绝域:

$$W=\left\{(x_1,x_2,\cdots,x_n):\chi^2\geqslant\chi^2_{\frac{\alpha}{2}}(n)\right\}\cup\left\{(x_1,x_2,\cdots,x_n):\chi^2\leqslant\chi^2_{1-\frac{\alpha}{2}}(n)\right\}$$
$$=\left\{(x_1,x_2,\cdots,x_n):\frac{\sum\limits_{i=1}^{n}(x_i-\mu_0)^2}{\sigma_0^2}\geqslant\chi^2_{\frac{\alpha}{2}}(n)\text{ 或 }\frac{\sum\limits_{i=1}^{n}(x_i-\mu_0)^2}{\sigma_0^2}\leqslant\chi^2_{1-\frac{\alpha}{2}}(n)\right\}.$$

(4) 根据得到的样本观测值作出判断.

若 $(x_1,x_2,\cdots,x_n)\in W$, 则拒绝 H_0; 否则接受 H_0.

2. 均值未知时单个正态总体方差的双侧检验

设总体 $X\sim N(\mu,\sigma^2)$, μ 未知, $(X_1,X_2,\cdots,X_n)$ 为取自总体 X 的样本, 现检验总体方差 σ^2 与已知的 σ_0^2 是否有显著差异.

(1) 提出统计假设:

$$H_0:\sigma^2=\sigma_0^2\leftrightarrow H_1:\sigma^2\neq\sigma_0^2.$$

(2) 选取检验统计量.

当 H_0 为真时, 考虑总体方差 σ^2 的点估计量 S^2, 检验统计量

$$\chi^2=\frac{(n-1)S^2}{\sigma_0^2}\sim\chi^2(n-1).$$

(3) 给出 H_0 的拒绝域.

类似于前面讨论, H_0 的拒绝域形如

$$W=\left\{(x_1,x_2,\cdots,x_n):\chi^2\geqslant c_1\right\}\cup\left\{(x_1,x_2,\cdots,x_n):\chi^2\leqslant c_2\right\}.$$

对于给定的显著性水平 α, 选取临界值 $c_1=\chi^2_{\frac{\alpha}{2}}(n-1), c_2=\chi^2_{1-\frac{\alpha}{2}}(n-1)$, 则 H_0 的拒绝域为

$$W=\left\{(x_1,x_2,\cdots,x_n):\frac{(n-1)s^2}{\sigma_0^2}\geqslant\chi^2_{\frac{\alpha}{2}}(n-1)\text{ 或 }\frac{(n-1)s^2}{\sigma_0^2}\leqslant\chi^2_{1-\frac{\alpha}{2}}(n-1)\right\}.$$

(4) 根据得到的样本观测值作出判断.

若 $(x_1,x_2,\cdots,x_n)\in W$, 则拒绝 H_0; 否则接受 H_0.

例 8.3.1 用包装机包装某种洗衣粉, 在正常情况下每袋重量为 1000 克, 标准差 σ 不能超过 15 克, 且假设每袋洗衣粉净重服从正态分布. 某天检验包装机工作, 随机抽取已装好的 10 袋, 测得净重 (单位: 克) 样本均值 $\overline{x}=998$, 样本方差 $s^2=30.23^2$, 试问: 该天包装机是否正常工作 ($\alpha=0.05$)?

解　由题意, 每袋重量为 1000 克, 标准差 σ 不能超过 15 克. 要检验包装机工作是否正常, 需要对该天每袋洗衣粉重量的均值和方差分别作检验.

先对方差作检验, 统计假设为

$$H_0: \sigma^2 \leqslant 15^2 \leftrightarrow H_1: \sigma^2 > 15^2.$$

选取检验统计量

$$\chi_0^2 = \frac{(n-1)S^2}{15^2} = \frac{9S^2}{15^2}.$$

易见, 当 H_0 为真时, χ_0^2 的取值偏小, 故 χ_0^2 取值越大则越不利于 H_0. 从而, H_0 的拒绝域形如: $W = \left\{(x_1, x_2, \cdots, x_{10}): \chi_0^2 \geqslant c\right\}$. 由于 H_0 为真时,

$$\chi^2 = \frac{(n-1)S^2}{\sigma^2} = \frac{9S^2}{\sigma^2} \geqslant \chi_0^2 = \frac{(n-1)S^2}{15^2} = \frac{9S^2}{15^2}.$$

故对于给定的显著性水平 0.05, 取临界值 $c = \chi_{0.05}^2(9)$, 则

$$\begin{aligned} P\left(\text{拒绝}H_0 \mid H_0\text{为真}\right) &= P\left(\chi_0^2 \geqslant \chi_{0.05}^2(9) \mid H_0\text{为真}\right) \\ &\leqslant P\left(\chi^2 \geqslant \chi_{0.05}^2(9) \mid H_0\text{为真}\right) = 0.05. \end{aligned}$$

查表得 $\chi_{0.05}^2(9) = 16.919$, 从而得到 H_0 的拒绝域:

$$W = \left\{(x_1, x_2, \cdots, x_{10}): \chi_0^2 \geqslant \chi_{0.05}^2(9)\right\} = \left\{(x_1, x_2, \cdots, x_{10}): \frac{9s^2}{15^2} \geqslant 16.919\right\}.$$

由样本观测值, $\chi_0^2 = \dfrac{9s^2}{15^2} = \dfrac{9 \times 30.23^2}{15^2} = 36.554 > 16.919$, 故拒绝 H_0, 即认为每袋洗衣粉重量的标准差超过 15 克. 因此, 我们也没必要再对每袋洗衣粉重量的均值作检验, 可以认为该天包装机工作不正常. □

例 8.3.2　用包装机包装食品, 假设每袋食品的净重服从正态分布, 按照规定每袋标准重量为 100 克, 标准差不能超过 2 克. 为检验包装质量, 某天开工后从生产线上随机抽取 10 袋, 测得样本均值 $\overline{x} = 99.89$, 样本标准差为 $s = 0.975$, 问: 该天包装机工作是否正常 $(\alpha = 0.05)$?

解　由题意, 每袋标准重量为 100 克, 标准差不能超过 2 克. 该天包装机工作是否正常, 需要对该天每袋食品的净重的方差与均值分别进行检验.

(1) 对方差进行检验.

提出统计假设:

$$H_0: \sigma^2 \leqslant 2^2 \leftrightarrow H_1: \sigma^2 > 2^2.$$

选取检验统计量:

$$\chi_0^2 = \frac{(n-1)S^2}{2^2} = \frac{9S^2}{2^2}.$$

显然, 当 H_0 为真时, χ_0^2 的取值偏小, 故 H_0 的拒绝域形如

$$W = \left\{(x_1, x_2, \cdots, x_{10}) : \chi_0^2 \geqslant c\right\}.$$

由于 H_0 为真时,

$$\chi^2 = \frac{(n-1)\,S^2}{\sigma^2} = \frac{9S^2}{\sigma^2} \geqslant \chi_0^2 = \frac{(n-1)\,S^2}{2^2} = \frac{9S^2}{2^2},$$

故对于给定的显著性水平 0.05, 取临界值 $c = \chi_{0.05}^2\,(9)$, 则

$$\begin{aligned} P\left(\text{拒绝}H_0 \mid H_0\text{为真}\right) &= P\left(\chi_0^2 \geqslant \chi_{0.05}^2\,(9) \mid H_0\text{为真}\right) \\ &\leqslant P\left(\chi^2 \geqslant \chi_{0.05}^2\,(9) \mid H_0\text{为真}\right) = 0.05. \end{aligned}$$

查表得 $\chi_{0.05}^2\,(9) = 16.919$, 从而得到 H_0 的拒绝域

$$W = \left\{(x_1, x_2, \cdots, x_{10}) : \frac{9s^2}{2^2} \geqslant 16.919\right\}.$$

由样本观测值计算得

$$\chi_0^2 = \frac{9s^2}{2^2} = \frac{9 \times (0.975)^2}{2^2} = 2.139 < 16.919,$$

故接受 H_0, 可以认为每袋食品净重的标准差不超过 2 克.

(2) 对均值进行检验.

提出统计假设:

$$H_0 : \mu = \mu_0 = 100 \leftrightarrow H_1 : \mu \neq \mu_0.$$

选取检验统计量

$$T = \frac{\sqrt{10}\left(\overline{X} - \mu_0\right)}{S} \sim t\,(9),$$

则当 H_0 为真时, $T \sim t\,(9)$. 对于给定的显著性水平 $\alpha = 0.05$, $t_{0.025}\,(9) = 2.262$, 则 H_0 的拒绝域为

$$\begin{aligned} W &= \left\{(x_1, x_2, \cdots, x_{10}) : |t| \geqslant t_{0.025}\,(9)\right\} \\ &= \left\{(x_1, x_2, \cdots, x_{10}) : \left|\frac{\sqrt{10}\,(\overline{x} - \mu_0)}{s}\right| \geqslant 2.262\right\}. \end{aligned}$$

根据得到的样本观测值, 计算得

$$|t| = \left|\frac{\sqrt{10}\,(\overline{x} - \mu_0)}{s}\right| = \left|\frac{\sqrt{10}\,(99.89 - 100)}{0.975}\right| = 0.357 < 2.262,$$

故接受 H_0, 可以认为每袋食品净重的均值为 100 克. 综上所述, 可以认为该天包装机工作正常. □

二、 F 检验法

所谓 F 检验法, 一般指检验所借助的统计量服从 F 分布的检验法.

以下只考虑均值未知时两个正态总体方差比较的双侧检验.

设总体 $X \sim N\left(\mu_1, \sigma_1^2\right)$, $Y \sim N\left(\mu_2, \sigma_2^2\right)$, 其中 μ_1, μ_2 未知. 现从总体 X, Y 中独立地分别抽取样本 $(X_1, X_2, \cdots, X_n)$ 与 $(Y_1, Y_2, \cdots, Y_m)$, 检验 σ_1^2 与 σ_2^2 是否有显著差异.

(1) 提出统计假设:

$$H_0 : \sigma_1^2 = \sigma_2^2 \leftrightarrow H_1 : \sigma_1^2 \neq \sigma_2^2.$$

(2) 选取检验统计量.

由于 $(n-1)\,S_1^2/\sigma_1^2 \sim \chi^2\,(n-1)$, $(m-1)\,S_2^2/\sigma_2^2 \sim \chi^2\,(m-1)$, 且二者独立. 选取检验统计量:

$$F = S_1^2/S_2^2.$$

当 H_0 为真时, $F \sim F\,(n-1, m-1)$.

(3) 给出 H_0 的拒绝域.

如果 F 的取值偏大或者偏小, 则对 H_0 不利. 因此, 如果 F 的取值超过某临界值 c_1 或小于某临界值 c_2 时, 则拒绝 H_0. 故 H_0 的拒绝域形如

$$W = \left\{(x_1, x_2, \cdots, x_n, y_1, y_2, \cdots, y_m) : f \geqslant c_1 \text{ 或 } f \leqslant c_2\right\}.$$

对于给定的显著性水平 α, 选取临界值 $c_1 = F_{\frac{\alpha}{2}}\,(n-1, m-1)$, $c_2 = F_{1-\frac{\alpha}{2}}(n-1, m-1)$, 则 H_0 的拒绝域为

$$W = \left\{(x_1, \cdots, x_n, y_1, \cdots, y_m) \colon \frac{s_1^2}{s_2^2} \geqslant F_{\frac{\alpha}{2}}\,(n-1, m-1) \text{ 或} \frac{s_1^2}{s_2^2} \leqslant F_{1-\frac{\alpha}{2}}\,(n-1, m-1)\right\}.$$

(4) 根据得到的样本观测值作出判断.

若 $(x_1, x_2, \cdots, x_n, y_1, y_2, \cdots, y_m) \in W$, 则拒绝 H_0; 否则接受 H_0.

例 8.3.3　为比较甲、乙两种安眠药的疗效, 现将 20 名患者分成两组, 每组 10 人, 如果服药后延长的睡眠时间 (单位: 小时) 分别服从正态分布, 且所测得的数据如下:

甲:	5.5,	4.6,	4.4,	3.4,	1.9,	1.6,	1.1,	0.8,	0.1,	−0.1;
乙:	3.7,	3.4,	2.0,	2.0,	0.8,	0.7,	0,	−0.1,	−0.2,	−1.6.

试在显著性水平 $\alpha = 0.05$ 下检验两种安眠药的疗效有无显著差异?

解　设甲、乙药服用后延长的睡眠时间分别为 X, Y, 由题意, $X \sim N\left(\mu_1, \sigma_1^2\right)$, $Y \sim N\left(\mu_2, \sigma_2^2\right)$, 且 $\mu_1, \mu_2, \sigma_1^2, \sigma_2^2$ 均未知.

(1) 先在 μ_1, μ_2 未知的条件下检验假设:

$$H_0: \sigma_1^2 = \sigma_2^2 \leftrightarrow H_1: \sigma_1^2 \neq \sigma_2^2.$$

选取检验统计量

$$F = \frac{S_1^2}{S_2^2},$$

则当 H_0 为真时, $F \sim F(9,9)$. 对于给定的显著性水平, 查 F 分位数表得

$$F_{0.025}(9,9) = 4.03, \quad F_{0.975}(9,9) = \frac{1}{F_{0.025}(9,9)} = \frac{1}{4.03},$$

从而有 H_0 的拒绝域:

$$W = \left\{(x_1, x_2, \cdots, x_{10}, y_1, y_2, \cdots, y_{10}): \frac{s_1^2}{s_2^2} \geqslant 4.03 \text{ 或 } \frac{s_1^2}{s_2^2} \leqslant \frac{1}{4.03}\right\}.$$

由所测得的样本观测值, 计算得 $s_1^2 = 4.01$, $s_2^2 = 3.2$, 故

$$\frac{1}{4.03} < \frac{s_1^2}{s_2^2} = 1.253125 < 4.03,$$

从而接受 H_0, 即可以认为 $\sigma_1^2 = \sigma_2^2$.

(2) 在 $\sigma_1^2 = \sigma_2^2$ 但均值未知的条件下检验假设:

$$H_0: \mu_1 = \mu_2 \leftrightarrow H_1: \mu_1 \neq \mu_2.$$

选取检验统计量

$$T = \frac{\overline{X} - \overline{Y}}{\sqrt{\dfrac{9S_1^2 + 9S_2^2}{18}} \cdot \sqrt{\dfrac{1}{10} + \dfrac{1}{10}}} = \frac{\overline{X} - \overline{Y}}{\sqrt{\dfrac{S_1^2 + S_2^2}{10}}},$$

则当 H_0 为真时, $T \sim t(18)$. 对于给定的显著性水平, 查 t 分位数表得 $t_{0.025}(18) = 2.1009$, 从而 H_0 的拒绝域为

$$W = \left\{(x_1, x_2, \cdots, x_{10}, y_1, y_2, \cdots, y_{10}): \left|\frac{\overline{x} - \overline{y}}{\sqrt{\dfrac{s_1^2 + s_2^2}{10}}}\right| \geqslant 2.1009\right\}.$$

由所测得的样本观测值计算得

$$\overline{x} = 2.33, \quad \overline{y} = 0.75, \quad s_1^2 = 4.01, \quad s_2^2 = 3.2.$$

故

$$|t| = \left| \frac{\overline{x} - \overline{y}}{\sqrt{\frac{(s_1^2 + s_2^2)}{10}}} \right| = 1.86 < 2.1009,$$

从而接受 H_0, 可以认为 $\mu_1 = \mu_2$. 综上所述, 可以认为两种安眠药的疗效无显著差异. □

显著性水平 α 是在检验之前确定的, 这也就意味着我们已事先确定了拒绝域. 只要样本观测值落入拒绝域就拒绝原假设 H_0, 否则就接受 H_0. 这种固定的显著性水平 α 对检验结果的可靠性起了一种度量的作用.

从前面的一些例子可以发现, 在一个较大的显著性水平下得到拒绝原假设的结论, 而在一个较小的显著性水平下却会得到相反的结论, 这是因为显著性水平变小会导致检验的拒绝域变小, 于是原来落在拒绝域的样本值就可能落入接受域.

我们知道, α 是犯第一类错误概率的上界, 它只能提供检验结论可靠性的一个大致范围, 而对于一个特定的假设检验问题, 却无法给出观测值与原假设之间不一致程度的精确度量. 要计算出样本观测值与原假设中假设的值的偏离程度, 则需要计算 p 值 (p-value). 所谓检验的 p 值, 即为在一个假设检验问题中, 利用样本值能够作出拒绝原假设的最小显著性水平.

例 8.3.4 设总体 $X \sim N(\mu, 9)$, $(X_1, X_2, \cdots, X_{10})$ 为取自总体 X 的一个样本, 其样本均值为 $\overline{x} = 12$, 检验假设 $H_0: \mu = 10$, 检验的显著性水平 $\alpha = 0.05$, 试计算检验的 p 值.

解 易见, 检验的拒绝域为

$$W = \{(x_1, x_2, \cdots, x_{10}) : |u| \geqslant u_{0.025}\} = \left\{(x_1, x_2, \cdots, x_{10}) : \left|\frac{\overline{x} - 10}{3}\sqrt{10}\right| \geqslant 1.96\right\},$$

而

$$\left|\frac{\overline{x} - 10}{3}\sqrt{10}\right| = \left|\frac{12 - 10}{3}\sqrt{10}\right| = 2.11 > 1.96,$$

故拒绝原假设.

检验的 p 值为

$$p = P\left(\left|\frac{\overline{X} - 10}{3}\sqrt{10}\right| \geqslant 2.11\right) = 2\left[1 - \varPhi(2.11)\right] = 0.0348,$$

由 p 值定义, 可知当显著性水平 α 降低至 0.0348 时, 仍会作出拒绝 H_0 的选择. □

由此, 将检验的 p 值与显著性水平 α 作比较, 可以得到检验的结论:

(1) 如果 $\alpha \geqslant p$, 则在显著性水平 α 下拒绝 H_0;

(2) 如果 $\alpha < p$, 则在显著性水平 α 下接受 H_0.

p 值在实际中非常有用, 很多统计软件对检验问题一般都会给出检验的 p 值. 从而, 假设检验以后可由如下进行判断: 一则建立拒绝域, 根据样本值是否落入拒绝域加以判断; 再则可根据样本值计算检验的 p 值, 通过将检验的 p 值与显著性水平 α 作比较而作出判断.

在本节的最后, 我们来简单讨论一下区间估计与假设检验的联系与区别. 假设检验与区间估计这两个统计推断的形式表面上看好像完全不同, 但实际上二者之间有着非常密切的联系. 它们的提法虽然不同, 但解决问题的途径是相通的. 我们仅以方差未知时均值的 (双侧置信区间) 区间估计与 (双侧) 假设检验为例说明之.

设总体 $X \sim N\left(\mu, \sigma^2\right)$, σ^2 未知, $(X_1, X_2, \cdots, X_n)$ 为取自总体 X 的样本, 选取枢轴量 $T=\dfrac{\overline{X}-\mu}{S/\sqrt{n}}$. 对于给定的置信水平 $1-\alpha$, 由 $P\left(|T|<t_{\frac{\alpha}{2}}(n-1)\right)=1-\alpha$, 则有参数 μ 的置信水平为 $1-\alpha$ 的置信区间

$$\left(\overline{X}-\frac{S}{\sqrt{n}}t_{\frac{\alpha}{2}}(n-1),\ \overline{X}+\frac{S}{\sqrt{n}}t_{\frac{\alpha}{2}}(n-1)\right).$$

根据样本的观测值 $(x_1, x_2, \cdots, x_n)$, 得到一个具体的置信区间

$$\left(\overline{x}-\frac{s}{\sqrt{n}}t_{\frac{\alpha}{2}}(n-1),\ \overline{x}+\frac{s}{\sqrt{n}}t_{\frac{\alpha}{2}}(n-1)\right).$$

这是区间估计.

作统计假设: $H_0: \mu=\mu_0 \leftrightarrow H_1: \mu \neq \mu_0$. 构造检验统计量 $T=\dfrac{\overline{X}-\mu_0}{S/\sqrt{n}}$. 当 H_0 为真时, $T \sim t(n-1)$. 对于显著性水平 α, 由 $P\left(|T| \geqslant t_{\frac{\alpha}{2}}(n-1) \mid H_0\text{为真}\right)=\alpha$, 即得 H_0 的拒绝域为

$$\begin{aligned} W &= \left\{(x_1, x_2, \cdots, x_n): |t| \geqslant t_{\frac{\alpha}{2}}(n-1)\right\} \\ &= \left\{(x_1, x_2, \cdots, x_n): \left|\frac{\overline{x}-\mu_0}{s/\sqrt{n}}\right| \geqslant t_{\frac{\alpha}{2}}(n-1)\right\}, \end{aligned}$$

从而接受域为

$$\begin{aligned} \overline{W} &= \left\{(x_1, x_2, \cdots, x_n): |t| < t_{\frac{\alpha}{2}}(n-1)\right\} \\ &= \left\{(x_1, x_2, \cdots, x_n): \left|\frac{\overline{x}-\mu_0}{s/\sqrt{n}}\right| < t_{\frac{\alpha}{2}}(n-1)\right\} \\ &= \left\{(x_1, x_2, \cdots, x_n): \overline{x}-\frac{s}{\sqrt{n}}t_{\frac{\alpha}{2}}(n-1) < \mu_0 < \overline{x}+\frac{s}{\sqrt{n}}t_{\frac{\alpha}{2}}(n-1)\right\}. \end{aligned}$$

因此, 假设检验的接受域与相应的区间估计的置信区间形式完全相同.

实际上, 我们既可以利用参数的假设检验来得到参数的区间估计, 也可由参数的区间估计得到参数的假设检验. 尽管如此, 区间估计与假设检验也绝非一回事,

区间估计给出了未知参数的一个估计范围, 而假设检验是判断某一假设是否正确. 我们还可以通过进一步分析发现, 假设检验提供的信息不如区间估计确切 (这里不再赘述), 这也提醒我们对假设检验结果的实际含义的解释要十分小心, 并且在得到假设检验结果时, 最好也将被检验参数的区间估计求出作为参考.

习　题　8.3

1. 某厂平时所生产的细纱支数的标准差为 1.2, 现从某日所生产的一批产品中随机抽取 16 缕进行支数检测, 发现样本标准差为 2.1, 问: 纱的均匀度是否变劣 ($\alpha = 0.05$)? (提示: 用 χ^2 检验法)

2. 现测得两批小学生的身高 (单位: 厘米) 如下:

第一批: 140, 138, 143, 142, 144, 137, 141,

第二批: 135, 140, 142, 36, 138, 140.

设这两个总体分别服从 $N(\mu_1, \sigma_1^2), N(\mu_2, \sigma_2^2)$ 分布, 且两样本独立. 试判断这两批学生的平均身高是否相等 ($\alpha = 0.05$). (提示: 先用 F 检验法来判断方差齐一性, 再用 T 检验法)

3. 设总体 $X \sim N(\mu, \sigma_0^2)$, 其中 $\sigma_0^2 > 0$ 已知, $X_1, X_2, \cdots, X_n$ 为取自总体的一个样本.

(1) 对检验问题: $H_0 : \mu = \mu_0 \leftrightarrow H_1 : \mu \neq \mu_0$ 给出显著性水平为 α 的检验法;

(2) 试求参数 μ 的置信度为 $1 - \alpha$ 的置信区间.

第8章测试题

习题参考答案

习　题　1.1

1. (1) $A=\{$正正反, 正正正, 正反反, 正反正$\}$, $B=\{$正正正, 反反反$\}$,

$C=\{$正正反, 正正正, 正反反, 正反正, 反正正, 反反正, 反正反$\}$.

(2) 设 ω_{ij} 为样本点"第一次掷出"i"点, 第二次掷出"j"点".

$A=\{\omega_{ii}\,|i=1,2,\cdots,6\}$, $B=\{\omega_{12},\omega_{21},\omega_{24},\omega_{42},\omega_{36},\omega_{63}\}$,

$C=\{\omega_{ij}\,|i,j=1,2,\cdots,6;\ i+j=6\}$.

2. (1) $AB\overline{C}=\{$取到中文版数学类非精装图书$\}$; (2) 精装图书全是中文版的;

(3) 只有数学类的图书不是中文版的.

3. (1) $\bigcup\limits_{i=1}^{4}A_i$;

(2) $A_1A_2\overline{A_3A_4}\cup A_1A_3\overline{A_2A_4}\cup A_1A_4\overline{A_3A_2}\cup A_3A_2\overline{A_1A_4}\cup A_4A_2\overline{A_3A_1}\cup A_3A_4\overline{A_1A_2}$;

(3) $A_1A_2A_3\cup A_1A_3A_4\cup A_1A_2A_4\cup A_2A_3A_4=\cup_{1\leqslant i<j<k\leqslant 4}A_iA_jA_k$;

(4) $\overline{A_1A_2\cup A_1A_3\cup A_1A_4\cup A_3A_2\cup A_4A_2\cup A_3A_4}=\overline{\cup_{1\leqslant i<j\leqslant 4}A_iA_j}$.

4. (1) $\{\omega_2\}$; (2) $\varnothing$; (3) $\{\omega_1,\omega_2,\omega_3,\omega_4,\omega_6\}$; (4) $\{\omega_4,\omega_6\}$; (5) $\{\omega_3\}$;

其中 ω_i 表示掷出"i"点, $i=1,2,\cdots,6$.

5. (1) $A=\{$三次射击至少一次未命中目标$\}$;

(2) $B=\{$甲产品滞销或乙产品畅销$\}$;

(3) $C=\{$加工的四个零件没有一个是合格品$\}$.

6. (1) $A\overline{B}=\left\{x\mid 0\leqslant x\leqslant\dfrac{1}{4}\right\}$; (2) $\overline{AB}=\left\{x\mid 0\leqslant x\leqslant\dfrac{1}{4}\right\}\cup\left\{x\mid\dfrac{2}{3}<x\leqslant 1\right\}$; (3) $\varnothing$.

7. 略.

习　题　1.2

1. (1) $P(A)=\begin{cases}\dfrac{n-2}{2(n-1)}, & n\text{为偶数},\\ \dfrac{n-1}{2n}, & n\text{为奇数};\end{cases}$ (2) $\dfrac{1}{2}$.

2. (1) $\dfrac{8}{15}$; (2) $\dfrac{19}{40}$.

3. $\dfrac{a}{a+b}$.

4. (1) $\dfrac{2}{n}$; (2) $\dfrac{2}{n-1}$; (3) $\dfrac{n!\mathrm{A}_{n+1}^{m}}{(n+m)!}$.

5. (1) $\dfrac{17}{25}$; (2) $\dfrac{1}{4}+\dfrac{1}{2}\ln 2$.

6. (1) $1-a$;　(2) $1-a$.

7. (1) $A \subset B,\ P(AB)=0.4$;

(2) $A \cup B = \Omega,\ AB \neq \varnothing, P(AB)=0.1,\quad P(AB)=0$.

8~11. 略.

习　题　1.3

1. 0.2, 0.5, $\dfrac{2}{3}$, 0.8, 0.6.

2. (1) $\dfrac{1}{3}$;　(2) 0.5;　(3) $\dfrac{2}{3}$.

3. 略.

4. (1) $\dfrac{12}{19}$; (2) $\dfrac{1}{5}$.

5. $\dfrac{12}{25}$.

6. $\dfrac{9}{1078}$.

7. $\dfrac{1}{10}, \dfrac{k}{10}$.

8. $\mathrm{e}^{-\lambda t}$.

9. $\dfrac{1}{5}$.

10. (1) 0.96;　(2) 0.5.

11. (1) $\dfrac{5}{12}$;　(2) $\dfrac{35}{54}$; (3) 10.

12. 略.

13. (1) 0.7;　(2) $\dfrac{3}{20}$.

14. (1) 0.4;　(2) 0.4; (3) 0.4856;　(4) 0.4856.

15. ≈ 0.8.

16. (1) $\dfrac{29}{90}$;　(2) $\dfrac{20}{61}$.

17. (1) 0.943;　(2) 0.85.

18. (1) $\begin{cases} p_1 = a, \\ p_n = \begin{cases} a, & b=1, \\ \left(a-\dfrac{1}{2}\right)(2b-1)^{n-1}+\dfrac{1}{2}, & b \neq 1; \end{cases} \end{cases} \quad n>1$;　(2) $\dfrac{a}{a+b}$.

19. (1) $p_0 = 1,\ p_a = 0,\ p_i = \dfrac{\left(\dfrac{q}{p}\right)^i - \left(\dfrac{q}{p}\right)^a}{1-\left(\dfrac{q}{p}\right)^a},\ p>0,\ p \neq \dfrac{1}{2}$;　(2) $\dfrac{a}{a+b}$.

习 题 1.4

1. (1) 0.5; (2) $\frac{5}{6}$; (3) 0.9.

2. $\frac{40}{47}$.

3. $\frac{1}{2}, \frac{1}{2}$.

4. $\frac{3}{5}$.

5. $\frac{2}{3}$.

6. $\binom{3}{1}0.6\cdot(0.4)^2\cdot 0.4+\binom{3}{2}(0.6)^2\cdot 0.4\cdot 0.8+\binom{3}{3}(0.6)^3$.

7. $\binom{2n}{n}\left(\frac{1}{2}\right)^{2n}$.

8. 甲: $\frac{a}{a+b-ab}$, 乙: $\frac{b-ab}{a+b-ab}$.

9. 五局三胜制对甲有利.

10. (1) 0.963; (2) 0.81.

11. (1) 0.458; (2) 0.16; (3) 0.0262.

习 题 2.1

1. (1) $\Omega=\{(a_1,a_2),(b_1,b_2),(b_1,b_3),(b_2,b_3),(a_1,b_1),(a_1,b_2),(a_1,b_3),(a_2,b_1),(a_2,b_2),(a_2,b_3)\}$;

(2) $\xi(a_1,a_2)=2$, $\xi(a_1,b_1)=\xi(a_1,b_2)=\xi(a_1,b_3)=\xi(a_2,b_1)=\xi(a_2,b_2)=\xi(a_2,b_3)=1$, $\xi(b_1,b_2)=\xi(b_1,b_3)=\xi(b_2,b_3)=0$;

(3) $\{\xi=0\}=\{(b_1,b_2),(b_1,b_3),(b_2,b_3)\}$,

$\{\xi\leqslant 1\}=\{(a_1,b_1),(a_1,b_2),(a_1,b_3),(a_2,b_1),(a_2,b_2),(a_2,b_3),(b_1,b_2),(b_1,b_3),(b_2,b_3)\}$,

$\{\xi\geqslant 2\}=\{(a_1,a_2)\}$.

2. (1) $\frac{1}{4},\frac{1}{3},\frac{3}{4},\frac{3}{4}$; (2) $\ln 2, 1, \ln\frac{5}{4}$; (3) $\frac{11}{12},\frac{5}{12},\frac{3}{4},\frac{1}{12}$.

3. $F(1-)-F(-1)$, $F(5-)-F(-1)$, $1-F(2)$, $F(2)-F(-2-)$, $F(2-)$,

$$P(a\xi+b\leqslant c)=\begin{cases} F\left(\dfrac{c-b}{a}\right), & a>0, \\ P(\Omega)=1, & a=0, c\geqslant b, \\ P(\varnothing)=0, & a=0, c<b, \\ 1-F\left(\dfrac{c-b}{a}-\right) & a<0. \end{cases}$$

4. $1-\alpha-\beta$.

5. (1) $a=\dfrac{1}{2},b=\dfrac{1}{\pi}$; (2) $a=\dfrac{1}{2},b=\dfrac{1}{\pi}$.

6. (1) $F(x)=\begin{cases}0, & x<0,\\ x^2/R^2, & 0\leqslant x<R,\\ 1, & x\geqslant R,\end{cases}$ $\dfrac{5}{9}$;

(2) 设底边 BC 上的高为 h, $F(x)=\begin{cases}0, & x\leqslant 0,\\ 1-\left(\dfrac{h-x}{h}\right)^2, & 0<x<h,\\ 1, & x\geqslant h.\end{cases}$

7. 略.

习　题　2.2

1. (1) $c=1$; (2) $c=\mathrm{e}^{-\frac{1}{3}}$.

2. (1) $X\sim\begin{pmatrix}0 & 1 & 2 & 3\\ \dfrac{1}{6} & \dfrac{1}{2} & \dfrac{3}{10} & \dfrac{1}{30}\end{pmatrix}$; (2) $\dfrac{1}{3}$.

3. 0.6826.

4. (1) $X\sim\begin{pmatrix}1 & 2 & 3 & 4\\ \dfrac{2}{5} & \dfrac{3}{10} & \dfrac{1}{5} & \dfrac{1}{10}\end{pmatrix}$, $Y\sim\begin{pmatrix}2 & 3 & 4 & 5\\ \dfrac{1}{10} & \dfrac{2}{10} & \dfrac{3}{10} & \dfrac{4}{10}\end{pmatrix}$;

(2) $Z\sim\begin{pmatrix}2 & 3 & 4\\ \dfrac{1}{10} & \dfrac{3}{10} & \dfrac{6}{10}\end{pmatrix}$.

5. $\dfrac{5}{6}$, $\dfrac{16}{5^5}$.

6. (1) $X\sim\begin{pmatrix}3 & 4 & 5\\ \dfrac{1}{10} & \dfrac{3}{10} & \dfrac{3}{5}\end{pmatrix}$; (2) $F(x)=\begin{cases}0, & x<3,\\ 1/10, & 3\leqslant x<4,\\ 2/5, & 4\leqslant x<5,\\ 1, & x\geqslant 5.\end{cases}$

7. $X\sim\begin{pmatrix}0 & 1 & 2 & 3\\ \dfrac{1}{2} & \dfrac{1}{4} & \dfrac{1}{8} & \dfrac{1}{8}\end{pmatrix}$.

8. (1) $X\sim\begin{pmatrix}0 & 1 & 3\\ 0.5 & 0.2 & 0.3\end{pmatrix}$; (2) $a=0.5,\ b=0.25,\ c=0,\ d=0.25,\ e=1$.

9. (1) $X\sim\begin{pmatrix}2 & 3 & 4\\ \dfrac{3}{10} & \dfrac{2}{5} & \dfrac{3}{10}\end{pmatrix}$, $P(X<2)=P(X>4)=0$;

(2) $P(X=k)=\left(\dfrac{7-k}{6}\right)^n-\left(\dfrac{6-k}{6}\right)^n$, $P(Y=k)=\left(\dfrac{k}{6}\right)^n-\left(\dfrac{k-1}{6}\right)^n$, $k=1,2,\cdots,6$.

10. (1) $k=\begin{cases}\lambda, \lambda-1, & \lambda\text{为正整数},\\ [\lambda], & \text{其他};\end{cases}$ (2) 2; (3) 105.

11. (1) $X\sim G(0.004)$; (2) 0.3, 0.5, $\frac{4}{9}$, 1.

12. $P(0.2)$.

13. $P(X=1)=\frac{3}{2^2}$, $P(X=2)=\frac{1}{2^3}$, $P(X=k)=\frac{1}{2^{k+1}}, k=3,4,\cdots$.

14. (1) $e^{-\lambda}\left(e^{\frac{\lambda}{2}}-1\right)$; (2) $\frac{\lambda^2}{8\left(e^{\frac{\lambda}{2}}-1\right)}$.

15. 8.

习 题 2.3

1. (1) $A=1$; (2) $\frac{1}{2}$; (3) $f(x)=\begin{cases}\cos x, & 0\leqslant x<\frac{\pi}{2},\\ 0, & \text{其他}.\end{cases}$

2. (1) $F(x)=\begin{cases}0, & x<0,\\ \frac{x^2}{2}, & 0\leqslant x<1,\\ -\frac{x^2}{2}+2x-1; & 1\leqslant x<2,\\ 1, & x\geqslant 2;\end{cases}$ (2) $\frac{1}{8}$.

3. (1) $f(x)=\begin{cases}xe^{-x}, & x\geqslant 0,\\ 0, & x<0;\end{cases}$

(2) $P(X<1)=1-2e^{-1}$, $P(X\geqslant 2)=3e^{-2}$, $P(1\leqslant X<2)=2e^{-1}-3e^{-2}$.

4. $\frac{3}{4}$; $F(x)=\begin{cases}0, & x<-1,\\ \frac{1}{2}x^2+x+\frac{1}{2}, & -1\leqslant x<0,\\ -\frac{1}{2}x^2+x+\frac{1}{2}, & 0\leqslant x<1,\\ 1, & x\geqslant 1.\end{cases}$

5. (1) $a=b=\frac{1}{2}$; (2) $f(x)=\begin{cases}\frac{1}{2}e^{x}, & x<0,\\ 0, & 0\leqslant x<1,\\ \frac{1}{2}e^{-(x-1)}, & x\geqslant 1;\end{cases}$ (3) $\frac{1}{2}$.

6. (1) $c=\frac{1}{2}$, $F(x)=\begin{cases}\frac{1}{2}e^{x}, & x\leqslant 0,\\ 1-\frac{1}{2}e^{-x}, & x>0;\end{cases}$ (2) $c=\frac{e^{-\frac{5}{4}}}{\sqrt{\pi}}$; (3) $a>0, 4ac-b^2=4\pi^2$.

7. (1) $k \in [1,3]$; (2) $a = \sqrt[3]{4}$.

8. (1) $F(x) = \begin{cases} 0, & x < 0, \\ \dfrac{3x^2 - x^3}{4}, & 0 \leqslant x < 2, \\ 1, & x \geqslant 2, \end{cases}$ $f(x) = \begin{cases} \dfrac{6x - 3x^2}{4}, & 0 \leqslant x < 2, \\ 0, & \text{其他}; \end{cases}$

(2) $X \sim f(x) = \dfrac{1}{\pi(1+x^2)}, -\infty < x < +\infty$; (3) 略.

9. (1) $T \sim E(\lambda)$; (2) $\mathrm{e}^{-3\lambda}$; (3) $\mathrm{e}^{-3\lambda}$.

10. (1) $\dfrac{3}{5}$; (2) $a = -15$ 或 $a = \dfrac{11}{3}$.

11. $2\Phi\left(\sqrt{2}\right) - 1$.

12. (1) $\Phi(1) + \Phi\left(\dfrac{1}{2}\right) - 1,\ 1 + \Phi\left(\dfrac{1}{2}\right) - \Phi\left(\dfrac{5}{2}\right)$; (2) $c = 3$; (3) $d \leqslant 0.44$.

13. (1) 选择第二条线路; (2) 选择第一条线路.

14. (1) $\dfrac{20}{27}$; (2) $1 - \left(1 - \mathrm{e}^{-2}\right)^5$.

15. (1) 0.6826; (2) 约为 406 分.

16. 满足设计要求的公交大巴车门高度可定于 194cm.

17. (1) $0.55 - 0.5\Phi(1)$; (2) $\dfrac{1 - \Phi(1)}{1.1 - \Phi(1)}$.

18. 略.

习 题 2.4

1. (1) $Y \sim \begin{pmatrix} 0 & 1 & 4 & 9 \\ 1/5 & 7/30 & 1/5 & 11/30 \end{pmatrix}, Z \sim \begin{pmatrix} 0 & 1 & 2 & 3 \\ 1/5 & 7/30 & 1/5 & 11/30 \end{pmatrix}$;

(2) $Y \sim \begin{pmatrix} -1 & 0 & 1 \\ 2/15 & 1/3 & 8/15 \end{pmatrix}$.

2. (1) $Y \sim \begin{pmatrix} 1 & -1 \\ 2/3 & 1/3 \end{pmatrix}$;

(2) $P(X = k) = \dfrac{1}{n},\ k = 1, 2, \cdots, n,\ P(Y = k) = q^{k-1}(1-q),\ k = 1, 2, \cdots$.

3. (1) $1 - X \sim U(0,1)$; (2) 略.

4. (1) $f_X(x) = \begin{cases} \dfrac{1}{\sqrt{2\pi}\sigma x}\mathrm{e}^{-\frac{(\ln x - \mu)^2}{2\sigma^2}}, & x > 0, \\ 0, & x \leqslant 0; \end{cases}$ (2) $2\Phi\left(\dfrac{1}{2}\right) - 1$.

5. (1) $f_Y(y)=\begin{cases}\dfrac{1}{3}, & 1<y<4,\\ 0, & \text{其他};\end{cases}$ (2) $f_Y(y)=\begin{cases}\dfrac{1}{y}, & 1<y<\mathrm{e},\\ 0, & \text{其他};\end{cases}$

(3) $f_Y(y)=\begin{cases}\mathrm{e}^{-y}, & y>0,\\ 0, & y\leqslant 0.\end{cases}$

6. (1) $Y\sim U[0,1]$; (2) $Z\sim E\left(\dfrac{1}{2}\right)$.

7. (1) 略; (2) $\eta\sim N(0,1)$.

8. (1) $F_Y(y)=\begin{cases}0, & y<1,\\ \dfrac{y^3+18}{27}, & 1\leqslant y<2,\\ 1, & y\geqslant 2;\end{cases}$ (2) $\dfrac{8}{27}$.

9. $f_Y(y)=\begin{cases}0, & y\leqslant 0,\\ \dfrac{1}{2}, & 0<y<1,\\ \dfrac{1}{2y^2}, & y\geqslant 1.\end{cases}$

10. $F_Y(y)=\begin{cases}0, & y<-2,\\ \dfrac{1}{4}y+\dfrac{1}{2}, & -2\leqslant y<0,\\ \dfrac{1}{32}y^2+\dfrac{1}{2}, & 0\leqslant y<1,\\ 1, & y\geqslant 1;\end{cases}$ $\dfrac{15}{32}$.

11. (1) $F_Y(y)=\begin{cases}0, & y<0,\\ \dfrac{y}{2}, & 0\leqslant y<1,\\ 1, & y\geqslant 1,\end{cases}$ 不是连续型随机变量;

(2) 略; (3) $F_Y(y)=\begin{cases}0, & y<0,\\ 1-\mathrm{e}^{-\frac{1}{5}y}, & 0\leqslant y<2,\\ 1, & y\geqslant 2,\end{cases}$ 不是连续型随机变量.

12. (1) 0, $\dfrac{1}{6}$; (2) $\dfrac{1}{3}$, $\dfrac{2}{3}$, 不是连续型随机变量.

13. $F_\xi(x)=\begin{cases}0, & x<-1,\\ \dfrac{5x+7}{16}, & -1\leqslant x<1,\\ 1, & x\geqslant 1.\end{cases}$

习　题　3.1

1. (1) $\frac{4}{9}$; (2)

X \ Y	0	1	2
0	1/4	1/6	1/36
1	1/3	1/9	0
2	1/9	0	0

.

2. (1)

X \ Y	1	0
1	9/25	6/25
0	6/25	4/25

; (2)

X \ Y	1	0
1	1/3	4/15
0	4/15	2/15

.

3.

Y \ X	0	1	2	3
1	0	3/8	3/8	0
3	1/8	0	0	1/8

.

4. (1)

X \ Y	−1	0	1
−1	0	1/4	0
0	1/4	0	1/4
1	0	1/4	0

, 0; (2)

X \ Y	−1	0	1
−1	1/4	0	0
0	1/12	1/6	0
1	1/12	1/12	1/3

.

5. (1) (i) $\frac{21}{4}$; (ii) $\frac{\sqrt{2}}{4}$;

(2) (i) $\frac{1}{8}$; (ii) $\frac{3}{8}, \frac{27}{32}, \frac{2}{3}$;

(3) (i) $F(x,y)=\begin{cases}\left(1-\mathrm{e}^{-3x}\right)\left(1-\mathrm{e}^{-4y}\right), & x>0, y>0,\\ 0, & \text{其他};\end{cases}$ (ii) $\frac{3}{7}$, $4\mathrm{e}^{-3}-3\mathrm{e}^{-4}$; (iii) 0;

(4) $\frac{1}{2}, \frac{5}{6}, \frac{7}{96}$.

6. (1) $\frac{1}{4}-\frac{3}{16}\ln 3$; (2) $\frac{1}{2}+\frac{1}{\pi}$.

7. (1) $f_Y(y)=\begin{cases}\dfrac{3}{8\sqrt{y}}, & 0<y<1,\\ \dfrac{1}{8\sqrt{y}}, & 1\leqslant y<4,\\ 0, & \text{其他},\end{cases}$ $\frac{1}{4}$; (2) $\frac{1}{2}-\mathrm{e}^{-1}$.

8. 是.

9. $\frac{1}{2}$, $\frac{1}{4}$, $\frac{1}{2}$.

10. (1) $f(x,y)=\begin{cases}2\mathrm{e}^{-2y}, & 0\leqslant x<1,y>0,\\ 0, & \text{其他};\end{cases}$ (2) $\frac{1}{2}\left(\mathrm{e}^{-2}-\mathrm{e}^{-6}\right)$, $\frac{1}{2}\left(1-\mathrm{e}^{-2}\right)$.

习　题　3.2

1. $f_X(x)=\frac{1}{\sqrt{2\pi}}\mathrm{e}^{-\frac{x^2}{2}}$, $-\infty<x<+\infty$; $f_Y(y)=\frac{1}{\sqrt{2\pi}}\mathrm{e}^{-\frac{y^2}{2}}$, $-\infty<y<+\infty$.

2. (1) $f_X(x)=\begin{cases}2x^2+\frac{2}{3}x, & 0\leqslant x\leqslant 1,\\ 0, & \text{其他},\end{cases}$ $f_Y(y)=\begin{cases}\frac{1}{3}+\frac{1}{6}y, & 0\leqslant y\leqslant 2,\\ 0, & \text{其他};\end{cases}$ $\frac{5}{32}$;

(2) $f_X(x)=\begin{cases}6\left(x-x^2\right), & 0<x<1,\\ 0, & \text{其他},\end{cases}$ $\frac{7}{4}-\sqrt{2}$;

(3) $F_X(x)=\begin{cases}0, & x<0,\\ \frac{x^3}{64}, & 0\leqslant x<4,\\ 1, & x\geqslant 4,\end{cases}$ $f_Y(y)=\begin{cases}\frac{3}{64}y\left(16-y^4\right), & 0<y<2,\\ 0, & \text{其他}.\end{cases}$

3. (1) $1-\mathrm{e}^{-3}$; (2) $\frac{11}{64}$.

4. (1) $f_X(x)=\begin{cases}\frac{8}{3\pi}\left(1-x^2\right)^{\frac{3}{2}}, & -1<x<1,\\ 0, & \text{其他},\end{cases}$ $f_Y(y)=\begin{cases}\frac{8}{3\pi}\left(1-y^2\right)^{\frac{3}{2}}, & -1<y<1,\\ 0, & \text{其他};\end{cases}$

(2) $2r^2-r^4$.

5. (1) $f_X(x)=\begin{cases}2x, & 0<x<1,\\ 0, & \text{其他},\end{cases}$ $f_Y(y)=\begin{cases}1-\frac{y}{2}, & 0<y<2,\\ 0, & \text{其他};\end{cases}$

(2) $f_Z(z)=\begin{cases}1-\frac{z}{2}, & 0<z<2,\\ 0, & \text{其他};\end{cases}$ (3) $\frac{3}{4}$.

习　题　3.3

1. (1) $X|_{Y=0}\sim\begin{pmatrix}0 & 1 & 2\\ 1/4 & 1/4 & 1/2\end{pmatrix}$;

(2)

X	Y			
	1	2	3	4
1	1/4	0	0	0
2	1/8	1/8	0	0
3	1/12	1/12	1/12	0
4	1 16	1/16	1/16	1/16

; $Y\sim\begin{pmatrix}1 & 2 & 3 & 4\\ 25/48 & 13/48 & 7/48 & 1/16\end{pmatrix}$;

$Y\,|_{X=4} \sim \begin{pmatrix} 1 & 2 & 3 & 4 \\ 1/4 & 1/4 & 1/4 & 1/4 \end{pmatrix}$;

(3) $P(X=m, Y=n) = (1-p)^{n-2} p^2, m=1,2,\cdots; n=m+1, m+2, \cdots$;

$P(X=m) = (1-p)^{m-1}p,\ m=1,2,\cdots; P(Y=n) = (n-1)(1-p)^{n-2}p^2, n=2,3,\cdots$;

$P_{Y|X}(n\,|m) = P(Y=n\,|X=m) = (1-p)^{n-m-1}, m=1,2,\cdots; n=m+1, m+2,\cdots$;

$P_{X|Y}(m\,|n) = P(X=m\,|Y=n) = \dfrac{1}{n-1}, n=2,3,\cdots; m=1,2,\cdots,n-1$.

2. (1) $f_{Y|X}(y\,|x) = \begin{cases} \dfrac{1}{x}, & 0<y<x, \\ 0, & \text{其他}, \end{cases} \quad 0<x<1$;

$F_{Y|X}(y\,|x) = \begin{cases} 0, & y \leqslant 0, \\ \dfrac{y}{x}, & 0<y<x, \\ 1, & y \geqslant x, \end{cases} \quad 0<x<1$;

(2) $X\,|_{Y=y} \sim E\left(\dfrac{1}{y}\right), y>0$; $\mathrm{e}^{-\frac{1}{y}}$; (3) $\dfrac{7}{15}$.

3. (1) $f_Y(y) = \begin{cases} \dfrac{1}{2y^2}, & y \geqslant 1, \\ \dfrac{1}{2}, & 0<y<1, \\ 0, & y \leqslant 0; \end{cases}$ (2) $f_\eta(y) = \begin{cases} \lambda \mathrm{e}^{-\lambda y}, & y>0, \\ 0, & y \leqslant 0. \end{cases}$

4. (1) $\dfrac{47}{64}$; (2) $\dfrac{15}{16}$.

5. (1) $f_X(x) = \begin{cases} \mathrm{e}^{-x}, & x>0, \\ 0, & x \leqslant 0; \end{cases}$ $f_Y(y) = \begin{cases} \dfrac{1}{(y+1)^2}, & y>0, \\ 0, & y \leqslant 0. \end{cases}$

(2) $f_{X|Y}(x\,|y) = \begin{cases} x(y+1)^2 \mathrm{e}^{-x(y+1)}, & x>0, \\ 0, & x \leqslant 0, \end{cases} \quad y>0$;

$f_{Y|X}(y\,|x) = \begin{cases} x\mathrm{e}^{-xy}, & y>0, \\ 0, & y \leqslant 0, \end{cases} \quad x>0$.

(3) $\dfrac{1-\mathrm{e}^{-2}}{2}$, $1-\mathrm{e}^{-2}$.

6. $\dfrac{1}{\pi}$; $f_{Y|X}(y\,|x) = \dfrac{1}{\sqrt{\pi}}\mathrm{e}^{-(y-x)^2}, x \in (-\infty, +\infty), -\infty < y < +\infty$.

7. (1) $f(x,y) = \begin{cases} \dfrac{y}{2}\mathrm{e}^{-yx}, & x>0, 2 \leqslant y \leqslant 4, \\ 0, & \text{其他}; \end{cases}$ (2) 略.

8. (1) $F_X(x)=0.7\Phi(x)+0.3\Phi(x-1)$; (2) $F_Y(y)=\begin{cases}0, & y<0,\\ \dfrac{3y}{4}, & 0\leqslant y<1,\\ \dfrac{1}{2}+\dfrac{y}{4}, & 1\leqslant y<2,\\ 1, & y\geqslant 2.\end{cases}$

9. (1) $X|_{X>1}\sim U(1,2)$; (2) $\dfrac{1}{2}$, $\dfrac{1}{2}$.

10. $\dfrac{27}{27+25\mathrm{e}^{-2}}$.

习　题　3.4

1. $p=\dfrac{1}{2}$.

2. $X|_{X+Y=n}\sim B\left(n,\dfrac{\lambda_1}{\lambda_1+\lambda_2}\right)$.

3. (1) 独立; (2) 不独立.

4. (1) 不独立; (2) 独立.

5. (1) 2; (2) $f_X(x)=f_{X|Y}(x|y)=\begin{cases}2\mathrm{e}^{-2x}, & x>0,\\ 0, & x\leqslant 0;\end{cases}$ 独立;

(3) $F(x,y)=\begin{cases}\left(1-\mathrm{e}^{-2x}\right)\left(1-\mathrm{e}^{-y}\right), & x>0,y>0,\\ 0, & \text{其他}.\end{cases}$

6. (1)(i) $f(x,y)=\begin{cases}\dfrac{1}{2}\mathrm{e}^{-\frac{y}{2}}, & 0\leqslant x\leqslant 1,y>0,\\ 0, & \text{其他};\end{cases}$ (ii) $1-\sqrt{2\pi}\left[\Phi(1)-\Phi(0)\right]$; (2) $\dfrac{2}{9}$.

7~8. 略.

9. $F(x,y)=\begin{cases}\dfrac{1}{2}\Phi(x)\Phi(y)+\dfrac{1}{2}\Phi(x), & x\leqslant y,\\ \dfrac{1}{2}\Phi(x)\Phi(y)+\dfrac{1}{2}\Phi(y), & x>y.\end{cases}$

10. (1) $1-\dfrac{3}{4}\mathrm{e}^{-1}$; (2) $F_Z(z)=\begin{cases}0, & z<0,\\ \dfrac{z}{2(1-z)}, & 0\leqslant z<\dfrac{1}{2},\\ \dfrac{3z-1}{2z}, & \dfrac{1}{2}\leqslant z<1,\\ 1, & z\geqslant 1.\end{cases}$

11. (1) $b=0$, $\sqrt{ac}=\pi k$; (2) $a>0,c>0,ac-b^2>0$, $k=\dfrac{1}{\pi}\sqrt{ac-b^2}$.

习　题　3.5

1. $\dfrac{5}{7}$.

2. $X \sim \begin{pmatrix} -1 & 0 & 1 \\ 0.1344 & 0.7312 & 0.1344 \end{pmatrix}$.

3. (1)

X	Y	
	1	0
1	1 / 12	1 /6
0	1 /12	2 /3

; (2) $Z \sim \begin{pmatrix} 0 & 1 & 2 \\ 2/3 & 1/4 & 1/12 \end{pmatrix}$.

4. $T \sim E(3\lambda)$.

5. (1) $f_S(s) = \begin{cases} \dfrac{\ln 2 - \ln s}{2}, & 0 < s < 2, \\ 0, & \text{其他}; \end{cases}$ (2) $1 - \mathrm{e}^{-\frac{1}{2}}$.

6. $\lambda_1 = \dfrac{1}{3}$, $\lambda_2 = \dfrac{2}{3}$.

7. (1) $\dfrac{1}{2}$, $f_Z(z) = \begin{cases} 1/3, & -1 \leqslant z < 2, \\ 0, & \text{其他}; \end{cases}$

(2) $F_Z(z) = \int_{-\infty}^{z} [0.3 f_Y(y-1) + 0.7 f_Y(y-2)]\, \mathrm{d}y$, $f_Z(z) = 0.3 f_Y(z-1) + 0.7 f_Y(z-2)$;

(3) $f_Z(z) = \begin{cases} \dfrac{1}{4}, & 0 < z < 1, \\ \dfrac{3}{4}, & 1 < z < 2, \\ 0, & \text{其他}. \end{cases}$

8. (1) $f_Z(z) = \begin{cases} z\mathrm{e}^{-z}, & z > 0, \\ 0, & \text{其他}; \end{cases}$ (2) $f_Z(z) = \begin{cases} \dfrac{3}{2}(1 - z^2), & 0 < z < 1, \\ 0, & \text{其他}; \end{cases}$

(3) $f_Z(z) = \begin{cases} z(2-z), & 0 < z < 1, \\ (2-z)^2, & 1 \leqslant z < 2, \\ 0, & \text{其他}; \end{cases}$ (4) $f_Z(z) = \dfrac{1}{2}\mathrm{e}^{-|z|}, -\infty < z < +\infty$.

9. $f_Y(y) = \begin{cases} ny^{n-1}, & 0 < y < 1, \\ 0, & \text{其他}; \end{cases}$ $f_Z(z) = \begin{cases} n(1-z)^{n-1}, & 0 < z < 1, \\ 0, & \text{其他}; \end{cases}$

$f_{(Y,Z)}(y,z) = \begin{cases} n(n-1)(y-z)^{n-2}, & 0 < z \leqslant y < 1, \\ 0, & \text{其他}. \end{cases}$

10. (1) $U[0,1]$; (2) 略.

11. (1) $f(x,y) = \begin{cases} 3, & 0 < x < 1, x^2 < y < \sqrt{x}, \\ 0, & \text{其他}; \end{cases}$

(2) 不独立; (3) $F(z) = P(Z \leqslant z) = \begin{cases} 0, & z < 0, \\ \dfrac{3}{2}z^2 - z^3, & 0 \leqslant z < 1, \\ \dfrac{1}{2} + 2(z-1)^{\frac{3}{2}} - \dfrac{3}{2}(z-1)^2, & 1 \leqslant z < 2, \\ 1, & z \geqslant 2. \end{cases}$

12. (1) $f(z) = \begin{cases} (1-p)\,\mathrm{e}^{-z}, & z > 0; \\ p\mathrm{e}^{z}, & z \leqslant 0; \end{cases}$ (2) 不独立.

13. (1) $f_Z(z) = \begin{cases} 0, & z < 0, \\ \dfrac{1}{2}, & 0 \leqslant z < 1, \\ \dfrac{1}{2z^2}, & z \geqslant 1; \end{cases}$ (2) 略; (3) $f_Z(z) = \begin{cases} \dfrac{1}{2}\mathrm{e}^{z}, & z < 0, \\ \dfrac{1}{2}\mathrm{e}^{-z}, & z \geqslant 0, \end{cases}$

习 题 4.1

1. $a = \dfrac{1}{3}$, $b = 2$.

2. (1) 略; (2) 0; (3) a; (4). 1.

3. (1) $3\lambda^2 + 5\lambda - 1$; (2) $\dfrac{4}{3}$; (3) $2\mathrm{e}^2$; (4) 8.

4. (1) $\dfrac{1}{\pi}\ln 2 + \dfrac{1}{2}$; (2) $1 + \mathrm{e}^{-1}$.

5. (1) 5.2092 万元; (2) 11.67 分钟.

6. (1) 256; (2)21 单位.

7. (1) 1 9; (2) $2 + 3\mathrm{e}^{-\frac{2}{3}}$.

8. $P(Y = k) = \dbinom{k-1}{1}\left(\dfrac{1}{8}\right)^2 \cdot \left(\dfrac{7}{8}\right)^{k-2}$, $k = 2, 3, \cdots$; $EY = 16$.

9. $\dfrac{3}{4}$.

10. (1) $M\left[1 - \left(1 - \dfrac{1}{M}\right)^n\right]$; (2) 8; (3) np; (4) 350.

11. (1) $EY = \dfrac{n}{n+1}\theta$, $EZ = \dfrac{1}{n+1}\theta$; (2) $\dfrac{n-1}{n+1}$; (3)(i) $\dfrac{1}{n\lambda}$; (ii) $\dfrac{1}{\lambda}\left(1 + \dfrac{1}{2} + \cdots + \dfrac{1}{n}\right)$.

12. (1) $\dfrac{1}{\sqrt{\pi}}$; (2) $\mu + \dfrac{\sigma}{\sqrt{\pi}}$, $\mu - \dfrac{\sigma}{\sqrt{\pi}}$.

习 题 4.2

1. $\lambda = 1$.

2. 略.

3. $\dfrac{8}{9}$.

4. (1) $D(3X+2) = \dfrac{3}{2}$; (2) $DX = \dfrac{1}{12}$.

5. $\dfrac{13}{2}$.

6. (1) $D(X+Y)=\dfrac{1}{18}$; (2) $DX=\dfrac{2}{75}$, $DY=\dfrac{11}{225}$, $E(X+Y)^2=\dfrac{17}{9}$.

7. (1) $1-\dfrac{2}{\pi}$; (2) 2.

8. (1) $\dfrac{29}{45}$; (2) $e^{-1}+2e^{-2}-2e^{-3}-e^{-4}$.

9. $a=\sqrt{\dfrac{2}{\pi}}e^{-2}$, $EX=1$, $DX=\dfrac{1}{4}$, $P(X\leqslant 1)=0$, $P(X\leqslant 2)=\Phi(2)$.

10. (1) $EX=0$, $DX=2$; (2) $EY=DY=1$.

习　题　4.3

1. (1) 0; (2) $\mathrm{Cov}(X,Y)=-\dfrac{n}{4}$, $\rho=\rho_{XY}=-1$.

2. (1) 略; (2) 略.

3. (1) $\dfrac{1}{2}$; (2) $\dfrac{1}{2}$.

4. (1) $\rho=\rho_{UV}=\dfrac{\sqrt{6}}{4}$; (2) $\rho=\rho_{UV}=\dfrac{1}{\sqrt{3}}$.

5. $a=\dfrac{1}{2}$.

6. (1) $\mathrm{Cov}(X,Y)=\dfrac{1}{36}$, $\rho_{XY}=\dfrac{1}{2}$; (2) $\mathrm{Cov}(X,Y)=-\dfrac{1}{147}$, $\rho=\rho_{XY}=-\dfrac{\sqrt{5}}{23}$.

7. (1) 当 $a>0,\rho=1$; 当 $a<0,\rho=-1$; (2) 略.

8~10. 略.

11. (1) 1, 1; (2) $E\xi=\dfrac{k(n+1)}{2}$, $D\xi=\dfrac{k(n+1)(n-k)}{12}$.

12. 略.

13. (1) 略; (2) $\dfrac{1}{4}$, 1.

14. (1) $EY=14.7$, $DY=38.99$; (2) $\mathrm{Cov}(X,Y)=-\dfrac{n}{36}$, $\rho_{XY}=-\dfrac{1}{5}$.

习　题　4.4

1. $\dfrac{k!}{\lambda^k}$.

2. (1) $\begin{pmatrix} 0.24 & 0.03 \\ 0.03 & 0.46 \end{pmatrix}$; (2) $\mathrm{Cov}(X^2,Y^2)=-0.05$.

3. (1) $\rho_{UV}=\dfrac{5}{2\sqrt{13}}$; (2) $\begin{pmatrix} \dfrac{1}{18} & 0 \\ 0 & \dfrac{3}{80} \end{pmatrix}$.

4. (1) $\dfrac{1}{2}$; (2) $13x^2-6x+9$.

5. $EX=EY=0$, $\begin{pmatrix} \dfrac{1}{2} & 0 \\ 0 & \dfrac{1}{2} \end{pmatrix}$.

习 题 5.1

1. (1) $\geqslant \frac{8}{9}$; (2) $\leqslant \frac{1}{12}$; (3) $\geqslant 0.816$; (4) $\geqslant 1-\frac{\sigma^2}{4n}$.

2. 略.

3. $n \geqslant 18750$.

4~5. 略.

6. (1) 略; (2) 不适用.

7. $\frac{1}{2}$, $\frac{1}{2}$, $\frac{1}{4}$.

习 题 5.2

1. (1) 0.096; (2) 0.8665; (3)(i) 24000; (ii) 0.90.

2. (1) 9488; (2) 16.

3. (1)(i) $0.000069 \approx 0$; (ii) 0.9863; (2) 234000.

4. (1) 0.9525; (2) 2252kW; (3) 97.

5. ≈ 0.7852.

6. (1) 1259; (2) 0.0003.

7. 略.

8. (1) $\Phi\left(\sqrt{3}\right)$; (2) $\sqrt{2}$.

习 题 6.1

1. $X \sim \begin{pmatrix} 1 & 0 \\ 2/5 & 3/5 \end{pmatrix}$.

2. (1) $(X_1, X_2, \cdots, X_n) \sim f(x_1, x_2, \cdots, x_n) = \begin{cases} 1, & 0 \leqslant x_i \leqslant 1,\ i=1,2,\cdots,n, \\ 0, & \text{其他}; \end{cases}$

(2) $P(X_1=k_1, X_2=k_2, \cdots, X_n=k_n) = \prod\limits_{i=1}^{n} P(X_i=k_i) = \prod\limits_{i=1}^{n} (1-p)^{k_i-1} p$.

3. (1) $\frac{1}{8}$; (2) 略.

习 题 6.2

1. (1) $P(X_{(1)}=k) = \left(\frac{6-k}{5}\right)^4 - \left(\frac{5-k}{5}\right)^4$,

$$P(X_{(4)}=k) = \left(\frac{k}{5}\right)^4 - \left(\frac{k-1}{5}\right)^4,\ k=1,2,3,4,5;$$

(2) $1-[\Phi(1)]^{16}$, $\left[\Phi\left(\frac{3}{2}\right)\right]^{16}$.

2. $E\left[X_{(1)}\right] = \frac{1}{n+1}$, $E\left[X_{(n)}\right] = \frac{n}{n+1}$,

$$X_{(n)}-X_{(1)}\sim f\left(x\right)=\begin{cases} n\left(n-1\right)\left(x^{n-2}-x^{n-1}\right), & 0<x<1, \\ 0, & \text{其他}. \end{cases}$$

3. $\dfrac{47}{128}$.

习　题　6.3

1. (1) 0.25, 0.84, 1.28, 1.645;　(2) 1.1455, 11.0705, 2.5582, 23.2093;

(3) $\dfrac{1}{6.16}$, $\dfrac{1}{14.62}$, $\dfrac{1}{10.97}$; (4) 2.3534, 3.3649, 1.4149, 3.1693.

2. (1) 16; (2) $k=\dfrac{t_{1-\alpha}\left(n-1\right)}{\sqrt{n-1}}$.

3. (1) σ^2, $\dfrac{2\sigma^4}{n-1}$; (2) 0.99.

4. (1) $\dfrac{2}{3}$; (2) $\sqrt{n}$.

5. $\dfrac{n+1}{n-1}\sigma^4\left(\mu^2+\dfrac{\sigma^2}{n}\right)$, $\dfrac{2\sigma^4}{n}$.

6. (1) 0.1;　(2) 0.25.

7. $\chi^2\left(2n-2\right)$, $F\left(1,2n-2\right)$.

8. $2\left(n-1\right)\sigma^2$.

9. (1) $F\left(1,1\right)$;　(2) 0.976.

习　题　7.1

1. (1) $f_T\left(t\right)=\begin{cases} \dfrac{9t^8}{\theta^9}, & 0<t<\theta, \\ 0, & \text{其他}; \end{cases}$　(2) $a=\dfrac{10}{9}$.

2. $c=\dfrac{6}{15n}$.

3. (1) 不是; (2) $E\left[X_{(1)}-\dfrac{1}{n+1}\left(b-a\right)\right]=a$, $E\left[X_{(n)}+\dfrac{1}{n+1}\left(b-a\right)\right]=b$.

4. 略.

5. $D\left(Y_i\right)=\dfrac{n-1}{n}\sigma^2$, $i=1,2,\cdots,n$; $\mathrm{Cov}\left(Y_1,Y_n\right)=-\dfrac{1}{n}\sigma^2$; $C=\dfrac{n}{2\left(n-2\right)}$.

6. (1) $C=\dfrac{1}{2\left(n-1\right)}$;　(2) $k=\dfrac{\sqrt{\pi}}{2n\left(n-1\right)}$.

7. (1) $\dfrac{4}{3}X_{(3)}$ 更有效;　(2) $\dfrac{1}{2}\left[X_{(1)}+X_{(n)}\right]$ 更有效.

习　题　7.2

1. (1) $\hat{\mu}=2\ln\overline{X}-\dfrac{1}{2}\ln\left(\dfrac{1}{n}\sum\limits_{i=1}^{n}X_i^2\right)$, $\hat{\sigma}^2=\ln\left(\dfrac{1}{n}\sum\limits_{i=1}^{n}X_i^2\right)-2\ln\overline{X}$;

(2) $\hat{\mu}=\dfrac{1}{n}\sum\limits_{i=1}^{n}\ln X_i$, $\hat{\sigma}^2=\dfrac{1}{n}\sum\limits_{i=1}^{n}\ln^2 X_i-\hat{\mu}^2$; (3) $\widehat{EX}=\mathrm{e}^{\hat{\mu}+\frac{1}{2}\hat{\sigma}^2}$, $\widehat{DX}=\mathrm{e}^{2\hat{\mu}+\hat{\sigma}^2}\left(\mathrm{e}^{\hat{\sigma}^2}-1\right)$.

2. $\hat{\lambda}_{\mathrm{MLE}}=X_{(1)}=\min\left\{X_1,X_2,\cdots,X_n\right\}$,　$\hat{\theta}_{\mathrm{MLE}}=\dfrac{1}{\overline{X}-\hat{\lambda}_{\mathrm{MLE}}}=\dfrac{1}{\overline{X}-X_{(1)}}$.

3. (1) 矩估计: $\hat{\theta}=\sqrt{\frac{3}{n}\sum\limits_{i=1}^{n}\left(X_i-\overline{X}\right)^2}$ 或 $\hat{\theta}=\sqrt{\frac{3}{n}\sum\limits_{i=1}^{n}X_i^2}$,

最大似然估计: $\hat{\theta}=\max\{|X_1|,|X_2|,\cdots,|X_n|\}$;

(2) 矩估计: $\hat{\theta}_1=\overline{X}-\sqrt{3}S_n$, $\hat{\theta}_2=2\sqrt{3}S_n$, 最大似然估计: $\hat{\theta}_1=X_{(1)},\hat{\theta}_2=X_{(n)}-X_{(1)}$.

4. $\hat{\theta}_{\mathrm{ME}}=\frac{1}{4}$, $\hat{\theta}_{\mathrm{MLE}}=\frac{7-\sqrt{13}}{12}$.

5. (1) $\hat{R}=\frac{n-k}{k}$; (2) $\frac{k_1k_2}{k_{12}}$.

6. (1) $\hat{\theta}=\overline{X}=\frac{1}{n}\sum\limits_{i=1}^{n}X_i$; (2) $\hat{\theta}=\frac{2n}{\sum\limits_{i=1}^{n}\frac{1}{X_i}}$.

7. (1) $\hat{\theta}=2\overline{X}-1=\frac{2}{n}\sum\limits_{i=1}^{n}X_i-1$; (2) $\hat{\theta}=X_{(1)}=\min\{X_1,X_2,\cdots,X_n\}$.

8. (1) $A=\sqrt{\frac{2}{\pi}}$; (2) $\hat{\sigma}^2=\frac{1}{n}\sum\limits_{i=1}^{n}(X_i-\mu)^2$.

9. (1) $\hat{\sigma}=\frac{1}{n}\sum\limits_{i=1}^{n}|X_i|$; (2) $E(\hat{\sigma})=\sigma$, $D(\hat{\sigma})=\frac{\sigma^2}{n}$; (3) 略.

10. (1) $Z_i\sim f(z)=\begin{cases}\frac{2}{\sqrt{2\pi}\sigma}\mathrm{e}^{-\frac{z^2}{2\sigma^2}}, & z>0,\\ 0, & z\leqslant 0;\end{cases}$ (2) $\hat{\sigma}_{\mathrm{ME}}=\sqrt{\frac{\pi}{2}}\,\overline{Z}=\frac{1}{n}\sqrt{\frac{\pi}{2}}\sum\limits_{i=1}^{n}Z_i$;

(3) $\hat{\sigma}_{\mathrm{MLE}}=\sqrt{\frac{1}{n}\sum\limits_{i=1}^{n}Z_i^2}$.

11. (1) $EX=\frac{1}{2}\sqrt{\theta\pi}$, $E\left(X^2\right)=\theta$; (2) $\hat{\theta}_n=\frac{1}{n}\sum\limits_{i=1}^{n}X_i^2$; (3) $a=\theta$.

习 题 7.3

1. 35.
2. $(40-0.49,\ 40+0.49)$.
3. (1) $(-0.0939,\ 12.0939)$; (2) $(-0.2063,\ 12.2063)$; (3) $(0.3359,\ 4.0973)$.
4. (1) $(1498.26,\ 1501.74)$; (2) 121; (3) 0.926.
5. (1) $X_{(1)}-\theta\sim E(n)$; (2) $\left(X_{(1)}+\frac{\ln\alpha}{n},\ X_{(1)}\right)$.
6. 略.

习 题 8.1

1. (1) 0.05; (2) 0.0695.
2. (1) 0.0037, 0.0367; (2) 34; (3) 略.
3. $c=0.98, 0.83$.
4. (1) $\alpha=0.05$, $\beta=0.0139$; (2) 略.

习　题　8.2

1. 可以.

2. (1) $W=\left\{(x_1,x_2,x_3,x_4):\left|\dfrac{\overline{x}-5}{2}\right|\geqslant 1.96\right\}$;　(2) $\beta=0.921$.

3. (1) 可以认为每袋的标准净重无显著变化;　(2) 可以认为每袋的标准净重有显著变化.

习　题　8.3

1. 可以认为细纱的均匀度变劣.

2. 可以认为学生的平均身高相等.

3. (1)
$$W=\left\{(x_1,x_2,\cdots,x_n):\left|\frac{\overline{x}-\mu_0}{\frac{\sigma_0}{\sqrt{n}}}\right|\geqslant u_{\frac{\alpha}{2}}\right\}$$
$$=\left\{(x_1,x_2,\cdots,x_n):\overline{x}\geqslant\mu_0+\frac{\sigma_0}{\sqrt{n}}u_{\frac{\alpha}{2}}\text{或}\ \overline{x}\leqslant\mu_0-\frac{\sigma_0}{\sqrt{n}}u_{\frac{\alpha}{2}}\right\};$$

(2) $\left(\overline{X}-\dfrac{\sigma_0}{\sqrt{n}}u_{\frac{\alpha}{2}},\ \overline{X}+\dfrac{\sigma_0}{\sqrt{n}}u_{\frac{\alpha}{2}}\right)$.

参考文献

陈希孺, 2009. 概率论与数理统计. 合肥: 中国科学技术大学出版社.

杜先能, 孙国正, 2012. 概率论与数理统计. 合肥: 安徽大学出版社.

龚光鲁, 2006. 概率论与数理统计. 北京: 清华大学出版社.

何书元, 2012. 数理统计. 北京: 高等教育出版社.

李贤平, 2010. 概率论基础. 3 版. 北京: 高等教育出版社.

龙永红, 2009. 概率论与数理统计. 北京: 高等教育出版社.

茆诗松, 程依明, 濮晓龙, 2011. 概率论与数理统计教程. 2 版. 北京: 高等教育出版社.

盛骤, 谢式千, 潘承毅, 2008. 概率论与数理统计. 4 版. 北京: 高等教育出版社.

叶中行, 王蓉华, 徐晓岭, 等, 2009. 概率论与数理统计. 北京: 北京大学出版社.

MENDENHALL W, BEAVER R J, BEAVER B M, 2013. Introduction to Probability and Statistics. Boston: Brooks/Cole.

附　　录

附表 1　标准正态分布表

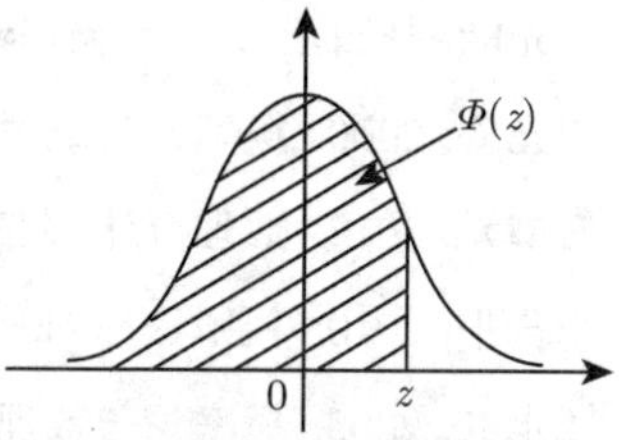

$$\Phi(z)=\int_{-\infty}^{z}\frac{1}{\sqrt{2\pi}}\mathrm{e}^{-u^2/2}\mathrm{d}u=P\{Z\leqslant z\}$$

x	0	0.01	0.02	0.03	0.04	0.05	0.06	0.07	0.08	0.09
0.0	0.5000	0.5040	0.5080	0.5120	0.5160	0.5199	0.5239	0.5279	0.5319	0.5359
0.1	0.5398	0.5438	0.5478	0.5517	0.5557	0.5596	0.5636	0.5675	0.5714	0.5753
0.2	0.5793	0.5832	0.5871	0.5910	0.5948	0.5987	0.6026	0.6064	0.6103	0.6141
0.3	0.6179	0.6217	0.6255	0.6293	0.6331	0.6368	0.6404	0.6443	0.6480	0.6517
0.4	0.6554	0.6591	0.6628	0.6664	0.6700	0.6736	0.6772	0.6808	0.6844	0.6879
0.5	0.6915	0.6950	0.6985	0.7019	0.7054	0.7088	0.7123	0.7157	0.7190	0.7224
0.6	0.7257	0.7291	0.7324	0.7357	0.7389	0.7422	0.7454	0.7486	0.7517	0.7549
0.7	0.7580	0.7611	0.7642	0.7673	0.7703	0.7734	0.7764	0.7794	0.7823	0.7852
0.8	0.7881	0.7910	0.7939	0.7967	0.7995	0.8023	0.8051	0.8078	0.8106	0.8133
0.9	0.8159	0.8186	0.8212	0.8238	0.8264	0.8289	0.8355	0.8340	0.8365	0.8389
1.0	0.8413	0.8438	0.8461	0.8485	0.8508	0.8531	0.8554	0.8577	0.8599	0.8621
1.1	0.8643	0.8665	0.8686	0.8708	0.8729	0.8749	0.8770	0.8790	0.8810	0.8830
1.2	0.8849	0.8869	0.8888	0.8907	0.8925	0.8944	0.8962	0.8980	0.8997	0.9015
1.3	0.9032	0.9049	0.9066	0.9082	0.9099	0.9115	0.9131	0.9147	0.9162	0.9177
1.4	0.9192	0.9207	0.9222	0.9236	0.9251	0.9265	0.9279	0.9292	0.9306	0.9319
1.5	0.9332	0.9345	0.9357	0.9370	0.9382	0.9394	0.9406	0.9418	0.9430	0.9441
1.6	0.9452	0.9463	0.9474	0.9484	0.9495	0.9505	0.9515	0.9525	0.9535	0.9535
1.7	0.9554	0.9564	0.9573	0.9582	0.9591	0.9599	0.9608	0.9616	0.9625	0.9633
1.8	0.9641	0.9648	0.9656	0.9664	0.9672	0.9678	0.9686	0.9693	0.9700	0.9706
1.9	0.9713	0.9719	0.9726	0.9732	0.9738	0.9744	0.9750	0.9756	0.9762	0.9767
2.0	0.9772	0.9778	0.9783	0.9788	0.9793	0.9798	0.9803	0.9808	0.9812	0.9817
2.1	0.9821	0.9826	0.9830	0.9834	0.9838	0.9842	0.9846	0.9850	0.9854	0.9857
2.2	0.9861	0.9864	0.9868	0.9871	0.9874	0.9878	0.9881	0.9884	0.9887	0.9890
2.3	0.9893	0.9896	0.9898	0.9901	0.9904	0.9906	0.9909	0.9911	0.9913	0.9916
2.4	0.9918	0.9920	0.9922	0.9925	0.9927	0.9929	0.9931	0.9932	0.9934	0.9936
2.5	0.9938	0.9940	0.9941	0.9943	0.9945	0.9946	0.9948	0.9949	0.9951	0.9952
2.6	0.9953	0.9955	0.9956	0.9957	0.9959	0.9960	0.9961	0.9962	0.9963	0.9964
2.7	0.9965	0.9966	0.9967	0.9968	0.9969	0.9970	0.9971	0.9972	0.9973	0.9974
2.8	0.9974	0.9975	0.9976	0.9977	0.9977	0.9978	0.9979	0.9979	0.9980	0.9981
2.9	0.9981	0.9982	0.9982	0.9983	0.9984	0.9984	0.9985	0.9985	0.9986	0.9986
3.0	0.9987	0.9990	0.9993	0.9995	0.9997	0.9998	0.9998	0.9999	0.9999	1.0000

附表 2　χ^2 分位数表

$$P\left(\chi^2(n) > \chi^2_\alpha(n)\right) = \alpha$$

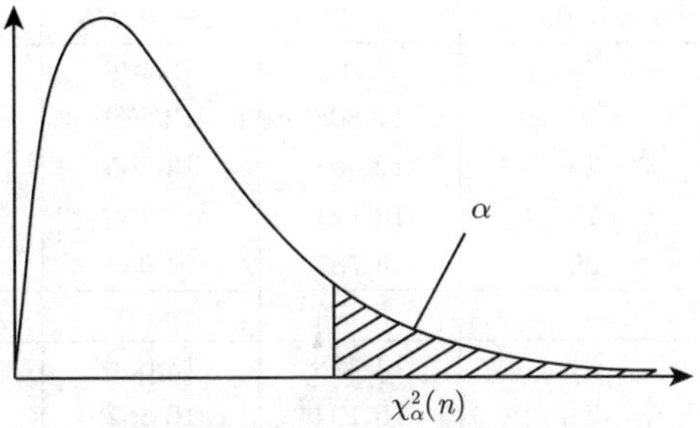

n	$\alpha=0.995$	$\alpha=0.99$	$\alpha=0.975$	$\alpha=0.95$	$\alpha=0.90$	$\alpha=0.75$
1	—	—	0.001	0.004	0.016	0.102
2	0.01	0.02	0.051	0.103	0.211	0.575
3	0.072	0.115	0.216	0.352	0.584	1.213
4	0.207	0.297	0.484	0.711	1.064	1.923
5	0.412	0.554	0.831	1.145	1.61	2.675
6	0.676	0.872	1.237	1.635	2.204	3.455
7	0.989	1.239	1.69	2.167	2.833	4.255
8	1.344	1.646	2.18	2.733	3.49	5.071
9	1.735	2.088	2.7	3.325	4.168	5.899
10	2.156	2.558	3.247	3.94	4.865	6.737
11	2.603	3.053	3.816	4.575	5.578	7.584
12	3.074	3.571	4.404	5.226	6.304	8.438
13	3.565	4.107	5.009	5.892	7.042	9.299
14	4.075	4.66	5.629	6.571	7.79	10.165
15	4.601	5.229	6.262	7.261	8.547	11.037
16	5.142	5.812	6.908	7.962	9.312	11.912
17	5.697	6.408	7.564	8.672	10.085	12.792
18	6.265	7.015	8.231	9.39	10.865	13.675
19	6.844	7.633	8.907	10.117	11.651	14.562
20	7.434	8.26	9.591	10.851	12.443	15.452
21	8.034	8.897	10.283	11.591	13.24	16.344
22	8.643	9.542	10.982	12.338	14.041	17.24
23	9.26	10.196	11.689	13.091	14.848	18.137
24	9.886	10.856	12.401	13.848	15.659	19.037
25	10.52	11.524	13.12	14.611	16.473	19.939

续表

n $\alpha = 0.995$	$\alpha = 0.99$	$\alpha = 0.975$	$\alpha = 0.95$	$\alpha = 0.90$	$\alpha = 0.75$	
26	11.16	12.198	13.844	15.379	17.292	20.843
27	11.808	12.879	14.573	16.151	18.114	21.749
28	12.461	13.565	15.308	16.928	18.939	22.657
29	13.121	14.256	16.047	17.708	19.768	23.567
30	13.787	14.953	16.791	18.493	20.599	24.478
31	14.458	15.655	17.539	19.281	21.434	25.39
32	15.134	16.362	18.291	20.072	22.271	26.304
33	15.815	17.074	19.047	20.867	23.11	27.219
34	16.501	17.789	19.806	21.664	23.952	28.136
35	17.192	18.509	20.569	22.465	24.797	29.054
36	17.887	19.233	21.336	23.269	25.643	29.973
37	18.586	19.96	22.106	24.075	26.492	30.893
38	19.289	20.691	22.878	24.884	27.343	31.815
39	19.996	21.426	23.654	25.695	28.196	32.737
40	20.707	22.164	24.433	26.509	29.051	33.66
41	21.421	22.906	25.215	27.326	29.907	34.585
42	22.138	23.65	25.999	28.144	30.765	35.51
43	22.859	24.398	26.785	28.965	31.625	36.436
44	23.584	25.148	27.575	29.787	32.487	37.363
45	24.311	25.901	28.366	30.612	33.35	38.291
n	$\alpha = 0.25$	$\alpha = 0.10$	$\alpha = 0.05$	$\alpha = 0.025$	$\alpha = 0.01$	$\alpha = 0.005$
1	1.323	2.706	3.841	5.024	6.635	7.879
2	2.773	4.605	5.991	7.378	9.21	10.597
3	4.108	6.251	7.815	9.348	11.345	12.838
4	5.385	7.779	9.488	11.143	13.277	14.86
5	6.626	9.236	11.07	12.833	15.086	16.75
6	7.841	10.645	12.592	14.449	16.812	18.548
7	9.037	12.017	14.067	16.013	18.475	20.278
8	10.219	13.362	15.507	17.535	20.09	21.955
9	11.389	14.684	16.919	19.023	21.666	23.589
10	12.549	15.987	18.307	20.483	23.209	25.188
11	13.701	17.275	19.675	21.92	24.725	26.757
12	14.845	18.549	21.026	23.337	26.217	28.3
13	15.984	19.812	22.362	24.736	27.688	29.819
14	17.117	21.064	23.685	26.119	29.141	31.319
15	18.245	22.307	24.996	27.488	30.578	32.801

续表

n	$\alpha = 0.25$	$\alpha = 0.10$	$\alpha = 0.05$	$\alpha = 0.025$	$\alpha = 0.01$	$\alpha = 0.005$
16	19.369	23.542	26.296	28.845	32	34.267
17	20.489	24.769	27.587	30.191	33.409	35.718
18	21.605	25.989	28.869	31.526	34.805	37.156
19	22.718	27.204	30.144	32.852	36.191	38.582
20	23.828	28.412	31.41	34.17	37.566	39.997
21	24.935	29.615	32.671	35.479	38.932	41.401
22	26.039	30.813	33.924	36.781	40.289	42.796
23	27.141	32.007	35.172	38.076	41.638	44.181
24	28.241	33.196	36.415	39.364	42.98	45.559
25	29.339	34.382	37.652	40.646	44.314	46.928
26	30.435	35.563	38.885	41.923	45.642	48.29
27	31.528	36.741	40.113	43.195	46.963	49.645
28	32.62	37.916	41.337	44.461	48.278	50.993
29	33.711	39.087	42.557	45.722	49.588	52.336
30	34.8	40.256	43.773	46.979	50.892	53.672
31	35.887	41.422	44.985	48.232	52.191	55.003
32	36.973	42.585	46.194	49.48	53.486	56.328
33	38.058	43.745	47.4	50.725	54.776	57.648
34	39.141	44.903	48.602	51.966	56.061	58.964
35	40.223	46.059	49.802	53.203	57.342	60.275
36	41.304	47.212	50.998	54.437	58.619	61.581
37	42.383	48.363	52.192	55.668	59.893	62.883
38	43.462	49.513	53.384	56.896	61.162	64.181
39	44.539	50.66	54.572	58.12	62.428	65.476
40	45.616	51.805	55.758	59.342	63.691	66.766
41	46.692	52.949	56.942	60.561	64.95	68.053
42	47.766	54.09	58.124	61.777	66.206	69.336
43	48.84	55.23	59.304	62.99	67.459	70.616
44	49.913	56.369	60.481	64.201	68.71	71.893
45	50.985	57.505	61.656	65.41	69.957	73.166

附表 3　t 分位数表

$$P\{t(n) > t_\alpha(n)\} = \alpha$$

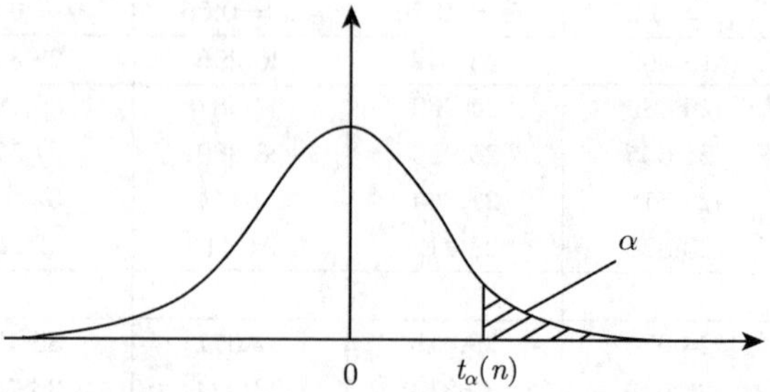

n	$\alpha = 0.25$	$\alpha = 0.10$	$\alpha = 0.05$	$\alpha = 0.025$	$\alpha = 0.01$	$\alpha = 0.005$
1	1.0000	3.0777	6.3138	12.7062	31.8207	63.6574
2	0.8165	1.8856	2.9200	4.3027	6.9646	9.9248
3	0.7649	1.6377	2.3534	3.1824	4.5407	5.8409
4	0.7407	1.5332	2.1318	2.7764	3.7469	4.6041
5	0.7267	1.4759	2.0150	2.5706	3.3649	4.0322
6	0.7176	1.4398	1.9432	2.4469	3.1427	3.7074
7	0.7111	1.4149	1.8946	2.3646	2.9980	3.4995
8	0.7064	1.3968	1.8595	2.3060	2.8965	3.3554
9	0.7027	1.3830	1.8331	2.2622	2.8214	3.2498
10	0.6998	1.3722	1.8125	2.2281	2.7638	3.1693
11	0.6974	1.3634	1.7959	2.2010	2.7181	3.1058
12	0.6955	1.3562	1.7823	2.1788	2.6810	3.0545
13	0.6938	1.3502	1.7709	2.1604	2.6503	3.0123
14	0.6924	1.3450	1.7613	2.1448	2.6245	2.9768
15	0.6912	1.3406	1.7531	2.1315	2.6025	2.9467
16	0.6901	1.3368	1.7459	2.1199	2.5835	2.9208
17	0.6892	1.3334	1.7396	2.1098	2.5669	2.8982
18	0.6884	1.3304	1.7341	2.1009	2.5524	2.8784
19	0.6876	1.3277	1.7291	2.0930	2.5395	2.8609
20	0.6870	1.3253	1.7247	2.0860	2.5280	2.8453
21	0.6864	1.3232	1.7207	2.0796	2.5177	2.8314
22	0.6858	1.3212	1.7171	2.0739	2.5083	2.8188
23	0.6853	1.3195	1.7139	2.0687	2.4999	2.8073
24	0.6848	1.3178	1.7109	2.0639	2.4922	2.7969
25	0.6844	1.3163	1.7081	2.0595	2.4851	2.7874

续表

n	$\alpha=0.25$	$\alpha=0.10$	$\alpha=0.05$	$\alpha=0.025$	$\alpha=0.01$	$\alpha=0.005$
26	0.6840	1.3150	1.7058	2.0555	2.4786	2.7787
27	0.6837	1.3137	1.7033	2.0518	2.4727	2.7707
28	0.6834	1.3125	1.7011	2.0484	2.4671	2.7633
29	0.6830	1.3114	1.6991	2.0452	2.4620	2.7564
30	0.6828	1.3104	1.6973	2.0423	2.4573	2.7500
31	0.6825	1.3095	1.6955	2.0395	2.4528	2.7440
32	0.6822	1.3086	1.6939	2.0369	2.4487	2.7385
33	0.6820	1.3077	1.6924	2.0345	2.4448	2.7333
34	0.6818	1.3070	1.6909	2.0322	2.4411	2.7284
35	0.6816	1.3062	1.6896	2.0301	2.4377	2.7238
36	0.6814	1.3055	1.6883	2.0281	2.4345	2.7195
37	0.6812	1.3049	1.6871	2.0262	2.4314	2.7154
38	0.6810	1.3042	1.6860	2.0244	2.4286	2.7116
39	0.6808	1.3036	1.6849	2.0227	2.4258	2.7079
40	0.6807	1.3031	1.6839	2.0211	2.4233	2.7045
41	0.6805	1.3025	1.6829	2.0195	2.4208	2.7012
42	0.6804	1.3020	1.6820	2.0181	2.4185	2.6981
43	0.6802	1.3016	1.6811	2.0167	2.4163	2.6951
44	0.6801	1.3011	1.6802	2.0154	2.4141	2.6923
45	0.6800	1.3006	1.6794	2.0141	2.4121	2.6806

附表 4　泊松分布表

泊松分布表 (λ0~1)

m	λ									
	0.1	0.2	0.3	0.4	0.5	0.6	0.7	0.8	0.9	1
0	0.90484	0.81873	0.74082	0.67032	0.60653	0.54881	0.49659	0.44933	0.40657	0.36788
1	0.09048	0.16375	0.22225	0.26813	0.30327	0.32929	0.34761	0.35946	0.36591	0.36788
2	0.00452	0.01637	0.03334	0.05363	0.07582	0.09879	0.12166	0.14379	0.16466	0.18394
3	0.00015	0.00109	0.00333	0.00715	0.01264	0.01976	0.02839	0.03834	0.04940	0.06131
4	0.00000	0.00005	0.00025	0.00072	0.00158	0.00296	0.00497	0.00767	0.01111	0.01533
5	0.00000	0.00000	0.00002	0.00006	0.00016	0.00036	0.00070	0.00123	0.00200	0.00307
6	0.00000	0.00000	0.00000	0.00000	0.00001	0.00004	0.00008	0.00016	0.00030	0.00051
7	0.00000	0.00000	0.00000	0.00000	0.00000	0.00000	0.00001	0.00002	0.00004	0.00007
8	0.00000	0.00000	0.00000	0.00000	0.00000	0.00000	0.00000	0.00000	0.00000	0.00001

泊松分布表 (λ1.5~6)

m	λ									
	1.5	2	2.5	3	3.5	4	4.5	5	5.5	6
0	0.22313	0.13534	0.08208	0.04979	0.03020	0.01832	0.01111	0.00674	0.00409	0.00248
1	0.33470	0.27067	0.20521	0.14936	0.10569	0.07326	0.04999	0.03369	0.02248	0.01487
2	0.25102	0.27067	0.25652	0.22404	0.18496	0.14653	0.11248	0.08422	0.06181	0.04462
3	0.12551	0.18045	0.21376	0.22404	0.21579	0.19537	0.16872	0.14037	0.11332	0.08924
4	0.04707	0.09022	0.13360	0.16803	0.18881	0.19537	0.18981	0.17547	0.15582	0.13385
5	0.01412	0.03609	0.06680	0.10082	0.13217	0.15629	0.17083	0.17547	0.17140	0.16062
6	0.00353	0.01203	0.02783	0.05041	0.07710	0.10420	0.12812	0.14622	0.15712	0.16062
7	0.00076	0.00344	0.00994	0.02160	0.03855	0.05954	0.08236	0.10444	0.12345	0.13768
8	0.00014	0.00086	0.00311	0.00810	0.01687	0.02977	0.04633	0.06528	0.08487	0.10326
9	0.00002	0.00019	0.00086	0.00270	0.00656	0.01323	0.02316	0.03627	0.05187	0.06884
10	0.00000	0.00004	0.00022	0.00081	0.00230	0.00529	0.01042	0.01813	0.02853	0.04130
11	0.00000	0.00001	0.00005	0.00022	0.00073	0.00192	0.00426	0.00824	0.01426	0.02253
12	0.00000	0.00000	0.00001	0.00006	0.00021	0.00064	0.00160	0.00343	0.00654	0.01126
13	0.00000	0.00000	0.00000	0.00001	0.00006	0.00020	0.00055	0.00132	0.00277	0.00520
14	0.00000	0.00000	0.00000	0.00000	0.00001	0.00006	0.00018	0.00047	0.00109	0.00223
15	0.00000	0.00000	0.00000	0.00000	0.00000	0.00002	0.00005	0.00016	0.00040	0.00089
16	0.00000	0.00000	0.00000	0.00000	0.00000	0.00000	0.00002	0.00005	0.00014	0.00033
17	0.00000	0.00000	0.00000	0.00000	0.00000	0.00000	0.00000	0.00001	0.00004	0.00012
18	0.00000	0.00000	0.00000	0.00000	0.00000	0.00000	0.00000	0.00000	0.00001	0.00004
19	0.00000	0.00000	0.00000	0.00000	0.00000	0.00000	0.00000	0.00000	0.00000	0.00001

泊松分布表 (λ6.5~12)

m	λ									
	6.5	7	7.5	8	8.5	9	9.5	10	11	12
0	0.00150	0.00091	0.00055	0.00034	0.00020	0.00012	0.00007	0.00005	0.00002	0.00001
1	0.00977	0.00638	0.00415	0.00268	0.00173	0.00111	0.00071	0.00045	0.00018	0.00007
2	0.03176	0.02234	0.01556	0.01073	0.00735	0.00500	0.00338	0.00227	0.00101	0.00044
3	0.06881	0.05213	0.03889	0.02863	0.02083	0.01499	0.01070	0.00757	0.00370	0.00177
4	0.11182	0.09123	0.07292	0.05725	0.04425	0.03374	0.02540	0.01892	0.01019	0.00531
5	0.14537	0.12772	0.10937	0.09160	0.07523	0.06073	0.04827	0.03783	0.02242	0.01274
6	0.15748	0.14900	0.13672	0.12214	0.10658	0.09109	0.07642	0.06306	0.04109	0.02548
7	0.14623	0.14900	0.14648	0.13959	0.12942	0.11712	0.10371	0.09008	0.06458	0.04368
8	0.11882	0.13038	0.13733	0.13959	0.13751	0.13176	0.12316	0.11260	0.08879	0.06552
9	0.08581	0.10140	0.11444	0.12408	0.12987	0.13176	0.13000	0.12511	0.10853	0.08736
10	0.05578	0.07098	0.08583	0.09926	0.11039	0.11858	0.12350	0.12511	0.11938	0.10484
11	0.03296	0.04517	0.05852	0.07219	0.08530	0.09702	0.10666	0.11374	0.11938	0.11437
12	0.01785	0.02635	0.03658	0.04813	0.06042	0.07277	0.08444	0.09478	0.10943	0.11437
13	0.00893	0.01419	0.02110	0.02962	0.03951	0.05038	0.06171	0.07291	0.09259	0.10557
14	0.00414	0.00709	0.01130	0.01692	0.02399	0.03238	0.04187	0.05208	0.07275	0.09049
15	0.00180	0.00331	0.00565	0.00903	0.01359	0.01943	0.02652	0.03472	0.05335	0.07239
16	0.00073	0.00145	0.00265	0.00451	0.00722	0.01093	0.01575	0.02170	0.03668	0.05429
17	0.00028	0.00060	0.00117	0.00212	0.00361	0.00579	0.00880	0.01276	0.02373	0.03832
18	0.00010	0.00023	0.00049	0.00094	0.00170	0.00289	0.00464	0.00709	0.01450	0.02555
19	0.00003	0.00009	0.00019	0.00040	0.00076	0.00137	0.00232	0.00373	0.00840	0.01614
20	0.00001	0.00003	0.00007	0.00016	0.00032	0.00062	0.00110	0.00187	0.00462	0.00968
21	0.00000	0.00001	0.00003	0.00006	0.00013	0.00026	0.00050	0.00089	0.00242	0.00553
22	0.00000	0.00000	0.00001	0.00002	0.00005	0.00011	0.00022	0.00040	0.00121	0.00302
23	0.00000	0.00000	0.00000	0.00001	0.00002	0.00004	0.00009	0.00018	0.00058	0.00157
24	0.00000	0.00000	0.00000	0.00000	0.00001	0.00002	0.00004	0.00007	0.00027	0.00079
25	0.00000	0.00000	0.00000	0.00000	0.00000	0.00001	0.00001	0.00003	0.00012	0.00038
26	0.00000	0.00000	0.00000	0.00000	0.00000	0.00000	0.00000	0.00001	0.00005	0.00017
27	0.00000	0.00000	0.00000	0.00000	0.00000	0.00000	0.00000	0.00000	0.00002	0.00008
28	0.00000	0.00000	0.00000	0.00000	0.00000	0.00000	0.00000	0.00000	0.00001	0.00003
29	0.00000	0.00000	0.00000	0.00000	0.00000	0.00000	0.00000	0.00000	0.00000	0.00001

泊松分布表 (λ13~40)

m	λ									
	13	14	15	16	17	18	19	20	30	40
0	0.00000	0.00000	0.00000	0.00000	0.00000	0.00000	0.00000	0.00000	0.00000	0.00000
1	0.00003	0.00001	0.00000	0.00000	0.00000	0.00000	0.00000	0.00000	0.00000	0.00000
2	0.00019	0.00008	0.00003	0.00001	0.00001	0.00000	0.00000	0.00000	0.00000	0.00000
3	0.00083	0.00038	0.00017	0.00008	0.00003	0.00001	0.00001	0.00000	0.00000	0.00000
4	0.00269	0.00133	0.00065	0.00031	0.00014	0.00007	0.00003	0.00001	0.00000	0.00000
5	0.00699	0.00373	0.00194	0.00098	0.00049	0.00024	0.00012	0.00005	0.00000	0.00000
6	0.01515	0.00870	0.00484	0.00262	0.00139	0.00072	0.00037	0.00018	0.00000	0.00000
7	0.02814	0.01739	0.01037	0.00599	0.00337	0.00185	0.00099	0.00052	0.00000	0.00000
8	0.04573	0.03044	0.01944	0.01199	0.00716	0.00416	0.00236	0.00131	0.00000	0.00000
9	0.06605	0.04734	0.03241	0.02131	0.01353	0.00833	0.00498	0.00291	0.00001	0.00000
10	0.08587	0.06628	0.04861	0.03410	0.02300	0.01499	0.00947	0.00582	0.00002	0.00000
11	0.10148	0.08436	0.06629	0.04960	0.03554	0.02452	0.01635	0.01058	0.00004	0.00000
12	0.10994	0.09842	0.08286	0.06613	0.05036	0.03678	0.02589	0.01763	0.00010	0.00000
13	0.10994	0.10599	0.09561	0.08139	0.06585	0.05093	0.03784	0.02712	0.00024	0.00000
14	0.10209	0.10599	0.10244	0.09302	0.07996	0.06548	0.05135	0.03874	0.00051	0.00000
15	0.08848	0.09892	0.10244	0.09922	0.09062	0.07858	0.06504	0.05165	0.00103	0.00000
16	0.07189	0.08656	0.09603	0.09922	0.09628	0.08840	0.07724	0.06456	0.00193	0.00001
17	0.05497	0.07128	0.08474	0.09338	0.09628	0.09360	0.08633	0.07595	0.00340	0.00002
18	0.03970	0.05544	0.07061	0.08301	0.09094	0.09360	0.09112	0.08439	0.00566	0.00005
19	0.02716	0.04085	0.05575	0.06990	0.08136	0.08867	0.09112	0.08884	0.00894	0.00010
20	0.01766	0.02860	0.04181	0.05592	0.06916	0.07980	0.08657	0.08884	0.01341	0.00019
21	0.01093	0.01906	0.02986	0.04261	0.05599	0.06840	0.07832	0.08461	0.01916	0.00037
22	0.00646	0.01213	0.02036	0.03099	0.04326	0.05597	0.06764	0.07691	0.02613	0.00066
23	0.00365	0.00738	0.01328	0.02156	0.03198	0.04380	0.05588	0.06688	0.03408	0.00116
24	0.00198	0.00431	0.00830	0.01437	0.02265	0.03285	0.04424	0.05573	0.04260	0.00193
25	0.00103	0.00241	0.00498	0.00920	0.01540	0.02365	0.03362	0.04459	0.05112	0.00308
26	0.00051	0.00130	0.00287	0.00566	0.01007	0.01637	0.02457	0.03430	0.05898	0.00474
27	0.00025	0.00067	0.00160	0.00335	0.00634	0.01092	0.01729	0.02541	0.06553	0.00703
28	0.00011	0.00034	0.00086	0.00192	0.00385	0.00702	0.01173	0.01815	0.07021	0.01004
29	0.00005	0.00016	0.00044	0.00106	0.00226	0.00436	0.00769	0.01252	0.07263	0.01385
30	0.00002	0.00008	0.00022	0.00056	0.00128	0.00261	0.00487	0.00834	0.07263	0.01847
31	0.00001	0.00003	0.00011	0.00029	0.00070	0.00152	0.00298	0.00538	0.07029	0.02383
32	0.00000	0.00001	0.00005	0.00015	0.00037	0.00085	0.00177	0.00336	0.06590	0.02978
33	0.00000	0.00001	0.00002	0.00007	0.00019	0.00047	0.00102	0.00204	0.05991	0.03610
34	0.00000	0.00000	0.00001	0.00003	0.00010	0.00025	0.00057	0.00120	0.05286	0.04247
35	0.00000	0.00000	0.00000	0.00002	0.00005	0.00013	0.00031	0.00069	0.04531	0.04854
36	0.00000	0.00000	0.00000	0.00001	0.00002	0.00006	0.00016	0.00038	0.03776	0.05393
37	0.00000	0.00000	0.00000	0.00000	0.00001	0.00003	0.00008	0.00021	0.03061	0.05830
38	0.00000	0.00000	0.00000	0.00000	0.00000	0.00001	0.00004	0.00011	0.02417	0.06137
39	0.00000	0.00000	0.00000	0.00000	0.00000	0.00001	0.00002	0.00006	0.01859	0.06295
40	0.00000	0.00000	0.00000	0.00000	0.00000	0.00000	0.00001	0.00003	0.01394	0.06295
41	0.00000	0.00000	0.00000	0.00000	0.00000	0.00000	0.00000	0.00001	0.01020	0.06141

附表 5　F 分位数表

$\alpha = 0.10$

$$P\{F > F_\alpha(m,n)\} = \int_{F_\alpha(m,n)}^{+\infty} f_F(x)\mathrm{d}x = \alpha$$

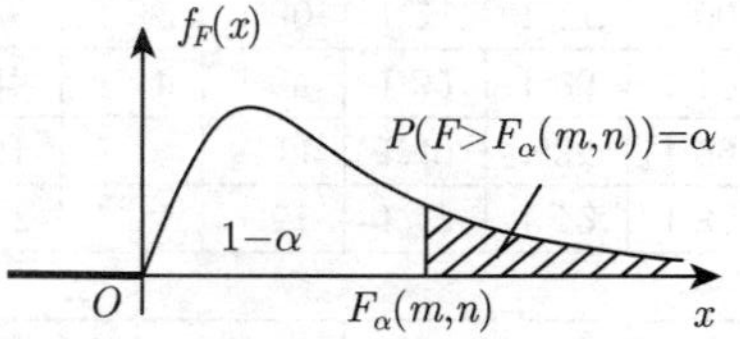

n \ m	1	2	3	4	5	6	7	8	9	10	12	15	20	24	30	40	60	120	∞
1	39.86	49.50	53.59	55.83	57.24	58.20	58.91	59.44	59.86	60.19	60.71	61.22	61.74	62.00	62.26	62.53	62.79	63.06	63.33
2	8.53	9.00	9.16	9.24	9.29	9.33	9.35	9.37	9.38	9.39	9.41	9.42	9.44	9.45	9.46	9.47	9.47	9.48	9.49
3	5.54	5.46	5.39	5.34	5.31	5.28	5.27	5.25	5.24	5.23	5.22	5.20	5.18	5.18	5.17	5.16	5.15	5.14	5.13
4	4.54	4.32	4.19	4.11	4.05	4.01	3.98	3.95	3.94	3.92	3.90	3.87	3.84	3.83	3.82	3.80	3.79	3.78	3.76
5	4.06	3.78	3.62	3.52	3.45	3.40	3.37	3.34	3.32	3.30	3.27	3.24	3.21	3.19	3.17	3.16	3.14	3.12	3.10
6	3.78	3.46	3.29	3.18	3.11	3.05	3.01	2.98	2.96	2.94	2.90	2.87	2.84	2.82	2.80	2.78	2.76	2.74	2.72
7	3.59	3.26	3.07	2.96	2.88	2.83	2.78	2.75	2.72	2.70	2.67	2.63	2.59	2.58	2.56	2.54	2.51	2.49	2.47
8	3.46	3.11	2.92	2.81	2.73	2.67	2.62	2.59	2.56	2.54	2.50	2.46	2.42	2.40	2.38	2.36	2.34	2.32	2.29
9	3.36	3.01	2.81	2.69	2.61	2.55	2.51	2.47	2.44	2.42	2.38	2.34	2.30	2.28	2.25	2.23	2.21	2.18	2.16
10	3.29	2.92	2.73	2.61	2.52	2.46	2.41	2.38	2.35	2.32	2.28	2.24	2.20	2.18	2.16	2.13	2.11	2.08	2.06
11	3.23	2.86	2.66	2.54	2.45	2.39	2.34	2.30	2.27	2.25	2.21	2.17	2.12	2.10	2.08	2.05	2.03	2.00	1.97
12	3.18	2.81	2.61	2.48	2.39	2.33	2.28	2.24	2.21	2.19	2.15	2.10	2.06	2.04	2.01	1.99	1.96	1.93	1.90
13	3.14	2.76	2.56	2.43	2.35	2.28	2.23	2.20	2.16	2.14	2.10	2.05	2.01	1.98	1.96	1.93	1.90	1.88	1.85
14	3.10	2.73	2.52	2.39	2.31	2.24	2.19	2.15	2.12	2.10	2.05	2.01	1.96	1.94	1.91	1.89	1.86	1.83	1.80
15	3.07	2.70	2.49	2.36	2.27	2.21	2.16	2.12	2.09	2.06	2.02	1.97	1.92	1.90	1.87	1.85	1.82	1.79	1.76

续表

$\alpha = 0.10$

n	m																		
	1	2	3	4	5	6	7	8	9	10	12	15	20	24	30	40	60	120	∞
16	3.05	2.67	2.46	2.33	2.24	2.18	2.13	2.09	2.06	2.03	1.99	1.94	1.89	1.87	1.84	1.81	1.78	1.75	1.72
17	3.03	2.64	2.44	2.31	2.22	2.15	2.10	2.06	2.03	2.00	1.96	1.91	1.86	1.84	1.81	1.78	1.75	1.72	1.69
18	3.01	2.62	2.42	2.29	2.20	2.13	2.08	2.04	2.00	1.98	1.93	1.89	1.84	1.81	1.78	1.75	1.72	1.69	1.66
19	2.99	2.61	2.40	2.27	2.18	2.11	2.06	2.02	1.98	1.96	1.91	1.86	1.81	1.79	1.76	1.73	1.70	1.67	1.63
20	2.97	2.59	2.38	2.25	2.16	2.09	2.04	2.00	1.96	1.94	1.89	1.84	1.79	1.77	1.74	1.71	1.68	1.64	1.61
21	2.96	2.57	2.36	2.23	2.14	2.08	2.02	1.98	1.95	1.92	1.87	1.83	1.78	1.75	1.72	1.69	1.66	1.62	1.59
22	2.95	2.56	2.35	2.22	2.13	2.06	2.01	1.97	1.93	1.90	1.86	1.81	1.76	1.73	1.70	1.67	1.64	1.60	1.57
23	2.94	2.55	2.34	2.21	2.11	2.05	1.99	1.95	1.92	1.89	1.84	1.80	1.74	1.72	1.69	1.66	1.62	1.59	1.55
24	2.93	2.54	2.33	2.19	2.10	2.04	1.98	1.94	1.91	1.88	1.83	1.78	1.73	1.70	1.67	1.64	1.61	1.57	1.53
25	2.92	2.53	2.32	2.18	2.09	2.02	1.97	1.93	1.89	1.87	1.82	1.77	1.72	1.69	1.66	1.63	1.59	1.56	1.52
26	2.91	2.52	2.31	2.17	2.08	2.01	1.96	1.92	1.88	1.86	1.81	1.76	1.71	1.68	1.65	1.61	1.58	1.54	1.50
27	2.90	2.51	2.30	2.17	2.07	2.00	1.95	1.91	1.87	1.85	1.80	1.75	1.70	1.67	1.64	1.60	1.57	1.53	1.49
28	2.89	2.50	2.29	2.16	2.06	2.00	1.94	1.90	1.87	1.84	1.79	1.74	1.69	1.66	1.63	1.59	1.56	1.52	1.48
29	2.89	2.50	2.28	2.15	2.06	1.99	1.93	1.89	1.86	1.83	1.78	1.73	1.68	1.65	1.62	1.58	1.55	1.51	1.47
30	2.88	2.49	2.28	2.14	2.05	1.98	1.93	1.88	1.85	1.82	1.77	1.72	1.67	1.64	1.61	1.57	1.54	1.50	1.46
40	2.84	2.44	2.23	2.09	2.00	1.93	1.87	1.83	1.79	1.76	1.71	1.66	1.61	1.57	1.54	1.51	1.47	1.42	1.38
60	2.79	2.39	2.18	2.04	1.95	1.87	1.82	1.77	1.74	1.71	1.66	1.60	1.54	1.51	1.48	1.44	1.40	1.35	1.29
120	2.75	2.35	2.13	1.99	1.90	1.82	1.77	1.72	1.68	1.65	1.60	1.55	1.48	1.45	1.41	1.37	1.32	1.26	1.19
∞	2.71	2.30	2.08	1.94	1.85	1.77	1.72	1.67	1.63	1.60	1.55	1.49	1.42	1.38	1.34	1.30	1.24	1.17	1.00

$\alpha = 0.05$　　续表

n	m																		
	1	2	3	4	5	6	7	8	9	10	12	15	20	24	30	40	60	120	∞
1	161.4	199.5	215.7	224.6	230.2	234.0	236.8	238.9	240.5	241.9	243.9	245.9	248.0	249.1	250.1	251.1	252.2	253.3	254.3
2	18.51	19.00	19.16	19.25	19.30	19.33	19.35	19.37	19.38	19.40	19.41	19.43	19.45	19.45	19.46	19.47	19.48	19.49	19.50
3	10.13	9.55	9.28	9.12	9.01	8.94	8.89	8.85	8.81	8.79	8.74	8.70	8.66	8.64	8.62	8.59	8.57	8.55	8.53
4	7.71	6.94	6.59	6.39	6.26	6.16	6.09	6.04	6.00	5.96	5.91	5.86	5.80	5.77	5.75	5.72	5.69	5.66	5.63
5	6.61	5.79	5.41	5.19	5.05	4.95	4.88	4.82	4.77	4.74	4.68	4.62	4.56	4.53	4.50	4.46	4.43	4.40	4.36
6	5.99	5.14	4.76	4.53	4.39	4.28	4.21	4.15	4.10	4.06	4.00	3.94	3.87	3.84	3.81	3.77	3.74	3.70	3.67
7	5.59	4.74	4.35	4.12	3.97	3.87	3.79	3.73	3.68	3.64	3.57	3.51	3.44	3.41	3.38	3.34	3.30	3.27	3.23
8	5.32	4.46	4.07	3.84	3.69	3.58	3.50	3.44	3.39	3.35	3.28	3.22	3.15	3.12	3.08	3.04	3.01	2.97	2.93
9	5.12	4.26	3.86	3.63	3.48	3.37	3.29	3.23	3.18	3.14	3.07	3.01	2.94	2.90	2.86	2.83	2.79	2.75	2.71
10	4.96	4.10	3.71	3.48	3.33	3.22	3.14	3.07	3.02	2.98	2.91	2.85	2.77	2.74	2.70	2.66	2.62	2.58	2.54
11	4.84	3.98	3.59	3.36	3.20	3.09	3.01	2.95	2.90	2.85	2.79	2.72	2.65	2.61	2.57	2.53	2.49	2.45	2.40
12	4.75	3.89	3.49	3.26	3.11	3.00	2.91	2.85	2.80	2.75	2.69	2.62	2.54	2.51	2.47	2.43	2.38	2.34	2.30
13	4.67	3.81	3.41	3.18	3.03	2.92	2.83	2.77	2.71	2.67	2.60	2.53	2.46	2.42	2.38	2.34	2.30	2.25	2.21
14	4.60	3.74	3.34	3.11	2.96	2.85	2.76	2.70	2.65	2.60	2.53	2.46	2.39	2.35	2.31	2.27	2.22	2.18	2.13
15	4.54	3.68	3.29	3.06	2.90	2.97	2.71	2.64	2.59	2.54	2.48	2.40	2.33	2.29	2.25	2.20	2.16	2.11	2.07
16	4.49	3.63	3.24	3.01	2.85	2.74	2.66	2.59	2.54	2.49	2.42	2.35	2.28	2.24	2.19	2.15	2.11	2.06	2.01
17	4.45	3.59	3.20	2.96	2.81	2.70	2.61	2.55	2.49	2.45	2.38	2.31	2.23	2.19	2.15	2.10	2.06	2.01	1.96
18	4.41	3.55	3.16	2.93	2.77	2.66	2.58	2.51	2.46	2.41	2.34	2.27	2.19	2.15	2.11	2.06	2.02	1.97	1.92
19	4.38	3.52	3.13	2.90	2.74	2.63	2.54	2.48	2.42	2.38	2.31	2.23	2.16	2.11	2.07	2.03	1.98	1.93	1.88
20	4.35	3.49	3.10	2.87	2.71	2.60	2.51	2.45	2.39	2.35	2.28	2.20	2.12	2.08	2.04	1.99	1.95	1.90	1.84

$\alpha = 0.05$　　续表

n	m																		
	1	2	3	4	5	6	7	8	9	10	12	15	20	24	30	40	60	120	∞
21	4.32	3.47	3.07	2.84	2.68	2.57	2.49	2.42	2.37	2.32	2.25	2.18	2.10	2.05	2.01	1.96	1.92	1.87	1.81
22	4.30	3.44	3.05	2.82	2.66	2.55	2.46	2.40	2.34	2.30	2.23	2.15	2.07	2.03	1.98	1.94	1.89	1.84	1.78
23	4.28	3.42	3.03	2.80	2.64	2.53	2.44	2.37	2.32	2.27	2.20	2.13	2.05	2.01	1.96	1.91	1.86	1.81	1.76
24	4.26	3.40	3.01	2.78	2.62	2.51	2.42	2.36	2.30	2.25	2.18	2.11	2.03	1.98	1.94	1.89	1.84	1.79	1.73
25	4.24	3.39	2.99	2.76	2.60	2.49	2.40	2.34	2.28	2.24	2.16	2.09	2.01	1.96	1.92	1.87	1.82	1.77	1.71
26	4.23	3.37	2.98	2.74	2.59	2.47	2.39	2.32	2.27	2.22	2.15	2.07	1.99	1.95	1.90	1.85	1.80	1.75	1.69
27	4.21	3.35	2.96	2.73	2.57	2.46	2.37	2.31	2.25	2.20	2.13	2.6	1.97	1.93	1.88	1.84	1.79	1.73	1.67
28	4.20	3.34	2.95	2.71	2.56	2.45	2.36	2.29	2.24	2.19	2.12	2.04	1.96	1.91	1.87	1.82	1.77	1.71	1.65
29	4.18	3.33	2.93	2.70	2.55	2.43	2.35	2.28	2.22	2.18	2.10	2.03	1.94	1.90	1.85	1.81	1.75	1.70	1.64
30	4.17	3.32	2.92	2.69	2.53	2.42	2.33	2.27	2.21	2.16	2.09	2.01	1.93	1.89	1.84	1.79	1.74	1.68	1.62
40	4.08	3.23	2.84	2.61	2.45	2.34	2.25	2.18	2.12	2.08	2.00	1.92	1.84	1.79	1.74	1.69	1.64	1.58	1.51
60	4.00	3.15	2.76	2.53	2.37	2.25	2.17	2.10	2.04	1.99	1.92	1.84	1.75	1.70	1.65	1.59	1.53	1.47	1.39
120	3.92	3.07	2.68	2.45	2.29	2.17	2.09	2.02	1.96	1.91	1.83	1.75	1.66	1.61	1.55	1.50	1.43	1.35	1.25
∞	3.84	3.00	2.60	2.37	2.21	2.10	2.01	1.94	1.88	1.83	1.75	1.67	1.57	1.52	1.46	1.39	1.32	1.22	1.00

$\alpha = 0.025$

续表

n	m=1	2	3	4	5	6	7	8	9	10	12	15	20	24	30	40	60	120	∞
1	647.8	799.5	864.2	899.6	921.8	937.1	948.2	956.7	963.3	368.6	976.7	984.9	993.1	997.2	1001	1006	1010	1014	1018
2	38.51	39.00	39.17	36.25	39.30	39.33	39.36	39.37	39.39	39.40	39.41	39.43	39.45	39.46	39.46	39.47	39.48	39.49	39.50
3	17.44	16.04	15.44	15.10	14.88	14.73	14.62	14.54	14.47	14.42	14.34	14.25	14.17	14.21	14.08	14.04	13.99	13.95	13.90
4	12.22	10.65	9.98	9.60	9.36	9.20	9.07	9.98	8.90	8.84	8.75	8.66	8.56	8.51	8.46	8.41	8.36	8.31	8.26
5	10.01	8.43	7.76	7.39	7.15	6.98	6.85	6.76	6.68	6.62	6.52	6.43	6.33	6.28	6.23	6.18	6.12	6.07	6.02
6	8.81	7.26	6.60	6.23	5.99	5.82	5.70	5.60	5.52	5.46	5.37	5.27	5.17	5.12	5.07	5.01	4.96	4.90	4.85
7	8.07	6.54	5.89	5.52	5.29	5.12	4.99	4.90	4.82	4.76	4.67	4.57	4.47	4.42	4.36	4.31	4.25	4.20	4.14
8	7.57	6.06	5.42	5.05	4.82	4.65	4.53	4.43	4.36	4.30	4.20	4.10	4.00	3.95	3.89	3.84	3.78	3.73	3.67
9	7.21	5.71	5.08	4.72	4.48	4.23	4.20	4.10	4.03	3.96	3.87	3.77	3.67	3.61	3.56	3.51	3.45	3.39	3.33
10	6.94	5.46	4.83	4.47	4.24	4.07	3.95	3.85	3.78	3.72	3.62	3.52	3.42	3.37	3.31	3.26	3.20	3.14	3.08
11	6.72	5.26	4.63	4.28	4.04	3.88	3.76	3.66	3.59	3.53	3.43	3.33	3.23	3.17	3.12	3.06	3.00	2.94	2.88
12	6.55	5.10	4.47	4.12	3.89	3.73	3.61	3.51	3.44	3.37	3.28	3.18	3.07	3.02	2.96	2.91	2.85	2.79	2.72
13	6.41	4.97	4.35	4.00	3.77	3.60	3.48	3.39	3.31	3.25	3.15	3.05	2.95	2.89	2.84	2.78	2.72	2.66	2.60
14	6.30	4.86	4.24	3.89	3.66	3.50	3.38	3.29	3.21	3.15	3.05	2.95	2.84	2.79	2.73	2.67	2.61	2.55	2.49
15	6.20	4.77	4.15	3.80	3.58	3.41	3.29	3.20	3.12	3.06	2.96	2.86	2.76	2.70	2.64	2.59	2.52	2.46	2.40
16	6.12	4.69	4.08	3.73	3.50	3.34	3.22	3.12	3.05	2.99	2.89	2.79	2.68	2.63	2.57	2.51	2.45	2.38	2.32
17	6.04	4.62	4.01	3.66	3.44	3.28	3.16	3.06	2.98	2.92	2.82	2.72	2.62	2.56	2.50	2.44	2.38	2.32	2.25
18	5.98	4.56	3.95	3.61	3.38	3.22	3.10	3.01	2.93	2.87	2.77	2.67	2.56	2.50	2.44	2.38	2.32	2.26	2.19
19	5.92	4.51	3.90	3.56	3.33	3.17	3.05	2.96	2.88	2.82	2.62	2.62	2.51	2.45	2.39	2.33	2.27	2.20	2.13
20	5.87	4.46	3.86	3.51	3.29	3.13	3.01	2.91	2.84	2.77	2.68	2.57	2.46	2.41	2.35	2.29	2.22	2.16	2.09

$\alpha = 0.025$ 续表

n	m																		
	1	2	3	4	5	6	7	8	9	10	12	15	20	24	30	40	60	120	∞
21	5.83	4.42	3.82	3.48	3.25	3.09	2.97	2.87	2.80	2.73	2.64	2.53	2.42	2.37	2.31	2.25	2.18	2.11	2.04
22	5.79	4.38	3.78	3.44	3.22	3.05	2.93	2.84	2.76	2.70	2.60	2.50	2.39	2.33	2.27	2.21	2.14	2.08	2.00
23	5.75	4.35	3.75	3.41	3.18	3.02	2.90	2.81	2.73	2.67	2.57	2.47	2.36	2.30	2.24	2.18	2.11	2.04	1.97
24	5.72	4.32	3.72	3.38	3.15	2.99	2.87	2.78	2.70	2.64	2.54	2.44	2.33	2.27	2.21	2.15	2.08	2.01	1.94
25	5.69	4.29	3.69	3.35	3.13	2.97	2.85	2.75	2.68	2.61	2.51	2.41	2.30	2.24	2.18	2.12	2.05	1.98	1.91
26	5.66	4.27	3.67	3.33	3.10	2.94	2.82	2.73	2.65	2.59	2.49	2.39	2.28	2.22	2.16	2.09	2.03	1.95	1.88
27	5.63	4.24	3.65	3.31	3.08	2.92	2.80	2.71	2.63	2.57	2.47	2.36	2.25	2.19	2.13	2.07	2.00	1.93	1.85
28	5.61	4.22	3.63	3.29	3.06	2.90	2.78	2.69	2.61	2.55	2.45	2.34	2.23	2.17	2.11	2.05	1.98	1.91	1.83
29	5.59	4.20	3.61	3.27	3.04	2.88	2.76	2.67	2.59	2.53	2.43	2.32	2.21	2.15	2.09	2.03	1.96	1.89	1.81
30	5.57	4.18	3.59	3.25	3.03	2.87	2.75	2.65	2.57	2.51	2.41	2.31	2.20	2.14	2.07	2.01	1.94	1.87	1.79
40	5.42	4.05	3.46	3.13	2.90	2.74	2.62	2.53	2.45	2.39	2.29	2.18	2.07	2.01	1.94	1.88	1.80	1.72	1.64
60	5.29	3.93	3.34	3.01	2.79	2.63	2.51	2.41	2.33	2.27	2.17	2.06	1.94	1.88	1.82	1.74	1.67	1.58	1.48
120	5.15	3.80	3.23	2.89	2.67	2.52	2.39	2.30	2.22	2.16	2.05	1.94	1.82	1.76	1.69	1.61	1.53	1.43	1.31
∞	5.02	3.69	3.12	2.79	2.57	2.41	2.29	2.19	2.11	2.05	1.94	1.83	1.71	1.64	1.57	1.48	1.39	1.27	1.00

$\alpha = 0.01$

续表

n	m																		
	1	2	3	4	5	6	7	8	9	10	12	15	20	24	30	40	60	120	∞
1	4052	4999.5	5403	5625	5764	5859	5928	5982	6022	6056	6106	6157	6209	6235	6261	6287	6313	6339	6366
2	98.50	99.00	99.17	99.25	99.30	99.33	99.36	99.37	99.39	99.40	99.42	99.43	99.45	99.46	99.47	99.47	99.48	99.49	99.50
3	34.12	30.82	29.46	28.71	28.24	27.91	27.67	27.49	27.35	27.23	27.05	26.87	26.69	26.60	26.50	26.41	26.32	26.22	26.13
4	21.30	18.00	16.69	15.98	15.52	15.12	14.98	14.80	14.66	14.55	14.37	15.20	14.02	13.93	13.84	13.75	13.65	13.56	13.46
5	16.26	13.27	12.06	11.39	10.97	10.67	10.46	10.29	10.16	10.05	9.89	9.72	9.55	9.47	9.38	9.29	9.20	9.11	9.02
6	13.75	10.92	9.78	9.15	8.75	8.47	8.26	8.10	7.98	7.87	7.72	7.56	7.40	7.31	7.23	7.14	7.06	6.97	6.88
7	12.25	9.55	8.45	7.85	7.46	7.19	6.99	6.84	6.72	6.62	6.47	6.31	6.16	6.07	5.99	5.91	5.82	5.74	5.65
8	11.26	8.65	7.59	7.01	6.63	6.37	6.18	6.03	5.91	5.81	5.67	5.52	5.36	5.28	5.20	5.12	5.03	4.95	4.86
9	10.56	8.02	6.99	6.42	6.06	5.80	5.61	5.47	5.35	5.26	5.11	4.96	4.81	4.73	4.65	4.57	4.48	4.40	4.31
10	10.04	7.56	6.55	5.99	5.64	5.39	5.20	5.06	4.94	4.85	4.71	4.56	4.41	4.33	4.25	4.17	4.08	4.00	3.91
11	9.65	7.21	6.22	5.67	5.32	5.07	4.89	4.47	4.63	4.54	4.40	4.25	4.10	4.02	3.94	3.86	3.78	3.69	3.60
12	9.33	6.93	5.95	5.41	5.06	4.82	4.64	4.50	4.39	4.30	4.16	4.01	3.86	3.78	3.70	3.62	3.54	3.45	3.36
13	9.07	6.70	5.74	5.21	4.86	4.62	4.44	4.30	4.19	4.10	3.96	3.82	3.66	3.59	3.51	3.43	3.34	3.25	3.17
14	8.86	6.51	5.56	5.04	4.69	4.46	4.28	4.14	4.03	3.84	3.80	3.66	3.51	3.43	3.35	3.27	3.18	3.09	3.00
15	8.68	6.36	5.42	4.89	4.56	4.32	4.14	4.00	3.89	3.80	3.67	3.52	3.37	3.29	3.21	3.13	3.05	2.96	2.87
16	8.53	6.23	5.29	4.77	4.44	4.20	4.03	3.89	3.78	3.69	3.55	3.41	3.26	3.18	3.10	3.02	2.93	2.89	2.75
17	8.40	6.11	5.18	4.67	4.34	4.10	3.93	3.79	3.68	3.59	3.46	3.31	3.16	3.08	3.00	2.92	2.83	2.75	2.65
18	8.29	6.01	5.09	4.58	4.25	4.01	3.84	3.71	3.60	3.51	3.37	3.23	3.08	3.00	2.92	2.84	2.75	2.66	2.57
19	8.18	5.93	5.01	4.50	4.17	3.94	3.77	3.63	3.52	3.43	3.30	3.15	3.00	2.92	2.84	2.76	2.67	2.58	2.49
20	8.10	5.85	4.94	4.43	4.10	3.87	3.70	3.56	3.46	3.37	3.23	3.09	2.94	2.86	2.78	2.69	2.61	2.52	2.42

续表

$\alpha = 0.01$

n	m = 1	2	3	4	5	6	7	8	9	10	12	15	20	24	30	40	60	120	∞
21	8.02	5.78	4.87	4.37	4.04	3.81	3.64	3.51	3.40	3.31	3.17	3.03	2.88	2.80	2.72	2.64	2.55	2.46	2.36
22	7.95	5.72	4.82	4.31	3.99	3.76	3.59	3.45	3.35	3.26	3.12	2.98	2.83	2.75	2.67	2.58	2.50	2.40	2.31
23	7.88	5.66	4.76	4.26	3.94	3.71	3.54	3.41	3.30	3.21	3.07	2.93	2.78	2.70	2.62	2.54	2.45	2.35	2.26
24	7.82	5.61	4.72	4.22	3.90	3.67	3.50	3.36	3.26	3.17	3.03	2.89	2.74	2.66	2.58	2.49	2.40	2.31	2.21
25	7.77	5.57	4.68	4.18	3.85	3.63	3.46	3.32	3.22	3.13	2.99	2.85	2.70	2.62	2.54	2.45	2.36	2.27	2.17
26	7.72	5.53	4.64	4.14	3.82	3.59	3.42	3.29	3.18	3.09	2.96	2.81	2.66	2.58	2.50	2.42	2.33	2.23	2.13
27	7.68	5.49	4.60	4.11	3.78	3.56	3.39	3.26	3.15	3.06	2.93	2.78	2.63	2.55	2.47	2.38	2.29	2.20	2.10
28	7.64	5.45	4.57	4.07	3.75	3.53	3.36	3.23	3.12	3.03	2.90	2.75	2.60	2.52	2.44	2.35	2.26	2.17	2.06
29	7.60	5.42	4.54	4.04	3.73	3.50	3.33	3.20	3.09	3.00	2.87	2.73	2.57	2.49	2.41	2.33	2.23	2.14	2.03
30	7.56	5.39	4.51	4.02	3.70	3.47	3.30	3.17	3.07	2.98	2.84	2.70	2.55	2.47	2.39	2.30	2.21	2.11	2.01
40	7.31	5.18	4.31	3.83	3.51	3.29	3.12	2.99	2.98	2.80	2.66	2.52	2.37	2.29	2.20	2.11	2.02	1.92	1.80
60	7.08	4.98	4.13	3.65	3.34	3.12	2.95	2.82	2.72	2.63	2.50	2.35	2.20	2.12	2.03	1.94	1.84	1.73	1.60
120	6.85	4.79	3.95	3.48	3.17	2.96	2.79	2.66	2.56	2.47	2.34	2.19	2.03	1.95	1.86	1.76	1.66	1.53	1.38
∞	6.63	4.61	3.78	3.32	3.02	2.80	2.64	2.51	2.41	2.32	2.18	2.04	1.88	1.79	1.70	1.59	1.47	1.32	1.00

$\alpha = 0.005$　　续表

n	m=1	2	3	4	5	6	7	8	9	10	12	15	20	24	30	40	60	120	∞
1	16 211	20 000	21 615	22 500	23 056	23 437	23 715	23 925	24 091	24 224	24 426	24 630	24 836	24 940	25 044	25 148	25 253	25 359	25 465
2	198.5	199.0	199.2	199.2	199.3	199.3	199.4	199.4	199.4	199.4	199.4	199.4	199.4	199.5	199.5	199.5	199.5	199.5	199.5
3	55.55	49.80	47.47	46.19	45.39	44.84	44.43	44.13	43.88	43.69	43.39	43.08	42.78	42.62	42.47	42.31	42.15	41.99	41.83
4	31.33	26.28	24.26	23.15	22.46	21.97	21.62	21.35	21.14	20.97	20.70	20.44	20.17	20.03	19.89	19.75	19.61	19.47	19.32
5	22.78	18.31	16.53	15.56	14.94	14.51	14.20	13.96	13.77	13.62	13.38	13.15	12.90	12.78	12.66	12.53	12.40	12.27	12.14
6	18.63	14.54	12.92	12.03	11.46	11.07	10.79	10.57	10.39	10.25	10.03	9.81	9.59	9.47	9.36	9.24	9.12	9.00	8.88
7	16.24	12.40	10.88	10.05	9.52	9.16	8.89	8.68	8.51	8.38	8.18	7.97	7.75	7.65	7.53	7.42	7.31	7.19	7.08
8	14.69	11.04	9.60	8.81	8.30	7.95	7.69	7.50	7.34	7.21	7.01	6.81	6.61	6.50	6.40	6.29	6.18	6.06	5.95
9	13.61	10.11	8.72	7.96	7.47	7.13	6.88	6.69	6.54	6.42	6.23	6.03	5.83	5.73	5.62	5.52	5.41	5.30	5.19
10	12.83	9.43	8.08	7.34	6.87	6.54	6.30	6.12	5.97	5.85	5.66	5.47	5.27	5.17	5.07	4.97	4.86	4.75	4.64
11	12.23	8.91	7.60	6.88	6.42	6.10	5.86	5.68	5.54	5.42	5.24	5.05	4.86	4.76	4.65	4.55	4.44	4.34	4.23
12	11.75	8.51	7.23	6.52	6.07	5.76	5.52	5.35	5.20	5.09	4.91	4.72	4.53	4.43	4.33	4.23	4.12	4.01	3.90
13	11.37	8.19	6.93	6.32	5.79	5.48	5.25	5.08	4.94	4.82	4.64	4.46	4.27	4.17	4.07	3.97	3.87	3.76	3.65
14	11.06	7.92	6.68	6.00	5.56	5.26	5.03	4.86	4.72	4.60	4.43	4.25	4.06	3.96	3.86	3.76	3.66	3.55	3.44
15	10.80	7.70	6.48	5.80	5.37	5.07	4.85	4.67	4.54	4.42	4.25	4.07	3.88	3.79	3.69	3.58	3.48	3.37	3.26
16	10.58	7.51	6.30	5.64	5.21	4.91	4.69	4.52	4.38	4.27	4.10	3.92	3.73	3.64	3.54	3.44	3.33	3.22	3.11
17	10.38	7.35	6.16	5.50	5.07	4.78	4.56	4.39	4.25	4.14	3.97	3.79	3.61	3.51	3.41	3.31	3.21	3.10	2.98
18	10.22	7.21	6.03	5.37	4.96	4.66	4.44	4.28	4.14	4.03	3.86	3.68	3.50	3.40	3.30	3.20	3.10	2.99	2.87
19	10.07	7.09	5.92	5.27	4.85	4.56	4.34	4.18	4.04	3.93	3.76	3.59	3.40	3.31	3.21	3.11	3.00	2.89	2.78
20	9.94	6.99	5.82	5.17	4.76	4.47	4.26	4.09	3.96	3.85	3.68	3.50	3.32	3.22	3.12	3.02	2.92	2.81	2.69

续表

$\alpha = 0.005$

n	m																		
	1	2	3	4	5	6	7	8	9	10	12	15	20	24	30	40	60	120	∞
21	9.83	6.89	5.73	5.09	4.68	4.39	4.18	4.01	3.88	3.77	3.60	3.43	3.24	3.15	3.05	2.95	2.84	2.73	2.61
22	9.73	6.81	5.65	5.02	4.61	4.32	4.11	3.94	3.81	3.70	3.54	3.36	3.18	3.08	2.98	2.88	2.77	2.66	2.55
23	9.63	6.73	5.58	4.95	4.54	4.20	4.05	3.88	3.75	3.64	3.47	3.30	3.12	3.02	2.92	2.82	2.71	2.60	2.48
24	9.55	6.66	5.52	4.89	4.49	4.20	3.99	3.83	3.69	3.59	3.42	3.25	3.06	2.97	2.87	2.77	2.66	2.55	2.43
25	9.48	6.60	5.46	4.84	4.43	4.15	3.94	3.78	3.64	3.54	3.37	3.20	3.01	2.92	2.82	2.72	2.61	2.50	2.38
26	9.41	6.54	5.41	4.79	4.38	4.10	3.89	3.73	3.60	3.49	3.33	3.15	2.97	2.87	2.77	2.67	2.56	2.45	2.33
27	9.34	6.49	5.36	4.74	4.34	4.06	3.85	3.69	3.56	3.45	3.28	3.11	2.93	2.83	2.73	2.63	2.52	2.41	2.29
28	9.28	6.44	5.32	4.70	4.30	4.02	3.81	3.65	3.52	3.41	3.25	3.07	2.89	2.79	2.69	2.59	2.48	2.37	2.25
29	9.23	6.40	5.28	4.66	4.26	3.98	3.77	3.61	3.48	3.38	3.21	3.04	2.86	2.76	2.66	2.56	2.45	2.33	2.21
30	9.18	6.35	5.24	4.62	4.23	3.95	3.74	3.58	3.45	3.34	3.18	3.01	2.82	2.73	2.63	2.52	2.42	2.30	2.18
40	8.83	6.07	4.98	4.37	3.99	3.71	3.51	3.35	3.22	3.12	2.95	2.78	2.60	2.50	2.40	2.30	2.18	2.06	1.93
60	8.49	5.79	4.73	4.14	3.76	3.49	3.29	3.13	3.01	2.90	2.74	2.57	2.39	2.29	2.19	2.08	1.96	1.83	1.69
120	8.18	5.54	4.50	3.92	3.55	3.28	3.09	2.93	2.81	2.71	2.54	2.37	2.19	2.09	1.98	1.87	1.75	1.61	1.43
∞	7.88	5.30	4.28	3.72	3.35	3.09	2.90	2.74	2.62	2.52	2.36	2.19	2.00	1.90	1.79	1.67	1.53	1.36	1.00